碰撞·融合·创生

吴越楚文化交融视野下的池州历史变迁

吴世民◎著

安徽师范大学出版社
ANHUI NORMAL UNIVERSITY PRESS
·芜湖·

图书在版编目(CIP)数据

碰撞·融合·创生：吴越楚文化交融视野下的池州历史变迁 / 吴世民著. — 芜湖：安徽师范大学出版社，2022.1

ISBN 978-7-5676-4675-9

Ⅰ.①碰… Ⅱ.①吴… Ⅲ.①文化史—池州 Ⅳ.①K295.43

中国版本图书馆CIP数据核字(2021)第156292号

碰撞·融合·创生——吴越楚文化交融视野下的池州历史变迁　吴世民◎著

PENGZHUANG RONGHE CHUANGSHENG

WU YUE CHU WENHUA JIAORONG SHIYE XIA DE CHIZHOU LISHI BIANQIAN

责任编辑：房国贵
责任校对：胡志恒
装帧设计：张　玲
责任印制：桑国磊
出版发行：安徽师范大学出版社
芜湖市北京东路1号安徽师范大学赭山校区
网　　址：http://www.ahnupress.com/
发 行 部：0553-3883578　5910327　5910310(传真)
印　　刷：苏州市古得堡数码印刷有限公司
版　　次：2022年1月第1版
印　　次：2022年1月第1次印刷
规　　格：700 mm × 1000 mm　1/16
印　　张：21.75　　插　　页：4
字　　数：356千字
书　　号：ISBN 978-7-5676-4675-9
定　　价：92.00元

商秋龙岗青铜剑：1995年出土于青阳庙前龙岗春秋墓。通长43cm，刃长29cm。（严加发供稿）

商周青铜大铙：2008年出土于青阳县新河镇大撩湾。通高84.2cm，重163.5kg。（严加发供稿）

春秋龙岗青铜剑：1995年出土于青阳庙前龙岗春秋墓。通长43cm，刃长29cm。（严加发供稿）

梅根冶三国陶钵:2016年出土于贵池区梅龙镇郭港村梅根冶遗址。外口径21cm,高11cm,仿青铜器造型,器脚为猪首形。造型十分规整,疑为金属模具压制。(吴世民摄)

南陵郡暨北江州城遗址:在池州府治镇山,即今杏花村景区内梅州晓雪西端百余米处。2015年出土有汉及六朝瓦当、筒瓦。照片正中方形小山为城遗址,左上为秋浦河,右侧和下侧水面是州郡藏船坞遗址。(朱锦波、陈雄摄)

隋唐秋浦县遗址：位于贵池区殷汇镇沧（应为仓）埠村，是隋唐秋浦县遗址（589—764年），孙吴诸葛恪嘉禾三年后曾移石城县治于此。近有仓山，依山而仓，螺旋式上升，为诸葛恪与隋秋浦县屯粮处。2020年有仓瓦及陶罐碎片出土。（江山摄）

晚唐研茶钵：2019年出土于池州主城区通济桥遗址东南端（今南门大转盘西南侧温州商贸城旧址）。外沿口径33cm，沿口呈微斜，约15°，均高20cm，钵体内壁布满直立条纹，以增加研茶的摩擦力。（吴世民摄）

马牙碓臼：南唐造纸碓臼遗址。石碓臼开凿于河谷巨石上，口径约0.8m，臼深约1.8m，臼右侧为置舀纸浆桶处。位于今九华天池景区峡谷中段，为南唐“澄心堂”纸、宋“池纸”、“马牙”纸的舂纸浆处。（冷俊美摄）

齐山翠微亭：依唐杜牧建亭原建筑样式规格，复建于1983年，在齐山最西峰原杜牧建亭遗址处。（杨明星摄）

序　言

因为有共同的研究兴趣，来安徽广播电视大学不久，就结识了世民。我们在一起曾就池纸的历史等话题多次研讨，在此过程中了解到他在池州区域历史文化方面有很广泛深入的研究。我一直认为，开放大学既然是一所高等学校，必须有学术作支撑，像世民这样多年一直勤于调查与思考，笔耕不辍，非常值得肯定和钦佩。早就知道他一直在写一本池州区域文化考证方面的著作，近日书稿已杀青，请我写个小序，我虽难胜重托，仍欣然应允。

本书的第一个特点是采用多维度的视角与多学科的视野展示研究主题。著作涉及的话题与领域有文学史、科技史，还有历史地理学和对池州建制沿革史的考证以及池州人口变化成因探究，如此等等，是对池州区域文化的立体考察。

第二个特点是作者将局部的区域文化置于中华文化的大背景下来考察，并在多元文化互动中考察池州历史文化的发展变迁，以达到“致广大，尽精微”的效果。

位于“吴头楚尾越之北”的池州，北临长江，东近杭州。在中华文化历史变迁的大背景下，吴越楚三种文化曾在这片土地上交相激荡，演绎出一幕幕精彩的历史剧，为池州文明发展提供了原初文化动力，并打上了区域文化特有的胎记。作者在书中的诸多考证、辨析、阐释都充分体现了唯物史观照应下的“历史辩证法”。

第三个特点是作者不遗余力地挖掘、搜集、整理池州历史文化史料，而区域史研究的魅力与重要意义正在于此。在着力于地方文化史料发掘，并结合田野调查的同时，作者注意引用正史及其他与其时代背景相一致的史料，并关注当代学者的研究动态,在本着学术贵在质疑的前提下,将大胆推想和小心求证结合起来。例如,当代《水经注》研究专家陈桥驿教授认为,《水经注》所记载的“南江”根本就不存在。世民对陈先生的观点大胆提出质疑。他在阅读当代其他地质学者和历史地理学者的研究成果时,发现长江在历史上曾有过几次大规模的海水入侵现象,结合对池州境内“南江”遗址的考察,从而找到了历史上“南江”存在的依据,认为历史上的“南江”,就是长江在池州境内的一条支流。又如,浙江大学的一位教授认为,《清明》诗并非杜牧所写。本书作者从这首诗的风格和唐代的清明风俗,结合当时杜牧创作的地理环境,进行缜密分析后,维护了原有的结论,并对《清明》诗的时代背景和相关人物的活动做了考察,进一步论证了《清明》诗于南宋时才在池州被发现的合理性。

第四个特点是研究工具和研究方法的大胆创新。如在研究池州史前史的过程中,作者从文化地名学延伸拓展出历史文化地名学概念,并结合考古发现,对池州留下的古地名所包含的历史文化信息,做了深入充分地挖掘,得出了令人耳目一新的结论。如:“阮”“秋浦”等池州历史地名,就是他依据其“发明”的历史文化地名学,首次予以了破解。又如在研究池州青铜采冶史前史时,他通过对大撩湾、淮水、彭祖墓、彭蠡和彭泽等地名的分析,结合青阳大铙和青阳庙前春秋战国的兵器发现以及史书关于殷高宗伐东夷的记载,得出了古彭国难民是中国青铜矿的发现、采掘和青铜器的铸造等技术的最早传播者,并创造了长江流域商代中期以后的青铜文明。诸如此类“发现”,书中不一而足。这种从历史文化地名学来分析考古学资料,在研究方法上很有新意。

当然,作者可能是一直在基层工作,研究条件十分有限,尤其是获取资料很困难,因而有相当一部分内容还没有充分展开,希望他在以后的进一步研究中能加以弥补。

总之,本书不失为一个既有广度又有深度,把学术性和普及性结合得较好的区域历史文化研究成果,这也是这本学术专著难能可贵之处。

是为序。

樊嘉禄

2019年2月于合肥

(作者系原安徽广播电视大学党委副书记,现安徽艺术学院院长、教授)

目　录

引 言

池州虽早在商代中晚期，就出现外来的青铜开采和冶炼技术[①]，并产生了稻作文化[②]。但真正的本土文化形成，则开始于春秋战国。春秋中期，池州处"吴头楚尾越之北"，吴越楚三方势力的边缘地带，三国文化在此相互碰撞，相互交融，构成了该区文化的底色。春秋晚期至战国早期，池州又相继被吴越楚占领，使这种文化底色进一步加深。秦朝至汉武帝以前，该区处在王朝文化统治的荒疏地带，这种融合型文化没有遭受破坏。汉武帝则将闽浙一带的越人迁移于此，"诏军吏将其民徙处江淮间"(《史记·东越列传》)，他们和当地前期的土居相处，此时池州文化再次吸收南方越文化，形成山越文化。三国时期，洞庭湖区的楚文化又随孙吴对池州区域的占领，再次输入该区，使该区的文化底色更加浓厚。两晋南北朝时期，虽北方移民大批南移，对该区本土文化形成冲击，但很快，这些人口就消耗于战争。除了传入北方农作物耕作技术(如桑蚕技术等)和造纸技术，在其他方面，并没有在本土文化中留下什么痕迹。对池州土著文化产生些微影响的是唐宋时期。唐代安史之乱时，大批北方家族为避战乱而逃入池州，他们带来一些北方文化，但这些文化很快消融于本土文化，并未产生冲击性的影响。南宋时期，北方难民再次大量南迁，对池州产生了一定的影响。它彻底打破了池州传统的稻作文化，强化了南北朝时输入的麦作文化。即使如此，麦作文化仍然未成气候，只是稻作文化的附庸。池州本土文化，在元明清几乎没有产生太大的变化。

① 郁永彬，王开，陈建立，等.皖南地区早期冶铜技术研究的新收获[J].考古，2015(5)：103—113.

② 游修龄.太湖地区稻作起源及其传播和发展问题[J].中国农史，1986(1)：71—83.

总之,池州文化是在吴越楚文化交融的基础上创生的吻合本土实际的文化,池州历史的变迁即在这种背景下展开的,本书试图从以下几个方面来梳理这种变迁的过程,并就一些细节,进行相应述说、阐释和考辩。

一、世事变幻如弈棋
——池州城镇的历史变迁

池州地处皖江南北之要冲、扼东西之咽喉，政治、军事地位十分显要，加之，池州又为古代拥有铜、铁等战略资源十分丰富的地区，因而往往成为古代各种势力的必争之地，割据时期尤其如此。池州境内，府治及县治的设立与变迁，正反映了这些深层的原因。

（一）池州府治的变迁——兼贵池县治的变迁

池州境内存在州郡一级机构，始于梁普通六年（525）的南陵郡（《太平寰宇记·卷一百五》）与梁大同年间（535—546）南太原郡（《明一统志·卷十六》），两郡的设立距今已有近一千五百年的历史。两郡初设时均为侨郡，为管理北方移民人口而设，梁武帝后期“土断”后，成为实郡（《梁书》）。其后在陈朝有过短暂的北江州设立史。

以“池州”为名称而设立的州郡，最早始于唐武德四年（621）。当时在池州设立州郡，是因唐初江南局势未稳。至太宗贞观元年（627），江南叛乱均被平定，唐王朝的主要精力要抽出来经营北方，南方该裁剪的机构都撤去了，池州自然也在被废之列，前后存在7年的池州，使命宣告完成（《新唐书·卷四十一》）。根据田野调查，该城址在初唐秋浦县治东约五里处（今殷汇镇灌口石城村）。至唐永泰元年（765）复设池州，府治不再建于原秋浦县旧址，而重新设于今址（《新唐书·卷四十一》）。池州设在这里，既可以保证长江航道的畅通和对南北交通的控制，又可以远离敌人，积蓄力量。果然，立州之二年（永泰二年），即平乌石山(在今贵池区唐田镇升金湖滨)方清、陈庄二雄(《太平寰宇记·卷一百四》)。

1.从春谷到石城

今池州境内县治出现比州郡出现要早,最早出现的汉代县治有春谷县(治所在今池州市东二十余里处)、陵阳县(治所在今青阳县陵阳镇)、石城县(治所在今殷汇镇灌口长庄村)。而春谷县又早于后两县,其可能为战国时楚国设立(大概前334年后某一年),后两县始设于汉武帝元封二年(《史记·卷一百十四》)。

(1)春谷——因种植而命名的县城

春谷县早于陵阳县和石城县设立,其县名的由来与地形地势无关,而与当地的农业生产有关。这也透露了当时当地居民的生产习惯。我们分析一下这个信息,也就知道了这个地方的居民来自何方,同时也能明白这个县城设立的意义。

根据现有的资料推测,春谷县的范围大致包括今铜陵市、九华山及其西南山区,向东则延伸至南陵、繁昌、当涂。那么这些地区的平畈和圩区能种植什么?为什么种植春谷?按《〈汉书〉注》对春谷县的解释为,因农历2月下种,6月收割的稻谷叫春谷,而命名此地为春谷县。按此地山区少盆地,而濒江皆为水面,滨河则为圩区,为何选择种这种稻谷?因为这种选择,是不是就证明了本地区先秦时既有越人、吴人又有楚人,继而汉初又有大量移民(闽浙越人)的这样一个事实?

吴人来自太湖流域,多喜在圩区种植。池州地区的气候以今天的情况看,山洪暴发主要在7月20日(农历是6月份)前后,此时正是春谷可收割之时,如种迟熟的庄稼则易为洪水破坏:山区庄稼为洪水冲毁,圩区的庄稼则为洪水淹没。一个族群的种植习惯,一般不会因迁移而随意改变,因为一套完整的种植技术和相关的配套工具,是要经过多少代人的积累才产生出来的;改变种植的种类,不仅意味着种植的风险及一整套生产、加工工具的改变,而且也意味着食物结构和依此而产生的相应的民风民俗的改变。一个族群是不会随便接受这种改变的。

当时，春秋末期稍早一些的时候，吴楚控制力均未到达池州，本地能种植春谷的族群就只有土著越人（所谓越者，葛也。有人以为越非一个民族，而是南方以葛布为衣的人群）。吴王阖庐时，池州才归于吴国（后文证明）。大量太湖流域稻作区的吴人被移至沿湖沿河的圩区，种植水稻。可能古越人先种春谷，后来吴人发现春谷能避免洪水，于是也种春谷。

按越人种山的习惯（闽浙越人），于今犹然，如广西龙胜的梯田。今九华山周边仍有大量的梯田遗址。浙西、闽东至宋代犹种春谷。这些农耕习惯都吻合池州气候。故其移来池州，无须改变种植习惯。

根据南宋胡宏《皇王大记·卷七十二》，楚威王六年（前334），即周显王三十五年，越王无疆受齐人挑唆，攻打楚国，结果“楚人大败之。尽取吴故地，东至浙江。越由此散。公族争立海上。朝服于楚”。江南沿江一带，向西直到彭泽东界，都是“吴故地”。楚国有设县的传统，春秋时就开始设县的，是中国历史上首倡设县者（前689年后，楚文王已灭申、息为县（《春秋左传属事·卷之二十》）。已经属楚的江南，楚于此设县顺理成章。由于此地产春谷，如从阖闾算起则已有近二百年的历史，因而用春谷作县名也属正常，更何况春谷种植在这沿江的山区与圩区已成气候。

随后，楚国也向这一带移民。贵池里山徽家冲出土的东周青铜器，就是楚国移民所遗留的一些生产生活用具和一些用于自卫的兵器（藏安徽省博物馆），计有57件。根据临湖的窖藏地点——徽家冲的实地考察和窖藏的生产工具铜铲的厚实情况，这家楚国人开垦的是长满芦苇等根系比较发达植物的湖滩，这种坚实的铜铲，正是切断那些芦苇、蒲草根系的有力工具。根据四把铜镰来看，他们是种植水稻的，并很可能受周围的影响和他们滨河的实际，种植的也是春谷。

汉设陵阳、石城，加上春谷，三县的存在，对于九华山为中心的山区正形成了一个U字形包围圈。陵阳县正控制了南江上游水系的交通咽喉，春谷县则控制南江入江口段。本区居住的越人，主体是在汉武帝建元三年（前138）、元封二年（前109）先后迁来的来自浙东南的东瓯、东越和闽东一带的闽越。因汉初迁移于此(《史记·卷一百十四》),被封堵于山区,与土著人混在一起,合称“山越”。其特点是“山居水行”,故控制水道即可达到围堵的目的。春谷县的存在不仅“围堵”了山越,也起到保护长江水道的作用,还有一个更重要的意义就是保护本地区的国家级资源铜矿(《铜陵市考古资料》《宋史》)。这些资源对于“擅甲兵”的越人来说是如虎添翼,对觊觎中央主权的诸侯来说更是垂涎三尺。因此楚国当时设立春谷县,对于这一带的矿产不被其他诸侯或越人开采,同样也起到有效监督和保护作用。汉武帝以前的西汉,由于中央政权没有对这一带战略资源进行有效监控,致使吴王刘濞招募天下亡命之徒,在此一带采铜铸钱,很快聚敛了造反所需的资金(《史记·卷一百六》)。

三国时代,孙策出于防范山越,保证长江航道畅通,更是为了保证梅根铜铁冶炼安全的需要,在夺下春谷县以后,派周瑜出任第一任春谷长(《萧氏续后汉书·卷二十九》)。之后,黄盖、周泰相继担任此职(《萧氏续后汉书·卷三十》),可见孙氏也将春谷城提升到国家战略核心县城的地位,派亲信猛将镇守。

楚春谷县的第一次分割,在汉武帝元封二年。武帝从春谷县内割出青弋江入江口一带,设芜湖县(《前汉书·卷二十八上》),芜湖县东又设封胡熟侯国,割今青阳东、北部,归入泾县(《元和郡县志·卷二十九》)。至东晋,又在春谷县境内侨立南豫州(寻废)、上党郡及襄垣县(旋废)、襄城郡(后改为繁昌县)(《江南通志·卷三十五》《晋书·卷十五》);至六朝萧梁时代,残剩的春谷县消解于南陵郡、县之中。县易名为南陵县,原县治也成为南陵郡、县治所在地(《元和郡县志·卷二十九》)。

总之,本地区春谷县是因本地吴越人种植春谷而得县名,因楚国占领该地后管理种春谷的吴越人而设春谷县;汉初移民又是种春谷者,进一步充实“春谷”作为县名的实际内涵。但随着西汉与三国孙吴对春谷县军事地位的加强,其种植意义已不再突出。故于朝代更迭中,日削月割,以至梁代中后期,彻底消解,春谷县名也被当局王朝注销。

(2)从春谷县到南陵郡——人口变迁主导下的郡城

西晋后期,为了逃避北方战乱,大批移民南迁至沿江江南一带,这一带人口暴涨，尤其是萧梁时期。为应对人口增加带来的治理问题，梁武帝普通、大同年间，采用在迁入人口区域设立侨郡的办法来管理他们。后又就地安置（土断），使之成为实郡（《梁书》）。当时在池州境内设立两个侨郡，一为南陵郡，设在南陵县城（《元和郡县志·卷二十九》），即今池州城东二十五里处（后迁至贵池城西十二里处，即今杏花村景区秋浦河边的梅州晓雪景区西侧约二百米处），管理范围为今芜湖市的繁昌、南陵和青阳北、铜陵、贵池、石台北；又在春谷县境西，设南太原郡（郡治在今东流老街东北五十里处，即今东至县洋湖镇，见《太平寰宇记·卷一百十一》。其最初设于殷汇灌口石城村），管理今石台西北、贵池西、东至尧渡河下游流域。因而南陵郡城的设立不仅能监护梅根冶、保护青通河航道和长江航道，更主要的是管理北方流民的人口迁移问题，故其更多具政治意义。

由于南陵郡所辖范围仅仅比割剩的春谷县稍大一点（此时的春谷县仅剩下今天的铜陵、南陵、青阳北和贵池东部），故春谷县的被取代已在情理之中。梁朝设立了南陵县以取代剩下的春谷县，它包括贵池中东部、青阳全部、铜陵、南陵等一带地区（《隋书·卷三十一》）。

南陵郡治何时移至南陵戍，未得而知，根据昭明钓台在南陵戍来推断，可能在梁武帝后期。但这时长江的江防还没有必要如此重视（此时，梁代的边疆还远在淮河）。至陈代太建后期（578—582），北周崛起，南陈边疆始至长江，估计此时，郡治西移至江防紧要的南陵戍可能性最大。约在陈文帝天嘉四年（563），该郡与湖北移来的北江州州治合于一城。谭其骧先生说："梁末已置北江州。隋特因之耳。疑初治新蔡（即南新蔡。太建后属晋）。天嘉（560—566）中，悉达卒后，始移治南陵（《华皎传》"戴僧朔除北江州刺史，领南陵郡太守"）。"[①]

《太平寰宇记·卷一百五》云："南陵故城在县（原贵池县，今池州市）西南一十二里。"说明南陵郡治所已由池州城东二十五里移至今城西杏花村内的景点"梅州晓雪"西南两百米处。该地，《嘉靖池州府志》称为"镇山"，今称猫骨盖山，此地距离城西门十二里，其上至今犹有南北朝时的城墙砖、瓦当与筒瓦残

① 谭其骧.长水集：上[M].北京：人民出版社，1987：114.

片（经江苏文史馆丁俊先生鉴定为州郡城级别文物，江西省考古所肖发标研究员认为是汉文物。我们认为此为南陵郡遗物，只不过保留了汉代烧制工艺）。尽管治所西迁，但其监控江道、河道、管理人口和保护铜铁采冶的四重意义一直未变。

（3）石城——围堵山越的天然哨兵

前已述，汉石城的设立在汉武帝时代，是围堵山越的产物。汉石城县治位于今贵池区殷家汇镇，为秋浦河两大支流合流处，今贵池南部山区和石台整个山区入江的咽喉要道，县治武力可沿此二河上溯，东南至贵池区棠溪镇，西南至石台仙寓山、牯牛降一带；此一带山越如入江道，首先必拔此城。三国时，先是程普镇石城，后由黄盖为石城长，足见此城的要冲地位。其城所在处，为两山相夹，易守难攻，选择这种地形来建城可以说是出于纯军事目的。其城于唐宋时毁于洪水。但我们也由此可见，筑城者是宁愿冒被洪水冲垮的危险，也要将城池修筑在临河控水地方。

随着三国吴嘉禾五年（236）冬，吴大将诸葛恪征俘山越计划的成功（事起于吴孙权嘉禾三年（234）秋八月，五年十月结束），池州山区的山越威胁已不复存在，石城治所设于此地的意义已失去，故石城县址一度迁至贵池区乌沙晏塘的莲花村一带，用于监控江北曹魏和保护长江中江航道的畅通。

根据今贵池区江边晏塘乡莲花村出土的三国吴嘉禾五年（236）镜推断，吴嘉禾五年冬，正是诸葛恪完成征剿山越之时。之后，诸葛恪率领军队，驻扎于晏塘隔江相对的皖口；故石城县治，在嘉禾五年底（这位墓主人可能就是县治移至晏塘后，于嘉禾六年（237）葬于该地）被移往晏塘一带江边，作为诸葛恪驻军皖口的后援，是再合理不过了（见《三国志》诸葛恪和孙权的传记）。后来孙吴局势不利，江面监视需要不断加强，在此情况下，移到此地的县治，更没有移走的理由。这样一直到265年，晏塘的石城县治应该都一直存在着（东距今池州城约六十里处）。

在老石城边，有一座隐士墓，墓主是东汉光武帝刘秀的同学高获。刘秀得天下之后，力邀高获出来辅佐新王朝，高获拒绝了。于是高获四处漫游，最后死于石城（石城有高获墓）。石城人很怀念他，就“共为立祠”，成了石城县官祭的对象(范烨《后汉书·高获传·卷八十二上》)。这一庙及墓在石城被迁往江边的晏塘时,作为官祭对象也被一并移来,是正常不过的事。隋开皇十九年又随秋浦县一起再移回老石城(殷汇镇灌口仓埠村)。后来,唐代李芃立池州于今址时,高获庙及墓又从石城移到今址,即池州市与贵池区所在地。我们看到《明一统志·卷十六》有"高获庙在府城西七十里",指的就是两汉至三国吴嘉禾五年前的石城县和隋开皇十九年(599)一直到唐永泰元年(765)止的秋浦县这两段时间,老石城是高获庙及墓的所在地。清《大清一统志·卷八十二》指出的"高获庙在贵池县西六十里",以及《江南通志·卷四十一》所云"汉逸民高获庙在府城西北清风亭旁"和"汉逸民高获墓在贵池县西北,清风亭侧有庙,明正德间知府何绍正重甃,书石表之,一云在西南六十里新河"。在城西北者,即指永泰元年池州再立州后,于今治所立的高获庙及墓,是从老石城处迁移而来。而所谓"在城西南六十里新河",指是高获庙及墓,都可算是诸葛恪于吴嘉禾五年或六年将老石城迁至新河附近晏塘的历史标识(新河在晏塘莲花村入江处)。西晋又于今木闸乡古城村设石城县,今城墙遗址尚存(《水经注》云,该城"晋太康元年立")。

至东晋,南北割据再次形成,虽江北安庆一带仍属南朝,而山区人口未能复苏,故石城无再次迁回之必要。至今在石城故址处,汉唐文物不断被发现,而东晋南北朝的文物一件也没有,这也是最好的佐证。

开皇九年(589)隋灭陈,石城仍在木闸古城村,名称也未改变。十年之后,即开皇十九年,撤去北江州和南陵郡,改石城为秋浦县,县治迁回老石城故地。这里有必要说明一下,石城县为什么改为秋浦县?这跟它的地理位置木闸古城村有关。木闸古城村处于贵长池的西段,春夏涨水时,贵长池一片汪洋,成为一个宽三十余里、长六十余里的大长池:西起木闸,东到池口,浩浩渺渺。故李白云:"山川如剡县,风日似长沙。"(《秋浦歌》其六)秋季开始落水,贵长池大片浅滩露出水面,长出一片青草,整个长池的水面则萎缩成一条河。因为在秋天这种情景才出现,故这片水边六十余里长的滩涂叫秋浦,这段六十余里长的河流也称作秋浦河了。"秋浦"可能来自吴文化的词语,故其产生于南北朝甚或更早。因为移至木闸的古石城位于秋浦,故隋改称"秋浦"县。也有一种可能就是，隋一打下陈之后，于开皇九年就将此石城改名“秋浦”，开皇十九年再废北江州和南陵郡，将南陵郡部分领地即“西二乡”，划归秋浦县管辖，其公祭对象昭明太子也一并同其县治移回石城故址。这种推断较前一种合理。秋浦县只有在秋浦河流域时才改为此名，离开秋浦河流域还改名秋浦，会让人费解。因为开皇九年已经改名秋浦县，到了开皇十九年，就不好再改回来。尽管回到了老石城旧址，但仍叫“秋浦县”，或许就是这个缘故。

隋末皖南山越再次兴起。唐取代隋，南方未稳，为进一步加强对池境山区人口的监控，武德四年(621)第三次于池境设立池州这一州郡机构；鉴于秋浦县治的特殊的军事意义，州治仍设立于此(州治设于梁南太原废郡，即今石城村，与县治相邻)。至贞观元年(627)，唐太宗即位，南方已定，池州设立的军事意义已不复存在，故再次被撤销。只保留秋浦县，仍在故址，归宣州管辖。

由此看来，石城县的设立，县治的迁出、回归、废兴和延续，一直与军事斗争的形势相呼应。

安史之乱后，各地不逞之徒乘虚而起。宣州人(秋浦当时属宣州)方清与饶人陈庄(今贵池区与东至交界处，此时尚归饶境)，占据乌石山(在今贵池区唐田镇升金湖畔)，立山寨。穷寇无资，常抢劫江上过往商船，补充给养。山寨劫匪对小县弱兵构成强大的威胁，而此山寨距秋浦县城仅二十余公里。鉴于从东至到马鞍山近800里皖江南岸未有临江州郡，加上秋浦县城又受强敌威胁，故时任江西观察使的李勉奏复池州，以控扼大江，剿灭强敌。永泰元年(765)准李勉奏，复设池州，其幕僚李芃领池州刺史。基于上述两原因，加上秋浦县城屡受洪水威胁，李芃将县城迁往今池州市治所在地，并于此创立州城。此地立为州治之地，有四大优势：

①可控三水：长江、秋浦河和清溪河，遥临梅根河和青通河。

②有建立剿灭山贼基地的空间。

③使上溯下行的船只有安全的休憩场所。

④可以有力地保护梅根监，加强国家对铜等战略资源的控制(因为当时贵池已有了六峰山、铜排山、黄山岭西银冲等铜矿，均离府治不远)。

(4)虎林城的变迁与孙吴战争局势的变化

关于三国时池州境内虎林城所在地，有两种说法，其一说在今贵池城东二十五里(《明一统志·卷十六》)，其一说在梅街镇桃坡乌石村(《江南通志·卷三十四》)。其实，这并不矛盾，因为两个地方都曾是虎林城所在地。

虎林城最初设于贵池桃坡乌石村，该地锁龙舒河之咽喉，龙舒河至此有大回水湾，右为悬崖绝壁，利于攻击河面，左为山脚斜入之河滩有利于设伏，实为一军事险要所在。它可使龙舒河两岸的山越人无法越此而入江。此处还能北控清溪河。故孙吴于此设一军事要塞，进可以剿，退可卡。此外，此处下距石城县只有十五里，不仅军事上可呼应，而且军需也能及时保障供给。

为了防止山越的势力再次强大，孙吴时期后期在此重兵把守。及至诸葛恪剿灭山越之后，虎林和石城一样，失去了在此设置的意义，于是移至贵池东二十五里处，这里正是春谷县城的所在了。以琅琊王孙休镇虎林，足见孙权对它高度重视。石城也移址晏塘太子矶附近的莲花村，与春谷县、虎林城东西呼应，扼守长江。

由于琅琊王孙休率领的虎林军是与山越作战中成长起来的，必然剽悍，虎林城又移置春谷县治，负责监控国家核心战略资源，一旦有异心，后果不堪设想。最终，老谋深算的诸葛恪找了个“不欲诸王久在濒江兵马之地”的借口，把孙休赶到宣城。孙休其实只在虎林待了四个月(太元二年正月至神凤元年四月)。孙休走后，虎林建制仍然存在，大将朱然之侄朱异就曾经做过虎林都督(《三国志》)。

2.从秋浦县到池州府

(1)从秋浦县到池州府——军事斗争的产物

隋文帝统一天下，池境内的州郡建置北江州和南陵郡被取消。改陈代石城县名为秋浦，是为开皇九年(589)。后城址由秋浦上的木闸古城村迁回至汉代石城故址。这种回迁说明，当时池州，尤其是秋浦县的山区人口有了极大的增长，控制是必然的。

至唐初高祖李渊时，南部山越反，李渊加强了池州山区的防备，于秋浦县设池州，治所在石城故址附近(今殷汇镇石城村)。此为武德四年(621)。随山区形势的缓解，北方突厥的崛起，唐王朝要集中力量对付突厥，贞观元年池州撤废，秋浦县并入宣州。

安史之乱后，群雄并起，方清、陈庄据秋浦县乌石山，劫江上商船以给军需，对唐王朝长江航道的畅通构成巨大威胁，迫使唐王朝在800里皖江防御薄弱地带设立州治，以控御长江打击劫匪。永泰元年(765)，唐王朝接受了江西观察使李勉的幕僚李芃的建议，在秋浦县境再次设立池州，以李芃为刺史。李芃将州治设于今池州市治所在地，并以秋浦县附郭。这是经过精心考虑的。移治此地之后，李芃平了方、陈二雄。筑池城，修昭明太子庙，他遵循了中国传统的“国之大事，在祀与戎”的理念来构建池州这个军事城堡，池州文化中的昭明崇拜也自此开始了深入骨髓的发端。

(2)池州城——不可替代的中心地位

前已述，池州上通巴蜀，下抚吴越，据南北要冲，无论军事、商贸、物产都在当时国家战略中居有较重要的地位。

南北割据时代尤其如此。此时，在此任职者多为能臣干将。他们从池州刺史(太守、知州或知府)而升至宰辅之位者，大有其人。李芃、萧复、裴度等，即使如杜牧者，也可算晚唐名臣。他们皆曾守池州，可见池州在军事割据时代的地位。

①三水交汇——无与伦比的交通枢纽。

秋浦河、清溪河皆在此地交汇入江，形成了池州府治天然的物流、人流中心枢纽地位。池地多为山区，修建山道，工程量大，需大量的人力物力，在财力、物力有限的古代，依水而行是最简洁的行路方式，加上池地山区山越人的“山居水行”的习惯一直延续下来，故秋浦河、清溪河是池州山区入江的重要通道之一。池州的铜矿在冶炼之后，皆从水路入江至梅根冶铸钱，甚至道士炼丹采集丹料——铅，也是沿河而上。至今清溪河、秋浦河沿岸还有唐代的冶铜基地遗址数处。清溪、秋浦二河主要在贵池区境内，该区内的山区物产也沿河而下。其他河流如尧渡河、九华河、青通河皆在池城附近或入江后必须流经池城，故池城自成治以来，官吏、商贾往来不断，同时它也是800里皖江航道上的一个重要江上驿站。自唐至晚清历史名人过池者络绎不绝，皆源于此。

正是这种交通枢纽加上临江的军事要塞地位，使得池城自第二次复州以来，一直未能移往他处。

②繁华的江南物流中心。

三水交汇的交通枢纽地位和临江港口优势，造就了池城优势的物流中心地位。池城为皖江南岸最早的濒江郡城之一，其优越的港口优势因此而得到了充分发挥，长江的物流至此而有一个安全的停泊之地。在今池城中的百牙山，古时泊船，货物在此囤仓转运，竟有百号商家之多，故有"百牙"之号，杏花村酒肆的兴起也与货物转运有关。

杏花村位于城西郊外，介于秋浦河与清溪河之间，秋浦河的货物至杜坞下货，运至杏花村囤积，上清溪河来回运货的船只，成就了杏花村兴旺的人气，杏花村成为名副其实的物流中心。造成杏花村这种繁华物流中心地位的原因，除了上述之外，还跟境内的运河修建有关。

池州江段有一个险段太子矶段，有太子矶、拦江矶、马石矶，尤其是拦江矶，古时称石牌湾，号称"拆船湾"，江流至此，江面狭窄，湍激流涌，江船遇险甚多。至北宋徽宗时，从李阳河开凿运河车轴河，沟通长江与秋浦河(《宋史·卷九十六》)。江上航船到池州必经池口，入秋浦河，以避太子矶之险，池口也从此真正地成了长江航道上的一个重要码头和物流转运中心，直到明代何绍正堵截李阳河时(《嘉靖池州府志·卷九》)，池州作为一个长江港口城市的地位才宣告结束。

池州不但是一个长江航道上的物流中心，也是池州山区沟通长江的物流中心。山区的竹、炭、木材、茶、矿物也是运至池城转运长江航道。山区货物皆由木排或竹排往来运输。除了山区货物至池城转运，江上航道所来货物也至池城再由竹、木排转运至山区。

③京都与省会对府治地位的影响。

自池州立治于池城以来，京都、省会与池城的距离对池城的地位都产生了较大的影响。尤其是南唐、明初、清代和渡江战役四个时期影响最为显著。

南唐时期，池州为江上前哨，地位极高，并升为康化军，作为军事重镇来经营,多以名臣治此,如名臣陈德诚任刺史、开国重臣宋齐丘被封为青阳公等。

明初,池州作为京畿的府治,直属南京,地位突显。不独享受特殊的优惠政策,如几年的免税休养(《嘉靖池州府志》),还有其他的政治关照。如明太祖朱元璋钦点池人黄观为状元。对池州的经济关照,如在池州境内设立造纸监造机构专供京城用纸,京师的大批生活资料也由池州供应。一时间池州人气兴旺,商埠发达,连城南门外清溪畔都形成了山货囤积交易市场。

城市的经济功能也日益突显。民国时期,省会立于安庆,池州是省会之辅,南北人流、货流过境者甚繁。

由于明代、民国两个时期的特殊地位,物质供给转运量大,分别形成了池州的几大经济重镇:青阳的陵阳镇,石台的七都镇,东至的东流镇、大渡口镇,贵池的殷家汇镇,青阳的木镇,它们的形成直接跟商贸的繁荣有关。

④运河、港口与物产——府治经济与人文的兴替。

池州境内共有两条人工运河,一条名新河,一条名车轴河,均开凿于北宋。其中车轴河凿于宋徽宗时,引长江入秋浦河,长十余公里,它使池州成为真正的港口城市。至此,江上船只必经池州。这条运河的开通最初的目的是为了运花石纲,“可避二百里风涛之险”(《宋史·卷二十五》)。另一条河早于车轴河,凿于仁宗时,由周湛调集三十万人于至和元年十一月至至和二年二月初凿成,前后用了冬季农闲的100天时间(《江南通志·卷六十六》)。从李阳河(江水支流)口引入江水,绕过太子矶、马石矶背后,再入江。船从此河出入江,将江段所有暗礁均皆绕过。两条运河在从北宋到明正德十一年何绍正封新河口时长达400余年的时间里,一直运行良好。

由于车轴河的开通,秋浦河便成为长江的一段支流,江上运输、旅游及官员来往者必过池口,有商者囤货,游者登岸,宦者入境等情况,池州的经济、人文也从此愈加兴盛。

由于人流物流的拉动,与当地服务业相联系的物产也日益丰富,池口不仅有“贵口归帆”“杜坞渔歌”的捕鱼场景,还出现了著名的酒村杏花村。北宋人张舜民在《画墁集·卷七》中云:池州“物产丰贱,北人寄居甚多”(今南门大转盘的清溪河滨,出土的大量北宋各个时期的钱币,似乎也证实了这点)。自宋至明，达官名宦、硕儒名学流连往返于池州者十之八九。如苏舜钦、王安石、司马光、苏轼、苏辙、曾巩、黄庭坚、梅尧臣、李纲、范成大、杨万里、陆游、元文宗、萨都剌、董其昌……

由于境内名宦的影响，再加上池守、令，如杜牧、何绍正、梅尧臣及名儒如朱熹、朱升、贡奎、黄殷士等对教育的热心，本土人文兴盛，就东至小小的檀村，仅宋代就出了14名进士。池州从明至清还出了4个状元，一个宰相，数十位重臣。如明代的状元黄观、大学士丁绍轼，及罗尚忠、毕铿、孔贞运、柯相，清代的王懿荣兄弟父子、吴襄等，皆为重臣。本土有著作的数百人，对于池州这个弹丸之地，不可谓文风不盛。

尽管自明代何绍正于正德十一年(1516)堵塞新河口以来，池州已不再是必然的港口城市，但由于此前的港口贸易拉动起来的内河航运物流仍然继续发挥着它们的作用。它畅通了池州与外界的联系，既加强了经济交流，又加强了文化交流。它使池州从以前的港口城市的被动接受，到更多的走出去。如清初池州武状元曹曰玮为贵池区刘街缟溪曹人，却占籍北京大兴；雍、乾时礼部尚书吴襄本青阳九华山老田吴人，却常往来于江苏镇江一带。

池州港口城市时代，随着书院的兴起，来池讲学的学者甚众，如朱熹、朱升、贡奎、黄殷士、王阳明、湛若水，尤其是元代的朱升主持齐山书院时，大江南北“学者一时云集”于此。它为明代人文兴盛奠定了深厚的基础。

良好的运输条件、富饶的物产和鼎盛的人文，使池州在明代乃至清初，都盛极一时，直到清中期才呈衰落趋势。

期间，由于经济的刺激，民间文化也获得了空前的发展，如各村庄傩事盛行，青通河流域诞生了青阳腔，九华河与清溪河流域诞生了地方民歌(今天仍在贵池区墩上镇保存下来)，尧渡河流域的花灯与采茶戏也流行一时。青通河的物流，九华河、清溪河和秋浦河流域的采矿业和造纸，尧渡河流域的茶业都达到了前所未有的规模和水平。

3. 战争——府治的变迁与兴废

池州府治与其他城池一样，也是由于战争而兴，因战争而废。池州早期的城池较为简陋，城墙皆为土墙，南宋陆游过池州时，记载池州以竹篱笆为城(陆游《入蜀记》)。自李芃立治于池州以来，池城第一次残破是黄巢军过境，刺史窦潏修复。潏作府治厅壁记，载其事(《嘉靖池州府志·卷九》)。其后元攻江南破城。明正德十年池州知府何绍正复修池州府城墙，易土墙为砖墙。加筑月墙，加强对城门的护卫，以应对火炮的攻击。其后，城墙常有修补，无有大的变动。至二十世纪五十年代后期，城墙终被拆除。元末以前，城池屡破，但城内居民罕有被大量杀戮，建筑似也未遭大的破坏。兹举仙台山祝圣寺为例。该寺建于唐贞观二年(628)，位于仙台山北麓，唐称祝圣寺。至元代仍称祝圣寺。这说明池城人口未有大的流动，历史记忆得以在民间保存。至明代常遇春三屠池城，当地人口几为殄灭，人口多为外来填充 ，历史失去了记忆，已不知祝圣寺为何寺，遂称其为景德寺。因寺的废弃而成了明儒学府的所在。寺犹如此，何况其他。民国至今仍流传有“划龙船，董董江”之民谣，传说当时常遇春屠城之后，城内只剩董、江二氏尚在，余者或死或逃，池城元气大伤。至明正德年间，城中仍有大量无主荒地。

始建于晚唐的萧相楼和弄水亭(皆为杜牧所建)，至明初也在战火中荡然无存了。故此一楼一亭，明人不再提及。

至明代何绍正于正德十年做池州知府时，池城建设大有建树。为防备上游江西宁王朱宸濠反叛，一面堵塞新河口，防止叛军沿江东下，入新河口经运河车轴河而进入秋浦河，从而轻易进犯池州。为了秘密准备，何绍正堵塞新河口时还特地寻找了一个借口说，江水漫灌民田，筑新河坝是为了除江水入侵之害。

另一方面，何绍正为加固城池，易土城为砖城。筑城周长一千四百二十九丈，费银二万三千余两(筑城所有银两全部来自百姓自发筹集)，起于正德十二年五月，成于正德十三年，是池州筑城史上第一座砖城墙(《嘉靖池州府志·卷九》之费宏《新城记》)。其军事意义十分巨大。至今出土的城墙砖，仍有大量是明代何绍正筑城时所用城墙砖(该城墙毁于1958年)。

4. 府治的文化景观——齐山与杏花村

自立州以来，经过著名文人的传颂和历代州府官长的着力打造，池州已成为江边风景优美的城市之一，其文化景观尤以齐山与杏花村最为有名。

（1）齐山

踞城东南五里，与池城隔水相望，周遭五分之四环水。奇峰幽壑，怪石奇洞，可堪久玩。自杜牧以来，名人至齐山而留题咏者诗文无数，民国末，文献可征者已逾三千。

齐山之为江南名山，缘由有四：其山石、洞之奇，湖山映带，风光之秀绝，又近城郭，此为其一；以杜牧、张祜开其山，所谓振臂一呼，应者云集，此其二；来池游山之名臣巨卿甚多，此其三；名人游山者，多刻石而记，故有石刻数百枚，今尚存二百余枚，此其四。

齐山由池州刺史杜牧扬名并建亭之后，历代文人慕名而来，经北宋王哲、苏舜钦、梅尧臣、王安石、苏轼、司马光，南宋杨万里、范成大、岳飞、华岳、王十朋，元代萨都剌、贡奎，明代王守仁、董其昌、何绍正，清代施闰章、陈梅、周馥、方云耕诸人的努力颂扬，慕名而至者数百千人，留下诗歌达三千首之多，加上现存碑刻200多块，可谓人文宏胜、江南名山。其人文之地位实过九华、黄山。

在经营齐山的池州名守中，尤可称者有：唐代李方玄之凿齐山北山；杜牧建翠微亭于齐山并作九日诗歌之会，齐山始扬名，又作弄水亭，以辅齐山之景；宋知州王哲遍请国内名流，以扬齐山之名，如王安石、司马光辈皆在北宋王哲守池时来游过齐山；明太守何绍正于齐山建齐山书院，建亭若干，使齐山为可憩可游玩之地。

（2）杏花村

府治的第二人文奇景是杏花村。杏花村在西门外，出西城门即是。杏花村肇起于唐，在李芃立府治于池州以前，此地应有零星的酒家。李白泛舟杏花村南的平天湖曾有“看花上酒船”（李白《秋浦歌》）之句，即李芃迁府治于此之时，杏花村才成为真正意义上的酒肆。

按旧考，李芃筑池城范围即是池州市治老城区所在范围（窦谲《池州重建大厅壁记》，见《嘉靖池州府志·卷九》）。为仿造旧府人文，李芃仿秋浦县治的昭明庙于杏花村西杜坞山处筑昭明庙，以供奉昭明神祇，又于不远的镇山临水处发现梁时昭明钓台遗址（这是真正的南陵郡昭明钓矶，其山今名为毛骨盖山，府志称为镇山。该地实是南陵郡与北江州州城最后所在地），名之曰昭明钓台，以像旧治玉镜潭之昭明钓台。

池州的昭明崇拜者李芃开启了后续的池州刺史、知州、知府对昭明文化的用心经营，使昭明文化深入池州文化之骨髓，成为他们管理人民一种重要的精神控制力。

昭明庙重建于杏花村，不独引来官民的膜拜，还招致江上过往的商人（郎遂《杏花村志》）到此祭祀祈福。因而杏花村就有了一支重要的人流——祭祀人流。杏花村作为秋浦河、长江至清溪河之间的物流转运中心，从秋浦河杜坞上岸的货物或运至城内，或转入清溪河，仅四里山路，步行最多不超过1个小时，而从清溪河河口绕道至平天湖上溯没有4个小时则走不到。故此商贸人流是杏花村第二支人流。杏花村第三支人流是府衙官吏。他们迎来送往、呼酒买醉，杏花村是最好的去处。杏花村的第四支人流是文人雅士，到杏花村寻幽探胜、流连长啸。自杜牧为杏花村扬名以来，历代文人来杏花村者颇多，如南唐伍乔，北宋梅尧臣、沈辽，南宋陆游、朱熹，元明之际来游者更多。一部《杏花村志》就录有关于杏花村的诗歌1200余首。杏花村有十二景，农耕、渔猎之景皆有。

5.从池州地区至池州市

（1）三撤两建与贵池市

由于池州是极具军事意义的地域，天下一统时，常要面临被撤的尴尬。割据时代，尤其是南北对峙时代，池州地位飙升，尤其是1949年渡江战役刚一结束，池州就立马设立行政区，以小小江城，统领包括芜湖在内的九县一市（贵池、东流、至德、石台、青阳、铜陵、繁昌、南陵、芜湖和大通市）。

但不久时局稳定以后，却招致三撤两建的折磨。

三次撤销池州地区，又两次恢复池州地区，期间的反反复复，对池州的文物破坏很大。例如，在池州被撤销并入安庆的时候，许多池人先贤著作，被人工挑至码头，再用轮船运往安庆。运输途中大量图书遗失，一部分被人为烧毁（有的搬运工人因在码头夜间候船，就地烧书取暖，烧毁了大量极其珍贵的书籍）。这种文化伤害，深深留在池人的记忆里，伤口永远无法抹平。

1988年，设立贵池市，是一个县级市，财政有限，并没有产生大的作为。

（2）建市以来主城区的扩展

池州市自2000年建市以来，不断扩大框架，向南扩至齐山湖、平天湖、齐山以南、白沙湖之东南，沿江延伸至江口梅龙。

白沙湖、齐山湖（一部分成湿地公园）、齐山已被包围在城中，形成了“山水在城中，城在山水中”的园林城市格局。

由于主城区的不断扩张，以及随后而来的密集人口的疏散，绿色植物的保留与修复，池州自然生态环境总体大为改观，它推动了池州向生态旅游城市发展。

池州主城区的扩展不仅是城市人口的增加以及房地产商的推动，也是成熟经济与文化功能日益突显的标志。如儒学府的复建，清溪河公园、齐山平天湖景区、湿地公园、百荷公园建设，杏花村复建，等等，既是文化旅游的对象物，又是旅游经济发展的结果。同样，大学城的建设，显然有拉动房产之嫌，但也确实加强了文化硬件建设。开发区的建设使城市功能区日渐优化。

（3）生态、历史人文与城市建设

老城区作为池州市治所在地，在城区的不断扩展和老城区的改造中，留下了许多困惑、尴尬与勉强。

首先是文化遗迹的保护与修复问题。由于城区自东晋以来即有文字记载的建筑物与相关的道教活动，经过1700多年的文化沉淀，主城区虽历经天灾人祸，但仍遗存了大量的文化遗产，主要是物质的，如石井、石桥、石塔，府衙遗址、县衙遗址、儒学府以及大量的石质、瓷质、金属文物，然而一些遗址未能得到保护，不少文物被毁弃或盗卖。现在保存完好的都是城市扩张之前就已经被保护的文物，历史文物在不断减少或消失。

其次，历史人文在不断被篡改。城市扩张以来，文物修复改成再造“文物”,如孝肃街、毓秀门、秀山门、儒学府与“古城墙”这些“伪文物”的出现,混淆了人们对历史真实的认知。

再次,文物转移性缺失和“文物记忆性贬值”,近代以来,外来人口的大量涌入,使池州城的历史文化渐渐面临承继断绝的危险。作为城市个性中的一个最重要的标记——历史文化标记,正在淡化。

最后,自1958年围垦东南湖以来,生态环境出现了显著的变化。第一是水质恶化,清溪河拦腰截为几段,成为死水,过了好多年才被疏通,水质日见清澈。但居民生活污水仍有不少出口在清溪河,下游水质仍不乐观。第二,植物生态系统遭到破坏。大量树种的引入,使本土树种和草种受到严重抑制。第三,城市建设后所带来的严重的土壤破坏,以及工业、生活废水等原因,地下水的污染日益严重。

因而池州市治的城市建设应着力发挥它的优势,将生态、历史人文与城市建设高度统一起来,那样它才能成为一个极具自身个性的生态古城。

(4)长江航道变化与城市发展

池州是个江城,在历史上还曾经一度是重要的港口城市。长江的航道变化是促成池州成为港口城市的重要因素。故自宋代运河开凿以来,城市渐趋繁荣。但明正德年间,何绍正任池州知府之后,出于安全的需要(上游江西宁王朱宸濠密谋造反),堵塞新河口,遂使江上过往船只如过池州,必从凤凰洲头绕过一小弯,这样池州就成为江上船只不一定非过不可的地方,繁华渐趋衰落。

(5)近城区的垦殖与城市人口

池州作为江城,既是江防要塞又是交通中心,应该具备了形成较大的政治中心的核心条件。但是,在古代运输不甚发达的情况下,粮食供给成为它无法容纳大量人口的致命因素。近城区土地较少,无法大量种植粮食,这种状况一直持续到清朝末年,状况才有较大的改观。民国初年,贵池乡贤刘士珩等人倡导垦荒,并带头组织垦殖公司,开始大量垦殖秋浦秋江段荒滩;先后有一帮本地乡绅及外地有识之士积极加入,在秋浦两岸围湖造田、围湖养鱼,大片荒地滩头被开垦为良田。随着近城区产粮区的大面积出现,为城市人口的增加了供给保障。垦殖大量招募来的民工,也开始在垦殖区定居下来。秋江垦殖区现在大部分人口,就是那时从庐江、枞阳、桐城等地来的垦殖民工后代。

(二)石台县治的变迁

1.石埭场——山越人交通咽喉上的锁链

三国时代,孙策为解决心腹之患山越,几次征剿,其后孙权继续征讨。孙权黄武二年,大将韩当打下今石台横渡一带,并在此设立石埭场。韩当也被孙权封为石城侯,因其率领解烦兵及敢死队共计一万多人,以征伐包括石台境内的山越有功(《三国志·吴志·卷十》)。石埭场,居于今鸿凌河上游,三水合流之处。溯北支流涟溪可往七都,七都河可下到歙县;南支流管溪、瑕溪可往祁门。此地可以隔断池州山越与歙县、祁门一带山越的联系,故可切断山越南逃的路线。石埭场具体的地点,当在今石台牯牛降北与今怪潭北合流处钓鱼台村。因此地当流二石夷平如砥,故称石埭。根据这一带平坦地势的大小,我们可能推断,石埭场的位子仅能容纳2000人至10 000人。也就是说,孙权的常驻部队,不会少于2000人。其后韩当子“袭石城侯,叛,侯废”。此即石埭县前身。至此,石埭场、石城、春谷、陵阳环绕九华山为中心的山越居住区,对其形成完整的合围圈,既包围又阻断。这为后来诸葛恪剿灭池境山越的“瓮中捉鳖”计划,提供了有力保障。

随着诸葛恪在嘉禾五年(236)冬剿灭池境山区的山越之后,山区的石城县迁出至太子矶畔的莲花村(在今贵池区晏塘乡莲花村江边新河坝),虎林城则迁至今贵池东约二十五里处(《明一统志》卷十六),由监控山越,改为监控长江航道和江北敌情与战略资源铜铁冶等。

吴在今青阳县治处设临城县,以防泾县北部山越进入九华山。

《江南通志·卷三十四》云,梁武帝大同年间,石埭场升为县。《太平寰宇记·卷一百五》引《舆地志》云“梁大同二年置石埭县”。又云“因贵池源(即贵长池源头,又称秋浦河源头)有两小石埭堰溪水,遂以为名。陈为隋灭,县废,遂以石埭并入南陵”。由此可知,石埭县一直到陈朝都还在。从大同二年(536)至南陈灭亡(589),前后存在五十余年。根据上述对石埭县得名的引证,可以看出,石埭县治,就在贵池源(贵长池的源头,也即秋浦河的源头),即今横渡怪潭一带。也就是石埭场所在地(揆之以地形,山间仅钓鱼台村一处为平地,此当即是梁、陈石埭县遗址)。换句话说,就是石埭场就地升格为县。之所以就地不移,一是这里扼徽杭与长江要津,交通位置极为重要;还有可能是因为这里曾经是冶炼场(田野调查表明,附近铜陵坡有铜矿,至今尚有十余座古矿井,仍有继续开采冶炼的价值)。这是石台的第一次设县。

永泰元年(765),石埭县治迁移至今太平广阳(陵阳县治南数里处),析陵阳县一部分并入石埭县,以监控泾县山区的山越,防其进入池州山区(《旧唐书·卷四十》)。老石埭县治(石埭场)一直处于方清的兵锋之下,一度为其占领("永泰中土人方清作乱,屯石埭城。"《太平寰宇记·卷一百四》),故不适宜于故城处立县。

2.晚唐军事斗争与县治的第二、三次迁移

晚唐安史之乱后,唐王朝一日千里,继而黄巢又乱。巢军动辄攻取,杀人无数,各地小县相继破灭,池州府城也被攻陷。石埭人桂盛据七里(今石台县治所在地)依山带河,险固异常,巢军无功而返。此地的军事价值一时彰显,实为乱世之理想县府所在。故黄巢乱后,石埭县治一度可能迁至七里,这是第二次迁移。

及至五代杨吴时期,保证南北物质交流的安全问题,再次显得重要。故县治再次迁回陵阳南的青弋江上游,以保青通河与新安江之间物流的安全。这是县治的第三次迁移。

3.政治与经济的权衡——县治第三次迁移原因

如上所述,石埭县治的第三次迁移,不独是保证物流安全,也还多少带有政治因素的考虑。第一,县治于此,居于临城、定陵等监控链上,而此县独处于深山。因为据险而乱,已成为晚唐惯例。第二,经营好青弋江的上游,也保证

了下游安全。第三,此地扼青弋江、青通河源头纽带处,军事意义也十分突出。

4.县治迁移与军事斗争

(1)成因分析

石埭县治的设立因山越而起,山越灭而立,方清兴而再立,黄巢灭而迁,杨吴兴而再迁,可见石埭县治一直是作为军事城堡而出现的,因为多次县治迁移,故石埭县文物也陷入不可考的状况,因此,不明其意义的清代石埭知县姚子庄盛叹:石埭的县治迁徙不可考。

军事斗争的需要使石埭的县治不停迁徙,而石埭县城地点的不断移动也反映了不同时期军事斗争的变化。

(2)桂氏家族与七里

桂氏家族因安史之乱来石埭,最初一世祖桂智览可能居住于石埭七都,至今七都仍有一座古桥叫桑园桥(按桂氏家谱:居"吴地桑林",确切地点不可考)。

至迟在其孙桂盛时,迁往七里(今石台县治)。七里山环水绕,地势雄险,扼秋浦,能控半个石台。桂盛乃石台桂氏三世祖,为安南都护桂仲武之子。其为人有武略,居七里,苦心经营,使七里很快成为一座在乱世中自给有余又能自保的山寨。

黄巢军进犯七里时,虽曾一度攻入桂盛寨中,并掳桂盛女,女恐兵辱而投井(后人称此井为金钗井,盛女名金钗,井今犹存。《江南通志·卷一百七十九》),但很快被桂盛击退。桂盛保民有功德,朝廷赠其为尚书。百姓也盛戴其恩,金钗井至今犹在,即为明证,桂氏也因此繁荣壮大。

后来石埭县治移于此,一半是此地险要,一半也因为桂盛的军事斗争的成功。

5.石埭场的地域历史

三国建石埭场,其址一直在石台横渡。因为这个地方水中有二巨石,形成天然石坎,即是所谓石埭。控管溪、涟溪、鸿凌河三水,实为扼水路之要。这与山中居民山越人的习俗有关。山越人“山居水行”这一习俗，在九华山庙前出土的战国时代的越人墓里可以看见一些影子。该墓主虽为早期越人，但其棺木已是以独木挖成的独木舟。因而，要控制山越人，首要的是控制水道。由于二巨石在水中形成一道天然堤坎，往来船只在此经过，均需拖拽而过。立栅（场）于此，对这三条河流域的山越能形成最为有效的控制。诸葛恪剿灭池州山区的山越之后，山区为之一空，再建城于此，也是因为外来移民延续了山越人的这一习俗之故。

到了盛唐时期，山越人又开始兴旺起来，安史之乱时又趁机为乱。唐代大将柏良器就因为征剿叛乱的山越人有功，一路上升，直至禁军首领（柏良器晚年居青阳，今朱备柏村，此一带柏姓为其后人）。山越人的再次崛起，使唐王朝对石埭县城军事安全必须加以考虑，在桂盛抵御黄巢军队成功之后，于晚唐移石埭县治于七里。这是第四次迁移。宋初第五次迁移，又移回广阳（《太平寰宇记·卷一百五》），但不知何时又移回七里，这是第六次迁移。直到南宋理宗时，方再移至广阳，为第七次迁移。《江南通志·卷二十四》云：“石埭县，宋宝应（“应”当为“庆”，宝庆，宋理宗年号，1224—1227）间，自七里旧县迁治于此。”这可能又是出于对青通河的交通安全考虑，此为后话。

（1）石埭场地名的历史含义

对石埭的城镇历史变迁进行考察，绕不开石埭场这个话题。前已述，石埭场是孙吴大将韩当为石城侯时所置，是他率领解烦兵和敢死队打下七都至横渡这一带之后（《三国志·吴志》），才设置了这个军事营垒。这一带的土地也被分给韩当的部曲和他们的家属。由于韩当是北方人，他的部曲也以北方人为多。他们把北方的地名带到这里。至今七都至横渡一带还保存着这种叫“坞”的地名，石埭场即有仓子坞，为韩当屯军粮遗址（怪潭附近的钓鱼台村有地名称“仓库”者，疑即仓子坞遗址）。又如七都的坞里、大麦坞、杨梅坞、曹家坞和西阬坞，横渡的阴坞阬和深溪坞等。晋统一天下后，石埭场遂入宣城。梁代又置，并在梁大同二年将石埭场升格为石埭县，这是石埭定县之始，也是石埭场结束之时。

纵观石埭场的发展，可以知道石埭场的军事意义所在。《太平环寰记·卷一百五》称"(石埭之名)因贵池源有两小石埭,堰溪水,遂以为名",大约石埭场也即在此地。《太平寰宇记》并没有解释这个石埭场是个什么意思。按"场"的本意为活动场所之意,如科场、场屋、盐场、疆场,或炼冶之地,如法门场(在铜陵,南朝设,是炼铜基地)、东流场(唐会昌年设,属彭泽县,是鱼、茶等商品的集散地和管理机构)。石埭场作为炼冶之地的场是三国之后的事。而韩当攻山越打下此地而设"石埭场",似乎军事活动的意义较多,有类"疆场"。及至石埭设炼冶之地,"石埭场"是在这里,还是在广阳,仍为一问题。因为正是这种疆"场"是带军事及管治性质的政府一级组织,当它转变为一级政府时,是易如反掌的。故此种场往往因为需要而升为县级政府,"石埭场"在梁废齐之后,于梁大同二年(536)即升为县。同样,在彭泽县的黄菊乡(今属东至县东流镇)的东流场,也是在唐武宗会昌元年(841)置,虽无军事性质,但有管理性质,转身也很容易,后于南唐保大十三年(955)升格为县治。

(2)水稻种植与石埭

前已叙山越人迁入此地也将种植旱稻的技术带入山区,在池州山区大规模种植旱稻也应是从此开始(平原地带有吴人和楚人在种植水稻,但在山区,他们只有零星的种植)。韩当剿越人而置石埭场,应该这里曾是越人来往较多,居住人口不少的地方。由于韩当的军事打击,以及石埭场的存在,越人都纷纷逃离此地,不愿在此地耕作生活。但越人在此遗下的梯田至今仍广泛存在。但限于条件,目前尚未在此地进行大规模梯田考古。从目测来看,此地山台树木的层状分布,应是古梯田的遗址,这期待于进一步的考古发现。

6."小小石埭县,大大七都村"——经济意义与军事意义的强烈反差

石台的七都,是一个山间小盆地上的集镇,面积不大。但它东接青弋江与陵阳,南接歙、黟、浙,西接秋浦与江西,当地山区物产富饶,是个物流汇聚、人流必经之地。自唐以来,七都就十分繁荣,居于此的富商巨贾不少。正因为这里的财富、人口、物流和人流,使它成为石埭最繁荣的经济中心,使这个偏远的小县在赋税上仰仗不少;加之一些相应经济结构的复杂性和管理难度,并不下县城,所以"小小石埭县,大大七都村"的说法就流传了开来。另外,从开发史

来看，七都有四大姓，其中毕、沈两家据说从唐时就来了，而七里县城的大姓桂氏，其一世祖桂智览，唐天宝十四年以前就逃难江南，最初落脚地“吴地桑林”（桂大受《桂氏宗谱序》，见《桂氏宗谱》首卷），很可能也是七都的桑园，到了第三代桂盛方才到七里安家。至于广阳，其经济功能为陵阳所取代。

应该说七都的开发，早于七里或广阳，而且它具备了一般城镇的经济功能和经济结构，比起单纯军事和居住功能的七里或广阳实在是复杂若干倍。

（三）东至县城的变迁

1.历史上的东至

东至是二十世纪五十年代的东流和至德二县合并而成，是池州面积最大的县。地貌类型多样，有山地、丘陵、平原、湖泊，是典型的农耕与商贸文化兼容的地区。尽管历史上二县的设立时间不同，但起初都是源于军事意义。

（1）东流县城

①东流县城与长江水道。

东流县的得名取“大江自湓城而下，逶迤东注”之义（《明一统志·卷十六》），与望江县雷池隔江相望。

江水过马当（在彭泽县境）之险，至此与尧渡河汇合，向东而去。《太平环寰记·卷一百五》称“东流……本彭泽县之黄菊乡，控带江山。唐会昌初建为东流场，在古废和城县侧。大中四年移于今理”。南唐保大十三年，南唐中主李璟鉴于后周咄咄逼人的兵锋，为加强江防，“升（东流场）为东流县”，隶江洲。太平兴国三年（978），宋太宗将东流县划归池州。

整个东流县狭长绵延，西接江西彭泽，东接贵池区的牛头山。它为控扼江流而设的意图十分明显。这种设置在当时承平时代似乎没有见到什么效果，但它在动乱时，确实发挥过重大作用。明武宗时，分封在江西的宁王朱宸濠反，正是这个东流县挡住了他沿江东下的去路，他本人败在东流县黄石矶（见《明史》）。

南宋，这里成为抗金的重要前线，岳飞曾在此县所辖的升金湖训练过水军，在湖边仍留有一方“鹏举之军”的石刻（据笔者调查，二十世纪七十年代始被毁）。

②东流县城与历史上的尧渡河。

尧渡河发源于东至与江西浮梁县交界处。它穿过建德全境，在东流县治处进入长江，故此河是沟通江西浮梁以及景德镇与长江的水上交通要道。明代运输景德镇的进贡瓷器，为避鄱阳湖和长江马当段的覆船之险，曾一度改道由尧渡河运至长江。

由于尧渡河的上游至德县的南端，与江西浮梁县接壤，民风喜植茶、制茶，故茶商沿尧渡河而下，经至德县城和东流县城而至长江。从历史上说，东流承接了上游至德的物流，加上江上渔业市场，此处也称为商城，故县衙一直与商相杂，是城与市合流的典型，如建城墙实不方便集市交易。因为这里空间狭小，修筑城墙之后，商人于城墙外已无地可建高墙，居于城内者又不方便交易，故东流县长期无城墙，直至明万历年陈春为东流县令，为警备，始筑。清顺治六年（1649），知县苏宏谟易以砖城（《乾隆池州府志·卷十四》）。

据《东流县志》，东流县城内主街商铺众多，这说明在这个江河交汇处，城市的经济功能已经与政治军事功能并行而存了。

③县城的人文与兴废。

东流原属鄱阳郡彭泽县管辖，自从陶渊明任彭泽令之后，虽在官八十余日，但流风余韵，影响深远。东流县域在当时是彭泽县的一个乡，传说渊明于此种黄菊，后来就称黄菊乡。当陶渊明被梁代昭明太子萧统宣传后（《萧统文选·陶渊明诗》与《昭明太子集·陶渊明传》），后代慕陶之人品者于东流建菊江亭以怀之。不仅如此，当地人也很敬重陶渊明，在这里还建有陶公祠，以享先生，聊抒仰慕之情。

然而这里毕竟是个商贾之地，尤其是明代开始，商业活动加大，还有就是随着明代以来水军技术的成熟以及江防的需要，城墙被建筑，县城的军事意义也不断突出，东流县城也在不断巩固之中。

东流未从彭泽县划出之前，于唐武宗会昌年间设东流场，它可能与会昌年增江淮茶税有关。《文献通考·卷十八》云："武宗即位，盐铁转运使崔铁又增江淮茶税"，而东流场恰在此时设立，不能说这两者之间毫无关系。南唐中宗李璟保大十三年(955)从彭泽县划出，独立设为东流县，归属江洲。宋太宗太平兴国年间归属池州，直至20世纪中叶被合并前，县名一直未变。自从东流立县以来，由于县小，人少，经济和文化的发展远不如周边诸县，并未形成优势。东流是池州六县中各方面影响力都是最小的一个县。

(2)至德县城的变迁

至德县属地本是唐秋浦县和鄱阳县的一部分。安史之乱后，至德二年(757)，采访使宣州刺史宋若思上奏朝廷，以此地山区遥远，宜置县以遏寇，并以皇帝年号为县名，因名至德县。当时池州尚未复立，至德二年设县后，归属浔阳郡，至唐乾元元年，又改属饶州，永泰三年才归属池州(《元和郡县志·卷二十九》)。南唐保大十三年，南唐中宗李璟为避周世宗兵锋，逃遁至南昌，改至德县为建德县(见《光绪建德县志·卷一》)。

至德县立县的初衷就是因为这里山区遥远，江防易产生漏洞。它东距宣城数百里，西距鄱阳也数百里，若遇寇深入，虽数旬不晓。故为遏寇，必于此设县，扼尧渡、张溪二河，以防寇深入南方。唐设立了至德县未久，至德人陈庄、宣州人方清(《新唐书》称其为苏州土豪)，占据秋浦、至德县交界处的乌石山，设立乌石山寨(今为东至县与贵池区交界处)，聚兵抢劫江上商船，使江上交通陷于瘫痪(《太平寰宇记·卷一百五》)。这既证明了宋若思的远见，又证明了至德县存在的军事价值。永泰二年(766)池州刺史李芃能讨平二贼，得益于石埭在南、至德在西，截断了二匪逃往深山的去路。

承平时代，至德并不被重视，宋初，梅尧臣为建德令时，县衙竟无围墙，常有猛虎光临。

在陈友谅与朱元璋割据并峙江南时，池州作为朱元璋进攻陈友谅的前哨阵地，至德是前哨中的前哨，曾给予过朱元璋强有力的支持。

①至德县昭潭镇与明代瓷道。

明嘉靖年间，景德镇上贡京城的瓷器，为避开鄱阳湖和江道的风涛之险，取至德昭潭下尧渡河，而入长江。

至德(南唐保大十三年改名建德)小县而承此重役。民不堪命,此重役的存在近三十年,直到隆庆三年海瑞为御史巡抚应天府时,奏罢此役(东至县现保存有明隆庆四年的《巡抚都御史海公德政碑》)。

至德昭潭东北为尧渡河,可入江,南有河入接浮梁,西南有鄱阳湖,是水运交通枢纽。尧渡河水系与鄱阳湖水系沟通的货物非集结于此不可,故北宋设永丰监于此,实借三水之力,合炼二区(池州、饶州)之铜。

瓷为易碎物品,取道山溪之水,受季节限制较大,枯水季节无法运输,涨水季节,洪水湍急难以驭舟,只是相对于鄱阳湖风涛风险较小而已。加上沿途挽舟,旱路运输,都需要大量人力。故此瓷道实为权宜之计。若大量贩运,无法取道于此。

②至德县城与浮梁之茶。

在至德二年前,至德县境之大半属江西之浮梁,种茶之俗,习染已深,立县以后又曾一度归属江西。故至德之种茶、贩茶实有一千多年历史。至德县城属尧渡下游,西临长江,官商来往频繁,因县城居住方便,仓储较易,交易安全,故为茶叶之集散地。茶农制茶后,运输至此交易,商人囤积贩运。茶庄甚夥,各店铺竞出新奇。著名如"祁红"者,即源于尧渡街,为黟县茶商在至德城内贩茶时研制(初谓之为"红毛茶")。后茶农将湿茶草直接贩运至德城内加工成红茶。加工茶叶也因贩茶而起,故承平之时,县城实为商易之市。

2.东流、至德合并的原因

东流、至德二县正式合并于1959年5月,其合并的客观原因主要有以下几点:

(1)东流县城军事意义淡化,交通中心地位丧失

中华人民共和国成立后,天下承平,东流县作为濒江县城而监控长江的意义已经丧失;又随着交通工具的变化,内陆水上运输慢慢退居次要,载人载物以陆地交通为主,此处已不再是物流、人流荟萃之所,因而渐趋冷落。作为一个县城其交通中心地位的丧失,军事和经济功能日趋衰退,它的迁移或被合并的命运就不可避免。

（2）经济因素刺激

随着交通的变化，东流县城经济功能不断衰竭，至德县的经济功能却日渐突显。

首先，至德县城，处在池州至江西九江的公路主干道上，尧渡河又流经县城，这使它成了水陆交通枢纽，伴随而来的人流、物流不断加大。无论从水路或陆路，必到至德县城进行交易或转运出境，外地货物的输入，也必经至德县城交易转运。故其物流中心的功能日渐完善和发达。

（3）人口因素与农耕繁荣中心转移

早期至德以渔茶山货交易为主，随着垦荒力度加大，土地大量增加，尤其尧渡河及其支流冲积而成的平原，均被垦殖为良田和熟地。粮食增加也促进了至德人口的繁荣。而东流沿江一带荒滩虽也被开垦，但耕种面积无法与至德相比，因而至德渐渐成了这一带的人口和农耕的主要集中区。

正是以上三大主要原因，促使东流、至德的合并，并定县城在至德县城。1959年两县合并，各取县名的头一字，名曰东至。

（4）近代以来主城区变化

近代以来，由于东至工商业发展以及政治功能的增强，尤其是教育事业的蓬勃发展，带动了人口的聚集和房地产业的发展，使主城区不断扩大，城市功能日益完善。

东至人历来重视教育，大批家长进城陪读，他们租房或买房，成为拉动东至房地产重要力量之一。

（四）青阳县治的变迁

青阳县在汉代以前归春谷县，汉武帝元封二年南部归陵阳县管辖，北部归泾县管辖。

讲青阳县治前，必须先从陵阳的县治说起，尽管陵阳县治与青阳县治地理位置相距有些距离，但它们有相续未断的延续关系。

1.从陵阳县设置前历史说起

(1)陵阳县的前身

从陵阳向北由临城河沟通长江,向南由陵阳河(古称博山河,俗称南流河)沟通青弋江上游,并溯青弋江南侧支流,越分水岭进入新安江流域。陵阳实为沟通南方的交通大动脉之中枢:无论人流物流,均需在此中转。

根据宋《路史·卷二十九》引用汉许慎(58—149)的记载,陵阳在古时即为一诸侯小国,但《路史》并没有说是何时。汉代封陵阳侯的是丁綝,他是和光武帝一道打天下的,后由其子丁鸿袭封。丁鸿是东汉鸿儒,后徙封鲁阳乡侯。于今,青阳北部与铜陵交界丁家桥一带,丁氏家族人数不少,不知是否是其后人。以《路史》多喜言三代以前事的习惯,这种西汉就立县东汉才有封侯的小县是不屑于说的,"诸侯小国"应另有所指。如果《路史》指的是三代(夏商周)时的"诸侯小国",应该是属于哪一代?经考,我们认为是殷商中期。

商代中期(前1200年左右),"王师伐大彭"(《竹书纪年》),"大彭"即当时较为强大的古彭国,在此次攻伐中被灭亡,其人民四处逃散。其中一支,可能是沿临城河上溯至陵阳,故陵阳的琉璃岭下便有了一座彭祖"墓"(《嘉靖池州府志·卷一》)。周春秋以前,包括夏商,诸侯是没有家庙的,要祭祖,只有立一个祖先的衣冠冢,以作为祭祀场地[①]。陵阳的彭祖墓就是古彭国所立祖先彭祖的祭祀冢。他们这一支在这里停下来,繁衍生息,到周代春秋晚期为止,已有六七百年的历史。他们向着东南,沿着青弋江的河谷发展。于是青弋江,这条早期没有名字的河流,被他们以家乡的母亲河"淮水"来命名。所以,青弋江上游直到汉代,仍然叫"淮水"(《汉书·地理志》《禹贡锥指·略例》)。这个来自淮河微山湖沼泽地的族群,习惯于沼泽地生活。故他们在青弋江的河谷和青阳北部的青通河的东支流七星河所形成的沼泽地上生活。他们占据了青阳北部铜陵一带铜矿,并将他们从中原带来的冶铜和铸造技术,用来从事铜的采冶和

① 李修松.先秦史探研[M].合肥:安徽大学出版社,2006:411.

铸造[①]。由于长期与中原隔绝，到了春秋末期，他们的技术还停留在商代中期。从这一时期出土的青铜器看，确是如此。学者杨立新在《皖南先秦青铜文化初析》中说："皖南青铜冶铸业在商代中期受中原文化的影响而产生。"这些都是古彭国在青阳留下的蛛丝马迹。

到吴王阖闾时，这个族群六七百年的平静生活被打乱。古彭国和吴国为争夺铜陵、南陵一带铜矿，不惜决一死战。古彭国在七星河流域投入大约一万以上的兵力，与吴国决战，一战而败，丢弃了他们的青铜大铙(现藏于青阳博物馆)，逃向江西九江一带。经过一百年的努力，到前370年左右，古彭国在九江站稳脚跟，并在这一带水面打上自己的文化印记——彭蠡(《战国策·卷二十二》)。四百余年以后，他们又将他们生活的这片沼泽地命名为彭泽(《前汉书·卷二十八上》)。一个从沼泽地(古彭国就在徐州微山湖沼泽地生活)来的族群，必然首先选择在沼泽地生活。彭泽正印证了这个千古不变的族群迁徙规律。

近些年，南陵一带相继出土的吴王光剑，证明吴国占领该地后，曾在此铸造剑等兵器。其中一把吴王光剑上刻有类似"作此以伐越人"的字样(剑身原文有"合战成人"，剑藏于安徽省博物馆。此剑在南陵县三里乡吕山村出土)，说明阖闾在灭越之前，就已经占领了这个地方，即在前496年之前的几年，吴就灭了古彭国。二十多年后，吴为越所灭，一百多年后，越又为楚所灭。楚在沿江江南的越国"吴故地"设春谷县。青阳，包括陵阳在内，成了春谷县的一部分。这时，古彭国人估计在吴王阖闾时早已逃光(没有参加与吴国决战的古彭国其他族人可能沿石台县七都河，向浙江西南部逃走，成为浙江钱氏的先祖)，陵阳这个诸侯小国，也从此不复存在。

(2)双重功能的陵阳县治

汉武帝建元三年(前138)九月，朝廷将东瓯这拨越人移到"江淮之间"(《资治通鉴·卷十七》)，即今宣城泾县的青弋江以西，彭蠡以东一带。第二次移民是元封二年(前109)将东越和数次反叛的闽越"悉徙其民于江淮之间"，

---

① 王开，陈建立，朔知安徽铜陵县师姑墩遗址出土青铜冶铸遗物的相关问题[J].考古，2013(7)：91—104.

和东瓯同安置在一个地方(《资治通鉴·卷二十》),并设立陵阳县。这些地方本是吴王刘濞的封地,七国之乱平,收归中央(《史记》),故中央有权在这些地方安置其移民。

元封二年,汉武帝不独在陵阳设立陵阳县,以管控青弋江和临城河的源头交界处,还于青弋江入江处设芜湖县,其中游设泾县。在秋浦河的两大支流交会处,设立石城县。复设春谷县,以加强梅根河(九华山发源的五溪河和太朴山发源的马牙河合流后形成梅根河)下游的管控。这就彻底断绝了山越的入江通道,确保了南江和中江航道的安全。越人只有被堵在山中,自生自灭。这样,东瓯人、东越人、闽越人,加上本土山区的吴人、越人和楚人,共同形成"山越人"。这批山越人,从汉王朝在"江淮之间"所设的几个县城(包括丹阳郡城)都是扼水道来看,他们确实像《越绝书》所说的其他地方越人一样,不得不"山居水行"。

陵阳正处在临城河和青弋江尾梢,所以,向北可通过临城河进入长江,凭借青弋江可以到达东南的泾县。陵阳恰好卡在沟通南北的交通枢纽上。这是陵阳设县的第一重功能——它能有效地阻断山越人进入长江或青弋江。陵阳另一种功能就是经济功能,作为南北货物的仓储地。也就是说,它控制了山越人简单生活必需的贸易品,比如盐和铜铁。故一旦陵阳有事,山越必乱。

(3)陵阳县的式微和临城县的出现——孙吴与山越较量所发生的变化

陵阳到了东晋成帝的时候,为避杜太后的讳,改名广阳。直到齐梁之际的明山宾,在梁朝还做过广阳令(《梁书·卷二十七》)。其后,广阳作为县名,不再在梁代文献上出现了。因为梁朝在石埭场的位置设立了石埭县,于是撤去陵阳县(广阳),以利于腾出更多的精力来治理江边北方难民。为了解决北方难民问题,梁武帝先后在池州境内侨立了南太原郡、南陵郡等两个郡,管理这些难民人口与治安,临城、七星二河的管理就交给了临城县。

临城县治在今青阳县治稍偏东一点,也就是说在青通河的两大支流七星河和临城河的交会点上。临城县是三国时孙吴在赤乌中(244年前后)所立(《太平寰宇记·卷一百五》),用以隔断山越与铜陵、南陵等地铜矿的联系。孙吴将占领区土地分给他们的部曲,这些人根据自己的种植习惯,在这些平原和圩区也种植水稻。他们可能是丹阳太守程普子弟兵家属,大多是湖南人,故至今这一带山谷都无一例外的叫“冲”。

这样在青通河上就有了临城和陵阳两个县来管理一条河。这应该是孙吴在战时对付山越的无奈之举。临城县一直延续到萧梁。此后,青通河上游的陵阳县已经被撤,管理青通河唯一的临城县仍被保留。不仅如此,梁大同二年(536),梁武帝还封萧纲的第五子萧大连为临城县公。临城直到隋平陈之后,废入南陵县(《隋书·卷三十一》),也就是说,石埭场、陵阳县和临城县等三处的范围,统统都成为南陵县的一部分。

2.青阳县的设立

(1)唐代池州的青阳地域

梁至隋时这种淡化山区管理的做法,在山越被吴国剿残后一直未崛起的前提下是可以的。到了唐武德初年,形势就发生了变化。土人左难当、汪华等一直占据着泾歙等地,不肯归顺(《新唐书·卷一》)。这迫使唐王朝在武德四年(621)设立池州,以石城、南陵二县隶属池州(《新唐书·卷四十一》)。这时池州的面积西起石台与东至的边境,东到繁昌、南陵,南抵陵阳,北以长江为界。和今天的池州相比,多了铜陵、繁昌、南陵,少了东至县。这是青阳地域归池州之始。池州设立之后的武德六年,左难当归降了唐王朝(《新唐书·卷一》)。但此时的青阳地域仍归属南陵县,未能独立设县。很快,贞观元年(627),唐太宗即废池州,把注意力投向北方突厥和辽东,青阳再次失去独立设县的机会。

(2)青阳县的正式设立

“阬”,作为山越文化的独有地名,广泛分布在福建东部和“江淮之间”及江西的东南部。以“江淮之间”来说,青阳东部和泾县西南部最为密集,说明这一带山越人分布较多。唐王朝不得不认真考虑青通河的支流临城河安全问题,故唐玄宗于天宝元年(742)设青阳县,其范围南起陵阳,北沿青通河直到长江。县治依然设在故临城县旧治(即位于青通河两大支流的交会点)。这一设置有效地遏制了泾县山越人的向西扩张。青阳县从天宝元年直至今日，名称、县治位置从未变更，只是地理范围略有变化，即使这样的变化，历史上也只发生过一次。

天宝元年的青阳县开始是属于宣州管辖，永泰二年(766)方划入池州。《元和郡县志·卷二十九》称："青阳县，本汉泾县地。天宝元年洪州都督徐辉奏于吴所立临城县南置，属宣州，在青山之阳为名。永泰二年隶池州。"青阳自唐永泰二年以来，一直到清末，辖区范围也一直没有大的改动。期间有短暂的几次脱离过池州管辖。其境内的九华山，本属于青阳，后来才改为直属池州，作为宗教和旅游区进行规划和管理。

总之，池州作为八百里皖江南岸最早的临江州郡，同时又是最小的州郡，虽历经沧桑，而山川依旧秀丽；朝代更替，而民风仍然纯朴，正如《嘉靖池州府志》所言："山川清旷，俯瞰大江，江山千里，襟带六朝，君子尚礼，民多尚朴，士大夫崇恬退，尚气节。"池州是一个自然景观奇异和人文独特而深厚的城市。

二、千载诗人地
——诗人与诗城

近代以来，池州被称为“千载诗人地”。但是问题是，池州为何被称为“千载诗人地”，它配不配这个称誉？如果肯定，又有哪些理由？这些问题少有人考虑。

（一）何谓“千载诗人地”

这是我们要回答的第一个问题。

“千载诗人地”原是用来描述贵池杏花村的。清代江西诗人杨森在《杏花村》（《杏花村志·卷七》）中写道：

千载诗人地，无花亦此村。
茂林还酒店，芳草自柴门。
饮有提壶劝，耕闻布谷喧。
亭台如可复，不异牧之存。

杏花村是池州著名的一个千年古村落，至清代郎遂编《杏花村志》时，与该村有关的诗歌已达千首以上。仅据郎遂《杏花村志》已载诗歌统计，约有1200余首。池州杏花村自晚唐杜牧作《清明》诗对它扬名以来，历代诗人慕名而来，歌咏者络绎不绝，因而赢得了“千载诗人地”的美誉。然而将这一称谓延展到整个池州是否恰当呢？从今天我们所整理的资料来看，称整个池州为“千载诗人地”，实至名归，毫无半点夸张。

1. 千年以上的诗人

其实，诗人咏池州已有两千三百多年的历史了，说千年，只是为了讲述方便而已。

最早吟咏池州的诗人，从现在已找到的资料看，应是屈原。前277年左右，楚国郢都被秦国将领白起攻破。屈原可能在郢都被围之前，作为一般的贵族被疏散，开始乘船逃难。他沿江东下，经过武昌、九江，至池州，溯青通河支流临城河而上，滞居青阳陵阳。在陵阳隐居的几年里，他写下了《哀郢》《远游》《招魂》共三首辞赋，表达了自己对故国的追思和对神游的向往。

第二个描绘池州山川的诗人是一千六百年前的陶渊明。他虽生于东晋，后半生却活在刘宋王朝；易代之际，为生存而干禄，颇为辛苦。他是在东晋义熙元年（乙巳年，即405年）做建威将军的幕僚时，经过梅根河口（今贵池区梅龙镇九华河口）时，写下了他的《乙巳岁三月为建威参军使都经钱溪》（《陶渊明集·卷二》）。他写道：

我不践斯境，岁月好已积。
晨夕看山川，事事悉如昔。
微雨洗高林，清飙矫云翮。
眷彼品物存，义风都未隔。
伊余何为者，勉励从兹役。
一形似有制，素襟不可易。
园田日梦想，安得久离析。
终怀在壑舟，谅哉宜霜柏。

表达了他对池州山川的赞美，和对自由、理想境界的追求。同时，他在任彭泽县令时，也巡视过今天的东至县沿江一带（该地东晋时属于彭泽县），歌咏尧舜，勉励农耕，《嘉靖池州府志》还录其《劝农》诗一首。

第三个诗人是一千七百多年前晋代的郭璞。其实他和陶渊明的祖父陶侃是同时代的人。因为他对今天的读者影响没有陶大，故排在陶后面。虽然不清楚他是否来过池州，但他的《游仙诗》第六首中，明明白白地提到过陵阳，就是今天青阳的陵阳镇。诗云：

杂县寓鲁门，风暖将为灾。
吞舟涌海底，高浪驾蓬莱。
神仙排云出，但见金银台。
陵阳挹丹溜，容成挥玉杯。
姮娥扬妙音，洪崖颔其颐。
升降随长烟，飘飖戏九垓。
奇龄迈五龙，千岁方婴孩。
燕昭无灵气，汉武非仙才。

这里提到的陵阳就是陵阳县（即青阳陵阳镇及其周边）。“陵阳挹丹溜”，指的是汉武帝时，陵阳县令陵阳子明修仙的故事。

第四个经过池州而留下歌咏的，是齐武帝萧赜。在他继位之前，有一首遣兴之作，继位后命名为《估客乐》（明杨慎《丹铅余录·卷二十一》），经常在宫中演唱。诗云：

昔经樊邓役，阻潮梅根渚。
感忆追往事，意满辞不叙。

这是他在未称帝前，西征襄樊及邓州一带，回朝（南京）过池州梅根河所留下的。这首诗多次出现在杨慎的著作里。但他说这是武帝即位之后所作，恐怕不甚恰当。

第五个是萧梁武帝的女婿张缵，他在离开南京时，途径池州，在《南征赋》中记载了他路过池州江面时的见闻，对池州的风物人文赞美不已，今录涉及池州的一段如下：

嘉梅根之孝女，尚乘肥于媵姬。嗟吴人之重辟，忧峻网于将贻。彼沈瓜而显义，指沧波而为期，此浮履以明节，赴丹烂其何疑。信理感而情悼，实凄怅于余悲。空沈吟以遐想，愧邯郸之妙词。望南陵（今天的贵池一带，梁时为南陵郡的南陵县——笔者注）以寓目，美牙门之守志，当晋师之席卷，岂藩篱而不庇。携老弱于穷城，犹区区乎一篑。虽挈瓶之小善，实君子之所识。（阙一句）是谓事人之礼。入雷池之长浦（今天秋江大圩，即古之秋浦），想恭岱之芳尘。

临鱼官以辍膳，践寒蒲之抽筠。又有生为令德，没为明神。或捐家事主，携手拜亲；或正身殉义，哀感市人。所以家称纯孝，国号能臣。扬清徽于上列，并异世而为邻。发晓渚而溯风，苦神吴之难习。岸曜舟而不进，水腾沙以惊急。天曀曀其垂阴，雨霏霏而来集。愍征夫之劳瘁，每搴帷而伫立。由江沲之派别，望彭汇之通津，途未中乎及绛，日已盈于浃旬。于是千流共归，万岭分状，倒景悬高，浮天泻壮。清江洗涤，平湖夷畅，翻光转彩，出没摇漾。……

此外，梁代庾信在他的名作《枯树赋》中也留下“北陆以杨叶为关，南陵（今池州一带）以梅根作冶”的句子。

《嘉靖池州府志·卷八》收录了萧统的《上林》《有所思》《长相思》三首诗，认为是其在池之作。虽然萧统作为昭明太子，生前仁慈爱民，身后也成为深受池州人民爱戴的通神（上管天神，下管地鬼），但他是否来过池州（如果来过，应是在梁设南陵郡的时候，依据南陵郡城边有昭明钓台来判断，萧统应该来过池州），或即使来过池州，究竟待过多久，有没有在池州作诗的可能，都是一个问题，有待进一步研究。所以，这三首诗暂且存疑。

陈代，池州设北江州（北江州原在湖北黄冈境内，后来移至池州城西南的南陵（《太平寰宇记·卷一百五》）。南陵郡治所，设立之始，位于春谷县故地（汉以前所设县，所辖包括今天的当涂、芜湖、铜陵、青阳和秋浦河以东大部分地区。治所在今天的贵池老城东北二十余里，后移往秋浦河边的镇山（今杏花村景区内梅州晓雪西侧）。隋灭陈，将位于木闸乡境内的石城县易名秋浦县，县治再次移回汉代石城县治（今贵池区灌口长庄村）。彻底废弃北江州，以至于历史失去了对北江州治所所在地的记录。陈代皆无涉及池州的诗人和诗的记载。

唐代初，秋浦县开始出现本土诗人吴器高和胡楚宾。胡为高宗史臣，“文才敏捷，下笔千言，顷刻而成”。《全唐诗》里留下一首赞美胡楚宾文才的民谣：“前有胡楚宾，后有李翰林。词同三峡水，字值万黄金。”死后葬在贵池杉坞坑（今属石台小河丁香），可惜他和吴都没有诗歌留下来。

孟浩然是目前发现的过池州江面留下诗歌最早的唐代诗人。

西塞沿江岛，南陵问驿楼。
湖平津济阔，风止客帆收。
去去怀前浦[1]，茫茫泛夕流。
石逢罗刹[2]碍，山泊敬亭[3]幽。
火炽梅根冶，烟迷杨叶洲[4]。
离家复水宿，相伴赖沙鸥。

——《夜泊宣城界》[5]

由于在孟浩然时代，贵池称秋浦县，还属于宣城管辖，停泊贵池江面即称泊宣城界。这首诗描写的是，贵池区晏塘、木闸至梅龙的江面上所见之景物。

至李白来池州，池州才真正开始闻名于世，同时，因李白的影响，本土文化始大开声色。

在《李太白全集》(王琦注)中，先后29次提到秋浦，这个地名出现的次数仅次于"金陵"，成为在《李太白全集》中出现次数居第二位的地名，足见李白与池州关系的密切。李白来池州秋浦炼丹，触景生情，写下了《秋浦歌十七首》《寒夜独酌答王十二问》《夜泊黄山》《宿虾湖》《山中问答》《江上赠青阳县令韦仲堪》《鹧鸪词》《清溪夜半闻笛》等约58首诗歌，其中大部分是名篇。李白及其诗歌，大大刺激了池州本土文化的生长。尤其他为池州九华山、秋浦河、清溪河、陵阳等自然景观扬名之后，文人墨客接踵而至，使本土文人有机会接触外界文化，开启了池州文化的新篇章。

除九华山的吴器高、石台小河的胡楚宾外(初唐进士)，池州进士都是李白来过之后才出的。从秋浦出进士桂仲武(元和元年)、九华山出进士费冠卿(元和二年)以后，即唐代中期以来，池州诗人先后有十数人考中进士，占皖境唐代进士总人数的半数以上。《全唐诗》中留有他们和其他池境文人的大量诗作。

① 浦：今天的秋江大圩，古代称秋浦。

② 罗刹：乌沙长江之畔的罗刹矶。

③ 敬亭：代指宣城，这里指其境内的贵池。

④ 梅根冶：在今梅龙镇，冶铜钱币处。杨叶洲：在今乌沙镇境内。两者相距约八十里，足见冶烟炽盛。

⑤ 一题作《旅行欲泊宣州界》。

如进士康骈、顾云、王希同、韦象、卢嗣立、王季文、张乔、杜荀鹤、殷文圭及未中进士的罗邺、李化文等，还有金地藏、冷然、神颖、应物等数位修行于本土的诗僧。当然，其间或游或宦来池州的唐代诗人，无论知名度还是数量，均超过本土数倍，举其有名者，除李白外，还有孟浩然、刘长卿、裴度、刘禹锡、封敖、李群玉、杨巨源、杜牧、许浑、曹汾、张祜、李商隐、白居易、陈鸿、孟郊、刘禹锡、罗隐、许棠、方干、郑薰、郑谷、贯休和齐已等，还有与池州诗人有交往的如陆畅、姚合、马戴、刘昭禹、顾非熊等，总的人数差不多占中晚唐著名诗人一大半。南唐较短，本土诗人只有殷崇义（降宋后改姓名为汤悦）、伍乔，宦游诗人值得一提的是皇甫继勋，有诗二首；还有徐弦，有诗二首，又为池州紫极宫（在今池州府儒学东侧）作过一篇优美的碑文（徐弦《骑省集》）。

有宋以来，池州作为北宋第一个攻下的南唐重镇，倍受统治者重视，名宦诗人纷至沓来。北宋有王安石、司马光、苏轼、苏舜钦、梅尧臣叔侄、黄庭坚、蒋之奇、孔武仲兄弟、王哲、郭祥正、沈辽（北宋五大书家之一）、范仲淹、滕子京、曾巩、苏辙、王安国、张舜民、林楠等，本土诗人则有曹清、东至埠头檀氏家族的十余位进士、铜陵的胡舜元、南唐降宋的本土文人樊若水等，可谓人文并茂。

这里特别值得一提的是沈辽，作为北宋第五大书法家（苏黄米蔡沈）、诗人，其隐居齐山云巢（包公祠东、小九华南）的数年间，竟写下了九十多首诗歌（沈辽《云巢编》）。梅尧臣任至德县令，也留一百余首诗歌。

南宋则有诗人杨万里、陆游、范成大、尤袤、辛弃疾、李清照，状元王十朋，宰相李纲、周必大、史弥远、袁说友等，另有武将岳飞，他们游宦或路过池州，也留下了许多诗作。这一时期，池州本土诗人武状元华岳，名宦程九万、程松父子，汤允恭叔侄等，诗人数量不多，但作品质量很高。

总之，南宋，池州作为前线军事重镇，一时名公巨卿，诗坛巨擘，到过池州者颇多。

元代，池州文教极盛，贡奎、朱升（向朱元璋献"高筑墙，缓称王"之计者）先后执掌齐山书院，兴教之余，在池也颇有吟咏。诗人萨都剌游览齐山、九华山等池州山水，留有咏作数首。尤其是元文宗，在其为布衣之时，游历江南九华，夜宿石门（今贵池区墩上乡），过五溪桥，咏九华之景时，写道："昔年曾见九华图，为问江南有也无？打今五溪桥上过，犹觉画师欠功夫。”

元代本土诗人除了黄观、陈岩、杨少愚外，似未闻有佳者。

由于元代贡奎、朱升等人的努力培养，至明代，池州学风大炽，人才辈出，一时本土诗人如雨后春笋，仅留下著作者就有数百人之多，其代表者如状元黄观（贵池人）、柯乔（贵池人）、柯暹（东至人）、柯相（贵池人）、李凭祥、李宗祥（二李为贵池秋浦人。今石台）和宰相丁绍轼（贵池人）、沈昌（贵池人）、郑三俊（东至人）、毕铿（石台人）等。明代是池州人文最为旺盛的一个朝代，但流寓诗人中亦不乏名动天下的圣贤，如何绍正、王守仁、湛若水和海瑞。王守仁平宁王之乱，挟不赏之功，受到明王朝猜忌，心中极度郁闷，因游览池州齐山、九华山而心学大进，同时也留下了大量诗作，仅描写九华山就有近五十首诗之多。湛若水讲学于池州，当地士子筑神交亭，以表倾慕。

明代董其昌过池，因杜牧咏齐山诗句有“江涵秋影雁初飞”，便一眼识得齐山，自叹其奇，大为得意（董其昌《画禅室随笔·卷三》）。

明代推崇朱熹理学，以上流寓诗人可谓立德、立功、立言，三者兼备。

至清代初期，江南抗清甚烈，池州抗清诗人吴次尾，有《楼山堂集》等著作传世，其诗慷慨激昂，想见其为人。隐士如刘城、吴非、吴孟坚、吴铭道，有多部诗作；出仕者，如章世德有《枫庵集》，章永祚有《南湖集》，状元杜宗鹤、吴襄、郎遂、曹曰瑛曹曰玮兄弟、桂超万诸人，皆为品学兼优之诗人。除杜宗鹤未闻有集外，余人皆有作品集传世。如吴襄有《百梅诗》传世；曹氏兄弟之诗散在诸家谱，如贵池方氏家谱，曹氏宗谱等。更可贵者，池州还有女诗人柯一凤（贵池诗人姚瀚之妻），有《乐溪轩集》传世。

晚清民国时期，池州开始出现池商及其后裔，他们亦官亦商，其中有晚清重臣周馥，传世诗集《玉山集》；外交家刘瑞芬及其师章六峰，也有诗稿存世。后期则有刘世珩，许世英、章敏斋、高炳麟、胡子正等，诸官绅均有集传世。胡子正还编著《续杏花村志》，收集郎遂以后咏杏花村诗400余首。退职县令方云耕还编有《翠微酬唱集》，有诗400余首。清末举人贵池人王源翰有《见朴楼诗抄》，其子王世鼎著《猛悔楼》集，贵池人纪澹诚著《啸乡剩草》，刘慎诒著《龙慧堂诗》，如此等等。

以上列举，挂一漏万。池州出现诗歌自战国屈原始，至晚清民国止，近2300年间，流寓诗人与本土诗人层出不穷，叠彩纷呈，其高潮者在唐、宋、明三代。

谓池州“千载诗人地”，从时间跨度看，有过之无不及，即使从本土诗人吴器高、胡楚宾（七世纪）算起，也有1400年历史。

2. 万首以上的诗歌

据我对流寓诗人咏池之作和本土诗人诗作初步统计和估算，诗歌精品总数，截至晚清民国止至少在1万多首。

从时间上看，这1万多首精品诗歌的分布大约在以下几个时期.

（1）先秦至唐的发生期

先有外籍流寓诗人创作如屈原、陶渊明、齐武帝，一直到李白、孟浩然、白居易、李商隐、杜牧、郑谷等，再由金地藏、费冠卿、冷然、王季文、应物、罗邺、殷文圭、杜荀鹤、张乔、康骈、顾云等十几位唐代本土诗人接力，前后相继，虽微澜初起，亦颇为壮观。

这一时期精品诗歌数量在1000余首。

（2）宋元发展期

这一时期来池诗人的社会地位总体偏高，如宰相级别的诗人就有十一人之多，如范仲淹、王安石，司马光，包拯，岳飞（曾任枢密副使），袁说友，魏了翁，史弥远，周必大，范成大，李纲。他们的精英层次本身，就是对池州风物秀异的肯定。他们既写山水，也表达忧国忧民的情感。但其他大多数诗人由于社会阶层不同，更多的是写自己的接触对象和个人感慨，如吴仲复、梅询、梅尧臣、滕子京、王哲、沈辽、苏轼、郭祥正、苏辙、曾巩、曾会、黄庭坚、杨万里、尤袤、辛弃疾、李清照、僧志南、文天祥，也包括英雄岳飞等。其中，梅尧臣和沈辽的诗最多，梅有130余首，沈有90余首。其余诗人平均在两首以上。

这一时期的本土诗人从数量上看比晚唐要多，质量上有所下降，因为池州大家族在北宋攻打南唐时受到一定的打击，但一些人如汤悦、樊若水、曹清、夏中正、曹组兄弟、汤允恭叔侄、程瑞中、华岳、叶楠及檀氏家族的14位进士等，无论诗人还是作品数量上都超过唐代，但质量上不能相提并论，或者受理学的一些影响，流于说教，尤其热衷理学者，如曹清、夏中正、程瑞中诸人诗作。本土诗人在这一时期内留下数十部诗集

元代诗人作品比宋人稍微逊色些。其外来者，有贡奎、朱升、吴潜、萨都剌等。本土也有杨少愚、陈岩等人。他们的作品，大多都是写景纪游之作，且总数不多。

整个宋元时期，诗的精品总数在3000首左右。

(3)明及清初的爆发期

这一时期的诗歌创作，以本土文人为主，很多诗人都留下自己的诗集，如黄观《黄侍中诗文集》，柯暹《东冈集》，柯相《狮山文集》，丁绍轼《丁文恪集》，佘翘有诗集《浮斋百韵》《秋浦吟》，郑三俊《巢云集》，毕锵《偃松集》，吴应箕《楼山堂集》，刘城《峄峒集》，吴非的《静居诗一卷》《何堪集》，周馥《玉山集》，柯一凤《乐溪轩集》，等等。这一时期，流寓诗人不多，他们以名士居多。如明有常遇春、刘基、何绍正、董其昌、汤显祖、王阳明、湛若水，清有方以智、尤侗，施闰章、张英、张士范、袁枚、赵国麟和刘大櫆、姚鼐、方东树(其墓在贵池刘街长陇)等。

尤其是乾隆后期任池州知府的张士范，不仅勤于政事，还颇善吟咏，热衷游览池州山水，他是使万罗山大扬其名的风流雅士。

这一时期，仅本土诗人，就留下了不少于500部诗集，加上外来诗人，精品诗歌数量不少于4000首。

(4)清代中期到1949年前的持续期

自清代中期咸丰年间乱军过境之后，池州人口由250.5万(以乾隆四十二年为准)锐减至不足20万(根据《光绪贵池县志》等各县志统计)，州县残破，诗歌自然衰减。至光绪时，诗歌创造略有起色。到了清末，又走向繁荣。

这一段时间，池籍人士在外游宦者及本土留守者不少，略举数人。太平天国前的如贵池章世德父子、桂超万、桂迓衡等，太平天国时期的有东至人周馥、贵池人章六峰、刘瑞芬刘含芳叔侄、刘瑞芬之子刘世珩、彭振等，1949年之前则有王源翰父子、章敏斋、高丙麟、胡子正、林霄、方云耕、吴仲杰、纪澹成等。

这些作者作诗技巧成熟，但生于时局动荡之中，惜其未走“诗史”一路，将这曾经发生的历史真实记录下来。

外籍诗人宦游池州者，也为数不少，曾国藩、谭嗣同、画家黄宾虹、汪律本，及此时间段在池任职的大小官吏，他们咏唱池州，也留下了大量诗歌。

本时期咏池诗歌数量大约在4000首左右，其精品1000余首。由于政局动荡，如太平天国运动、辛亥革命，特别是在清咸丰期间，池州兵灾，人口遭到巨创，200多万人死于这场杀戮。这些都是导致池州诗歌数量和质量降低的重要原因。

此外，池州境内各家谱，也收录有唐宋元明清时期的诗歌，数量质量不可小看。

截至1949年，池州诗歌总数的精华部分有万首之巨；诗人有2000人之多，其中流寓作者与本土作者各居一半。

这里需要补充说明的是，以上所举诗人和诗歌数量仅仅是其佼佼者。若以全部而论，则单单池州本土作家，明清以来就有600余位，留下著作1000余部，其中诗集600余部。以一部个人诗集100首诗算，就有60 000余首。

3.诗歌景观遍布池州

现在讨论“千载诗人地”空间维度。

（1）从诗歌产生的地域上看，全区遍布

从池州诗歌的歌咏对象来看，基本分布在五河、五山、一村、一江。五河指青通河流域、九华河流域、清溪河流域、秋浦河流域和尧渡河流域；五山指九华山、齐山、万罗山、大历山和梅山；一村指杏花村；一江指长江池州段（不包括铜陵江段，长度是三百三十余里，八百里皖江近乎有其半）。应该说这些诗歌歌咏对象，在池州市三县两区均有分布，只是各个县区内诗歌景观相对集中，不均而已。

（2）从形成的诗歌文化景观来说，形式多样，形态丰富

从存在形式上看，有物质的和非物质的；从来源看，有人工的、非人工的以及天然人工相结合的；从存在形态看，有人类、植物、动物，有日月星辰、山石瀑布、村庄田野，有民间传说，有文字遗存。它们或传之于人口，或刻之于峻石，或书之于丹青。

总而言之，像这种诗歌景观随处可见的情景，只能是“千载诗人地”才有的。

（二）“千载诗人地”的形成

1. 山川之美，是“千载诗人地”的首要原因

正如唐诗人李白咏池州诗中所描绘的那样，池州“山川如剡县，风日似长沙”。城南齐山一带水面有西湖之美。以齐山为孤山，以齐山堤为苏堤，遍植桃花杨柳，并有似“苏堤春晓”的“翠微春晓”。赏石之风由晚唐发肇，至宋而宏，齐山因其奇石玲珑，符合宋人赏石的审美趣味，尤得宠于宋人，像王安石、苏轼诸人登览齐山，都在两次以上。

九华山不独因道、佛而盛，也因山而奇，如刘禹锡《九华山歌》中所赞“奇峰一见惊魂魄”，因而被誉为“东南第一山”，苏轼曾作《壶中九华诗》，以表达未至九华之憾。

秋浦、清溪二河，景色清幽，植物丰富，物产奇异，称为“仙境”，不独有丹客所需上等丹料——铅，而且产白猿、白鹇、白鹭、石楠、女贞。修仙尚白，故视白色动物为灵异；修仙需练气，石楠、女贞有助练气。故李白诸人于此徘徊，不忍离去。还有九华山后山神仙洞，洞中钟乳体纯色白，为理想的修仙之所。故唐朝道士张果、五代宋初道士陈传等，皆出没其中，更倾倒无数唐宋与道教有瓜葛的诗人。

秋浦（从牛头山沿江至池口一带高地、滩涂，即古贵长池岸边）春涨秋出，绵长达六十余里，故李白云“秋浦长似秋”，以一浦而长如许，沿江当称为第一。其他诸如万罗山，远望清奇，玲珑可掬，修竹奇石，倚山而生，清溪如玉，绕山而过；杉山地形特异，如佛家莲座；牯牛降崇高原始，称“西黄山”；升金湖至冬季，百鸟翔集，誉为“鹤湖”（古称雁汊，即是群雁所集之水汊）。诸如此类，不一而

足，故居家诗人，驻足长望，过境骚客，叹景仰止。

2. 资源丰富，物产珍奇

前已述，本区拥有丹料，动物尚白。然珍稀者不独有白猿、白鹇，还有如秋浦之锦鸵鸟，九华之叮当鸟，天池之“山鳙”，诸如此类。锦鸵鸟形如白鹇而修颈，一身纯白，独颈部有一红圈，富贵娴雅，禽中仙品，今已罕见；叮当鸟产九华，鸣声奇异，故称。天池之“山鳙”独产太朴山溪，头似鳙而身长只五六寸，实为罕见。寻常之鸟如鹧鸪等，也为诗人所爱，如李白在贵池区清溪苦竹坂旅居时，即写下著名的《鹧鸪词》，有“苦竹岭头秋月辉，苦竹岭南鹧鸪飞”之句；晚唐诗人李群玉也有《九子坂闻鹧鸪》诗。还有如奇石异木，如李白有《山樱樽》诗二首，咏在秋浦县衙所见，由痈肿之木雕凿而成的酒樽；罗隐有《金鸡石》诗，咏东至县境内所见奇石。

池境物产之珍者，一者为茶，一者为池纸。茶者，以至德为多。至德县南部，原为江西浮梁一部分，唐时，产茶即盛，故白居易有“前月浮梁买茶去”之句（白居易《琵琶行》）。杜牧有茶山诗数首，写其巡视茶园之喜。北宋诗人梅尧臣，写诗大赞至德茶叶（今东至南部），南宋诗人方回在池任税官，茶税皆为其所管。池纸者，楮纸也，唐时称宣纸。白如云，滑如锦，吸墨如棉，故南唐称“天下第一纸”（后将详述）。北宋王安石、梅尧臣、黄庭坚、米芾、苏轼诸大家对池纸赞不绝口。王安石以宰相之尊，挥毫写下《酬徽之赠池纸》，以表达对池纸之珍爱。

池州在古代拥有国家战略核心资源的铜，这也成为诗人讴歌的对象。有写炼铜场面的，如孟浩然有过梅埂冶诗句“火炽梅埂冶，烟迷杨叶洲”，李白有秋浦歌十七首之一的“炉火照天地，红星乱紫烟”，刘长卿也有“落日芜湖色，空山梅冶烟”（《鄂州送池州程使君》）之句。

3. 厚重的人文底蕴也是吸引诗人的重要原因

池州人文之地，往往即是诗歌之地，略举之如下。

(1)民歌之地

六朝都南京,池为京郊,属吴歌区,池州民歌之盛,虽无文字记载,但可以想见。此风至唐尤盛。从李白的“赧郎明月夜,歌曲动山川”(《秋浦歌》其十四)中可以想见秋浦冶炼工人之歌,从李白的“郎听采菱女,一道夜歌归”(《秋浦歌》其十三)中可以想见秋浦渔家之歌,从李白的《谢杨儿》中可以想见秋浦歌手之风采。

秋浦民歌既直白又含蓄,语言明白晓畅,善用双关、比喻、夸张,而这些均为善于模仿的李白所一并吸收,形成了著名的《秋浦歌十七首》的独特风格。

(2)宗教之地

池州为宗教之地,甚至可以追溯至殷商。商代中期,殷高宗伐东夷,灭古彭国,其人民四散逃难。根据著名学者李修松的假说,春秋以前,如果一个部族徙至远离祖墓的地方,为了祭祀的方便,就会造一座假墓(类似后世的祠堂),如越人之先为夏禹,故越之会稽有禹穴。在衢州,徐人对徐偃王,也是石室祭祀(韩愈《衢州徐偃王庙碑》)。同时,他们也会将故乡的地名带至新的居住地。如今太平湖西北岸有石埭县城故址,故址西十五里的政通桥西,即有传说中的彭祖墓(《嘉靖池州府志·卷一》);又其下有青弋江尾稍段,青弋江旧称淮水(《后汉书·地理志》),而古彭国旧居即是淮河下游的沼泽地。古彭国又以修仙擅长:这些文化都是古彭国难民将淮河地区古彭国文化携带到陵阳的结果,故彭祖可称为这一带道教之祖。彭祖炼气之法,至汉代陵阳县令窦子明在陵阳修仙,才得以昌明,谓之“餐六气”(窦子明《陵阳子明经》)。战国屈原逃难至此,仰慕彭祖之寿,而习餐气之法,故有《楚辞》中《远游》一首,其中云“餐六气而饮沆瀣兮,漱正阳而含朝霞”,表明屈原对餐气的认识已经很具体,属于彭祖练气一脉的嫡传 。后李白又慕子明成仙,徘徊于陵阳、九华、秋浦不去,创作了大量诗歌。晚唐聚集于九华的本土文人费冠卿、王季文、殷文圭、杜荀鹤、李昭象之流,本为业儒而举进士,实则是儒道双修。费冠卿修仙而不愿出仕①;王季文短暂出仕,旋即归隐九华修仙②;而李昭象最后放弃科举,专门以焚香礼

①吴世民.唐进士费冠卿山居考[J].古籍研究,2018(2):25—33.

②吴世民.唐九华山道士王季文所浴之龙潭非龙池考[J].池州学院学报.2015,29(2):66—68.

星为事;殷文圭则被九华修仙之人目为继承人(《唐诗纪事》)。罗隐、罗邺(二人旅居梅根冶)对仙道也是且疑且信,罗隐于齐山南掘井炼丹,留有百花井一口(清陈梅缘《齐山岩洞志》卷首齐山图)。南唐池守陈德诚建紫极宫道观(即儒学府东的玄妙观),为母祈福,诗人徐铉作碑以颂之(徐弦《骑省集》)。不仅如此,道观之地也颇为诗人吟咏,如池州城内有玄妙观,建于东晋,尚有数首诗歌存于府志。修仙之人也为诗人们敬慕,如屈原之敬慕彭祖,李白之敬慕子明,杜荀鹤之敬慕费冠卿,王阳明之敬慕王季文,都有诗称颂。

总之,池之道风不仅吸引诗人来游,而且有诗人亲身参与其中,形成了道教诗歌的一大景观。

佛教也是本地区影响诗人的一大因素。

首先是佛教看中的山,往往是风光绝伦或是人文厚重。如池州之九华山、杉山、姥山、齐山、万罗山、三台山、仙台山,很自然,这些地方也成了诗人们的游览之所。

其次,佛寺扬善,为一些诗人提供生活之便,如九华山无相寺僧人曾为李白、王阳明提供住宿、向导之便,二人均有诗赞之。

再次,佛寺为本土诗人读书用功、会见名人提供了方便。诸如九华佛寺为费冠卿等穷困潦倒的本土诗人提供了夜读所需的长明灯,同时也使他们有机会于庙中见到来山游览的达官贵人。

又次,僧人也因对诗之喜爱,而出现了诗僧这一群体,客观上刺激了诗人的创作热情,大量题壁诗和赠寺诗就这样应运而生。

最后,一些文化诗僧的创作,大大丰富了本土诗歌内容。如唐诗僧人金地藏、冷然、神颖、应物,宋诗僧希坦、志南等都写下了很有品位的诗歌,志南的"沾衣欲湿杏花雨,吹面不寒杨柳风",至今仍为人称颂。

(三)诗歌文化景观

1.诗山:如九华山、陵阳山、齐山、万罗山、三台山、仙台山、和龙山、大历山、梅山

(1)九华山

原名九子山,九子一名,来源比较古旧,可能还是商代中期,为居住陵阳的古彭国所取。因为九子与九夷为一声之转,古彭国原在徐州的微山湖边,属于九夷范围。古彭国春秋末在陵阳溃散以后,这个地名却侥幸地保存了下来。自从唐代李白改名九华山后,历朝历代,迁客骚人,接踵而至,与本土文人一起放歌九华。九华山,就是用诗歌包裹起来的山。

从诗歌质量上看,咏九华的诗,当居池州诗歌首位。本土作者既有读书士子,也有山野樵夫,还有诗僧。士子如唐代进士费冠卿、王季文、殷文圭、杜荀鹤、顾云、康骈、张乔、韦象、王希同,诗僧则有金乔觉、冷然、神颖、应物等,皆是著名诗人。他们的诗歌都被《全唐诗》所收录。仅他们在唐代的创作,就有近500首之多。其中,张乔在《全唐诗》里就有两卷,计170首;杜荀鹤《唐风集》计300首。另外,他们亦带动了大量诗人游九华、咏九华。仅九华山第二个进士费冠卿(第一个是吴器高),唐代诗人歌咏他的诗歌就有十余首。

唐代游宦诗人对九华山的推崇、保护、扬名,都做过巨大的贡献。如李白,将原先的九子山易名为九华山,并多次上山,形诸歌咏,留下赞美九华的五首诗;刘禹锡则专门为九华山写了《九华山歌》,称其为“造化之尤物”;池州刺史杜牧顶住会昌灭佛的压力,暗中保护了九华山;池州刺史张岩力推九华山进士费冠卿出山为官;如此等等,颇为感人。历唐宋元明清,游九华之名公巨卿(数量之多,不遑罗列),加之本土作家,至1949年止,他们大约共创作诗歌3000首以上。

(2)陵阳山

陵阳山,属九华山南的另一支系,与九子山系并列朝向东北。两列山系之间,仅仅一沟堑而已。空中下看,就像一个斜放的“h”。所谓陵阳山,可能在今

天的阳山和仙姑尖等一带山脉之中。

据汉刘向的《列仙传》(上卷)记载:汉代窦子明为陵阳县令,常到陵阳山修炼,后来在溪水中钓一白龙,子明敬而放之。后来又在溪中钓了一条白鱼,剖开鱼腹,得到一张写着炼丹方法的帛书。于是,子明就依照帛书上所写,即于贵池境内的黄山(今之黄山岭,在贵池区境内,是清溪河与秋浦河的分水岭)采五石脂服食。后子明仙去。这令不少人为之神往。到此山来寻仙访道的道士兼诗人不少:如李白、李商隐、李群玉、许浑、寇豹、潘阆、苏万民(明万历时人)等(清姚子庄《康熙石埭县志·卷八》),再加上当地的一些诗人。他们所创作的名篇有:李白的《至陵阳山登天柱石酬韩侍御见招隐黄山》《自梁园至敬亭山见会公,谈陵阳山水,兼期同游》《下陵阳沿高溪三门六剌滩》,李商隐的《鱼龙洞》,李群玉的《九子坂闻鹧鸪》,苏万民的《神仙洞》等(清姚子庄《康熙石埭县志·卷八》)。

陵阳山作为道教的圣地之一,写它的诗始终有一股仙气在。这里举李商隐的一首逸诗《鱼龙洞》:

扁鹊得仙处,传是西南峰。
年年山下人,常见骑白龙。
洞门黑无底,日夕唯雷风。
清斋采入时,戴花兼抱松。
石径阴且寒,磬声如远钟。
又若山林处,双屐响咚咚。
低碍更俯身,声速昼夜同。
时时白蝙蝠,飞入茅衣中。
行久路转窄,静闻水淙淙。
但愿逢世人,自得朝天宫。

这首诗里,写有扁鹊的名字,用的却是窦子明的典,可能是当地人解说时,李商隐听错了,要么就是传写有讹。

(3)齐山

齐山近城,山石嶙峋可爱,又临江,得水木滋润,秀色可餐,自杜牧开齐山以来，历任池州守牧苦心经营于齐山之上，亭台楼榭，因势而设，高低错落，辅之以奇石嘉树，巧洞幽泉，其景之佳，千里长江，自金山而上，未之见也。北宋文学家张舜民称赞道："江山之丽，下流诸郡，皆不及也。"（张舜民《郴行录》，见其自著《画墁集·卷七》）故江上往来之人，过池必游。尤以两宋为甚。古文八大家，八者来其四（王安石、苏轼、苏辙、曾巩），南宋四大诗人（范成大、杨万里、陆游、尤袤），一一来朝。清代陈梅缘著《齐山岩洞志》，收录齐山之诗，虽尽力收罗，然遗漏甚夥，今据现存资料统计，至1949年止，咏齐山者，不下3000首。

齐山作为一座诗山，首先，不仅他的现存诗歌数量巨大，而且诗人数目也相当可观、阵容十分强大。根据新编《齐山志》统计：有姓名、生平可考的诗人，共有330人；仅仅只有姓名可考的诗人数，恐怕还要翻一倍，而且还不包括那些因种种原因未能流传其诗歌的诗人，加起来恐怕不少于1000人。其次，歌咏齐山的优秀诗人，阵容强大。唐代有杜牧、张祜、陈鸿、张乔（贵池人，"咸通十哲"之一）、罗隐、许坚（字介石，庐江人）、徐铉，宋代有苏舜钦、梅尧臣、王安石、司马光、郭祥正、曾巩、沈辽（北宋五大书法家之一）、张舜民（北宋文学家）、苏轼、苏辙、黄庭坚、晁补之、岳飞、虞允文、汤允恭、王十朋、陆游、杨万里、范成大、尤袤、朱熹、华岳、张孝祥、张栻、吕祖谦、刘过、吴潜，元代有朱升、贡奎、萨都拉，明代有黄观、王守仁、湛若水、汪道昆、汤显祖、董其昌、黄尊素（明末东林七君子之一）、史可法，清代有方以智、施闰章、张英（康熙宰辅）、袁枚、洪亮吉、刘大櫆、姚鼐、周馥；现当代有黄宾虹、李辛白、李葆华、姚依林等。这样的阵容，在江南，能与之媲美的山，实在不多。再次，齐山是唐代最著名的诗人之一的杜牧所用心扬名的一座山。其扬名篇为《九日齐山登高》，诗云：

江涵秋影雁初飞，与客携壶上翠微。
尘世难逢开口笑，菊花须插满头归。
但将酩酊酬佳节，不用登临怨落晖。
古往今来只如此，牛山何必泪沾衣。

该篇不仅为杜牧名篇，而且也是唐诗名篇。最后，齐山有古代诗人留下的宋元明清石刻200余块，仅仅凭借这一点，就足以使它在江南名山中拥有一种特殊地位，更何况这些都是诗人们留下的石刻。

(4)万罗山

万罗山距池州城十里,它与其他山峰相连,形成五岭(苏轼云:“五岭莫愁千嶂外”,即指此岭),清溪河抱山而流,有逻人石、万罗石、江祖、江祖潭、李白钓台、珍珠寺等文化景点。

此山最早被李白歌咏。李白在此共留下四首诗:《秋浦歌》其九(江祖石一片)与其十一(逻人横鸟道),《独酌清溪江石上寄权昭夷》(我携一樽酒,独上江祖石),《宿清溪主人》(夜到清溪宿,主人碧岩里)。李白在这山附近的六峰山(产铜,唐时即为冶铜基地)、苦竹畈一带也留下六首诗:《秋浦歌》(炉火照天地)、《山鹧鸪词》(苦竹岭头秋月辉),《清溪行》(清溪清我心),《入清溪行山中》(轻舟去何疾,已到云林境),《清溪半夜闻笛》(羌笛《梅花引》,吴歌陇水情),《秋浦清溪雪夜对酒,客有唱鹧鸪者》。李白以后,晚唐人巩畴(花园巩祖先,曾是宣歙观察使郑薰的家塾先生)及其后人,将万罗山一带的李白诗歌景观,精心保护并且传承了下来。至南宋,有丞相诗人周必大来游,并留诗一首。至明代有铜陵的诗人佘翘等人来游,并在李白钓台下留有石刻。至清代,有乾隆时的池州知府张士范来游,他着实地将万罗山扬名一番,并留有诗刻数方。万罗山在李白来时,还未有山名,故当时只留有江祖潭、江祖鱼梁、江祖石、李白钓台、逻人石、李白洗砚池、碧岩等诗歌景观;万罗山得名之后,其扬名者是张士范。正是张士范极力宣传,万罗山作为五岭名山,才渐为今人所知。

(5)三台山和仙台山

前者在城郭杏花村内,后者在城内府儒学之后。

三台山有铁佛寺,唐时称为竹西禅院,游览并且留诗的名诗人很多。南唐有贵池的状元伍乔,宋代有梅尧臣、沈辽、孔武仲、陆游,加之杏花村内的大部分私人园林如见山堂、丁相国花园等皆在三台山,诗人纷至,锦章绣句,各朝皆有。此外,杏花村十二诗景,其中有“平天春涨”“铁佛禅林”“白浦荷风”“黄公酒垆”“三台夕照”“桑拓丹枫”“栖云松月”等七景在三台山(清郎遂《杏花村志》)。以上足见这座诗山在杏花村的分量。

仙台山在城内北隅(在今儒学府博物馆之后)。山的东麓,早在东晋时,即有普明道观,至今仍有遗井一口;山的南坡,唐贞观元年(627),建有祝圣寺。

至唐永泰元年(765)建池州,州城墙横于山前,诗人来游、咏者甚多。其尤知名者,唐有本土人张乔,北宋有苏舜钦,南宋有周必大。张乔的《登仙台山寺阁》云:

谁家烟径长莓苔,金碧虚阑竹上开。
流水远分山色断,清猿时带角声哀。
六朝明月唯诗在,三楚空山有雁回。
达理知音尽惆怅,僧闻应得话三台。

苏舜钦的《秋日登景德寺小阁》云:

开元小阁今何处,此日登临忆杜郎。
落木高城秋浩荡,乱山平楚暮苍茫。
前朝事往空遗迹,倦客秋来只望乡。
何似闲僧深闭户,萧萧寒菊数丛黄。

(6)和龙山

和龙山,属贵池殷家汇的白面山系,位于秋浦河东岸。其山之阳为古石城县遗址(隋开皇九年改为秋浦县)。这里作为县城,是自汉武帝元封二年(前109)至唐代宗永泰元年被废弃,共874年。这段时间内,除吴嘉禾五年(236)至隋开皇十九年(599)之间,曾一度移往秋浦河边之外(今晏塘乡莲花村与木闸乡古城村),基本没有移动。最初写和龙山下秋浦县城的是李白,他先后写有《闻谢扬儿吟〈猛虎词〉因有此寄》、《赠柳园》、《赠秋浦柳少府》、《咏柳少府山瘿木樽》(二首)、《赠崔秋浦》(三首),共计8首诗。其后,南唐诗人皇甫继勋(有的版本为"王继勋",应为"皇甫继勋")有两首诗,其《题妙空岩》(《乾隆池州府志·卷七》)云:

白面山南灵庆院,茆斋道者雪峰禅。
只栖云树两三庙,不下烟萝十五年。
猿鸟认音呼唤易,龙神降伏住持坚。
谁知今日空□畔,独出医王阐法筵。

宋代有蒋之奇(1031—1104)的《夏氏白面山居》、清代有张士范(1726—?)

的《殷家汇即事》。

(7)大历山和梅山

二山皆在东至县境内。一在县城东北，名大历山，属于古代东流县界，离长江很近。对岸不到数十里地方（望江县），即是古代称为雷池的地方（南北朝刘宋诗人鲍照有《登大雷岸与妹书》），相传舜曾在那里捕过鱼。相传舜也在大历山耕过田，这里还有舜耕井和舜耕田等人文景观。还传说县城前面的一条河，尧曾渡此河来历山找舜（此河因而得名“尧渡河”）。由于时代久远，我们今天把大历山的这些事称为传说，我个人倒认为这个传说含有的真实性在90%以上。

第一，大历山与江北岸的雷池隔江相望，距离在几十公里范围内，符合“舜耕历山，渔雷泽”的古书记载（《史记·五帝本纪》）。

第二，全国叫历山的地名有数处，但都没有多少文物和文献支撑，而池州东至县的大历山既有文献证明，又有田野调查和考古发现作旁证。从晋宋之际的陶渊明开始，陆陆续续有人在东至写诗歌颂尧舜圣德和大历山的舜耕。陶渊明的《劝农》云：

其一

悠悠上古，厥初生民。
傲然自足，抱朴含真。
智巧既萌，资待靡因。
谁其赡之，实赖哲人。

其二

哲人伊何？时维后稷。
赡之伊何？实曰播殖。
舜既躬耕，禹亦稼穑。
远若周典，八政始食。

其三

熙熙令德，猗猗原陆。
卉木繁荣，和风清穆。

纷纷士女，趋时竞逐。
桑妇宵兴，农夫野宿。

其四

气节易过，和泽难久。
冀缺携俪，沮溺结耦。
相彼贤达，犹勤垄亩。
矧兹众庶，曳裾拱手。

其五

民生在勤，勤则不匮。
宴安自逸，岁暮奚冀。
儋石不储，饥寒交至。
顾尔俦列，能不怀愧。

这组诗不能不说是大历山舜耕对他的启示。唐代本土诗人杜荀鹤《题历山舜祠》云：

昔舜曾耕地，遗风日寂寥。
世人那肯祭，大圣不兴妖。
殿宇秋霖坏，杉松野火烧。
时讹竞淫祀，绿竹醉山魈。

这首诗说明唐代这里已有祭祀舜的祠了。北宋范仲淹和南宋张栻都有《尧庙》一诗。范仲淹《谒帝尧庙》云：

千古如天日，巍巍与善功。
禹终平洚水，舜亦致薰风。
江海生灵外，乾坤揖让中。
乡人不知此，箫鼓谢年丰。

尧庙作为历山的文化呼应，在尧渡河边。

张栻《尧庙》云：

明祀崇千载，荒山拱万灵。
插天巉绝壁，飞瀑下空庭。

绘事存淳古，真风寄杳冥。

蘋蘩何以荐，帝德日惟馨。

以上这些诗歌证明了尧舜大历山的故事，至少到了唐宋时已经物化固定了：有尧庙、舜祠。

第三，舜耕山在舜来之前应该有相应的农耕基础。一方面，这里有大量人口的存在。历山周边有悠久的历史，远古即有人类的存在。在大历山附近的华龙洞，新近发现的古人类化石，属于“直立人”。这里既有人类化石又有旧石器遗址，附近还有称为“尧田”的等数十处新石器遗址。这些都说明几十万年前到四千多年前尧舜时代，一直都有大量的人在这一带生存。另一方面，新石器遗址出土有蚌镰与石镰；有学者考证，约五千年左右，太湖流域的水稻种植已传播到此地。这些都证明：舜之前，该地区已有一定的农耕基础。

舜耕文化影响了大历山的诗歌文化，大大丰富了大历山的文化维度。因此，我们说，这里有舜文化的基础：这一带在舜之前，就有大量人口和农耕人群存在，有舜文化氛围，当地一直以农耕为主要生产方式，人民崇尚和睦；这里又有舜文化景观，如尧舜传说、大历山、尧渡河、尧祠、舜祠等。

综上所述，我们认为，舜耕大历山有一定的可信度。

梅山在尧渡河西南岸，因北宋诗人梅尧臣而得名，因南宋诗僧志南的一首诗而名世，诗云：

古木阴里系短篷，杖藜扶我过桥东。

沾衣欲湿杏花雨，吹面不寒杨柳风。

——释志南《绝句》

这首诗把江南的春天写得云淡风轻，却含蓄不尽。

2. 诗河：秋浦河、清溪、梅根河、西江（长江东至到贵池段）

（1）秋浦河

这是李白最初扬名的河流。在这条河两岸居住的世家大族较多，这些家族往往名人辈出，如曹氏家族，从一世祖曹清起，各代皆有诗人出现。曹清为北宋名相曹利用之子，堂祖为开国大将曹彬。隐居秋浦东源白笥陂（今贵池棠溪镇曹村)，自号怀陶公。自曹清始，其后代曹组、曹纬二人，文采了得，曹纬被列为“京城四学士”之一。后代分支的曹曰瑛，被曹雪芹祖父曹寅所赏识。曹氏其他诗人也有作品传世，为数不少的人还有诗集传世(见《贵池缟溪曹氏宗谱》)。

北宋名诗人王安石、司马光、苏轼、黄庭坚、沈辽等皆造访过曹家，留有歌咏。如苏轼留下了著名的《清溪词》。这首骚体诗，虽托名清溪，实则写其寻访曹氏和其友沈辽的经过(当时沈辽居齐山云巢)。诗中路线清晰，情感真挚。虽出池州后所写，但诗人游历秋浦河与怀陶里(曹清居住地今棠溪镇曹村，当时称“礼和村”，清自号“怀陶里”)之情景，却恍如眼前。诗云：

大江南兮九华西，泛秋浦兮乱清溪。
水渺渺兮山无蹊，路重复兮居者迷。
烂青红兮粲高低，松十里兮稻千畦。
山无人兮云朝跻，霭蒙蒙兮湆凄凄。
啸林谷兮号水泥，走鼪鼯兮下凫鹥。
忽孤垒兮隐重堤，杳冥茫兮闻犬鸡。
郁万瓦兮鸟翼齐，浮轩楹兮飞棋枅。
雁南归兮寒蜩嘶，弄秋水兮挹玻璃。
朝市合兮杂髦觬，挟箪瓢兮佩锄犁。
鸟兽散兮相扶携，隐惊雷兮骛长霓。
望翠微兮古招提，挂木杪兮翔云梯。
若有人兮怅幽栖，石为门兮云为闺。
块虚堂兮法喜妻，呼猿狙兮子鹿麛。
我欲往兮奉杖藜，独长啸兮谢阮嵇。

——《东坡全集·卷三十二》

黄庭坚也留了怀念曹清的诗，(据贵池《缟溪曹氏宗谱·文艺卷》乾隆木刻本)云：

潜鱼愿深渺，渊明无由逃。
彭泽当此时，沉冥一世豪。

司马寒如灰，礼乐卯金刀。
岁晚以字行，更始号元亮。
平生本朝心，岁月阅江浪。
空余诗语工，落笔九天上。
向来非无人，唯公独可尚。
属予刚制酒，无用酌杯盎。
欲招千载魂，斯文或宜当。

沈辽还特地为曹氏宗谱写了一篇像赞（见《贵池缟溪曹氏宗谱》）。还有如秋浦河上游出过唐代诗人胡楚宾，宋代诗人桂大受，明代诗人汪姗、桂萼，清代诗人吴应箕及子吴孟坚与孙吴铭道、应箕弟吴非、桂超万、桂迓衡叔侄等。该河段存诗应不少于5000首。总之，秋浦河作为池州第一诗河是当之无愧的。

（2）清溪

作为池州位列第二的诗河，其扬名之功归于李白。李白是第一位作诗称赞清溪河的，其涉及清溪河的诗歌，不下于十余首。如前举的《秋浦歌》（其九、其十一、其十四）、《独酌清溪江石上寄权昭夷》、《宿清溪主人》、《山鹧鸪词》、《清溪行》、《入清溪行山中》、《清溪半夜闻笛》、《秋浦清溪雪夜对酒，客有唱鹧鸪者》等诗外，还有《宿虾湖》《夜泊黄山闻殷十四吴吟》《与周刚清溪玉镜潭宴别（潭在秋浦桃胡陂下）》等。

其后，清溪河流域的吴氏、柯氏、曹氏、姚氏、刘氏、桂氏、殷氏、张氏、巩氏、章氏、黄氏和徐氏等十余个大家族，散布于整个流域，几十位诗人（不包括影响不大的诗人）的创作便已是数量可观了。这些诗人大部分都留下了诗集。其代表如唐宋的巩畴、殷文圭、汤悦（即殷崇义，入宋后，改姓名）、伍乔、汤允恭（汤悦后人）、华岳，明代的黄观、丁绍轼、柯相，清代的刘城、章世德、章永祚等。

清溪河是处处都流淌着诗歌的河。

（3）梅根河、梅根渚、杨叶洲与西江（长风沙）

在梅根河与长江交界处，有梅根渚，其上有梅根冶。从三国孙吴设冶开始，一直延续到南唐结束。其畔有港，称钱溪口（今郭港），为江上船只停泊之所。此为歌咏之地，多在东晋、南北朝至唐。主要作者有东晋陶渊明，萧齐武帝，萧梁的张缵、庾信，唐有孟浩然、李白、刘禹锡、孟郊、刘长卿、罗邺、罗隐等，宋有王安石、张舜民、王十朋、周必大、陆游、杨万里、范成大、姜夔、董嗣杲等，元有柯中、张宪等，明有管时敏、杨士奇、唐文风、吴与弼等，清有王士祯、查慎行等。虽然写梅根的只有几十首诗歌传世，但质量很高，如庾信的"北陆因杨叶为关，南陵以梅根作冶"，孟浩然的"火炽梅根冶，烟迷杨叶洲"，刘长卿的"落日芜湖色，空山梅冶烟"以及李白的《江上望九华》、孟郊的《离思》、刘禹锡的《九华山歌》，都是传诵至今的名句名篇。更有罗隐、罗邺兄弟的梅根浦吟唱，使唐时的梅根冶文气十足。

3. 诗庙：无相寺、化城寺、竹西禅寺（铁佛寺）、林泉寺、梅山寺、玄妙观

池州庙宇之诗，尤以九华为多，不胜枚举，他处次之。凡寺庙与诗歌发生关系，无外乎三种情况：其一，宿寺而诗，如无相寺。它先后有唐代李白和明代王阳明投宿寺中，留下不少诗歌①；其二，游寺而诗，如化城寺、竹西禅院、太平禅寺、玄妙观，分别有唐费冠卿、罗邺、冷然，南唐伍乔，北宋梅尧臣、王安石、蒋之奇和苏舜钦，元代贡奎，明柯暹、王守仁等吟咏，因而声名大噪；其三，方丈自咏，如化城寺之唐僧金地藏，梅山寺之宋僧志南，本是好吟之诗人，盖庙因此人而名。

林泉寺，在郭西街，因唐杜牧有诗《池州废林泉寺》而有名（《嘉靖池州府志·卷八》），后移往仙台山（今府儒学后）。

玄妙观为道观，东晋称普明观，南唐改名紫极宫（今博物馆东侧）。南唐诗人徐铉作《池州重建紫极宫碑铭》，像"浸以秋浦，镇以齐山""北望陵阳窦真人飞升之所，南瞻九子费征君栖隐之乡"等名句，均出自该篇。

4. 诗亭：翠微亭、弄水亭、清风亭、翠光亭、文选阁

池州诗亭甚夥，兹选数座，聊作代表，述之如下。

①吴世民，高祥华．李白《宿寺》诗与九华山无相寺关系考[J]．池州学院学报，2012，26(1)：24—29.

（1）翠微亭，弄水亭

在池州所有亭子当中，以翠微亭和弄水亭于诗中名气最响，且都是杜牧所建。我们先说翠微亭。

这个亭子，是会昌五年（845）由杜牧修建，该年九月九日杜牧和张祜发起重阳节诗会。杜牧即席作《九日齐山登高》，道：

江涵秋影雁初飞，与客携壶上翠微。
尘世难逢开口笑，菊花须插满头归。
但将酩酊酬佳节，不用登临怨落晖。
古往今来只如此，牛山何必泪沾衣。

张祜和诗《和杜牧之齐山登高》（一作《奉和池州杜员外重阳日齐山登高》）云：

秋浦南岸菊霏霏，急管繁弦对落晖。
红叶树深山径断，碧云江净浦帆稀。
不堪孙盛嘲时笑，愿送王弘醉夜归。
流落正怜芳意在，砧声徒促授寒衣。

这次翠微亭诗会，为齐山首唱，将齐山唱响于大江南北。到了南宋岳飞，戎马倥偬之中，登翠微亭，并作诗一首《池州翠微亭》云：

经年尘土满征衣，特特寻芳上翠微。
好水好山看不足，马蹄催趁月明归。

后来，岳飞为高宗所杀，葬西湖，韩世忠为慰藉岳飞英灵，特地派人将齐山翠微亭画成图纸，在西湖岳飞庙中复建了翠微亭；南宋后，齐山翠微亭屡毁屡建。民国时，方云耕等人也复建了一次，并组织了当时的池州名流做了一场盛大的诗会，且将众人诗作汇编成《翠微酬唱集》。集中共有400余首诗。

之后，方云耕等人重修翠微亭，在日机的轰炸下被毁。

20世纪80年代初，复建翠微亭，没有原样，于是又去西湖岳庙翠微亭，画下图纸，依此在齐山复建了翠微亭。此亭复建以来，今人作诗甚多，但总体上质量不高。

翠微亭的诗，1949年之前，总的大约在五百多首，算得上池州第一诗亭。

再说弄水亭。该亭也是杜牧所建(可能成于会昌五年早春),取李白《秋浦歌》:“秋浦多白猿,超腾若飞雪。牵引条上儿,饮弄水中月。”亭建在南门转盘清溪河北岸。一方面方便在此舍舟登岸入府衙的官员,能略作小憩;另一方面也可在此赏望清溪与齐山。北宋人作《清溪图》将弄水亭作为核心景点之一,也是这个道理。

亭建好后,杜牧首先赋诗。其《池州清溪》云:

弄溪终日到黄昏,照数秋来白发根。
何物赖君千遍洗,笔头尘土渐无痕。

又作有《题池州弄水亭》《春末题池州弄水亭》。

《题池州弄水亭》云:

弄水亭前溪,飐滟翠绡舞。绮席草芊芊,紫岚峰伍伍。
蟠蟠得形势,翚飞如轩户。一镜奁曲堤,万丸跳猛雨。
槛前燕雁栖,枕上巴帆去。丛筠侍修廊,密蕙媚幽圃。
杉树碧为幢,花骈红作堵。停樽迟晚月,咽咽上幽渚。
客舟耿孤灯,万里人夜语。漫流罥苔槎,饥凫晒雪羽。
玄丝落钩饵,冰鳞看吞吐。断霓天帔垂,狂烧汉旗怒。

…………

《春末题池州弄水亭》云:

使君四十四,两佩左铜鱼。为吏非循吏,论书读底书。
晚花红艳静,高树绿阴初。亭宇清无比,溪山画不如。
嘉宾能啸咏,宫妓巧妆梳。逐日愁皆碎,随时醉有馀。
偃须求五鼎,陶只爱吾庐。趣向人皆异,贤豪莫笑渠。

前首叙亭成之喜悦,后首言亭有消愁解闷之功用。还有唐宋之际的《白孔六帖》中记录杜牧一首失传的《弄水亭》诗,其残句云“膙泉落環珮,畦田差纂组”。看来杜牧为弄水亭至少写了五首诗。其后,咏者甚夥。其杰出者,如南唐徐铉的《池州陈使君见示游齐山诗因寄》,北宋张舜民的《池州弄水亭》、陈舜俞《池州弄水亭》和喻良能的《弄水亭次李察院韵》等,仅举徐铉和陈舜俞各一首如下。徐铉云：

往岁曾游弄水亭，齐峰浓翠暮轩横。
哀猿出槛心虽喜，伤鸟闻弦势易惊。
病后簪缨殊寡兴，老来泉石倍关情。
今朝池口风波静，遥贺山前有颂声。

——《骑省集》

《明一统志·卷十六》所录陈舜俞《弄水亭》如下：

未识贵池好，尝闻弄水名。
白鸟鉴中立，画船天上行。

从宋代的弄水亭诗歌内容来看，弄水亭一直到南宋初年仍完好无损。所以从晚唐到南宋这一段时间，咏弄水亭者甚多，先后有十几位，兹列如下：北宋有韦骏（略早于范仲淹）（《钱塘集·卷五》）、余靖（《五溪集·卷二》）、孔平仲（《靖江三孔集·卷二十五》）、郭祥正（《青山集·卷五》）、苏辙（《栾城集·后集卷一》）、沈辽（《云巢编·卷五》）；南宋则有李纲（《梁溪集·卷十四》）、王十朋（《梅溪集·后集卷十五》）、陈师孟（《嘉靖池州府志·卷八》）、陈尧佐（《嘉靖池州府志·卷八》）、周必大（《文忠集·卷四》）、喻良能（《香山集·卷七》）、萧贯（《嘉靖池州府志·卷八》）。淳熙七年（1180），池州知州袁说友复建弄水亭，并写下了《池州弄水亭记》（《东塘集·卷十八》）。

然而，自此以后，写弄水亭的诗寥寥无几。文献可查者，也只有南宋的魏了翁（《鹤山集·卷十》）和孙应时（《烛湖集·卷十六》）各一首，韩淲（《涧泉集·卷三》）一首。他们也只是在写到池州时，提到一句弄水亭，并没有做任何描摹；还有元代的吴师道（《礼部集·卷三）虽写了弄水亭，但他却是题画诗（《追和杜牧之弄水亭诗韵题清溪图》），写于金华，并非实景。按理，吴师道到过池州，登齐山，下清溪，为何不现场作诗，而是跑到浙江金华来写，而且写的还是题图诗？

弄水亭在南门清溪河的转弯处。南宋池州知州袁说友在复建弄水亭时，没有按照“修旧如旧”的原则，而是“乃拓基架屋而南之”（《东塘集·卷十八》），造成新亭新址。可能就是因为亭址南移了，旧亭子的“白鸟鉴中立，画船天上行”景象，在新亭子处看不见了；本来“弄水亭前千万景”（北宋俞紫芝《临江仙》），“俯溪流，望齐山，景致清绝”（张舜民《画墁集·卷七》），北宋时这些亭中见到的景象在南宋新亭子里都找不见了。对园林知识修养不足的人来说，可能并不知道建筑的轻微位移或方向的改变，都会导致从建筑里看风景的视角发生改变，可能因此而使眼前所见之景变得平淡无奇。原本这种清溪河边山水交融的场面，只有在特定视角处才能看得见；于今，一复建，亭子发生位移，一切都变了。于是，杜牧这位园林高手，辛辛苦苦找到的那个绝佳视角消失了，那种感觉、那种奇景也都消失了。

一个著名的诗歌景观就这样被毁了，恰恰是毁在它的复建上，被毁得不知不觉，无声无息，真的很冤。

在北宋，还发生了一件跟弄水亭有关的事。北宋时，有一好事者张公诩（约与苏轼同时）请了一位绘画高手，以弄水亭为视角，画了一幅清溪图，当时诗人郭祥正在上面题了一首诗，郭又邀请苏轼题《清溪词》一首，苏轼又请秦观将杜牧的弄水亭诗抄上，之后，神宗时的江淮制置发运使张励又作了一首《题张公诩清溪图》（《全闽诗话·卷三》《宋诗记事·卷二十九》），诗云：

九华郁兮江南山，清溪下兮贯山间。
江北骛兮溪东旋，浊汤汤兮清漫漫。
山几转兮水几盘，近交臂兮远连环。
决天末兮浮云端，齐之山兮秋之浦。
景晦明兮气吞吐，草木蓊兮媚林莽。
绣屏张兮翠绡舞，深窈窕兮幽掩坞。
雨吟猿兮风啸虎，下凫雁兮泳鲂鲔。
商之樯兮渔之罟，互出没兮更散聚。
樵有舍兮梵有宇，云岩阿兮棘樊圃。
犖连甍兮岸之浒，弄潺湲兮棹容与。
中横绝兮梁为渡，隐孤城兮其西去。
春之朝兮秋之夕，风既清兮月又白。
遐娇首兮俯陈迹，携佳人兮不可得。

空望远兮中感白，思悠悠兮情恻恻。
怅兴亡兮怀今昔，独兹溪兮无终极。
嗟夫人兮摆尘滓，遥徜徉兮玩云水。
移山川兮置窗几，手舒卷兮千万里。
辆余车兮秣余马，往其从兮山之下。
枻吾舟兮泛清泻，乐鱼鸟兮放林野。
愿未适兮何为者，聊寓言兮公墨画。

其后，北宋词人俞紫芝(?—1086)在画上题了一首《临江仙》，元丰年间诸名人也都题了诗，前后有八十多位诗人在画上题了诗。

至元代，吴师道还在浙江金华见过这幅画。他说：收藏者是灵源草堂(也称智者寺草堂)。这幅画原是宋代知州王佖(王元敬)的收藏，由宋到元，易代之际，被王家的后人变卖给智者草堂(《礼部集·卷三》)。至明代张丑，在《真迹日录·卷二》记载，他幼时跟父亲一起在智者草堂还见过这幅张公诩的清溪图，共有五轴，上有苏轼诸人的题款，证明真迹至明代仍在金华的智者寺，其后乃不知去向。

杜牧建的弄水亭，原来还有诗碑在，刻着杜牧等人咏弄水亭的诗(张舜民《画墁集·卷七》)，然而它们都随着元代弄水亭的毁弃而销声匿迹了。

但无论如何，它都是当之无愧的池州第二诗亭。

(2)贵池亭和翠光亭

贵池亭在清风岭，又叫清风亭。由于地势相对较高，可以望江，所以，又称望江亭。最初由杜牧扬名。杜牧《题贵池亭》诗云：

势比凌歊宋武台，分明百里远帆开。
蜀江雪浪西江满，强半春寒去却来。

贵池亭就是因这首诗而名。表面上看，这首诗写贵池亭的“势”很大，以为亭所处的地势很高或者亭子本身很有气势，其实并非如此。贵池亭在清风岭上，即使借助地势，亭子也高不了多少。清风岭与主城区相对只高出十几米。一个建在岭上的亭子，总高度至多也不会超过二十米。那它的“势”从哪里来？它的“势”就在于它是城外江边最高地。建此亭的目的就是望江，因为它不仅能望到江，而且能分辨江面百里之外的船（分明百里远帆开），故它的气势就出来了，一点也不比宋武帝的凌歊台的观察效果差（势比凌歊宋武台）。从审美的角度看，它的望江效果非常好。无论这个亭子再好，也挡不住江水所带来蜀山雪水的料峭春寒，表达了作者对唐朝时局的担忧。

如前所述，杜牧是园林高手，知道贵池亭的视角优势所在，故这首诗将这种视角优势发掘得淋漓尽致。

再看北宋刘挚存《贵池亭次蹈韵二首》：

其一

一夜山南雪，清寒江上州。年华随水去，客兴为鱼留。

闻雁思湖表，看梅寄陇头。樯乌风信好，犹鼓洞庭舟。

其二

鱼味年年美，何须问旧池。江山清不改，陵谷变难知。

节物惊冬至，萧条使客悲。谪仙游赏地，空有白猿诗。

这是刘挚存在《忠肃集·卷十六》里的两首写贵池亭的诗。从内容上看，他只是贴近贵池亭的视角，还远远没有到杜牧的地步。

北宋郭祥正也有一首《追和杜牧之贵池亭》（《青山集·卷二十九》），他写道：

悠悠江水绿如苔，杨柳迎风眼半开。

行客不如沙上雁，每逢春暖即知回。

这一首算是抓住了望江亭的视角，虽然没有杜牧那么淋漓尽致，但能达到这种程度已是相当不易了。

下面两首是北宋吕南公的诗（《灌园集·卷五》）和南宋韩淲的词（《涧泉集·卷二十》），前者把贵池亭作为江边的标志物，也算有点切题。其诗《池口阻风奉寄唐杰》云：

贵池亭下浪如山，触拨愁根阻楫间。

眼为故人成北望，梦知乡路数东还。

此生太半沦忧患，万事何时脱险艰。

不敢临流更窥影，便疑秋鬓已斑斑。

韩滤的词《满江红》(和赵公明),只是提了一下贵池亭,是把它当作交情的见证。他写道:

五老峰前九江上,曾生仙客相邂逅。贵池亭上定交,金石我辈风流,宜啸咏官曹……

这也算是一种新用法。

可惜,南宋以后,再也没有人提起贵池亭了,要么池州港口兴起之后,人们不再需要去望江了;要么后人从一般风景的视角来看贵池亭,所以这个亭子在他们的眼里很一般,又或是亭已被毁,故宋代诸人以后,不再有人提及贵池亭。

贵池亭边曾有东汉的隐士高获的墓和祠(《江南通志·卷四十一》),它本在殷家汇灌口的石城旧址,李芃永泰元年(756)立池州城时,承接秋浦县的官祀,才移至此处。高获墓可能是将原墓中的遗骸也一并移来了,所以,中华人民共和国成立后,高获墓被掘开时,据当地老人回忆,遗骸的腿骨很长,头盖骨很大,都超过常人。据此判断,高获是一位身高在一米八以上的高个头而大脑袋的古代贤人,符合《后汉书·卷一百十二》对他"尼首方面"的描述,如果他身材不像孔子那样高大,就不会类比说他的头长得像孔子,因为那样的联想是不般配的。

三国之后,高获就渐渐被人淡忘,因此,他也更不可能被诗人们想起。这些都是特别遗憾的事。

下面再说翠光亭。这个亭子也不知建于何时,名字一开始就出现于《江南通志·卷三十四》。"翠光亭"条云:"在池口濒江。宋岳飞诗:爱此倚栏杆,谁同寓目闲?轻阴弄晴日,秀色隐空山。岛屿萧骚外,征帆杳霭间,余虽江上老,心羡白云关。"

查找翠光亭的诗,古人确有几首,但都不是写池州的翠光亭,而是北方与南方的翠光亭。写池州翠光亭的只有岳飞这一首,不知是翠光亭存在时间短,还是地处偏僻而无人问津。

的确,池州的翠光亭,在北宋地理文献《太平寰宇记》和《元丰九域志》中,找不到关于翠光亭的任何记载。南宋没有专门的地理书,其他南宋文献也没有翠光亭的记载。像南宋的陆游,经过池州,在他的《入蜀记》中对池州有所记载，而且陆游是坐船经过池口的，但他没有提到翠光亭。这说明了什么？一是，如果这个亭子在南宋是存在的，南宋其他文献没有提到，是因为没有专门的地理书，没有机会提到翠光亭。二是，翠光亭地址写的是“池口濒江”，今揆之以实际地形，“池口濒江”地段有四五里长。不必说这个亭子，在这四五里的任何一个地方，即使是与繁华的大道相隔几十米或上百米，都不易发现。在这个江边，到处都是芦苇、杂草和杂树，如果有亭子，你很难发现它的所在。岳飞作为南宋四大将之首，其忙碌可以想见，有闲空在池口翠光亭观景吗？一位忙碌的将军，是没时间悠闲地在亭中瞭望的，我们从诗的意境中能感受得到这点。所以，他的这种悠闲就只有一种解释：岳飞驻扎在这里。查南宋高宗这段历史，岳飞还真的在这里驻扎过。据《宋史·卷一百八十八》记载：建炎四年(1130)，南宋政权在沿江的几个重要江防地段，设立水军，以巩固江防。他们在池州江段设“清溪、雁汊控海水军”，训练基地就设在秋浦河比较开阔的地段——池口、杜坞一带。那里湖滩的石头上还刻有“鹏举之军”，一直保持到20世纪70年代还未被炸。这支水军由岳飞来训练。正好，翠光亭是秋浦河基地训练之余的休息处。这个时候的岳飞，还不是他最顶峰的时期，故这首诗写得沉稳，同时还带点淡淡的忧伤。

自从岳飞离开了翠光亭，就再也没有诗人来吟咏它了。也许，该亭被毁也未可知，因为《明一统志》确实不见池州翠光亭的记载，甚至它的名字也不曾出现。虽然《江南通志》有池州翠光亭及岳飞诗的记载，并不意味亭子到清代还在。

那么，仅存一首诗的翠光亭，之所以成为诗亭，就是在于它取景阔大而极富诗意，在于是一位铁血英雄为它作诗，并且这首诗还具有一流诗歌的水准。

5. 诗洞：齐山洞天、大王洞、鱼龙洞

池州的诗洞齐山较多，其他地方，除上述标题中的两个洞外，还有如池州城内的金碧洞，九华山的道僧洞、轿顶山的善格天心洞等为数不多的几个洞。我们这里就只讲标题中的三个洞。

（1）齐山洞天

洞中最有名的要数它了。齐山大大小小的洞，多半有诗。齐山洞以洞天著称。所谓“齐山洞天”者，是入洞之后，抬头一看，洞顶是通的，可以仰望一片天空。这种漏斗式的溶洞，在长江中下游并不多见，故为一奇。齐山著名的洞天有左史洞，其次是通天洞和青瑶岛。在齐山众多的诗洞中，这三个可以算代表了。

①左史洞。最初是唐会昌初年（841—843）池州刺史李方玄发现，并加以开发，作为其读书和游览的地方。他的继任者杜牧，在扬名齐山之后，没有忘记李方玄对齐山的贡献，将李方玄读书、游览处命名为左史洞，杜牧和张祜还同游左史洞。南宋人著的《宝刻新编·卷六》云：“牧为刺史，立左史洞名而题之，祜书会昌五年刻。”左史洞在北宋元丰六年（1083）左右，为北宋书法家沈辽购得。至南宋，池州知州史定之又将洞壁的悬崖命名为史岩，并刻“史岩”二字于壁。至今，字迹如新。关于左史洞的诗歌如下：

千年洞在无人问，此日登临始得名。
莫道洞因名后显，石门常对翠华屏。

——钱德洪《游左史洞》

这是明嘉靖年间池州知府钱德洪游左史洞的诗。因洞壁四围苍翠，故更“左史洞”名为“翠华洞”，并刻诗于石壁（《齐山志·幽洞》）。

深崖探古洞，断碣搜遗址。
不见昔时人，夕阳满山紫。

——徐紫芝《游史岩》

我闻漳浦改池山，墨画天地露一斑。
行到方壶根下过，送归浮渡眼中回。
碑当劫后风如斧，诗挂刀头响似环。
欲倒长江洗尘土，重栽古树建新关。

——方以智《同戴无忝、吴山宾、刘得舆游史岩》

前一首是徐紫芝的诗，后一首是清初思想家方以智（安徽桐城人）与池州本土诗人吴非（山宾）、刘汉系（得舆）等同游左史洞所作的一首诗。《齐山志》在与这首诗同页列有清初诗人吴彦的一首《史岩歌》,同游者也是吴非和刘汉系。这两首是同一时期的作品,作诗的水平较吴非差。《齐山志》不见吴非(池州石台人)的诗,甚为遗憾。

下面我们来看北宋沈辽的《左史洞》诗。

万古齐山石,谁开左史洞。
左史今何在,苍崖本不动。
履崄下重壑,幽深鬼神总。
石门绝世路,久为尘泥拥。
青天十亩地,巑岏如覆瓮。
琬琰凿屋壁,烟霞列梁栋。
崖间不死药,必非近时种。
人去境常在,境与人为重。
欲观畴昔意,幽禽发清哢。
吾方寄渊寂,无碍亦无纵。
手自翦荆棘,结茆当石空。
长与麋鹿游,不复人间梦。

沈辽自宋元丰五年二月流放到池州,遂结庐齐山的上清岩(小九华东侧10米),因临万壑云涛,故名曰"云巢"。他买下左史洞,是把它当作精神寄托来经营的。所以他说:"吾方寄渊寂,无碍亦无纵。"他想"长与麋鹿游,不复人间梦"。后世像沈辽这样对待左史洞的,几乎没有第二个。他"寄渊寂"的想法与李方玄开辟左史洞最初的意愿如出一辙。

②通天洞。这个在齐山洞天中是个比较独特紧凑的一个洞,在万壑云涛的刻石下,较为陡峭,洞口方似门,洞狭窄而高,顶部与天相通,通天处,青树翠蔓,蒙络摇缀,上映蓝天。清代嘉庆间本土诗人姚瀚(贵池区刘街荡里姚人)在洞内壁上刻诗一首,云:"踏遍青山乱石堆,白云深处洞门开。仙人去后无消息,石磴春风长绿苔。"

通天洞还有几首,这里选两首如下:

洞外青山洞里天,苍岩直与碧霄连。

侧身不假云梯上，呼吸分明帝坐边。

——潘括《通天洞》

丹墀飚拜觐天颜，谁识朝天亦有山。

古寺钟声来五夜，应于仙洞到仙班。

——钱又选《朝天洞》

齐山还有许多常规的洞，而且存诗也不少，限于篇幅，这里就不一一述说了。

（2）大王洞

大王洞古称穿山洞，位于今池州市贵池区牌楼镇。古称洞所在的山，谓石桥山（《嘉靖池州府志·卷一》）。所以称其为诗洞，盖因北宋滕子京与梅尧臣曾游此处。滕子京，北宋名臣，曾在池州任税官，他也是一位狂热的修仙者。根据现有资料证实，他曾经在池州建有两座书堂，一座在九华后山的天柱峰之东大约二三里（两峰之间直线距离）的云外峰（宋末陈岩《九华诗集》），另一座在太朴山中（今九华天池风景区内，见沈辽《云巢编·三山游记》）。这两座书堂都是处在山高人稀之地，若单纯是为了读书，恐怕没有必要非到崇山峻岭里不可，因而这种"书堂"，如果说不是修炼之所，是解释不过去的。结合滕子京的行为看，他不仅自己死后葬在青阳城东的金龟原，而且生前还把他的父母和姐姐以及他的小女儿都葬在青阳，不能说他的这些举动与修仙无关。滕子京去石桥山，也多半与修仙有关。因为石桥山的穿山洞，在北宋时就流传着一种神话传说。传说，石桥山有犬升木化为龙，穿山而出，遂成穿山洞。故滕子京诗云："洞户千年叫不开，白云无主自徘徊。只因种玉人归后，一闭春风待我来。"（《嘉靖池州府志·卷一》）这些话语的表达，都是和仙境有关。

《嘉靖池州府志》并没有交代这首诗的出处，更早的资料也没有见过这首诗，再加上诗本身没有一个字提及梅尧臣，所以我们只能说这首诗吻合滕子京的身份，肯定是写大王洞的，但无法断定它的作者一定是滕子京。

梅尧臣是和滕子京同时代的诗人，他以前是没有什么修仙经历，应该是滕的从游。所以他的诗就是一种"俗人"的境界。宋仁宗景祐三年（1036），他作了一首《和滕公游穿山洞》[①]：

洞口水石浅，潺潺泻绿蒲。
缘溪进岩窦，阴黑人境殊。
中言有物怪，蟠蛰春来苏。
霖雨虽有意，风雷莫肯扶。
风霜自鼓荡，不久当何如？
幸欣禅林近，钟梵来有无。
回策履幽径，衣香草露濡。
老僧长松下，麋鹿与之俱。
溪云时见起，山鸟自相呼。
羡尔得兹乐，何用劳形躯。

他不仅以俗世的眼光描写了在穿山洞的游历，无意中还写了一座庙："幸欣禅林近，钟梵来有无。""老僧长松下，麋鹿与之俱。"看来庙离洞极近。经调查证实，在大王洞口确实有座古庙(《嘉靖池州府志》称为"多福寺")，今已不存，但在当地仍把这一带称作大王庙。

(3)鱼龙洞

鱼龙洞在石台县六都乡，与青阳县陵阳镇的神仙洞只有一山之隔。作为溶洞，并不奇特，只是一个普通的石灰岩溶洞，洞中的石笋和石钟乳，虽奇特，但却是普通的碳酸钙沉淀物。而同它相邻的神仙洞，虽然也是由碳酸钙等构成，但其杂质含量少，整个洞体洁白如玉，完全符合道家对瑶台仙境的描述。

唐李商隐在去鱼龙洞之前，他曾经和韦潘一起到池州城访问过池州刺史李方玄，留下一首《和韦潘前辈七月十二日夜泊池州城下先寄上李使君》，诗云："桂含爽气三秋首，蓂吐中旬二叶新。正是澄江如练处，玄晖应喜见诗人。"这是他的第一件事。第二件事就是去寻仙。他先后寻过窦子明和费冠卿的遗迹，可能是把鱼龙洞当成了窦子明曾常常修炼的洞，故他写了《鱼龙洞》这首诗。在李商隐的《樊南文集》里并不见这首诗，它只记载在清石埭县令姚子庄的《石埭县志·卷八》中。原文是这样的：

①朱东润.梅尧臣诗集编年校注[M].上海：上海古籍出版社，2006：104.

扁鹊得仙处，传是西南峰。
年年山下人，长见骑白龙。
洞门黑无底，日夜唯雷风。
清斋将入时，戴花兼抱松。
石径阴且寒，磬声如远钟。
又若山林处，双屐响咚咚。
低碍更俯身，声速昼夜同。
时时白蝙蝠，飞入茅衣中。
行久路转窄，静闻水淙淙。
但愿逢世人，自得朝天宫。

李商隐写这首时可能打不起精神，自然也就没有诗思，这是其一。其二，像这样的长诗，在李商隐集中不少于三十首，故诗的长度没问题。其三，像“双屐响咚咚”这么平庸的句子，在他的诗集中也能找到对应的句子，如“有个仙人拍我肩”(《李义山诗集·卷七》之《七月二十八日与王郑二秀才听雨复梦作》)之类，也会间或出现在他的诗集里。其四，从全诗的内容看，除扁鹊用典不确外，其余与窦子明修仙的事完全吻合。不过，扁鹊一典的不吻合，恰恰证明作者是个外地人，对当地情况不熟悉，才会出现张冠李戴的情景。此外，李商隐诗集中有两首写江上的诗，是否与他来池州有关？从这两首诗显露的心情不佳来判断，应该与来池州有先后关系。李商隐在沿江州县也活动过，故不敢十分肯定这一定是他来池州时的诗，但《鱼龙洞》这首诗为李商隐所写，可能性还是极大的。

这首诗描摹鱼龙洞之景，还是颇为细腻的，退一步说，即使不是李商隐所写，也还是一首不失为有价值的诗。

明代何尹也有一首《鱼龙洞》(《嘉靖池州府志·卷八》)，录如下：

清泉出幽壑，红日映苍岩。
妙绝鱼龙洞，尘壤别一天。

6. 诗村：贵池杏花村、墩上石门村（诗桥）、棠溪石门村

准确地说，每个百年以上的村庄，都与诗歌有关。至少每个村庄有八景或十二景，每一景都配有诗，有时一景还不止一首。这些都是本村或附近文人的作品。以方氏宗谱为例，它不仅有本族的作者，还有像曹曰瑛这样的附近文人。这里选几个有代表性的村庄。

（1）贵池杏花村

杏花村作为千古名村，自李太白作《秋浦歌》时已被关注。其一云："水如一匹练，此地即平天。耐可乘明月，看花上酒船。"至清代郎遂修《杏花村志》即收录诗歌1200余首，胡子正作《续杏花村志》也收录了400余首，故咏杏花村者仅此二文献所载者有1600余首。近代以来，咏杏花村者甚多，估计有数百首之多。

无论古代还是现代，杏花村都是一个名副其实的诗村。

（2）墩上石门村（含五溪桥）

石门，又叫铁门冲。古称石墨驿，属于今贵池区墩上街道，是那时池州城及江上去九华的必经之路。从这里来往经过的人很多。这些人中，有贩夫走卒，也有宦游的官员与诗人。

他们中有一个特别的人，孛儿只斤·图帖睦尔。元泰定帝在位时，他流落江南一带。上九华时，他曾在石门居住过一夜。第二天过五溪桥时，留下一首诗《望九华》：

昔年曾见九华图，为问江南有也无。
今日五溪桥上望，画师犹自欠功夫。

后来他做了皇帝，就是元文宗。石门是元文宗没有称帝前住过的地方，要勉强说，也可算是驻跸之地。后来他的臣下萨都剌在石门写了两首诗来纪念这件事。

元代的池州，无论是本土诗人，还是宦游诗人，存诗总数不多。本土作家除了杨少愚、陈岩两位作家各有诗集以外（诗歌总数不少于六百首），外来作家有贡奎、黄道周、萨都剌、元文宗、吴师道等人，诗歌总数不超过三十首，像萨都

剌这样的著名诗人，在池州的诗是多的，总共有十首，而石门居然占了五首(前两首还是萨都剌的逸诗)。兹录如下：其一，《石墨山》云：

云根老墨吐玄雾，月窟秋毫阁翠峰。
半夜银河倾砚水，碧天写出九芙蓉。

其二，《题南山岩》云：

南巡历历遍遐荒，驿路车尘接上方。
说法堂前云霭霭，烧丹灶上树苍苍。
洞中仙果千年老，岩畔奇葩西季芳。
至处风霜驱瘴雾，人间无地不清凉。

其三，《石墨驿》云：

平地生风草木娇，也因曾识赭黄袍。
九华云气随龙辇，万壑泉声奏凤韶。
丞相高悬犀牛带，将军斜插雁翎刀。
江汉一日飞龙马，天上银河跨白桥。

其四，《夜宿池阳石墨驿纳凉溪桥。文皇南幸江陵驻所也。徘徊久之，赋诗未就，忽雷电晦暝，风雨大作，急趋驿舍，秉烛写东壁。时至顺壬申五月》云：

圣明天子南巡日，尚想溪桥洗马时。
雷电神光犹警跸，草茅贱士敢言诗。
山河夜黑鬼神护，雨露春深草木知。
松柏如龙入霄汉，行人谓是万年枝。

其五，《九华山石墨驿》云：

马上行人思九华，飘飘高兴满天涯。
排空峭石生元笋，落日奇峰挂赤霞。
仙掌九秋倾露屑，九河半夜礴星槎。
云中五老应招手，呼我来游太乙家。

正因为石门在池州元代诗歌中的特殊地位，故将石门列为池州诗村之一。他也写过《过五溪桥》(《乾隆池州府志·卷九》)，诗云：

万壑泉声泻碧溪，小凉天气过溪时。

相逢桥上无非客，行尽江南都是诗。

苦雨景嫌鸠唤急，看山不厌马行迟。

何当高上华峰顶，凉月萧萧生桂枝。

诗应写在元文宗《望九华》之前，如果在文宗之后，他多少会在诗中露点痕迹。由此而推断，他至少到九华五溪这一带来过两次。

（3）棠溪石门村

这个属于贵池棠区溪镇的村庄，也叫石门。之所以称为诗村，首先跟诗仙李白有关。李白来秋浦炼丹，一直在寻找合适的炼丹地点，他在石门找到了一个理想地点——桃花坞。桃花坞在石门的入口处，是一个较为理想的炼丹地点。此外，桃花坞东面的高山上，有铅矿（这是炼丹的主要原料之一），现存有古代开采铅矿的竖井，有可能李白那时已知道此地有铅矿了。不然，仅仅是一个适宜的炼丹地，不至于让他怀念至深。李白在流放夜郎的途中念念不忘的，一个是庐山（那里有他的夫人宗氏），另一个就是石门的桃花坞。他的《忆秋浦桃花旧游，时窜夜郎》说：

桃花春水生，白石今出没。

摇荡女萝枝，半挂青天月。

不知旧行径，初拳几枝蕨。

三载夜郎还，于兹炼金骨。

他明确表示“于兹炼金骨”，要在这里炼丹！

其次，石门本身在唐代还出了一位隐者高霁，他也是一位诗人，与李白等人联过句。高氏定居于石门，是在唐高祖时期。石门高氏是北齐皇帝高洋的后代（《石门高氏家谱》）。高洋是在南朝梁时才称帝（550），故其子孙来江南不可能早于梁代。石门高氏祠堂里有“东源第一家”的对联，可以解释为高氏是唐初来秋浦河东源——龙舒河源头的第一支大家族。

到了高霁时，高氏已在石门定居了一百三十余年，家族的文化底蕴和财富的积累，足以让高霁成为一个诗人。高霁与李白等人联句，李白在诗前作有小序，说明了联句的由来；全诗收在王琦注《李太白全集·卷二十五》，题为《改九子山为九华山联句并序》：青阳县有九子山，山高数千丈，上有九峰如莲花。按图征名，无所依据。太史公南游，略而不书。事绝古老之口，复阙名贤之纪。虽灵仙往复，而赋咏罕闻。予削其旧号，加以九华之目。时访道江汉，憩于夏侯迴之堂，开檐岸帻，坐眺松雪，因与二三子联句，传之将来。

妙有分二气，灵山开九华。(李白)

层标遏迟日，半壁明朝霞。(高霁)

积雪曜阴壑，飞流歕阳崖。(韦权舆)

青荧玉树色，缥缈羽人家。(李白)

高霁的这句"层标遏迟日，半壁明朝霞"，虽然诗才不及李白，但和一般人比，想象力还是比较丰富的。这个联句对九华山影响极大，因为它将九子山改名九华山，而且还在唐代的士大夫中迅速传播开来，得到广泛认可，遂使九华山改名一锤定音，以至于李白之后的唐代著名诗人，纷纷慕名而来，他们占中晚唐著名诗人的比例较大(《全唐诗》)。

高霁不仅作为诗的参与者，同时，他还是李白的东道主之一。桃花坞现存一方石刻，有传为李白书写的"桃花坞"三大字，还有十六个小字。现大字尚存，小字漫漶。二十世纪七十年代左右，有人见过小字，似有"天宝癸亥"字样，如果属实，则李白于天宝十一年(天宝癸亥年)来此书石。《嘉靖池州府志》称：李白高霁游览处。大约高霁和他混得很熟之后，问过李白的身世，所以李白就有了一首《答高山人兼呈顾权二侯》①，回答了高的疑问，说明李白并没有见外他。

从诗歌造成的影响看，在三个诗村中，石门村当属第一。

7. 诗谱：九华山老田吴《吴氏宗谱》、贵池棠溪村《曹氏宗谱》、贵池灌口村《旧溪方氏宗谱》

家谱里记录有诗歌的现象很普遍，但一般记录得并不多，只有一些历史比较久远，而且出文人较多的家族，收录就多一些。下面就我见到的池州历史久长的家族，选择二三，加以说明。

(1)老田吴《吴氏宗谱》所录诗歌

老田吴，位于九华山下，是西汉宣帝时六安县令吴栋材的后裔村落，他本

---

① 李太白全集[M].王琦，注.上海：上海书店，1988：438.

人即葬在老田吴。从这时算起,老田吴建于九华山脚已有两千多年。以前,该村是人们上九华的必经之地。

老田吴家谱之所以成为诗谱,是它保存了一些重要的诗歌。

①其家谱保存了李白的诗歌《老田吴》(《老田吴氏宗谱》),诗云:"洪荒既已判,江天今已图。未有九华图,先有老田吴。"

有人可能认为这不是李白的诗。我们认为它正是李白所作。

第一,尽管在后人看来,他这首诗有一最明显的"错误",即第三句的末尾一字"图",本应用仄声字,却用平声字。但我们认为,这一"错误",恰恰证明这是李白所写。李白在秋浦一带徘徊,受本地民歌的影响,所作的诗基本是古体。我们看《秋浦歌》十七首,只有三四首完全合律,其余几乎是古体,其中就有一些绝句,第三句末尾是平声,如《秋浦歌》其六:"秋浦多白猿,超腾若飞雪。牵引条上儿,饮弄水中月。"《秋浦歌》其八:"秋浦千重岭,水车岭最奇。天倾欲坠石,水拂寄生枝。"这样的诗,还有几首,这里不一一列举。绝句第三句末尾一字用平声,已成为李白秋浦诗的特征之一。

第二,从这首诗跨越时间的气度看,非李白不能为。"洪荒既已判,江天今已图。"可谓气势如虹。

第三,连用两个"图"。一般的诗人,都忌讳在一首诗里出现重复的字,殊不知,大诗人是不计较这些的,他们以达意为目的,并不刻意回避重复字词。何况这两个字是字同意不同,"江天今已图"的"图"是动词,有划分之意;"未有九华图"的"图"是行政单位(这个行政单位虽然普遍出现在明代,但其发源可能在汉代老田吴氏初来时是"松阳图",另一可能为王莽时来的天宝江氏,即定居"金峰图"。

这首诗的意义在于:其一,老田吴历史之悠久;其二,揭示了"图"作为行政单位,在李白以前很早就有了;其三,李白改九子山为九华山,很可能就是受"九华图"这个名称的启发。

②其家谱保存了金地藏的诗《酬惠米》。金地藏本来留存下的诗就不多,目前仅存的就只有《酬惠米》和《送童子下山》。从现存的两首来看,金地藏的作诗水平应该还是不错的。可以想象,金地藏有大量诗歌失传了。反过来想

想，这个家谱能保存一首，确是功劳卓著。《酬惠米》云：

弃却金銮衲布衣，修身浮海到华西。
自身原是法王子，慕道欣逢吴用之。
未敢叩门求他语，昨叨送米续晨汁。
而今飡食黄精饭，腹饱忘思前日饥。

这首诗既表明了自己的身份，还宣传了老田吴施米善人吴用之（今吴用之墓尚存，在村东南），同时还透露了自己苦修的食谱——黄精饭。

吴用之（名孟光）也有一首《太乙岩》与金地藏有关，录如下：

太乙真人去不回，仙岩胜境长莓苔。
料得百年千载后，金乔菩萨再重来。

③完整记录了本家族的诗人吴襄的《百梅诗》，共一百首，展示了吴氏族人的极高的人品与卓越的诗才。附带说一句，吴襄是老田吴人，清雍正时期的礼部尚书。近人唐大用有《百梅诗图》，配以吴襄《百梅诗》，一图一诗，足见后人对他的钦慕。

（2）棠溪《曹氏宗谱》所录诗歌

棠溪曹氏是北宋仁宗天圣七年（1029）才来的家族，在池州的老家族中算是来得较迟者。

但它是一个较为特殊的家族。一世祖曹清又称曹立甫（《江南通志》），是宋代宰相曹利用长子，曾官起居舍人。据《曹氏宗谱》，天圣七年（1029），曹清父曹利用因事贬官，房陵安置，至襄阳而自杀。清贬官泉州知州，随父南行，至襄阳又改贬彭泽令。至此，清始悟朝廷之意，遂弃官，游秋浦东源（龙舒河），爱其山水，至棠溪礼和村，遂家于此，称其地为怀陶里，时年四十四（七十四岁卒）。《曹氏宗谱》作为诗谱的缘由有三：

①曹氏一世祖曹清本人即是一个诗人，曹氏宗谱中留有他的作品。曹清选择隐居的秋浦东源，即龙舒河，其为秋浦河东支流，故称东源。南支流出石台，就在李白诗中所写的白笴陂旁。这本身就是一个诗意环境的选择，再加上他本人亲自创作大量诗歌，他对诗歌的热爱，对其后代有着极大的激励作用。

②曹氏后代，在始祖曹清的激励下，文人层出不穷，皆能诗善文。如宋代

的曹组曹纬兄弟，皆能诗善文。尤以曹纬为佳。他是元祐年间(1086—1094)的“四杰”之一(其他三位是刘焘、崔执柔、刘正夫)，官至翰林学士，有诗集《秋浦集》(《大清一统志·卷八十三》)。其后如清代的曹芳和曹曰瑛等，皆擅长诗歌。

③以曹氏为中心，吸引了北宋最优秀的诗人，如范仲淹、王安石、苏轼、黄庭坚、沈辽等。范仲淹有《鄱阳酬泉州曹使君见寄》(《范文正集·卷二》。全诗六十余句，这里不再全部征引)他在诗中称赞曹清：“泉南曹使君，诗源万里长。复我百余言，疑登孔子堂。闻之金石声，纯纯自宫商。”曹清寄给范仲淹的诗只有百余言，而范这首诗竟有三百余言，明显有一比高下之嫌。王安石更离奇，他有《寄袁州曹伯玉使君》，致使我们无法确证是写给曹清的，也未闻曹清任过袁州知州。苏轼尽管没有当场写诗，但是他后来的题画诗《清溪词》里前半段所写的场景分明就是怀陶里及周边秋浦河一带(诗的后半截是写到齐山及州城，访问其故友沈辽的情景)。他说：

大江南兮九华西，泛秋浦兮乱清溪。
水渺渺兮山无蹊，路重复兮居者迷。
烂青红兮粲高低，松十里兮稻千畦。
山无人兮云朝跻，霭濛濛兮渰凄凄。
啸林谷兮号水泥，走鼪鼯兮下凫鹥。
忽孤垒兮隐重堤，杳冥茫兮闻犬鸡。
郁万瓦兮鸟翼齐，浮轩楹兮飞栱枅。
雁南归兮寒蜩嘶，弄秋水兮挹玻璃。
朝市合兮杂髦兒，挟箪瓢兮佩锄犁。
鸟兽散兮相扶携，隐惊雷兮骛长霓。
望翠微兮古招提，挂木杪兮翔云梯。
若有人兮怅幽栖，石为门兮云为闺。
块虚堂兮法喜妻，呼猿狙兮子鹿麛。
我欲往兮奉杖藜，独长啸兮谢阮、嵇。

《曹氏宗谱》还记录了黄庭坚的作品。应该说，苏轼、黄庭坚、沈辽诸人到曹村的时候，曹清已经不在了（嘉祐四年即1059年去世）。据《曹氏宗谱》记载，是曹清之子曹仁海接待的。黄庭坚写道：

潜鱼愿深渺，渊明无由逃。
彭泽当此时，沉冥一世豪。
司马寒如灰，礼乐卯金刀。
岁晚以字行，更始号怀陶。
凄其望诸葛，肮脏犹汉相。
时无益州牧，指挥用诸将。
平生本朝心，岁月阅江浪。
空余诗语工，落笔九天上。
向来非无人，此友独可尚。
属予刚制酒，无用酌杯盎。
以此招曹君，斯文或宜当。

这首诗在《山谷集》和《曹氏宗谱》中都有收录，但标题不同。《山谷集·卷四》中的题目是《宿旧彭泽怀陶令》，而《曹氏宗谱》中的题目是《挽怀陶公》，孰是孰非？尝试论之。《山谷集》中题目，据《四库提要》，盖为其亲手所订，后由其外甥洪炎所编，故其题目改动的可能性最大。如果一个人是替别人编集子，一般是不敢妄自改动文章内容，因为你无法确定作者原文的本意，更不可能改动文章的题目！只有自己编辑自己的东西，才敢随心所欲。那么，黄庭坚为什么要改动这首诗的题目。第一，可能是惧祸心理。因为曹家在当时是朝廷要排斥的对象，与其接触当然要慎之又慎。故，黄庭坚不独把诗文写得很晦涩，而且故意把标题弄得让人看不懂。如前述的范仲淹、王安石、苏轼诸人皆是如此。范仲淹那首诗在《曹氏宗谱》分明是《赠曹清君》，而到了范仲淹的《范文正公集》中则变成《鄱阳酬泉州曹使君见寄》；王安石的诗在《曹氏宗谱》中分明是《赠伯玉公》，到了《王安石文集》中则变成了《寄袁州曹伯玉使君》。这些都是故意让人看不懂的。苏轼则更加小心：当场一声不吭，只在事后，趁着题画的由头，写了一首《清溪词》。但内容写得很模糊，你不知道他是去找谁，只有那些懂得背景的人，才知道他是去看曹清和沈辽。黄庭坚和他们一样，他的诗在

《曹氏宗谱》里是《挽怀陶公》,可是在《山谷文集》里就变成了《宿旧彭泽怀陶令》。如果不知黄庭坚来过怀陶里,到过这位旧彭泽令的家,单单从字面理解,可以认为他就是写陶渊明。不独如此,就诗的内容来看,他把关键的几句话都改了,如将《曹氏宗谱》里的"更始号怀陶"句中的"怀陶",在《山谷集》里改作"元亮",使诗的怀念的对象,由曹清变成了陶渊明;将《曹氏宗谱》里的"以此招曹君",在《山谷集》中改作"欲招千载魂",也是为了达到与上句一样的效果。这样使诗的意思发生了根本性改变:本来收录在《曹氏宗谱》里的黄庭坚诗是怀念曹清的,黄庭坚将这首诗关键几句做了修改,收到《山谷集》里时,却变成了地地道道的怀念陶渊明的诗。

8. 诗纸:池纸

在池州的地方物产中,最有名的就是池纸了,在南唐和两宋时期曾是天下第一纸。池州造纸最迟始于隋末唐初。自唐至宋,池纸品质一直居全国之冠,为优等的书画用纸。在池纸的优等品中,不同的历史阶段先后产生过宣纸、白麻、澄心堂、马牙等不同品种。

作为诗纸,先后作诗称赞它的有宋代的梅尧臣、王安石、王逢原等著名诗人。澄心堂纸作为南唐的"天下第一纸",其提供者有歙、池两处,而以池提供的澄心堂纸为上品。米芾在《宝晋芙光集·卷六》称:"李重光(李煜)作此种纸以供澄心堂用,其出不一,以池州马牙碓浆者为上品。"马牙,就是贵池区马牙街道办事处太朴山的一个峡谷,至今仍有澄心堂纸的造纸遗迹。梅尧臣有《永叔寄澄心堂纸二幅》和《答宋学士次道寄澄心堂纸百幅》两首诗。诗云:

昨朝人自东郡来,古纸两轴缄縢开。
滑如春冰密如茧,把玩惊喜心徘徊。
蜀笺蠹脆不禁久,剡楮薄慢还可咍。
书言寄去当宝惜,慎勿乱与人翦裁。
江南李氏有国日,百金不许市一枚。
澄心堂中唯此物,静几铺写无尘埃。

当时国破何所有，帑藏空竭生莓苔。
但存图书及此纸，辇大都府非珍瓌。
于今已逾六十载，弃置大屋墙角堆。
幅狭不堪作诏命，聊备粗使供鸾台。
鸾台天官或好事，持归秘惜何嫌猜。
君今转遗重增愧，无君笔札无君才。
心烦收拾乏匮椟，日畏扯裂防婴孩。
不忍挥毫徒有思，依依还起子山哀。

——《梅尧臣集编年校注·卷十》

寒溪浸楮舂夜月，敲冰举帘匀割脂。
焙乾坚滑若铺玉，一幅百钱曾不疑。
江南老人有在者，为予尝说江南时。
李主用以藏秘府，外人取次不得窥。
城破犹存数千幅，致入本朝谁谓奇。
漫堆闲屋任尘土，七十年来人不知。
而今制作已轻薄，比於古纸诚堪嗤。
古纸精光肉理厚，迩岁好事亦稍推。
五六年前吾永叔，赠予两轴令宝之。
是时颇叙此本末，遂号澄心堂纸诗。
我不善书心每愧，君又何此百幅遗。
重增吾赧不敢拒，且置缣箱何所为。

——《梅尧臣集编年校注·卷十六》

南唐的画家徐熙专喜用澄心堂纸作画。

池纸发展到宋代，质量仍为上乘。王安石在《酬微之赠池纸》中赞道：

微之出守秋浦时，椎冰看捣万谷皮。
波工龟手咤今样，鱼网肯数荆州池。
霜纨夺色贾不售，虹玉丧气山无辉。

方船稳载献天子，善价徐取供吾私。
十年零落尚百一，持以赠我随清诗。
君宁久寄金谷地，方执赐笔磨坳螭。
当留此物朝上国，日侍帝侧书新仪。
不然名山副史本，褒拔元凯诛穷奇。
洛予文章非世用，画镂空尔靡冰脂。
挥毫才足记姓字，窃学又耻从师宜。
匆匆点污亦何忍，嘉贶但觉难为辞。
篇终有意责赵璧，穷国恐误连城归。
倾囊倒箧聊一报，安敢坐以秦为雌。

王安石的诗友王逢原在《再寄满子权》中也赞道：“有钱莫买金，只买江东纸，江东纸白如春云。”（《广陵集·卷四》）

这些都是池纸在最风光的时候所得到的最高赞美。

9. 诗岭：苦竹岭（贵池清溪）、水车岭（梅街桃坡）、回驴岭

池州境内诗岭较多，这里仅选三个。

（1）苦竹岭

苦竹岭在贵池区里山街道办事处清溪河畔，附近有万罗山景区和六峰山铜矿。苦竹岭主要涉及李白的几首诗。李白那时在大楼山炼丹失败，耗尽了所有的资金，于是来到苦竹岭，以图东山再起。所以在苦竹岭的岁月，是他在池州最饥寒交迫的日子。他一方面等凑足铜料，以炼黄白（炼丹术语，即炼假金银）；一方面和贩卖丹料的商人交往，以备条件成熟时再次开炼丹炉。他在苦竹岭住了半年左右，最困难的时候甚至是钓鱼充饥。尽管如此，他的骨头还是硬的。他的《山鹧鸪词》写道：

苦竹岭头秋月辉，苦竹南枝鹧鸪飞。
嫁得燕山胡雁婿，欲衔我向雁门归。
山鸡翟雉来相劝，南禽多被北禽欺。
紫塞严霜如剑戟，苍梧欲巢难背违。

我今誓死不能去，哀鸣惊叫泪沾衣。

有人认为这是天宝年间，安禄山在叛乱以前，曾派人来秋浦，游说李白入幕，李白以诗明志。按理说，李白居苦竹岭时，是他在秋浦耗巨资炼丹失败以后，身无分文，人生中最苦闷的时光。李白急需资金，如果他追随安禄山，就能做官又能获取薪水。但李白一直胸怀济世，自负非等闲之辈，故宁可衣食无着，也绝不背叛李唐王朝，而入安禄山之幕。故他在诗中说："紫塞严霜如剑戟，苍梧欲巢难背违。"

李白的清苦生活，在其作《秋浦清溪雪夜对酒客有唱鹧鸪者》中表露无遗：

披君貂襜褕，对君白玉壶。
雪花酒上灭，顿觉夜寒无。
客有桂阳至，能吟山鹧鸪。
清风动窗竹，越鸟起相呼。
持此足为乐，何烦笙与竽。

"披君貂襜褕，对君白玉壶。雪花酒上灭，顿觉夜寒无。"这种见到衣食的激动，只有饥寒交迫的人才有的，我们可以想象李白当时的困窘不堪。当然他的兴奋也可能是因为这位广西桂阳来的客人，也许是个丹料商人，他们相会于苦竹岭友人家，谈谈丹料生意。因为在当时，广西桂阳就是著名的丹料产地。

他在苦竹岭时，还写有一首《清溪夜半闻笛》。他写道：

羌笛梅花引，吴溪陇水情。
寒山秋浦月，肠断玉关声。

其"寒山秋浦月"所构成的凄清与荒凉意境，深深表达了他此时"欲去不得去"的断肠心境。

（2）水车岭

在贵池桃坡乌石村。水车岭悬崖峭壁，高达几十米。悬崖面对东南，秋浦河的一大支流龙舒河，在崖下形成了一个大回湾。依照道教炼丹家葛洪的《抱朴子》中对炼丹选址的规定，水车岭这种地势完全符合要求，是一块上好的炼丹地。水车岭主要涉及李白的三首诗，分别是《秋浦歌》中的三首。《秋浦歌》其八云：

秋浦千重岭，水车岭最奇。

天倾欲坠石，水拂寄生枝。

由诗的意境可知，李白的心情很兴奋，可能是他刚来此地，见此炼丹佳处，内心有抑制不住的激动。其一云：

秋浦长似秋，萧条使人愁。

客愁不可度，行上东大楼。

正西望长安，下见江水流。

寄言向江水，汝意忆侬不。

遥传一掬泪，为我达扬州。

大楼山，在水车岭正东面，两者之间很空旷，相距大约五六里，站在水车岭上一抬眼，就是巍峨的大楼山。这首诗可能是他在水车岭炼丹失败后写下的，因而它充满着愁苦之辞，这与他作为一个炼丹失败者心境是高度一致的。

《秋浦歌》其十七，应该是李白在水车岭的告别诗。诗云：

桃波一步地，寥寥语声闻。

暗与山僧别，低头礼白云。

他告别水车岭白云寺的山僧，黯然离开水车岭。

(3)回驴岭

回驴岭又称罗岭，在今黄山区"乌石乡夏村"(旧属石埭县)，下临舒溪，大约在青阳县的陵阳镇与太平湖之间，距离陵阳镇治近五十公里处。"罗岭闲云"为旧石埭县"八景"之一。据说是晚唐代诗人罗隐在隐居贵池梅根冶的时候，杜荀鹤家在长林(即老石埭县城所在地，即今广阳，已淹没在太平湖底)，有一次罗去寻访杜，刚过陵阳，恰在回驴岭相遇。故杜携罗，策驴原路返回长林，故称回驴岭。罗隐与杜荀鹤都曾在九华山隐居过一段时间，应有所交往。后来，罗在池居了几年，便投奔吴越王而去，杜也高中，授了翰林。所以，回驴岭一遇，恐怕二人再也没有见过面。来到杜家，罗隐还留诗《杜处士新居》：

翠敛王孙草，荒诛宋玉茅。

寇馀无故物，时薄少深交。

迸笋穿行径，饥雏出坏巢。

小园吾亦有，多病近来抛。

从"寇馀无故物"看，他们相遇的时间应在黄巢乱后（黄巢军878年8月离池，估计他们相遇在879年前后），杜荀鹤新居是个茅草屋，似乎罗隐的住处比他还要好点，只可惜因战乱而荒弃了。这首诗出现在宋代的类书《文苑英华·卷一百六十一》上，题目是《韦曲杜处士新居》，到了康熙的《全唐诗》就没有了"韦曲"二字。按，韦曲在长安，罗隐多次参加科考，认得一个有才华的杜处士，也非奇怪，留下一首诗也是情理中的事。但诗中写的是"乱后"，如果是指黄巢乱长安后，则罗隐已经去南方投奔了吴越王，不存在去韦曲的可能。再者，罗隐隐居池州的时间较长，似写杜荀鹤的可能性大些。尤其是杜荀鹤如果真的是杜牧的儿子，也假设罗隐知道这事，那"翠敛王孙草"就落到了实处。至明代，池州人张琮有《回驴岭》诗一首，对杜、罗相遇，以示纪念，这也算是个旁证：

一笑相逢古道间，蹇驴香踏落花还。

千年往事今惆怅，细草寒烟满旧山。

回驴岭上原有回驴亭，"文革"期间被毁。

10. 诗墓：费冠卿墓（一都旱麓山）及费冠卿草堂和书堂、秀山昭明衣冠冢

（1）费冠卿墓及费冠卿草堂和书堂

在讨论费冠卿的墓及草堂、书堂的时候，我们还略展开些，包括他为什么隐居，他隐居九华山带来些什么，都是要讨论的问题。

我们先了解一下费冠卿其人。《江南通志·卷一百六十一》记载：费冠卿，字子军，池州人。元和二年及第。闻母病革，驰归，母已卒。叹曰："干禄养亲，得禄而亲丧，何以禄为？"遂隐池州九华山。长庆中，殿院李行修举其孝节，召拜右拾遗，不赴。北宋的《太平寰宇记·卷一百五》还称费冠卿是"三征拾遗不赴"。这是他人生的基本轨迹。其隐居生活很少被人提及，他自己也很少提及。

①费冠卿墓到底在何处？

这一问题一直没有人提出来。根据《嘉靖池州府志·卷一》"青阳县唐拾遗

费冠卿墓在县一都旱麓山”，并在词条下附唐杜荀鹤吊费的一首诗云：“凡吊先生者，多伤荆棘间。不知三尺墓，高并九华山。天地有何外，子孙无一闲。当时若诏起，未必得身还。”《大清一统志·卷八十二》记载：“费冠卿墓在青阳县南旱麓门。”而《江南通志·卷四十一》云：“进士费冠卿墓在青阳县旱麓山。”我们统合三种文献记载，他们都口径一致认为：费冠卿墓，在青阳县，而且具体是在有个叫“旱麓”的地方。至于这旱麓是什么？文献有分歧。

现在首要的问题是：一都在何处？会不会在九华山？如果在，“旱麓”是山名的可能性就大一些，它也许就是一座山峰的名字。寻着这条线索，有可能很快找到他的墓。如果一都在青阳县城附近，则县城和村庄的变迁，加上城边的地表变化很大，那么“旱麓”是门名的可能性就大些；即使是山，在县城附近，也没有高山，至多也只能是一些丘陵。

杜荀鹤是本土诗人，在时间上离费冠卿的生活时代较近。他对费冠卿的坟应是亲眼所见的，否则，他是写不出像“凡吊先生者，多伤荆棘间”和“不知三尺墓，高并九华山”这样很有细节的诗句。从这些诗句，我们也可以大致断定，费冠卿的坟不在九华山：既不在前山，也不在后山。

那究竟在何处呢？我们再来看比费冠卿晚数十年，也隐居九华山的同时代人张乔，也应该知晓费坟的所在了。他有一首《经九华山费征君故居》(《唐诗品汇唐诗拾遗·卷七》)：

草堂芜没后，来往问樵翁。
断石荒林外，孤坟晚照中。
数溪分大野，九子立寒空。
烟壁曾行处，青云路不通。

这首诗将费的草堂与坟一起写了。“断石荒林外，孤坟晚照中。”据此看来，坟墓是在林中，而不是什么“门”。“数溪分大野，九子立寒空。”具有“大野”特征的在九华山下，只有两处“大野”：一处是九华前山山脚下的庙前乡和杜村乡共同构成的大盆地，另一处是九华后山朱备的青通河（也叫临城河）冲积而成的平原。相比较而言，青通河朱备段的支流很少，更谈不上“数溪分大野”（几条支流分割大平原）的情况。所以，我们将后山脚下朱备排除。我们看前山脚下的庙前和杜村。这个平原,上半部确实被八都河和九都河分割了,下半部叫六泉口,被好几条支流所分割,比较符合“数溪分大野”的情景。因为在九华山的西北面,下午是能照到夕阳的,故也很符合“孤坟晚照中”的境界。但是,我们从河的名字看,这里是历史上八都和九都两个行政区划所在地,而不是“一都”! 所以,总的看来,费冠卿墓既不在前山的盆地,又不在后山朱备段的青通河平原。

那么,费冠卿墓究竟在哪里呢? 如果我们相信上面几部志书所引的内容是正确的,相信张乔描述也是正确的,那我们只有去寻找那个被“数溪”所分割的“大野”,那个在“一都”的“大野”了。根据《江南通志》,八都在县西,十七都在城东。根据《嘉靖池州府志·卷一》“乡镇”条,明代青阳计有五乡,每乡下面各有一至四个“都”不等,五个乡共十二个都,故明代青阳的“都”,最高秩序号也是“十二都”。所以《江南通志》的“十七都”不是宋元时期的(“都”作为一级行政机构,宋元时期的浙、闽等地已广泛存在),也不是明代的,只能算是清代的行政机构了,可以不必理睬它。五个乡在《府志》中的顺序排列是:天宝乡(有都四)、慕善乡(有都三)、延和乡(辖都三)、陵阳乡(有都二)、金山乡(有都一)。推测起来,“一都”在天宝乡的可能最大。按,青阳县设于天宝元年(742),以天宝为乡名,多少带点纪念意味,如果这样,该乡在城关范围之内的可能性很大。不论在城的哪一面,费冠卿墓都在离城二至五里左右的范围内。那个同样也是求仙的滕子京,也葬在离城五里的金龟原,属于城东。那么,费冠卿的墓可能就在城西南。因为南唐宋齐丘墓在城东南(滕、宋两墓见《嘉靖池州府志·卷一》)。按理说,宋与滕都是费以后的人,他们都各葬一方,也许就是有意避开费。更重要的理由是,西南是临城河与东面的七星河合流处,它们还冲积出广大的平原——铜埠圩区:正符合张乔所说的“数溪分大野”的地貌特征,也符合他所说的“孤坟晚照中”场景。故《大清一统志》所记费墓在青阳县南,之所以没有道理,就是这里虽然有“大野”(即今杨田乡一带平原),但没有“数溪”:与张乔描述的地貌不符。

综上所述,费冠卿的墓很大的可能是在青阳县西向稍偏南不出五里的范围内。

②费冠卿的草堂和书堂又在哪里?

先说草堂。草堂又称旧居,是费冠卿读书与生活合在一起的普通山居。因为像费冠卿这种经济状况的人,早年大约是没有闲钱来专门做书堂的。所以那些唐代诗人们在寻找或悼念他时,除了杨巨源和一位本土寓居的罗邺提到其“书堂”外(这个书堂是他晚年修道之所),其余人都是写他的旧居、草堂之类的。据文献,现列8位唐代有名诗人,怀念费氏草堂和书堂的诗如下:

云卧竟不起,空陨少微光。
维应孔北海,为立郑公乡。
旧棺苔藓合,幽斋松菊荒。
空余书带草,日日上阶长。

——李群玉《经费拾遗所居呈封员外》(《李群玉诗集·卷下》)

解向花间栽碧松,门前不负老人峰。
已将心事随身隐,认得溪云第几重。

——杨巨源《题五老峰峰下费君书院》(宋洪迈《万首唐人绝句·卷八》)

满袖归来天桂香,紫泥重降旧书堂。
自怜苇带同巢许,不驾蒲轮佐禹汤。
怪石尽涵千古秀,奇花多吐四时芳。
何人更肯追高躅,唯有樵童戏藓床。

——罗邺《费拾遗书堂》(《唐诗镜·卷五三》)

节高终不起,死恋九华山。
圣主情何切,孤云性本闲。
名传中国外,坟在乱松间。
依约曾栖处,斜阳鸟自还。

——刘昭禹《经费冠卿旧隐》(明曹学佺《石仓历代诗选·卷一二二》)

浮世抛身外,栖踪入九华。
遗篇补乐府,旧籍隶仙家。
池静龟升树,庭荒鹤隐花。

古来天子命，还少到烟霞。
——张玭《费征君旧居》（《御定全唐诗·卷七百二》）

草堂芜没后，来往问樵翁。
断石荒林外，孤坟晚照中。
数溪分大野，九子立寒空。
烟壁曾行处，青云路不通。
——张乔《经九华山费征君故居》（《唐诗品汇唐诗拾遗·卷七》）

高眠当圣代，云鸟未为孤。
天子征不起，闲人亲得无。
猿猱狂欲堕，水石怪难图。
寂寞荒斋外，杉松相倚枯。
——郑谷《经费征君旧居》（《白莲集·卷二》）

草堂何处试徘徊，见说遗踪向此开。
蟾桂自归三径后，鹤书曾向九天来。
白云事迹虽然在，青琐光阴竟不回。
尽日为君思曩昔，野泉呜咽路莓苔。
——罗隐《九华山费征君所居》（《文苑英华·卷二百三十》）

在这批悼念他的诗人中，赞同他的人少，惋惜他的人多。倒是他的一个友人，著名诗人姚合，是真正懂他的人。姚合的两首与费有关的诗分别是：

逍遥罾缴外，高鸟与潜鱼。
阙下无朝籍，林间有诏书。
夜眠青玉洞，晓饭白云蔬。
四海人空老，九华君独居。
此心谁复识，日与世情疏。
——《寄九华费拾遗》

服儒师道旨，粝食卧中林。

谁识先生事，无身是本心。
空山流水远，故国白云深。
日夕谁来哭，唯应猿鸟吟。

——《哭费拾遗征君》

在这两首诗里，他对费冠卿的人生境界给予了充分的肯定和赞美，表达了他内心深处的理解和支持。其次，杨巨源也算是很懂费冠卿的，认为他是“心事随身隐”。

以上这些诗人都到过或亲自听说过费冠卿的草堂，不用说清楚它的位置了。但是，我们就是找不到写草堂位置很有细节的句子，只是模糊地觉得他的草堂好像在九华山上，却不知在九华山上哪一处。查《江南通志·卷三十四》“费冠卿宅在九华山少微峰”。北宋末南宋初，宋廷珪的《海录碎事·卷三》上载：“少微峰，在九华翠微峰。费征君隐居其下。”宋末元初，青阳人陈岩的《九华诗集》称：“少微峰（原注翠微峰南，卓然耸立，费拾遗隐居其下，拜官受爵）”。这两条都说明，少微峰是依附翠微峰的。那么，翠微峰定位了，少微峰所在的范围就确定了。根据《九华山志》载：翠微峰“在升云峰北，海拔1012米”。该书又云：升云峰“在少微峰东、蛇冲南，海拔976米”。翠屏峰“介于云外峰与碧桃崖之间”。少微峰“在翠屏峰北，天香岭南，海拔945米”。依此，少微峰则在天香岭南，刘冲东北。今天的实地调查表明，刘冲适合人们居住，由于地势陡峭，空间狭窄，只能居住少量人口（以容纳五六十人为宜）。山上还有垒石而成的少量梯田及茶园。山谷深邃，很适宜隐居生活。费冠卿最初的草堂在这里，可信度较高。

唐人杨巨源有《题五老峰下费君书院》（这首诗在《江西通志》和《山西通志》都有收录，但以费冠卿当时的经济条件，无论在江西庐山还是在中条山，都是建不起书堂的；另，唐时书堂和书院都是指私人修道的地方）称“不负门前老人峰”，书堂似乎又面对五老峰。如果，杨的诗中“五老峰”是指九华山的五老峰，则书堂就不在少微峰下的刘冲，而应该在云外峰。田野调查表明，云外峰海拔1200米，唐代道士赵知微和宋代滕子京曾经的修道地。赵知微建有延华观，滕子京建有滕子京书堂。延华观今已为庙宇，名为沙弥庵。根据云外峰上残存的民国石刻记录，民国时，此庙尚称延华寺（也称延华堂）。在这个寺的位置做房子，如果门向是朝南，正好门前稍左，就是五老峰。从沙弥庵向东登五老峰顶，只要十几分钟。所以费冠卿书堂如果就是沙弥庵（可能也包括延华观和滕子京书堂）前身，则此书堂既可以说是云外峰下，也可以说是五老峰下，与杨巨源诗意甚合。考费冠卿应在833年至861年于此修道。费冠卿约一百岁左右仙去。之后，咸通年间（不早于861年），赵知微从云外峰西南下面的凤凰岭迁址于此。此处，离天柱峰只有十几分钟的路，故有赵知微率众弟子夜登天柱峰赏月之事（唐皇甫枚《三水小牍》）。如赵知微居凤凰岭，到天柱峰要翻山越岭，白天需三个多小时，赵是雨夜登天柱峰，没有四五个小时不能到，不是说夜晚行山林之中不可能，即使能到，月已下山，何能赏月？

云外峰还遗有八卦井一口，疑似费或赵所凿。赵知微之后，修道者便是滕子京了。

③费冠卿不赴拾遗诏的真正原因是什么？

费冠卿到长安求功名，费了十年工夫，受尽屈辱，一举登第，为什么在朝廷授以拾遗官的时候，却引身而退呢？与费同时代的人，猜测纷纷，归纳起来大致有三种：其一，惧祸说。认为费冠卿怕出来做官，是做官风险大，弄不好有杀身之祸。如杜荀鹤就认为，“当时若诏起，未必得身还。”费冠卿自己在《不赴拾遗诏（以拾遗诏不起赋诗）》中好像也有这个意思：“也知臣子合佐时，自古荣华谁可保。”其二，邀名说。有人认为，费不出来做官，是为了邀名。持这一说的有同是九华山唐代诗人的李昭象。他在《赴举出山留寄山居郑参军》说：“还如费冠卿，向此振高名。”（《御定全唐诗·卷六百八十九》）。其三，隐居修仙说。持这种看法的人有好几位，如顾非熊、张蠙、姚合等唐代诗人。张蠙《费征君旧居》云：“浮世抛身外，栖踪人九华。遗篇补乐府，旧籍隶仙家。”他很清楚说费是“隶仙家”，是修道的；顾非熊在《寄九华山费拾遗》中也说：“先生九华隐，鸟道隔尘埃。石室和云住，山田引烧开。久闻仙客降，高卧诏书来。”（《御定全唐诗·卷五百九》），认为费与神仙有往来。“石室和云住”也完全是一副修仙的模样。与费交往甚深的姚合认为：费冠卿是“服儒师道旨”（姚合《哭费拾遗征君》），表面是儒生，其实是在“师道旨”，在内心深处接受道教的宗旨。

费冠卿究竟是哪种人呢？我们认为，首先他是一个把功名看得很重的人。从他早年奔走长安，积极追求功名，十年都不回头，可知他对科举的热衷，他的《久居京师感怀诗》云：

茕独不为苦，求名始辛酸。
上国无交亲，请谒多少难。
九月风刮面，羞汗成冰片。
求名俟公道，名与公道远。
力尽得一名，他喜我且轻。
家书十年绝，归去知谁荣。
马嘶渭桥柳，特地起秋声。

在京师十年艰辛，搏求功名，四处干谒，备受羞辱，虽有些悔悟，但行为依旧。以至落第时，朋友看他恓惶的样子很难受，就写诗劝他。如熊孺登就有一篇《戏赠费冠卿》，他说："但恐红尘虚白首，宁论蹇逸分先后。莫占莺花笑寂寥，长安春色年年有。"真是劝慰之至。如果费的功名心不是那么重，人家也无须这样劝。

费冠卿困居长安十年，屡试不中，即使在和别人一起去远游时，仍不免愁思满腹。元和元年，吴人陆畅考中进士(《江南通志·卷一百十九》)，费冠卿和他一起游于蜀中，但费还是先别而去。陆畅《成都送别费冠卿》(《万首唐人绝句·卷二九》)云：

红椒花落桂花开，万里同游俱未回。
莫厌客中频送客，思乡独上望乡台。

从诗中"桂花开"，可知诗人已在该年，即元和元年，考中了进士(《登科记考》)，而费该年并未考中，故其心事重重，先期别去。幸好，第二年，也即是元和二年，费也考中了，要不然，费不知变成什么样子。如此热衷功名的人，在十五年之后，朝廷诏为右拾遗，为何却断然不赴呢？说他是因母亲去世而不仕，可能也是一种原因，但绝不是主要的原因。照理说，母亲去世，已无孝可尽，不正好是报效君王的时候吗？但费冠卿又找了一个理由说，得禄养亲，亲已不在，要禄何为？我认为，这种说法，未免矫情。以前那样热衷功名，现在忽然这样淡定，于情于理说不过去。说做官仅仅为了得禄养亲，难道不做官，就不可以养亲吗？费后来隐居时，写有《闲居即事》：

生计唯将三尺僮，学他贤者隐墙东。
照眠夜后多因月，扫地春来只藉风。
几处红旗驱战士，一园青草伴衰翁。
子房仙去孔明死，更有何人解指踪。

从他在闲居中，仍念念不忘“几处红旗驱战士”，觉得自己是“一园青草伴衰翁”。我们可以看出，他早年考进士，主要恐怕还是为了求功名，而且这种功名心，一直到老都还在。元和二年中进士，十五年以后，他内心虽然仍向往功名，却突然改变做法，坚决不仕。是什么改变了他的看法？我们回过头来，再看上首诗的末句：“子房仙去孔明死，更有何人解指踪”，应该一下就明白了：人再伟大，如孔明者，终难逃一死，不如像张良那样去修仙。原来，费冠卿是铁了心要去修仙，尽管心里还对功名有些不舍，但二者不可兼得时，就只好舍弃功名了。《太平广记·卷五十四》记录了一则费冠卿与仙人的事。故事里，仙人让秋浦县令刘某捎话给他：“但向道，早修行”，后来“刘即与冠卿为修道之友，卜居九华山。以左拾遗征，竟不起”。南唐徐铉在《骑省集·卷十二》中《池州重建紫极宫碑铭》写道：“北望陵阳窦真人飞升之所，南瞻九子费征君栖隐之乡，玄风徘徊，精气交感。”将窦真人与费冠卿对举，总括的话是“玄风徘徊”，俨然也是将费冠卿归于道家之徒。

唐人张蠙《费征君旧居》称他为“旧籍隶仙家”，顾非熊在《寄九华山费拾遗》中称费冠卿“久闻仙客降”，这些恐怕都不是空穴来风。这些说明费冠卿修仙应该是没问题的。唐代那些来写诗凭吊他的人，多半也是诗人兼道士，这也很能说明问题

(2)费冠卿的隐居生活

费冠卿的隐居生活，从物质上看，是清寒的；从精神上看，是恬淡的；从肉体上看，是舒适的。他的生活内容很单纯，从他留下的诗看，大致可以分为简单的几块：

①全面深入地游山观景。

费冠卿的游山观水，体物察微，基本都在九华山范围之内，如下面几首：

自地上青峰，悬崖一万重。
践危频侧足，登堑半齐胸。
飞狖啼攀桂，游人喘倚松。
入林寒瘁瘁，近瀑雨濛濛。
径滑石稜上，寺开山掌中。
幡花扑净地，台殿印晴空。
胜境层层别，高僧院院逢。
泉鱼候洗钵，老玃戏撞钟。
外户凭云掩，中厨课水舂。
搜泥时和面，拾橡半添穜。
渡壑缘槎险，持灯入洞穷。
夹天开壁峭，透石蹙波雄。
涧蔼清无土，潭深碧有龙。
舍田一片净，谷树万株浓。
野客登临惯，山房幽寂同。
寒炉树根火，夏牖竹梢风。
边鄙筹贤相，黔黎托圣躬。
君能弃名利，岁宴一相从。

——《答萧建》(问九华山)

中峰高拄泬寥天，上有茅庵与石泉。
晴景猎人曾望见，青蓝色里一僧禅。

——《题中峰》

不为幽岸隐，古色涵空出。
愿以清泚流，鉴此坚贞质。
傍临玉光涧，时泻苔花密。
往往惊游鳞，尚疑垂钓日。

——《枕流石》

本为独立难，寄彼高树枝。

蔓衍数条远，溟濛千朵垂。
向日助成阴，当风藉持危。
谁言柔可屈，坐见蟠蛟螭。

——《挂树藤》

《答萧建》(问九华山)这首诗，如果不是对九华山广泛地实地观察和了解，进行全方位的漫游，作者不可能写出这样全方位地介绍九华山自然景观和人文景观的诗。今天看来，它仍然是全面介绍九华山的最好文字。和王季文的《九华山谣》、神颖的《和王季文九华山谣》以及后来王阳明的《九华山赋》比较，差异较大。如前文所述，王季文只介绍了九华山的自然景观，神颖也是，而且范围更小——只是九华山的一小块。王阳明则重点介绍文化景观，但它们都只是与道教修仙有关的文化景观，不能算是全方位的。

费的诗，同样也是见景见物见人也见情，但费在对九华山深入立体地观物、观景的同时，表达他对独立崇高人格的坚守，这就是他的高处。

②隐居时期的交往活动。

费冠卿隐居时，与当地人的交往中，除了和尚冷然外，并不见第二个有确切姓名的人。与外界同时代的诗人、官员的交往，有费诗为证的也只有一个萧建和一个并不知道名字的范中丞。虽然，姚合、顾非熊等人也给他寄过诗，但在我们今天所见到他的诗中，没有看见他回应的篇目，看起来好像是一种文字往来，其实是单方面来而无往的文字。这些如果是全部的真实，说明他很少与他人接触。下面我们就费冠卿的这两首诗，来分析一下费冠卿的交往内容：

世人从扰扰，独自爱身闲。
美景当新霁，随僧过远山。
村桥出秋稼，空翠落澄湾。
唯有中林犬，犹应望我还。

——《秋日与冷然上人寺庄观稼》

花宫柳陌正从行，紫袂金鞍问姓名。
战国方须礼干木，康时何必重侯嬴。

倖将束帛山僮喜，传示银钩邑客惊。

直为云泥相去远，一言知己杀身轻。

——《酬范中丞见惠》

从两首诗中，我们可以看到，与冷然的交往仅限于与他一起去观景，冷然也在他自己的诗中表示，他此次也是借观稼的由头出来观景的。第二首写与范中丞的交往，仅仅是一篇敷衍的文字。除以上所引外，隐居时期的费冠卿，我们就没看到有其他的交往了。可见，他的隐居生活是恬淡自如、守静归真的。

③费冠卿隐居时的日常起居。

我们可以从以下费冠卿的诗中，看出他平居生活。《闲居即事》中表达充分：

生计唯将三尺僮，学他贤者隐墙东。

照眠夜后多因月，扫地春来只藉风。

几处红旗驱战士，一园青草伴衰翁。

子房仙去孔明死，更有何人解指踪。

这首诗中我们可以看出他的生活很清苦。但费认为这其中的乐趣，少有人知。再看：

君亲同是先王道，何如骨肉一处老。

也知臣子合佐时，自古荣华谁可保。

——《不赴拾遗诏(以拾遗召不起赋诗)》(《御定全唐诗·卷四百九十五》)

这首诗中，他告诉人们，平居就是和自己的亲人在一起快乐生活着。

(3)费冠卿的隐居对九华山产生的影响

①使人们开始重新审定九华山的人文价值。

九华山在李白扬名之后，在当时的人们看来，九华山就是一座灵仙往来的道教福地而已。尽管在费冠卿之前，九华山出过吴器高(唐高祖时进士)，但已为人们遗忘。费冠卿之后，人们改变了对九华山的看法，认为这里不仅仅出神仙，还出进士，出诗人。费冠卿的出现，开了九华山进士的先河，他不仅带动了本土人考进士热情，还使池州境内其他各县的考生们认为，九华山是池州的一块最好的科举风水宝地。考生们纷纷涌上山来。最先考中的，还是九华山本土人王季文，接着来九华山的有罗隐、罗邺、李化文、张乔、杜荀鹤、殷文圭、康骈、顾云等人，他们除二罗一李外，都相继考中。

②费冠卿是九华山声名的积极传播者。

费冠卿作为九华山的第二位进士，十载长安求仕的过程，也是他宣传九华山的过程。应该说他是继李白、金地藏之后，对外宣传九华山的第三人。他的宣传加上李白和金地藏的影响，到了唐宪宗元和年间，九华山在士大夫中，差不多已是人人皆知。此时期的著名诗人，十之六七都来游过或远观过九华。随便举几个例子，如刘长卿、刘禹锡、李商隐、李群玉、杜牧、郑谷、僧贯休、罗隐、杜荀鹤等。九华山当时的声名远扬，应该说费冠卿的宣传有很大的功劳。比如，他对九华山的颂扬，曾令当时的诗人萧建对九华山十分神往，特地要求费冠卿，用诗对九华山进行详尽描述，再寄给他，以慰未见之恨。费冠卿就作了一首《答萧建》，对九华山的人文景观和自然风光做了全面而详尽的描述。

③费冠卿为九华山的隐士文化景观积累做出了重大贡献。

这从两个方面讲。其一，费冠卿的隐士人品增添了九华山人文景观的种类。费冠卿之前，九华山基本上是道士和僧人，他们追求修身养性，本没有打算要功名，谈不上是避世，因而不能称作隐士。还有一类像窦子明，算是亦官亦隐，只是到了费冠卿，才算是真正出了一个隐士。因而形成的围绕费冠卿隐居的物质生活和精神生活，展开一系列隐士文化景观：如费冠卿书堂，费冠卿隐居点少微峰，费冠卿墓，费冠卿诗文所涉及人和物以及与费冠卿修仙有关的传说等。其二，费冠卿的隐士精神作为九华山隐士文化的开端，对后世产生了深刻的影响，使九华山隐士文化景观的积累，迅速增加。如活动于唐咸通（860—874）间的王季文，中进士后短暂出仕两三年，便断然归隐修仙，不能不说费冠卿对他没有深刻的影响。接着费冠卿之后的李化文，他先学过一段时间的道（他写诗道："试药黑髭生"说明他很有学道的心得），后来想出仕，就对费冠卿表示鄙夷，认为不能"还如费冠卿，向此振高名"。及至功名屡挫，就铁了心，一心修道，不能不说费冠卿就是他的榜样。其后，像宋末元初的九华山人陈岩，拒不出仕，隐居九华，著《九华诗集》，有诗二百余首，歌咏九华的人文景观。还有宋代的滕子京直接追寻到费冠卿书堂旧地云外峰，也建了一座滕子京书堂。在费冠卿的影响下，这些人的隐居、创作，对拓展九华山的隐士文化，增添一系列九华山隐士文化的景观，都起到了积极且不可替代的作用。同时，这些景观还吸引了大量后人的歌咏，又进一步丰富了九华山隐士文化的内涵，同时还增添了相应的文化景观，因而形成了良好的叠加效应。如王季文归隐龙潭，形成龙潭文化景观，而龙潭文化景观又吸引了宋末陈岩来游，陈岩又为王季文故居和龙潭写诗（《九华诗集》），丰富了王季文隐士文化的内涵；至明代，王季文隐士文化景观又吸引了王阳明来游，同时，王阳明也创作诗歌来歌咏这些文化景观。除了写龙潭、王季文故居的诗以外，王阳明还写有《九华山赋》，将王季文隐士文化景观作为主要考察对象之一，这就更加拓展了王季文隐士文化景观的文化内涵。

11.诗钓台：李白钓台、昭明钓台、古雪山民钓台和逸民钓台

池州境内，共有四座有名的钓台，分别是昭明钓台、李白钓台、古雪山民钓台（吴应箕之孙吴铭道的钓台，在石台大演吴应箕故居星火村边的剡溪上）与唐蛰的逸民钓台。其中，李白钓台在清溪河上，其他几座钓台在秋浦河上。极负诗名的钓台是李白钓台和昭明钓台。

（1）李白钓台

贵池区清溪万罗山的李白钓台，也称江祖石，面对万罗山，下临江祖潭，清溪一湾而南，风景秀绝；离池州城十余里地，所以来的人很多，留下的诗也很多。像南宋丞相周必大，清代池州知府张士范，都是这里著名的游客兼诗人；一般的诗人来游，历代也很不少。但这里最著名的要数李白了。李白在大楼山第一次炼丹失败之后，此时住在苦竹岭，希望从附近六峰山炼铜场（唐时称百炉庄）寻找合适铜料炼黄白（即做假金银，以补充炼丹经费）。万罗山距离苦竹岭六七里，空闲时，李白在这一带徘徊，还时常登上钓台（江祖石）垂钓。他所留下的关于钓台的诗共有三首。一是《秋浦歌》其十一：

逻人横鸟道，江祖出鱼梁。
水急客舟疾，山花拂面香。

逻人是指逻人石，在南岸万罗山的半山腰，孤石撑天，故谓横鸟道。清溪流经江祖石下的江祖潭，水力在潭出口处卷起砂石，堆成一道天然的鱼梁，故谓“江祖出鱼梁”。这首诗，表达的心情是畅快的，不像以前那么忧结。二是《秋浦歌》其九：

江祖石一片，青天扫画屏。
题诗留万古，绿字锦苔生。

诗人仿佛又重新燃起了炼丹求仙的希望，遥想其仙去之后，他题写在钓台上的诗，也成了后人追慕的古仙遗迹。

其三是《独酌青溪江石上寄权昭夷》

我携一樽酒，独上江祖石。
自从天地开，更长几千尺。
举杯向天笑，天迴日西照。
永愿坐此石，长垂严陵钓。
寄谢山中人，可与尔同调。

李白此时在积极筹备炼丹。之所以用“可与尔同调”，李白此时生活拮据，可能向权昭夷借过钱。

还有一些后人凭吊之作，兹不一一列出。

(2)昭明钓台

昭明钓台为中国十大钓台之一。池州有三处：一在贵池杏花村景区的猫骨盖山临秋浦河处(即今梅州晓雪景区秋浦河侧，府志称为镇山)，出水高两三米，长约十五米，中宽约五米，为一整块黄褐色扁平巨石。明《嘉靖池州府志·卷一》“昭明钓台”条下所称：“在府治镇山下”，宋代柳宏有一首《镇山崇教寺》(《嘉靖池州府志·卷八》)云：

水国宜长望，招提在翠微。
断云当槛起，孤鹜背人飞。
潮落平沙露，风高钓客归。
是谁知此境，终日可万机。

此诗景，很好地描述了镇山及周边秋浦河的景境，其中，“水国”“孤鹜”“潮落平沙”“钓客”都是离江不远的昭明钓台的景色,同时也说明了此山还有旧府衙文化的遗留——崇教寺。寺名“崇教”,应是旧府衙儒家文化延伸出来,抑或是庙宇的本身就是旧府衙的夫子庙大成殿改造而来——因为南陵郡在隋开皇十九年(599)时被废,儒学大成殿即被荒弃,改造成寺庙,并沿用“崇教”这个带儒学意味的词,都是顺理成章的事。

就此钓台遗址,作者访问了秋浦河边的杜坞(属杏花村办事处孔井村)的船夫。他们皆称:一直以来,当地人都呼此钓台为“昭明皇帝钓台”。

昭明钓台的另一处在贵池区殷汇镇灌口,也位于秋浦河畔,背倚郎山崖,下临玉镜潭,流沫成轮,即在矶石之下。崇山峻岭,树色苍苍,玉镜潭中,碧水泱泱,风景之美,令人流连,不忍离去。第三个在翠屏山下的长江太子矶。这是隋秋浦县的昭明钓台,存在时间约在开皇九年到开皇十九年。(属乌沙镇)

造成三个钓台原因,是历史上的昭明钓台有过三次迁移。钓台最初始的位置,是在杏花村景区的猫骨盖山下的秋浦河边。这里是历史上的南陵戍(《宋书》)、梁代的南陵郡郡治以及陈代后期北江州州治所在地(《陈书》)。

南陵郡设于梁代,一开始设在春谷县治内(今池州城东25里处。《太平寰宇记·卷一五〇》),可能在昭明太子处理朝务期间,移于南陵戍(南陵戍设立何时,失考,《宋书》已出现此戍名,据此,它可能是梁以前的古戍)。当时,昭明太子可能是考察南陵郡新址(约在梁普通年间),而在城下的矶石上垂钓过。此段秋浦河水面,郦道元《水经注》称它为贵长池,池州历来相传,称贵长池出口处,因昭明太子食贵长池鱼味甚美,名为“鐀口”。南陵郡在陈朝时,又将设于湖北境内的北江州州治移入,使该地成为滨江的一个重要的军事城堡。故北隋渡江的西路大军,兵锋直指南陵郡城(即北江州城)时,大将杜彦不得不指挥先锋樊子盖于十一月先偷渡长江,掠取南陵郡船坞600艘战舰,之后,才敢率领大军渡江,围攻南陵郡城。此战,南陵郡太守许翼被生擒(《隋书·杜彦传》)。隋文帝开皇十九年(599),隋废弃北江州、南陵郡和南陵戍,昭明太子作为公祭对象,其钓台迁至隋开皇九年的秋浦县治——晏塘乡新河坝附近的太子矶。开皇十九年,又迁回秋浦县汉石城县旧址(《隋书·地理志》),故昭明钓台失去南陵郡的依托,随秋浦县一并移至石城附近的秋浦河源头玉镜潭。直到唐永泰元年(765),再立池州于今治(即池州市治)处,始移昭明钓台及昭明文庙于今址,即昭明钓台还回到了原来的位置——府治镇山下(即猫骨盖山下)。

由于隋秋浦县昭明钓台,是隋代开皇九年(589)、十九年(599)以后分别移入的,时间太短,并不引人注意,所以从隋初至盛唐这段时间里,赋咏罕及。中唐移至池州府治附近的原址,又为昭明庙名声所掩,去钓台的路较偏僻,故去的人不多。下面将历代写昭明钓台诗选几首列之如下。

首先是池州人明代孙仁。孙仁,字世荣,号恕斋,贵池人(今池州贵池牌楼镇),景泰辛未进士(1451)。官顺庆府知府,右布政使司等职,在位勤政爱民,守法不阿,深受百姓爱戴。有《东山稿》八卷、《行台奏议》十卷。其《钓台》写道:

梁苑多年禾黍生,储君犹有钓台名。鼎湖龙去髯何在,磐石苔深迹未平。日落空林巢野鹤,烟横暖浪跃潜鲸,沿堤种得如丝柳,犹讶长纶拂水轻。

——陈竑《秀山志·卷十》,刘世珩《贵池先哲遗书》

梁朝已成往事,唯如昭明之有德者,常驻人间,为人缅怀不忘。这是写灌口玉镜潭钓台的。

清初的王元梅《钓台》诗写道:

波㶉㶉,石粼粼,有客持竿兮钓于寂寞之滨。风声淅兮不见,月色皎兮如亲。六朝事业水奔驰,珊瑚树拂朱丝纶。人生富贵驹过隙。东海千年复扬尘。君不见台城粉堞势崔嵬,荒燐夜火烧芜莱。秋浦矶头一片石,狂风暴雨难沉埋。白云满眼迷归路,烟波一碧杳然去。吁嗟,蜡鹅千古怨,杜鹃啼到无声处。

——陈竑《秀山志卷十》,刘世珩《贵池先哲遗书第二十九》

王元梅,字玉和,贵池人,清乾隆四十八年(1780)进士,为官任上,亲临讲堂讲学。善诗文,尤长于诗。退隐后,侨居京师。他大约是殷家汇或牛头山镇附近的人,对灌口的昭明钓台颇为熟悉,所以他写得比较深入骨髓。这也是写灌口钓台的。目前还没有发现关于杏花村内钓台的诗歌。

(3)古雪山民钓台

古雪山民钓台,在石台县大演乡星火村口的剡溪上,与吴应箕的读书亭隔溪相望。清代池州抗清志士兼诗人吴应箕之孙吴铭道,自号古雪山民,常钓于此石之上，又自刻“古雪山民钓台”于钓石，今日观之，字迹仍然异常清晰。其《秋浦》诗道：

晴天放钓钩，选石野桥头。
翠发秀山秀，秋生秋浦秋。
树低先得月，舟小不惊鸥。
游倦忘身世，悠哉自在流。

——陈竑《秀山志·卷十》，刘世珩《贵池先哲遗书第二十九》

吴铭道之父吴孟坚尚未成人，吴应箕就牺牲了，由应箕弟吴非与明末名士贵池人刘城共同抚养成人。孟坚从小就受到良好的教养。其子吴铭道，长大以后，以古雪山民自号，来表示他心冷如古雪，坚决与清统治者不合作的决心。因古雪山民钓台所处的剡溪，也是秋浦河的源头，故作者以《秋浦》为题来写钓石是切题的。他遍游大江南北，以能诗之故，颇受欢迎。有《复古集》《滇南集》等著作。这首《钓台》诗，抒发了作者虽有国难家仇，但他觉得凭个人之力寻仇，无异于蚍蜉撼树，就如他在诗中所形容的“舟小不惊鸥”，无奈之下，只有“游倦忘身世”。

这首诗被收在《秀山志》，误以为是写昭明之钓台；但我们无论从内容或情感表达，还是题目名称，找不到一点与昭明相关的信息，故借此处加以说明，以恢复这首诗的本来面目。

(4)**逸民钓台**

逸民钓台处在石台大演乡剡溪古雪山民钓台的下游。这个钓台的主人是宋末遗民唐蛰。彭而述有《逸民钓台》云：

宋室成灰烬，犹留片石悬。
郤他三聘币，枕此一泓泉。
严濑风原古，松鲈味共鲜。
垂纶人已往，潭水自潺湲。

唐蛰本人应有一些自咏钓台诗，有待进一步发掘。

12.诗馆、诗驿:清溪馆、杨梅馆、灵芝驿站

驿站为古代交通线最重要的设施之一,是专供行人和马匹休息之地,也是城与城之间的重要连接点和官员宦游的必经地,自然是诗人们留下诗歌的重要场所之一。池州的清溪馆、杨梅馆和灵芝驿站,就是因唐代诗人刘长卿、白居易和曹汾的诗而著名。

(1)清溪馆

在池州城南十里处的上清溪镇,是唐时池州去江西的必经之路。根据古代驿道上“五里一亭,十里一铺”的设置驿站的规定,上清溪镇离城正好十里,故在这里设驿设馆。这条驿道由池州城出发,经上清溪镇到紫岩,再到殷家汇,沿升金湖南部尾稍的张溪、唐田的杨梅坦,过东至到江西九江。大约在大历年间(767—779),诗人刘长卿由九江而来,路过这里,投宿在清溪馆,留下了《北归次秋浦界清溪馆》:

万里猿啼断,孤村客暂依。
雁过彭蠡暮,人向宛陵稀。
旧路青山在,余生白首归。
渐知行近北,不见鹧鸪飞。

这一首是诗人在回乡途中写的诗。刘长卿是安徽和县人。和县唐时为和州,也有人称其为宣州人,大历十才子之一。他由江西北归和州(如果按某些学者说他是宣城人,他应该的东旧才对),途径池州上清溪镇,想到宦游一生,白首归来,一无所成,不由得感慨万千。

(2)杨梅馆

杨梅馆在今牌楼镇杨明村,也处在唐代池州到江西的官道上。中唐的某年冬至,唐代诗人白居易投宿于杨梅驿的杨梅馆,写了一首《冬至宿杨梅馆》:

十一月中长至夜,三千里外远行人。
若为独宿杨梅馆?冷枕单床一病身。

冬至这一天,诗人宦游至池州境内,投宿杨梅馆,留下这首诗。作者孤病一人,远离故乡,奔波官场,其内心凄凉,可想而知。

(3)灵芝驿

它是池州城去青阳官道上的一个驿站。从池州城往东,贵池境内每隔十里即有一铺,它们是白沙铺、童铺、柿树铺、中饭铺和石墨铺,往东即到青阳境内的五溪——进入九华山的山口。而灵芝驿西距池州城三十余里,东距青阳城四十多里,是池州城和青阳城之间的中间点。这个驿站的设立和其他驿站的功能一样,供行人住宿和喂马的休息之地。会昌年间,诗人曹汾大概是去九华山或青阳,夜宿灵芝馆,晨起写了这首诗:

戴月早辞三秀馆,迟明初识九华峰。
嵯嵯玉剑寒铓利,袅袅青莲翠叶重。
奇状却疑人画出。岚光如为客添浓。
行春若到五溪上,此处褰帷正面逢。

——曹汾《早发灵芝望九华寄杜员外使君》

曹汾,唐开成四年进士(839),河南人,会昌三年(843),以秘书省正字的身份题诗庐山东林寺。灵芝驿的这首诗,写于会昌五年或六年(杜牧只有这两年春天在池州),是在题东林寺之后。

这首诗在《嘉靖池州府志·卷九》之《艺文志》中有收录,题目略有差异,云《灵芝镇晚次五溪寄杜使君》。题目中的"晚次五溪"连在一起,应该理解为"晚上住在五溪"。诗中有"早发三秀馆",明明是居在灵芝的,故住五溪不确。题目断句应该是"灵芝镇晚次,五溪寄杜使君"。按"此处褰帷正面逢",该是曹汾在五溪遇上了杜使君,他讲出这样的话才对:杜使君到五溪巡视工作(褰帷),才可能在五溪"正面逢"。后来曹汾写完了这首诗,杜使君已走,故"寄杜使君"。

唐代池州刺史中姓杜的,只有杜牧一人,故诗中"杜使君"非杜牧莫属。杜牧于会昌四年(844)九月至六年秋任池州刺史。所以,曹汾投宿灵芝驿,当是杜牧在池的这段时间,兴许还是诗人题过庐山东林寺以后的第三年或第四年,来到池州,适逢杜牧上任的第二年或第三年春天,在五溪相遇,事后就写了这首诗,寄给杜牧。杜牧到池州任刺史,从会昌四年到六年,前后三年。会昌四年九月,杜牧上任,故该年不存在"行春",只有五年或六年存在"行春"。按诗中有“行春若到五溪上”，故曹杜相逢只可能在会昌五年或六年，以会昌五年春天的可能性最大。而杜牧也确实有写九华山的诗，证明他来过九华山一带，至少到过五溪。兹将其诗四首从《嘉靖池州府志·卷九》《乾隆池州府志·卷八》里录之如下：

凌空瘦骨寒如削，照水清光翠且重。
却忆谪仙诗格俊，解吟秀出九芙蓉。

——《九华山》

文字波中去不还，物情初与是非闲。
时名竟是无端事，羞对灵山道爱山。

眼看云鹤不相随，何有尘中事作为。
好伴羽人深洞去，月前愁听玉参差。

——《望九华》其二和其三

第一首诗，《乾隆池州府志》题作“登九华楼”，后两首倒是像在五溪桥的水边看到九华山时所写的诗。细味此诗，似乎在看九华时，却心不在焉地想念一个人，是不是他在思念山背后杜筠的程氏呢？不得而知。如果是，当作于会昌六年的春天（因为程氏是怀孕出嫁的，杜荀鹤正是该年出生）。也许就是曹汾说的“此处褰帷正面逢”这一次。

13. 诗湖、诗潭：虾湖（贵池刘街）、平天湖；龙潭（九华山）

（1）虾湖

与其说是湖，还不如说是潭。它是清溪河流至贵池区刘街姚村下悬崖边的水面稍大的深水区，没有人工堤坝之类。这个潭里盛产虾，故称虾湖。因它靠近产炼丹原料的黄山岭，黄山岭的一条山溪就流入虾湖。湖与采铅地之间仅有两三里。李白来秋浦炼丹，往来黄山岭，运铅料要从山溪进入虾湖，由清溪河运抵大楼山炼丹，因与虾湖结缘，写下著名的《宿鰕湖》。他写道：

鸡鸣发黄山，暝投鰕[1]湖宿。

---

① 鰕：鰕同“虾”。

白雨映寒山，森森似银竹。
提携采铅客，结荷水边沐。
半夜四天开，星河烂人目。
明晨大楼去，冈陇多屈伏。
当与持斧翁，前溪伐云木。

李白在黄山岭，采了一天铅，到傍晚才到虾湖，就在湖边露天而宿，第二天早上再走。准备一到大楼，就伐木烧炭，开始炼丹。

围绕虾湖，本土诗人也有一些创作，因名气不大，这里不再引用。

（2）平天湖

平天湖在池州城西，上抵上清溪的平天畈（即万罗山江祖潭以下），下抵杏花村的黄公酒垆、西门大桥前，长达十余里，平均宽度四余里，平均深度三四米，是一个水面较为阔大的浅湖。这个湖的上游，在明代的时候，已经干涸，萎缩成一个名为天堂湖的小湖，其他地方露出水面，成为平畈。明代，迁于此地的章氏家族（人称“天堂章”），在他们的家谱里记下这个平畈的地名：“平天畈”（贵池《天堂章氏宗谱》）。

由于平天湖与现在作为景点的平天湖（白沙湖改名）重名，故我们称它为“古平天湖”。古平天湖直抵杏花村边，杏花村人在湖边筑了一个圩，名曰“白浦”。“白蒲荷风”还成了杏村十二景之一。关于古平天湖，李白一共有两首诗。一是《秋浦歌》其十二：

水如一匹练，此地即平天。
耐可乘明月，看花上酒船。

这首诗证明了杏花村在唐代李白时代即有酒可卖了。李白在安史之乱（755）前几年都在池州，而杜牧是会昌四年（844）来池州，这样一算，李白应该比杜牧要早来杏花村九十年左右。所以，这首诗虽然没有点出杏花村的村名（也许杏花村那时还不叫杏花村），但却也算杏花村最早的诗歌之一了。

二是《秋浦歌》其十三：

绿水净素月，月明白鹭飞。
郎听采菱女，一道夜歌归。

这首《秋浦歌》写的是渔家夫妇采菱生活，在如画的采菱图中，生活如诗一般的惬意。李白的《秋浦歌》里，只要是写村民生活的，就是这样既有生活气息，又极富诗意。写古平天湖的还有一首宋曹纬的《自齐山借舟泛湖归家》(《宋文鉴》)诗，写得较好，录在下面：

十里平湖漫不流，晚风吹浪打行舟。

定知归得侵灯火，家在菰浦最尽头。

清人郎遂著的《杏花村志》还收录了不少关于古平天湖的诗歌，也有一些写得很好的作品，这里不再一一罗列。

(3)龙潭

九华山龙潭究竟在何处，目前尚未清楚。我在《九华山道士王季文所浴之龙潭非龙池考》中，已证明九华山之龙池不是唐王季文所浴之九华山龙潭。但关于九华山龙潭的诗歌倒有几篇有些影响的作品。举之如下：

首先，我们举王季文的《九华山谣》和神颖的《和王季文题九华山》，前一首尽管不涉及龙潭，但作者在龙潭修炼，“日浴于龙潭”，影响非常大。他们都没有专门写龙潭的诗，之所以把他们的诗列出来，目的使大家对九华山龙潭的背景有所了解。

九华峥嵘占南陆，莲花擢本山半腹。

翠屏横截万里天，瀑水落深千丈玉。

云梯石磴入杳冥，俯看四极如中庭。

丹崖压下庐霍势，白日隐出牛斗星。

杉松一岁抽数尺，琼草夤缘秀层壁。

南风拂晓烟雾开，满山葱蒨铺鲜碧。

雷霆往往从地发，龙卧豹藏安可别。

峻极遥看戛昊苍，挺生岂得无才杰。

神仙惮险莫敢登，驭风驾鹤循丘陵。

阳乌不见峰顶树，大火尚结岩中冰。

灵光爽气矄复旭，晴天倒影西江渌。

具区彭蠡夹两旁，正可别作当少阳。

——《九华山谣》

王季文的这首诗，较为详尽地描写了九华山的高峻幽深，可以和费冠卿的《答萧建》并称，是描写九华山全貌的绝唱。只不过费诗兼顾了自然和人文，描写得更全面。我们再来看神颖对王季文的和诗：

众岳雄分野，九华镇南朝。
彩笔凝空远，崔嵬寄青霄。
龙潭古仙府，灵药今不凋。
莹为沧海镜，烟霞作荒标。
造化心数奇，性状精气饶。
玉树郁玲珑，天籁韵萧寥。
寂寂寻乳窦，兢兢行石桥。
通泉漱云母，藉草萦香苕。
我住幽且深，君赏昏复朝。
稀逢发清唱，片片霜凌飙。

——《和王季文题九华山》

神颖是一位僧人，和王季文交往密切，对王季文在龙潭修炼的事知之颇深，故这首诗里对与王季文关系密切的龙潭描述甚多。从神颖的“龙潭古仙府，灵药今不凋。”“寂寂寻乳窦，兢兢行石桥。通泉漱云母，藉草萦香苕。”这些诗句看，龙潭确实是个不错的修仙之地。我们再来看稍晚的九华山另一位唐代诗僧应物的诗《龙潭》：

石激悬流雪满湾，五龙潜处野云闲。
暂收雷电九峰下，且饮溪潭一水间。
浪引浮槎依北岸，波分晓日浸东山。
回瞻四面如看画，须信游人不欲还。

应物的这首诗，虽然写的名称叫龙潭，观其意境，写的好像是九华山的龙池。九华山龙池位于今龙池庵东侧的山谷里，苍崖四立，深壑之中，山溪回流成潭，五口深潭，以瀑布相连；水流落差大，流水轰然而下，蔚为壮观。

其后，明代的王阳明来到九华山寻仙访道，王季文也是他仰慕的仙游之人，王季文修炼的龙潭，自然也是王阳明关心的对象。但王阳明找到的也可能是龙池不是龙潭。他涉及龙潭的有两首：

飞流三百丈，澒洞秘灵湫。
峡坼开雷斧，天虚下月钩。
化形时试钵，吐气或成楼。
吾欲鞭龙起，为霖遍九州。

——《观九华龙潭》

爱山日日望山晴，忽到山中眼自明。
鸟道渐非前度险，龙潭更比旧时清。
会心人远空遗洞，识面僧来不记名。
莫道中丞喜忘旧，前途风浪苦艰行。

——《重游化城寺二首》其一

第一首可能是他初上九华时的作品。从他“飞流三百丈”“峡坼开雷斧”等句子来看，他写的可能是龙池。因为神颖写的龙潭没有这样的喧嚣。第二首是他再上九华时所写，所以，他在题目中用了一个“再游”的字眼。他写道：“龙潭更比旧时清”，说明他还是去了上次去的龙池，并仍然把它看作龙潭。

14. 诗泉、诗井：无相寺金沙泉、葛洪井（九华山）、百花井（齐山）

诗泉和诗井我们仅仅只举三个如下：

（1）九华山无相寺的金沙泉

九华山无相寺，是山西北的头陀岭下一个寺庙，正处在古代西边朝山的古道上。它始建于唐开元年间，是目前九华山最古的寺庙，始创者是智英上人。故无相寺的金沙泉是九华山得名最早的金沙泉。其后，上禅堂的金沙泉才得名，大约在民国时期才出现在文献上；上禅堂金沙泉在神光岭，传为金地藏洗钵处，故好事者书“金沙泉”三字，勒石泉边，以至于它后来的声名盖过了无相寺的金沙泉。

无相寺的金沙泉最早出自李白《宿无相寺》，李白云：

头陀悬万仞，远眺望华峰。
聊借金沙水，洗开九芙蓉。
烟岚随遍览，踏履足双龙。
明日登高处，山僧孰与从？
禅床今暂歇，枕月卧青松。
更尽闻呼鸟，恍来报晓钟。

这里提到金沙水，就是后来金沙泉的出处。到了宋末元初，九华山人陈岩在《九华诗集》就直接写成金沙泉了。他的《金沙泉》诗写道：

金能生水水涵金，本本源源造化心。
几许碎金随水出，披沙终日若为寻。

他自己在金沙泉题目底下明确地注释说：头陀岭前。这就肯定了到宋末元初，九华山仍然只有一个金沙泉，那就是头陀岭下无相寺的金沙泉，否则，他就要在题目里直接写成“无相寺金沙泉”，无须自注。明代王阳明数次寄宿无相寺，他也有一首《无相寺金沙泉次韵》，兹不再录。

（2）九华山的葛洪井

葛洪井在九华山卧云庵旁，相传是葛洪为炼丹所掘，后为李白登山寻仙时发现，并写下了一首《葛洪炼丹井》绝句：

闻说神仙晋葛洪，炼丹曾此卧云峰。
庭前废井今犹在，不见长松见短松。

这是一首李白的铁诗，是在九华山发现的，也是为数不多的写井名诗，极为珍贵。李白也曾于九华山化城寺旁炼丹，取用井水，并于井边植银杏二株。井与银杏至今犹在。后人在井边建起了一座李白书堂，以表纪念。

（3）齐山罗隐的百花井

百花井在齐山南，在今齐山山门东近百米处，是罗隐早年炼丹的取水井。罗隐是个炼丹的外行。齐山是个石灰岩地貌，井水含碳酸钙等杂质较多，这种水，今天称硬水，连泡茶都不适合，更何况炼丹。所以，罗隐用此水炼丹，失败是自不待言的。这口井后来湮没无闻。明代本土诗人杨绍培写有一首纪念的诗《罗隐旧迹》[①]：

齐山胜迹慨当年，霁月光风却枉然。
瓦砾似留真道骨，沧桑难改旧诗篇。
平湖草色春常在，废砌蛩吟夜可怜。
征路纷纷谁借问，尚余古井百花泉。

这口井是罗隐在池州隐居时所留下的不多的遗迹之一，应该加以恢复重建。

15.诗兽、诗鸟：白猿、白蝙蝠，锦鸵鸟、白鹇

在池州，关于诗兽与诗鸟的诗，若以专章而论，李白写得最多。

(1)诗兽：白猿和白蝙蝠

李白来秋浦是寻仙访道和炼丹，所以他一到秋浦，白兽白鸟便立刻引起了他的兴趣，并且用他的诗一一记录下来。在《秋浦歌》其五中，他对秋浦的白猿进行了生动的描写：

秋浦多白猿，超腾若飞雪。
牵引条上儿，饮弄水中月。

就像两组电影镜头，一组是在树上腾挪呼啸的白猿，就像一片片飘落的雪花；一组是老白猿拽着树枝，一手牵着小白猿，在水中捞着他们的月亮。李白在《秋浦歌》其十中再一次表达了他对秋浦白猿的强烈印象，他写道：

千千石楠树，万万女贞林。
山山白鹭满，涧涧白猿吟。
君莫向秋浦，猿声碎客心。

李商隐也来池州寻仙，在鱼龙洞见过白蝙蝠，在《鱼龙洞》一诗中提到过它，因为不是专章描述，且诗的篇幅较长，这里不再提及。

(2)诗鸟：白鹇和锦鸵鸟

李白在秋浦还见过两种鸟。在《赠黄山胡公求白鹇(并序)》这首诗中对白鹇作了淋漓尽致的描写。他写道：

---

①汪春才．齐山志．合肥：黄山书社，2011：92.

闻黄山胡公有双白鹇，盖是家鸡所伏，自小驯狎，了无惊猜，以其名呼之，皆就掌取食。然此鸟耿介，尤难畜之，余平生酷好，竟莫能致。而胡公辍赠于我，唯求一诗。闻之欣然，适会宿意，援笔三叫，文不加点以赠之。

请以双白璧，买君双白鹇。
白鹇白如锦，白雪耻容颜。
照影玉潭里，刷毛琪树间。
夜栖寒月静，朝步落花闲。
我愿得此鸟，玩之坐碧山。
胡公能辍赠，笼寄野人还。

这首诗，我已在《李白四首诗中的两个地名问题》中证明，是写于池州黄山岭。李白在黄山岭采铅时，遇到一姓胡的山民，他用家鸡孵化白鹇蛋，然后将白鹇从小养大。黄山岭一带白鹇较多，至今仍时常出没于山林之中。李白那时更多。李白在黄山岭下的白笴陂，就看到当地村妇以网白鹇补贴家用。有李白《秋浦歌》其十六为证：

秋浦田舍翁，采鱼水中宿。
妻子张白鹇，结罝映深竹。

李白得到这双白鹇以后，带回到碧山的炼丹地。白鹇是一种性格急躁的难养鸟，胡公的白鹇是自小与家鸡混养，已经变得很驯服，故李白向胡公乞求。获允，十分高兴，就赠了胡公这首诗。李白喜欢养鸟，早年曾养鸟数千。他很信奉《列仙传》，常学习其中仙人的做法。《列仙传》中曾记载过一位祝鸡翁的仙人，靠养鸡成仙，故李白亦步亦趋，学习养鸟，已经达到“呼鸟于掌中就食”的地步。从此，养鸟也就成了他生活的一部分。正因为这样，见到新奇的鸟，李白就十分敏感。秋浦的锦驼鸟一进入他的视野，就得到他高度的赞美。他在《秋浦歌》其三中写道：

秋浦锦驼鸟，人间天上稀。
山鸡羞渌水，不敢照毛衣。

这种锦驼鸟，李白那时少有，现在就更为罕见。我于二十世纪九十年代访问过这一带的猎人。猎人说曾遇到过一只高近一米的鸟，通身雪白，只有长颈上有一圈红色。此鸟之美,以致猎人不忍猎杀,任其自去。它可能就是李白诗中的锦鸵鸟。

池州诗歌中,还有描述诗树、诗草,如石楠、女贞、木槿、蕨和苦竹的,因无专章描述,故不再提及。

16. 诗楼、诗台:文选阁、九峰楼、萧相楼、绣春台

(1)昭明文选阁

前已述昭明钓台诗歌景观,现在的文选楼也是和它有关的诗歌景观。作为文化景观的整体,文选阁、钓台、昭明衣冠冢、昭明庙是一个紧密相连的昭明祭祀系统。这个祭祀系统以官方祭祀为引导,民间祭祀为主体,故其建筑设置既要离城池较近,便于管理,又要保持一定的距离,方便民间祭祀。秋浦县和池州的祭祀系统位置设置,都体现了这一特点。

隋开皇九年设秋浦县治于木闸乡古城村,昭明庙即由原南陵郡迁至太子矶上,太子矶离古城村七、八里。隋开皇十九年的太子矶附近也有“太子阁”,是否是文选阁,待考。开皇十九年后的秋浦县(灌口仓埠村的昭明庙、昭明衣冠冢和昭明钓台离县城也有好几里路,庙和衣冠冢也是随秋浦县移回老石城旧址一道搬去的(根据清代陈竑的《秀山志》记载,灌口秀山的昭明文选楼在清初康熙时才复建)。池州城的昭明官祀系统,是李芃在唐永泰元年筑池州城,将秋浦县祭祀系统及其他官祀对象,一并移来的(刘廷銮《文选阁记》,见《杏花村志·卷三》),设置在离城有三华里的秋浦河边。其中,昭明庙和文选阁设在一起(郎遂《杏花村志·卷三》),在城西三里处,离杜坞秋浦河一华里。钓台也移回到原昭明古钓台,离城约十二里处,未设衣冠冢。

池州城的文选阁,最初叫文选台,修建时间已失考,大约在晚唐至北宋的一段时间里(清刘廷銮《文选阁记》,出自《杏花村志·卷三》)。此说法我持异议,在本书梅根冶文学中有交代)。什么时间改称文选阁(清郎遂《杏花村志》载“在西庙”),已失考。只能说改称文选阁的时间,应该不迟于晚唐,罗隐有诗为证(见后文)。南宋也称文选阁。南宋的诗人尤袤将《文选》雕刻出来,已有将一部《文选》放入文选阁的想法(见宋尤袤淳熙刻本《昭明文选序》)。在《昭

明文选》雕版的时候，池州知州袁说友还拨款赞助过(宋袁说友《东塘集》)。

由于《昭明文选》是唐宋士子科举必读书，所以文选阁是他们特别感兴趣的地方，尤其是唐宋诗人。南宋的诗人尤袤，在任江南东路提举常平驻点池州时，依仗池州知州袁说友的支持，欲在池州雕刻一部《昭明文选》，藏于文选阁；其后，元大德九年，池州同知张伯颜也刻《昭明文选》梓版，存于文选阁(《杏花村志·卷三》)。历代诗人咏文选阁之作不多。灌口的文选楼诗，清代较多；池州的文选阁诗并不多，主要存在《杏花村志》里。我们在选《文选阁》诗之前，先列一首罗隐写昭明庙(也称文孝庙)诗《文孝庙》(郎遂《杏花村志·卷七》，民国九年刘世珩刻印本)：

秋浦昭明庙，乾坤一白眉。
神通高学识，天下鬼神师。

这首诗包含一条最珍贵的信息：唐代池州人就把昭明当通神(上管神下管鬼)看待，这样可以避免多头祭祀，既省钱又省事。故唐代以来，昭明神一直颇受民间欢迎。许多家族，特别是那些有傩事的家族，更将昭明神位置于祠堂，和一世祖的牌位并列(昭明神位在右)一起，省去到贵池杏花村的昭明庙(俗称西庙)请神的麻烦。

间生元子出萧梁，作选为书化万邦。
三代以来成冠绝，六朝余外更无双。
今朝集是群英仰，昨日谈非众耻降。
辅国安民新试问，滕王空有阁临江。

——罗隐《文选阁》(陈竑《秀山志》)

这首《文选阁》是罗隐的一首逸诗，他写西庙文选阁的可能性大些。罗隐活动于池州一带的时候，已是晚唐，此时，池州立于今治已有百余年，也就是说，昭明西庙已建有百余年，文选台应该早已出现。一开始称文选台，什么时候改称文选阁，尚不得而知，但我们从罗隐诗题可以得知，文选阁的得名，不迟于罗隐时代。这首诗对文选的评价极高。

申辕应初聘，邹枚适梁苑。
潘侯嘉宾客，贤贤易鹰犬。

黄绮游汉廷，羽翼罾缴远。

秦府十八公，攀附名益显。

昭明众才子，文苑俾蒐选。

高斋切浮云，雉堞俯晴巘。

尚应愧两闲，笔削非大典。

——李方叔《文选阁》（郎遂《杏花村志》）

《杏花村志·卷四》有诗人小传。其为华州人，曾以文谒苏轼，颇受赞美。屡试不中，以布衣终老。从这首诗来看，其作诗好用典，堆砌典故，从而失去了诗本身的灵动活泼，似有卖弄才学之嫌。

江上萧梁迹，犹传帝子游。

村幽花种杏，浦静月澄秋。

古壁蟫书抱，残碑螭绣留。

应须镂银版。文采缅风流。

——方伸《过文选楼旧址》（郎遂《杏花村志·卷七》）

方伸，字佑平，南陵人。康熙时翰林。这首诗是写他在昭明庙寻到文选阁遗址所发的感慨。根据清贵池人刘廷銮的《文选阁记》，文选阁在明代修过六七次。明末失修，康熙时自然毁弃了，只剩这个遗址。从诗中“江上”“村幽花种杏，浦静月澄秋”来看，写的是杏花村里的文选阁，绝非灌口秀山的文选楼，尽管他诗的题目里把“文选阁”叫成“文选楼”。这只是“文选阁”这个称呼在清初的一个变动。清人林古度《文选楼》诗有句“秋浦楼过文选楼”，显然是把文选阁称为文选楼。也有仍称文选阁的。

在清代顺治四年（1647），贵池杜宗鹤中状元后，曾邀余杭的严曾榘、江都的吴绮和秦中的王宾，一道去昭明庙文选阁问为官前程。他们三人皆有诗述及此事（郎遂《杏花村志·卷三》，刘世珩民国九年刻本）。这说明，清初顺治时，文选阁尚完好。兹选录吴绮的《池阳文选楼送宗鹤问官其地》如下：

西风吹雁度江滨，送客还疑远望真。

天留台榭与才人，地籍文章传胜迹。

池鱼入馔蓴香美，山鹤问琴舞态新。

到日楼头应有忆，不须乡梦往来频。

杜宗鹤在顺治朝做过一任广东高要县令，后来坚决辞官不做，应该跟这次在文选阁卜问前程有莫大的关系。如前述，到了康熙朝，杏花村人郎遂修《杏花村志》，文选阁已毁。根据郎遂《杏花村志》的跋文称，康熙乙卯年（1699）他动念修村志，此时离杜宗鹤访文选阁（1647）不过四十余年时间，文选阁也只余下断碑残碣了。

郎遂同时的刘廷銮写了《文选阁记》，同时他也为灌口秀山的“文选楼”写了一首诗。他的诗《九日访文选楼故址》（郎遂《杏花村志·卷三》）云：

梁家帝子到林丘，此地犹传文选楼。
石镂断残学士姓，钥扉仅见老僧游。
衣冠故冢山中在，庙食无鱼池上秋。
向道登高能作赋，讲堂前席邈难传。

因为他写到了昭明衣冠冢，所以说他是写秀山文选楼的。根据清康熙陈竑《秀山志》载，秀山文选楼原毁弃已久，康熙十年（1671）前后，池州知府喻成龙倡修。刘廷銮大约在喻成龙任池州知府前，来寻文选楼故址的，因为康熙元年（1662），刘廷銮“年已暮矣”[①]，不大可能在康熙年间去文选楼故址。

灌口的文选楼，诗人们吟咏甚多，多保存于《秀山志》，因少名家，这里不再列举。

（2）九峰楼

又称九华楼，穷池州登揽之胜。楼在池州城内东南角，建有三层，按明代丁绍轼《池州府志·卷七》，“旧九峰楼，唐刺史李方玄建”。地势较高，登楼可望九华。过池州的诗人多喜登此楼，下瞰清溪，近观齐山，远看九华，一览江山之胜。登九华楼者多为名家，兹举数首：

晴江滟滟含浅沙，高低绕郭带秋花。
牛浦渔笛山月上，鹭渚鹜梁溪日斜，
为郡异乡徒泥酒，杜陵芳草岂无家，
白头搔杀倚柱遍，归棹何时轧轧鸦。

①汪春才.齐山志[M].合肥：黄山书社，2011：321.

——杜牧《登九峰楼》(《嘉靖池州府志·卷八》)

百感衷来不自由，角声孤起夕阳楼。
碧山终日思无尽，芳草何年恨即休。
睫在眼前长不见，道非身外更何求。
何人得似张公子，千首诗轻万户侯。

——杜牧《登九峰楼寄张祜》(《嘉靖池州府志·卷八》)

杜牧的这两首诗当写于会昌五年(845)，翠微亭成之后。杜牧于会昌四年(844)秋赴任，到任之后，始修齐山翠微亭，然后邀张祜来访池州，并办了一个池州齐山重阳日诗会。一个地方官刚到任，应是忙于理政，不可能立即大兴土木。所以，杜牧当年秋季到任，秋季立马修建翠微亭的可能性极小。故诗中所写之秋，应是第二年的秋季。第三年即会昌六年秋，杜牧已离开池州，赴睦州任去了，当然也就不存在第三年秋杜牧还在池州登九峰楼的情况。

通观两首诗的意境，杜牧在池州的心情是惆怅的。尽管满目秋兴之景，然而触发诗人的却是百感衷来。

一夜江潭风雨后，九华晴望倚天秋。
重来此地知何日，欲别殷勤更上楼。

——张乔《九峰楼》(《嘉靖池州府志·卷八》)

在池州唐代的诗人中，中唐后期，张乔的诗是极富盛唐诗气象的。这首诗写得大气雄浑，衷而不伤，透出诗人过人的豪爽气概。

东门带溪路，上有三丈楼。
层基接重阜，一览山水周。
天边九芙蓉，出没不可求。
鸿惊晓霜净，花明雨初收。
巉然倚圭壁，爽气凌樽篝。
主人金闺彦，高兴思穷幽。
时来据绳床，山色供远眸。
危峰曳游云，岭月悬曲钩。
吟诵意不浅，浩然追轲丘。

——殷文圭《九华楼》(《嘉靖池州府志·卷八》)

殷文圭,晚唐贵池人,葬于贵池梅街镇桃坡牌坊村。早年隐居九华山苦读,砚底为之磨穿。曾由梁王朱温推荐,考中进士。后来投靠吴王杨行密,成为南唐开国功臣之一。其子殷崇义为李后主宰臣。南唐国破,归顺北宋,易名易姓,称为汤悦,参加过《江南录》及北宋初的一些大型类书的编撰。

文圭为诗,颇有骨力,立意高远,不擅浮词丽句,在晚唐文学史上有一定的地位。这首诗明确地描述了九华楼的位置、地势,以及所见之景,气势开张,情境悠远,不落俗套。

千金建杰阁,遥对九华峰。
紫光射晓日,璀璨金芙蓉。
风雨吹秀色,半落樽酒中。
酒味俞冷冽,琴声又玲珑。
飘然紫霄想,何日附寒鸿。

——郭祥正《寄题九华楼》(《嘉靖池州府志·卷八》)

郭祥正,字功甫,北宋诗人,庆历年进士。稍长于王安石、苏轼、黄庭坚,但他们同游同咏很多。诗思敏捷而多豪句,人以李白拟之。曾与苏轼同游池州。其在池州境内追随李白足迹,留下多篇题咏。

这首诗写九华楼 ,是郭祥正未在现场而写下的寄题之作。之前他多次到池州,登过九华楼,也不是什么意外。至于为什么他当时没有留下作品,或者留下作品未能流传,未得而知。这首诗因何而作,也未得而知。

这首诗前两联颇有气势,但后两联气格偏弱,在历代诗人写九峰楼的诗作中,算不上好的作品。

(3)萧相楼

萧相楼在城东南隅,与九峰楼咫尺相望。该楼是后来任唐德宗相的萧复为池州刺史时,于唐代宗大历十年(775)建。上楼藏经书,下楼办公。至杜牧前任李方玄,会昌年任池州刺史时,已几近七十年,部分建材已朽。于是方玄备材,未及修建即已离任。杜牧继任,利用方玄准备的材料,易址重建。会昌四年冬季动工,于会昌五年五月修建完工。楼成,杜牧作《池州重起萧相楼记》

(《嘉靖池州府志·卷九》)。历代吟咏萧相楼的诗人,也多为名臣兼诗人。略举如下:

楼中九华峰,天削冰苍玉。
宾主何参差,来云有连续。
我相唐萧家,八人居宰录。
朱阑几兴废,下观寒江曲。
吴侯来是邦,无窘束休日。
休日一登临,风月咏觞足。
安得附黄鹤,一举消尘俗。

——梅尧臣《萧相楼》(《嘉靖池州府志·卷八》)

从"天削冰苍玉"的诗句来看,诗应作于冬季。梅尧臣(1002—1060)是宋初著名诗人,曾做过三年的池州至德县令,留下诗一百余首。其叔父梅询也做过池州知州。此《萧相楼》诗,应该不是在梅询任知州时所写,因为"吴侯来是邦",知州显然姓吴。可能是接任包拯的吴中复(1011—1079)。所以这首《萧相楼》诗就多了一层隐喻,含着吴侯前程无量的祝福。这首诗写出了楼景之美,萧家之盛,宾主之消散从容,尽如眼前,确实是一位摹状的高手。

相国当年此建旄,正如今日拥三刀。
规模忽起凌千尺,意气相期在一陶。
柱础下连坤轴壮,檐牙斜插斗杓高。
观心磊落真人杰,莫向江山赋楚骚。

——孔平仲《萧相楼》(《嘉靖池州府志·卷八》)

孔父仲、孔平仲、孔武仲皆江西人,号称清江三孔。其中,武仲,字常父,幼力学,举进士,中甲科。调谷城主簿,选教授齐州,为国子直讲。丧二亲,毁瘠特甚,右肱为不举。元祐初,历秘书省正字、校书,集贤校理著作郎,国子司业。尝论科举之弊,诋王氏学,请复诗赋取士。又欲罢大义,而益以诸经策,御试仍用三题。进起居郎兼侍讲迩英殿,除起居舍人,数月,拜中书舍人,直学士院(《宋史·列传第一百三》)。居池州。这首诗也许是平仲来池州看望武仲时,一同登上萧相楼所写。整首诗写得气势开张、格力雄壮,显示了作者豁达的胸襟，是咏萧相楼的佳作之一。

不见当年李翰林，江天为我结层阴。
九华门外柳三尺，萧相楼前松千寻。
物在人亡空有泪，时殊事变独伤心。
只鸡斗酒江干市，白首风前楚些吟。

——曾会《重登萧相楼》(《嘉靖池州府志·卷八》)

北宋诗人曾会，宋太宗端拱二年(989)进士，福建晋江人。曾公亮之父。擅书法，文思敏捷。曾任著作郎、知制诰等职。出为明州、宣州等知州(《福建志·卷四十五》)。这首诗可能作于任宣城知州期间。作为一首怀古诗，流于粗疏，且套语较多，水平一般。言“再登”，说明他从前曾登过萧相楼，不止一次到过池州。但第一次来池州，究竟是何时，失考。“白首风前楚些吟”，可见他再登萧相楼时，已不再年轻。他在《嘉靖池州府志·卷八》里还留有一首《上齐山》诗云“秋日悬光八使来”，可能是秋天来的池州，再对照本诗中“九华门外柳三尺，萧相楼前松千寻”，将秋天衰落和松的高大劲健对举，就可以断定他是秋天再登萧相楼的。这里再附两首苏辙登萧相楼诗。

绕郭青峰睥睨屯，入城流水縠文翻。
楼成始觉江山胜，人去方知德业尊。
坐久浮云霾后岭，酒醒飞雪变前村。
我来邂逅公归国，犹喜登临共一樽。

丞相风流直至今，朱栏犹对旧山林。
奔驰轩冕身何有，跌宕图书意最深。
松绕城头风瑟缩，江浮山外气阴森。
三年不起南迁想，应有前人识此心。

——苏辙《萧相楼》

(4)绣春台

绣春台在齐山东峰，位于绝顶之上，湖光山色，一收眼底，为齐山观景最佳点之一。台为何时所建，失考。根据清陈梅缘的《齐山岩洞志》(刘世珩《贵池先哲遗书附刻一种·卷十三》)“绣春书院”条,明代以前就有绣春书院,至于何代而建,不得而知。宋代书院比较流行,也许为宋时所建。明正德年间,知府何绍正准备在齐山建一个书院,挖出一块断碑,上有“绣春”二字,应是绣春书院遗物。该条下还录有明代文学家佘翘《绣春台院》一首,其诗云:

平湖新水浸冲融,一上高台万顷空。
俯槛波涵堤树影,开尊香散渚蘅风。
天清殿塔烟宵外,日落帆樯荻苇中。
醉染彩毫俱有作,千年谁并紫薇工。

很显然,陈梅缘的意思是要将佘翘的这首诗归入绣春书院。但这首诗中有一个“台”,从诗的内容看,这是一个极高的台,可以看到山南古平天湖的大部分景色。我们从这个视角反推这个台,应该是在齐山南的一个较高的山峰上,而且面对西南没有任何视角障碍。在齐山,具备这个条件的只有唯一一处:通天洞所在的山峰峰顶。看来,这个“绣春台”就在这个山顶。这个“绣春台院”,也就在附近。然而,这附近都是岩石累累,没有地方建院,除非架空而建,即使这样建,也不可能建多大,因为,峰顶并不大。所以,它不可能是一个书院,最多也只是书院的一个供师生登览游憩的地方。或许,早期的绣春台就在这里。从齐山整体考虑,翠微亭在山北,可以一览城区及周边水域景色;绣春台在山南,可以望尽西南古平天湖及南部山区一带景色。

2008年9月重建绣春台于东峰,虽有登览之胜,但少怪石幽壑,宜于远眺,不宜近观。故游人相对较少,吟咏不多。下面选一首元代萨都拉《梦登高山得诗二首》其二(《雁门集·卷二》):

仗藜踏破碧崔嵬,梦里清游乐未回。
万壑泉声松外去,数行秋色雁边来。
文章小杜人何在,风雨重阳菊自开。
山路云深行客倦,竹鸡飞上独春台。

首先,这首诗是写齐山的,这肯定没问题。姑且不说他数次到过池州,就凭诗中“秋雁”“小杜”“重阳菊花”等词所表达的意境,对杜牧《齐山九日登高》

中“江涵秋影雁初飞”“菊花须插满头归”诗意的重述，不写齐山就不能解释这首诗。因为像他这样有才气的诗人，实在犯不着去拾人牙慧。其次，这首诗是写绣春台吗？查阅有关文献发现，无论是萨都拉本人的《雁门集》，还是别的诗选如《石仓历代诗选》，在录这首诗的时候，无一例外地写成“竹鸡飞上独春台”，而近年池州的出版物涉及这首诗的时候，无一例外地写着“竹鸡飞上绣春台”，我不知道他们写成“绣春台”的出处在哪里？不过，独和绣的繁体字是“獨”和“繡”，草书时不易辨别，《雁门集》的编者将“绣”误为“独”，也是有可能的。但我们后人在引用时，可以辨析，不可径直写为“绣春台”。

除上述诗歌景观外，我们还有诗陂（白笴陂、桃胡陂）、诗桥（五溪桥、齐山桥）、诗港、诗坞、诗佛、诗僧等诗歌人文景观，举不胜举。可以说，“千载诗人地”的池州，随处随物皆是诗，千诗万诗不为过誉，千景万景，不能尽述。

三、宗教·诗歌·灵境
——九华山的文化表达

(一)道教与九华山的地质、地貌

据《九华山志》,九华山主体隆起在中生代(大约300万年前)以后,为花岗岩构造。可能是隆起时速度较慢,且挤压力度不足,故山体顶部多平,其岩体较松散,易为流水切割形成奇峰深壑,峰体若莲花之瓣。

从空中俯视九华山主脉,呈"h"形,即由一个长列和一个短列山脉构成,两列之间由一山凹连接,凹中有一个分水岭(天香岭),即小"h"的那一短横,整个山势由西南向东北走势,长列即是九子山主体,短列即为陵阳山。

由汉以来,九华山道教基本上在陵阳山及九子山之阳发展,形成炼气及服食的传统。

九华山道教,据考始于汉代之前,古彭国的一支在此定居之时。传说彭祖以炼气而活八百岁,陵阳一带的仙根自此种下。屈原旅居陵阳时也学习它。从屈原的《远游》来看,屈原对于彭祖炼气颇有心得,惜其未能持续(屈原还提到"餐秋菊"——陶渊明也食菊花,实是为求长寿,非后人理解之风雅)。到了汉代,陵阳一带已形成了很好的道教氛围。

1.地势

地势的讲究,与道教一直秉持的信念有关。道教崇阳,故居山之东南。道教炼丹,选择地形非常讲究。首先在地势上一定是悬崖峭壁,其次,山向东南,流水向东南，方可筑丹室，最好还要下临深潭（此据葛洪《抱朴子》）。所以九子山、陵阳山阳是理想的修仙之所。往来修仙之人较多。但也有在九子山阴面山丘的阳坡修仙的，如葛洪，王季文。葛洪在今九华山卧云庵附近炼丹，并掘有供炼丹用的一口井。李白写有《葛洪炼丹井》一诗，云："闻说神仙晋葛洪，炼丹曾此卧（一云占）云峰。庭前废井今犹在，不见长松见短松。"

唐代的隐士费冠卿、道士赵知微以及宋代的滕子京的修道场地，均在陵阳山系的云外峰之南。

还有唐道士张果墓也在陵阳山之南的琉璃岭（《嘉靖池州府志·卷一》）。

这些都说明，道教对山东南的偏爱。

2. 洞窟

神仙尚白，所以传说中的天宫都是琼楼玉宇；又喜山洞，称洞天。如果是个白色世界，又是一个山洞，那就是最受修仙者的钟爱了。九华山后山陵阳山一带恰是地下岩浆涌出时与石灰岩相接的过渡带。岩浆的炽热将石灰岩煅烧成纯粹的碳酸钙流体，其中的杂质之重者，是金属，下沉为金属矿，轻者上浮，蒸腾而去，白色碳酸钙流体，不轻不重，就冷却结晶，形成方解石。石灰岩在地表水和地下水的长期溶蚀、冲刷和堆积等作用下，溶洞就形成了，也就成为一个"琼洞"了。九华山后山（陵阳山）下，形成的正是这样一个洞，当地人称"神仙洞"。据说是汉代窦子明住山修炼的洞。虽史书未言明是何洞，而陵阳一带独此一洞。故窦子明所住之洞，则非此洞莫属。据当地口头传说，唐代道士张果，五代道士陈抟，都曾在此修炼过。张果还葬在陵阳的琉璃岭（《池州府志·卷一》）。这些修仙之人中，总是高人频出，但仙家修炼，往往秘而不宣，更无文献记载。李白云："虽灵仙往复而赋咏罕闻"（《改九子山为九华山联句并序》）。因而造成他们名声不彰，只能从一些零星的记载里偶见其峥嵘。

3. 修炼之法

九华修仙之人的修炼方法为炼气和服食，早期有记载的如窦子明。窦者，洞也，据说他本不姓窦，因常住山洞修炼，故称其姓为窦。《列仙传》"陵阳子明"

条云：陵阳子明者，铚乡人也，好钓鱼于旋溪，钓得白龙。子明惧，解钩拜而放之。后得白鱼，腹中有书，教子明服食之法。子明遂上黄山，采五石脂，沸水而服之。三年，龙来迎去，止陵阳山上。百余年，山去地千余丈，大呼下人，令上山半，告言；"溪中子安当来。"问："子明钓车在否？"后二十余年，子安死，人取，葬石山下。有黄鹤来栖其冢边树上，鸣呼"子安"云。

世传有陵阳子明餐六气之法，其上可接屈原《远游》所述，下可接九华山唐代道士赵知微所修；其服食黄山五石脂，可能直接影响到李白的炼丹。特别是《列仙传》中提到的子明"上黄山采五石脂"一事，对李白印象至深；后来，他终在贵池的秋浦河与清溪河之间找到了这座山。果然，这座山上产一种上好的炼丹原料——铅（炼丹术语中称"姹女"）。这直接导致了他逗留秋浦，三年不去，专心炼丹（李白笃信《列仙传》，他诗中提到的神仙有相当一部分，皆为《列仙传》之仙；他曾模仿过《列仙传》中祝鸡翁养鸟，对黄帝铸鼎荆山也颇向往）。

相传五代时，道士陈传也在神仙洞打坐练气过。唐代著名道士张果，则选择了此地升天，在陵阳的琉璃岭上，还留下了一座张果墓；他的故事一直到明朝还在流传（《嘉靖池州府志·卷一》）。张果来陵阳修炼的是什么？从张果的主要著作《玉洞大神丹砂真要决》《气诀》来看，他与陵阳子明一样，也是炼丹与练气并行不悖的；他死于唐开元年间。以此类推，他来陵阳比李白早，大约在开元年间（李白大约在天宝十一年或十二年冬来陵阳），来陵阳的目的，应是寻求陵阳子明的炼丹和练气之法。

唐代中后期，有道士赵知微，他至迟是在会昌元年（841）来到九华山凤凰岭一带修炼。大约在咸通年间，费冠卿在云外峰仙去，赵知微即从凤凰岭移至云外峰费冠卿书堂。在862—870年之间，赵知微率领弟子风雨夜登天柱峰（天柱峰与云外峰之间，大约十几分钟路程）。至871年，赵知微派遣弟子皇甫玄真去长安采买丹料（皇甫玄真将随师父登天柱峰的事讲述给皇甫枚，被他记录在其传奇《三水小牍》中）。这期间，赵知微应该一直在九华山修炼。

后代道士如何修炼，文献阙如，暂时存疑。

4.流水

九华山后山为东南向，其沟壑之水都归入青弋江，故为青弋江源头之水，此水也为道士们所钟爱，或于池中放鹤，或于水上垂钓。传说窦子明因于此水中误钓白龙，得而释之，白龙感恩，授炼丹法于白鱼腹中；子明钓得此鱼，剖鱼得书，按法炼之，食丹成仙。这令李白很神往，常模仿他在陵阳垂钓；此后又于贵池清溪玉镜潭垂钓，希冀自己有所遇见，一朝成仙。

九华山道士赵知微，住云外峰下碧桃涧上，声望很大，朝廷赐建延华观。他于碧桃涧广种碧桃，花为绿色，颇为神异；此涧也因此而得名。传说他能呼云唤月，曾于八月十五日倾盆大雨之时，满天浓云，登天柱峰，使云散天青，月明再现。他的这种赏月行为实有食气之嫌。

费冠卿和王季文都是九华山本土的进士，费冠卿在宪宗元和二年时中进士，早于王季文半个世纪（王是咸通中才中进士），不仅是九华山第二个进士，也是整个池州继吴器高、胡楚宾、桂仲武之后的第四人。从他述说的得官求禄是为了养母来看，早年似乎很贫困，要炼丹似乎没有经费。如何修仙，尚不得知。王季文是“日浴于龙潭”，似乎是用洗沐的方法成仙。这二个人都被元代辛文房的《唐才子传》列为“神仙诗人”。

中唐池州刺史李方玄（池州刺史杜牧的前任）的儿子李昭象（字化文，故又称李化文），不得意于举业，就以修仙为务。从他的“焚尽星坛午夜香”的诗句来看，他修仙之法是于九华山龙潭祈祷北斗星罢了。

从以上所列可以看到，九华山南面，道风较盛，尤其是唐代，不少人千里迢迢，过境时都要去山上看看。如李商隐，早年做过道士，中年过池州境，还特地去了山南的鱼龙洞，留有《鱼龙洞》诗，表达了自己对学仙的羡慕和对仙的向往。

明代的王阳明，早年即迷恋佛道，曾去无相寺寻王季文、李白和凤凰岭赵知微之踪，访求仙逸，以期得道。后来又平宁王之乱，因功高震主，受到猜忌，苦闷之际，再过九华，登山而求仙，又去东崖宴坐，聚徒以讲学，流连忘返。

九华道教，在宋元以后，渐趋无闻，同时，山西北的佛教也渐渐侵入山东南的道教领地。尽管如此,但修道之士仍然不绝,有时因为窘迫而与学佛僧人共济。在九华山南黄石溪的上方,至今仍留有道僧洞,原来居住着的就是一僧一道。

九华山的道士,一直到1949年,仍然存在,而且,还出现过道士肉身。

总之,九华山的地质、地貌决定了九华道教活动区域的分布。

(二)佛教与九华的人文地理环境

1.山阴与九华佛教

前者已述,九华之阳,主要是道教活动区域,且九华道教起源甚早。这就决定了佛教来九华的发展空间只剩山阴了。这应是佛教场所及活动基本分布在山阴的主要原因。一方面这些地方地盘较多;另一方面,山阴的九华河、七都河、八都河居民,受道教影响小,易为佛教感化。

来九华山较早的僧人,有记载的是东晋的杯渡。其后,有梁天监二年(503),在白龙池侧建有白龙庙的伏虎禅师(《九华山志》)。后来又有了檀公。他们零零星星的庙,大都在山的阴面。他们的活动,为金地藏的到来,打下了很好的基础。但道教的活动,无形中制约了佛教的影响,应该是不争的事实;但金地藏是立志修行的人,绝不是为衣食安逸而来,所以他宁愿住在山阴之洞,缺衣少食,苦修不断,也不愿意去山阳。他的苦行之所以能感动闵公父子与诸葛节等人,也正说明山阴有良好的佛教氛围。

山阴生活较苦,没有佛教的忍性是不能坚持的。地藏修行时,有时无米下锅,须下山化米,他曾有一首《酬惠米》诗,表达了他对赠米人的感激。(一说赠米人是柯用之,一说是吴用之,但柯村和老田吴都有可能是赠米人。柯氏于唐中宗神龙间来此,老田吴氏于西汉汉宣帝时来此,都比地藏来九华的时间早很多)只到诸葛节等人发现地藏在洞中苦修后,深为感动,为他修建了化城寺,他才有了稳定的栖身之所。地藏的修行被彰扬后,大批朝鲜僧人追随而来,山阴一时人满为患;但同时也基本奠定了佛教在山阴发展的格局。后来也有一些僧人在山南开辟道场,但终未能形成气候。

2. 山阴九华佛教的发展与繁荣

其后,佛教在山阴得到了很大的发展,即使是杜牧来池州任刺史时,九华山似乎也没有遭到大的破坏,因为杜是会昌四年(844)至池,恰逢武宗灭佛,全国被毁庙宇甚多,僧尼大量还俗;但九华山可能受到了杜牧有意的保护。他很感慨地写道:“千里莺啼绿映红,水村山郭酒旗风。南朝四百八十寺,多少楼台烟雨中。”

杜牧未曾毁佛,虽然没有直接的证据,但有许多旁证:其一,杜牧《樊川文集》中从未提及池州灭佛;其二,杜牧写过《郡楼望九华》:“凌空瘦骨寒如削,照水清光翠且重。却忆谪仙诗格俊,解吟秀出九芙蓉。”(《嘉靖池州府志·卷八》)好像有意避开佛教,故意不提,不愿意使九华山佛教引人注目;其三,杜牧本人是信佛的;其四,九华山有史以来未能形成佛教派别,虽规模不小,但对政治和其他宗教未构成较大影响,不大引人注意。

也许是九华佛教在“会昌灭佛”时逃过了一劫,才有不久以后“岩下松间尽是僧”的场面(唐殷文圭《楼上看九华》)。

佛教在九华,唐末至宋初发展更快,僧人、香客日炽。以无相寺为例,该寺为九华最老寺庙之一,始建于唐开元年间,智英和尚创。初始,庙很简陋,后晚唐道士王季文舍室入寺,方略有拓展;但至北宋初,无相寺已发展为四院,有寮房七十二间,可以想象其发展速度。

元代九华山,佛教未有大的发展,但也未闻大的灭佛现象。

元末明初,朱元璋与陈友谅在池州展开争夺战,九华山作为二军前沿,成为主战场,无论佛道,都蒙受过一定的损失。

至清代,也许由于金地藏是来自清发祥地不远的新罗,康熙、乾隆二人高度重视九华佛教,赏赐匾额于九华。康熙赐“九华圣境”,乾隆赐“普教芬陀”。此后,九华佛教又步入一个繁盛期。

3. 九华山佛教未能形成开宗立派局面的原因

自从金地藏开山以来，各地上山修行者络绎不绝。“地狱未空，誓不成佛”得到了苦难信众的大力支持，但奇怪的是九华山一直未开宗立派，似乎很让人费解。究其原因何在？笔者认为：

其一，道教的先在性影响。道教徒的修为一直以长生为目的，这使九华僧众相当一部分受到影响，将修炼成真身，作为自己的终极追求，导致了九华山真身推崇风尚的形成，尤以金地藏的修为结果对后来僧众影响甚大。九华山一直肉身菩萨不断，应是这种风气所导致。九华僧人修禅打坐以及他们的饮食习惯，也受道教影响：主张修行时的清静；饮食讲究随缘。许多僧人，为防隔尘世喧嚣烦扰，宁在人迹罕至处苦修，也不愿为衣食所安而混迹于嘈杂之中。生活中则遇到什么吃什么，不是格外讲究。。

其二，九华山僧人追求佛教的普遍教义，乐善，救苦，以普济众生为乐，较少门户之见。这也是未能开宗立派的缘由之一。

其三，九华僧人的来源较为复杂，一些人甚至因江湖恩怨而出家。总体上，僧众佛教底蕴的先天培养，尚有一定的欠缺。文化层次较高、佛家机缘较深者，虽有，但较少，没有形成开宗立派的氛围。

其四，九华山地势奇特。各庙易形成天然阻隔，本身就难以形成号令统一的修行。僧人之间客观上难以经常切磋。

其五，九华山地处江南冲要，往来僧俗频繁，僧人多忙于迎来送往，其喧嚣不亚于尘世，僧人难以清静，更不说禅定了。

由于以上原因，还加上其他因素，使九华山未能开宗立派；虽说是遗憾，但成就了他们容纳百川的精神。现在九华庙宇各宗之间和谐相处。这也是不可多得的，其他名山实难以相匹。

(三)文人与九华山

1.文人与九华道教

道之所以成为教,是因为早期的方士活动。它是将方士活动与道家的思想合二为一。在九华山,由早期的彭祖到屈原的内修(炼气)及简单的服食,再发展到窦子明,内修与外修兼顾。他们所践行的仍然是介于方士与道士之间的一种朴素的修炼方式。这种方式最受那些无权无钱的文人们的喜爱。南北朝时,他们的修炼之法,也受到郭璞贵族的追捧。谢朓写诗道:“山积陵阳阻,溪流春谷泉”。(《宣城郡内登望》)他在《将游湘水寻句溪》就有“既从陵阳钓,桂鳞骖亦螭”之句,表达了对子明成仙的向往。

标准的道士李白,在《自梁园至敬亭山见会公谈陵阳山水兼期同游固有此赠》和《敬亭山南望怀古赠窦主簿》中也表达了自己对陵阳的向往。

李白的《送温处士归黄山白鹅峰旧居》《至陵阳山登天柱石酬韩侍御见招隐黄山》则叙述对仙子窦子明的神往之情。他还在陵阳徘徊不去,他的《下泾县陵阳溪至涩滩》《下陵阳沿高溪三门六刺滩》,还有刘长卿《送处士归州因寄林山人》都表达了对陵阳的向往。

李白的足迹踏遍九华山南,寻找子明修仙之道,未果,又继续在山西北寻找其他仙人的足迹。其《宿寺诗》《葛洪井》《改九子山为九华山联句》《望九华赠青阳韦仲堪》,均是记载山西北之行。总之,凡是九华修道之地,无论山东南与山西北,李白无不到焉。

其后学道诸文人,如费冠卿、王季文、李昭象、罗隐等,莫不对作为道教修仙之地的九华赞扬备至。费冠卿《答萧建》详细描绘了仙境九华的状貌。王季文的《九华山谣》即是如此。

费冠卿仰慕九华,坚持修道;反过来,其去世后,旧居及墓,又成为道教诗人们的凭吊追慕对象。如张乔有《费征君故居》,杜荀鹤有《经九华山费征君墓》,罗隐有《九华山费征君所居》,僧齐己也有《经费征君旧居》,张蠙《费征君旧居》，僧弘秀《经费征君旧居》……不能不令人起敬。后来欲修道者如滕子京、王阳明等人也留下了大量歌咏。尤其是唐人张蠙的《费征君旧居》，对费向道的一生说得非常透彻。诗云：

浮世抛身外，栖踪入九华。
遗篇补乐府，旧籍隶仙家。
池静龟升树，庭荒鹤隐花。
古来天子命，还少到烟霞。

这些因文人的道教文化活动而产生的诗歌，极大地丰富了九华山的宗教文化。

2. 文人与九华佛教

在一部分人坚定追随道教之外，大多数人只是对包括道教在内的宗教作想象状；这种状况表现在文人与佛教的关系上，最为妥当。

在九华山，从唐代开始，一些文人或多或少地表达了这种想象状况。如杜荀鹤、殷文圭、罗邺等唐代诗人，还有苏舜钦、王安石、蒋之奇、苏辙、王十朋、陈岩等宋代诗人，以及大批元、明、清诗人。这里特别值得一提的是杜荀鹤，他是一个比较在意佛理的人，是个特例。在他的《唐风集》里，有相当一些诗都深含佛理。

除了文人为九华佛教鼓噪外，诗僧自己也进行创作，如金地藏、释神颖、释应物、释贯休、释冷然、释齐已、释希坦，这几位诗僧，都是以他们的诗，歌颂了九华山，歌颂了九华山佛教。特别值得称道的是金地藏，还表达了对李白为九子山易名九华山的肯定。他的《送童子下山》中“礼别云房下九华”是李白改九子山为九华山之后，所见到的第一位承认改山名的诗人。

3. 文人与九华山的自然景物

实际上，大多数文人上九华山，可能更多的是欣赏九华山的奇景，如刘禹锡《九华山歌》，王季文《九华山谣》，梅尧臣《滕学士九华山书堂》，王安石《宿化城寺阁》，晁补之《问九华》，杨万里《舟中望九华》，还有吴潜、周必大、陈岩、元文宗、萨都剌、汤显祖、董其昌等，诸人尽摹九华之景，无不对九华风光啧啧称奇。

九华山以雄奇兼具著称，文人学士冲着观景而来游，应该是不足为奇的。

4. 九华山对文人的实际功用

很少有人提及这个问题，因为它只在唐朝表现得比较明显。它主要涉及唐朝九华山的文人和文僧，特别是本土的和几位客寓的作家，像费冠卿、杜荀鹤、王季文、罗隐、罗邺、韦象、周繇、张乔、康骈、顾云、殷文圭、李化文和王希同等，他们这个群体旅住九华的目的，主要是希望借名山效应，结识名人，以推荐他们考进士。因为唐朝考进士是要名人推荐才有用。这些人住在山上，把相当一部分时间，都用在与名士交往上。平常时节则读书，做行卷。如顾云的《风策联华》、康骈的《剧谈录》等书，都是为考进士而做的行卷。

然而对名士而言，九华山在唐朝的实际功用，就是一为道教圣地，一为风景胜地。许多文人的往来，都是冲这两点。当然，我们很难分清也无须分清这些人是为哪种功用而来。前后来的名士也较多，像李白、李商隐、张祜、李群玉、杨巨源、郑谷……还有池州的刺史们。无论如何，他们或多或少的，会为那些在山上读书的举子们做点事。

这些举子像费冠卿、王季文、杜荀鹤、罗隐、罗邺、康骈、顾云、殷文圭和李化文等人，一方面是出于对应试的需要去结交名士，一方面也要在僧人那里蹭饭，还可以在庙里借佛事的长明灯来读书。种种原因使他们选择去九华山居住；家境好的可以短住，家境不好的就长住。像殷文圭，住庙时间就比较长，以至于被误认为是青阳人。这些人基本是做举业而兼修道的，如费冠卿、罗隐、王季文。杜荀鹤、李化文等，在九华山都建过茅屋；费冠卿和王季文是九华山人，费冠卿住在少微峰下，王季文在头陀岭，他们都有自己的房子可供修道。

这是唐代九华山总体的人文状况，唐以后这种“生物链”断了。文人上九华山就是为了游玩。到王阳明来九华寻道的时候，已无道可寻，只好去找些前人的遗踪，自己去东崖宴坐了。

九华山的诗僧，也创造一些自己的文化。像金地藏、释神颖、释冷然、释应物、释希坦和释宗皋，加上一些外来的，如释齐己、释贯休，他们都以自己的才力，或歌颂九华之景，或歌颂修禅之乐，创造了独有的诗歌文化。

四、山水审美的共鸣
——文人与齐山

(一)唐宋齐山

在杜牧来齐山之前,齐山就是一座普通的小丘山,石灰岩地貌,不过是怪石嵌空、洞壑林立而已,至多像一个自然界造的园林。据说杜牧之前的池州刺史李方玄为了在齐山脚下的齐山湖中修一条齐山堤,而在齐山取土。山北的土被他们取净的时候,人们发现了齐山有大量的奇峰怪石和幽洞。李方玄自己选了一处风光奇绝的洞壑,公务之暇,常来此游览,因为他曾做过左史,后人(杜牧和张祜)就称此洞为左史洞。齐山早期直接与江相连,涨水时节,浩浩渺渺,杜牧来时,依然如此。故《九日齐山登高》云:"江涵秋影雁初飞。"有了齐山堤,人们出行到城南很方便,因为三面白水,一堤相界,故人们又将齐山堤比喻成苏堤。

齐山得名,有说是因唐代齐映做过池州刺史,常来此山游玩,故而得名(北宋吴中复与司马光都主此说);也有人说因五峰相齐,故名齐山。笔者以为,齐山得名,恐怕没有那么复杂,可能原来就称齐家山,山主姓齐,盖因"齐家山"名称不雅,有人就简称为齐山。如果齐山是因齐映而得名,恐怕唐人早就加以宣扬了,根本用不着后人去苦苦追寻得名的原因。

会昌四年(844)秋,杜牧继李方玄而守池,便有了开山之意。大约近城的秋浦、清溪及远处的九华山,都被李白命名或扬名,山水之中,只剩下这个齐山没有被扬名。天赐良机不可失,于是杜牧会昌五年(845)建好翠微亭之后的重阳节九月九日，就做了一个诗会，邀请了当时著名诗人张祜等人参加。这是杜牧来池州的第二个秋天（据《齐山岩洞志》，齐山的左史洞，旧有张祜会昌五年的题字），杜牧已经建好了翠微亭。杜、张二人都各自写了一首诗。因这一天是重阳节，故写登高之意。杜牧写了一首《九日齐山登高》：

江涵秋影雁初飞，与客携壶上翠微。
尘世难逢开口笑，菊花须插满头归。
但将酩酊酬佳节，不用登临恨落晖。
古往今来只如此，牛山何必泪沾衣。

张祜和了一首《和杜牧之齐山登高》道：

秋溪南岸菊霏霏，急管烦弦对落晖。
红叶树深山径断，碧云江净浦帆稀。
不堪孙盛嘲时笑，愿送王弘醉夜归。
流落正怜芳意在，砧声徒促授寒衣。

张祜在吟诗后，还在岩上刻了“长沙子弟最先来”（唐吕温《题阳人城》云：“忠驱义感即风雷，谁道南方乏武才。天下英雄诛董卓，长沙子弟最先来。”张书此句，意在表明杜牧和他的开山之功）的诗句，以表达他们最先唱响齐山之意。

九日齐山之会，使齐山一下子闻名天下，拉开了诗人上齐山的序幕。其后，唐代十余位诗人上山，留下诗作近十首。也就是说，杜牧之后，齐山还不够热闹，间或有诗人来齐山，至多是把它当个落脚点。如张乔，在齐山寺庙留下两首诗，是因为他住在这里；罗隐因为在齐山炼丹，留下一首诗；许坚也是把这里作为一个旅舍来描述的。

晚唐之后，齐山便迎来一个属于自己的春天。在中晚唐就已经发育起来的玩石之风，到了北宋已达到了高潮。中晚唐时代，只有像张祜、杜牧这样贵族出身的人，才会以赏石为时尚；而在北宋，士大夫则普遍以玩石为高雅。苏轼有“仇池”二石。轼有石似九华者，于是作《壶中九华歌》，称“五岭莫愁千障外，九华今在一壶中”；米芾更是以逢奇石便拜的“石痴”著称。齐山之石，以其玲珑剔透而备受宋人宠爱。北宋诗人张舜民称：“石色绀碧，棱角隐显，百怪千状,正似人家所畜太湖石也。竹木丛生其上,有如塑画。"(《画墁集·卷七》)。正是这种赏石风气的兴起,以至张舜民于元丰六年前后来齐山探望沈辽,顺便游览齐山之后,惊呼"江上风物,未有过池者"。故宋代掀起了一阵赏玩齐山的狂热。以王安石为首,前后几轮几番游赏齐山。先后有梅尧臣、苏舜钦、司马光、王哲、苏轼、苏辙、沈辽(其于小九华南筑云巢,隐居齐山三整年,曾买下过"左史洞")、黄庭坚、曾巩,一时间,北宋名士硕儒齐集,争睹齐山的奇峰怪石。北宋池州知州王哲(大约与王安石同时)专门写有《齐山洞天记》,以记叙齐山洞天之胜。这是审美情趣的变化,导致的一次游山视角的变化。齐山之奇,在于它的石灵而多窍,在于它的洞壑之幽深而通透,而这种美被已经转换审美视角的宋人,发掘得淋漓尽致。

来齐山的宋人,欣赏着"虎石乱蹲肋垂垂"(宋梅尧臣《和绮翁游齐山寺次其韵》)的奇石,欣赏着"日光忽漏天宇小"(宋苏舜钦《过池阳游齐山洞》)的洞天,还用心感受了西峰小九华怪石的森然罗列,感受了苔与树的蒙茸,"暗谷云封洞窅窈,石林苔润石嶙峋"(宋刘鉴《寄隐岩》,《齐山岩洞志·卷十五》)。像这种品尝山水的本身,揭示其一丘一壑一草一木之美的,在以前的山水游览中,似乎没有。而这种变化,正是由于游览者已成为一个赏石者,山水审美变成赏石审美的结果。而齐山带给人们正是这种审美感知。不止如此,齐山还向人们展示了它的"洞天"之美。齐山的大部分山洞都有洞天奇观(即洞中有天),像观音洞、小九华、通天洞、青瑶岛、狮子洞,身入这种洞天之中,让人恍如仙境。

这是北宋人的审美。到了南宋,齐山不仅具有赏石的审美意义,更带有特别的军事价值。作为近城的一座山,虽然不高,但作为一时的藏兵、屯兵之地,还是不二的选择。其军事意义,仍然十分突出。

齐山,是军事将领岳飞的游览地,同时还是南宋武状元华岳的出生地。南宋人游齐山的情感,是复杂的。一方面继承北宋人"平生爱奇石"的传统,看见那些"是宜米元章,一见辄下拜"的奇石(王居安《次池阳崎岖山行》),继续欣赏,一方面却在发"好山好水观未足"的感慨(岳飞《池州翠微亭》);一方面是"奇奇怪怪无非洞,下下高高总可亭",一方面却"但把醺酣酬绝景,天风吹面经须醒”（周必大《再登翠微亭和同年汤平甫知县二首》），带着一定的战时清醒。

元代的齐山，稍稍冷落一阵子，除了贡奎、萨都剌、吴潜等几个名人留有诗歌外，其余的人都默默游过，不言笑，也不作诗。

到了明代，齐山的审美具体化了，一石一洞，都有了自己的名字，有了自己的题诗。一方面，人们继承小杜风流，赞美齐山；另一方面，人们对齐山由明代初期的笼统化走向后期的精细化。特别是清代中期以后，有人还刻意模仿陈岩所作的《九华山诗》，对齐山的许多小景点，一一作诗，加以咏叹，如清代夏耘的《怀琴集》，即是如此。这是要有极细致的功夫和极浩沛的诗情才行。

（二）齐山的文化积累

1.精英们对齐山的心灵共鸣

齐山是一座精英文化的山，诗人、画家、书法家、音乐家、政治家、军事家是齐山文化的主流塑造群体。他们在各自领域创造出惊人的成就，但是有一个共同特征：他们都是诗人。在有记载的1000多齐山诗人中，有杰出的画家如陶守立、董其昌、黄宾虹等。其中，陶守立是南唐时本土人，就居在齐山的云巢附近。黄宾虹，民国时流寓。他依恋齐山，在齐山脚下建有齐山湖舍。董其昌根据“江涵秋影雁初飞”诗句，一眼认出从未谋面的齐山。他们与齐山有着怎样的缘，在笔墨取舍中，有几多齐山情结？陶守立、董其昌太久远，我们不知道，但黄宾虹笔墨情结是有的。齐山东部岩石的动势，小九华的造型，齐山树木丰茸，都是形成他笔墨华润深茂、灵动活泼的源头之一。甚至在他画中直接找到具象的对应。

书法家兼诗人的代表是苏轼、黄庭坚、沈辽。其中沈辽，还是音乐家，曾集《大胡笳十八拍》。他们或相游甚得，或隐几而哭。齐山的乱石嵯峨，天然的篆纹，蒙茸的苔衣，给他们的书法，或多或少地会带来点长枪大戟，带来点法度森严，带来点滋润自得。

政治家的代表是王安石、司马光、范成大、周必大、丁绍轼，他们从齐山石的参差错落中，看到了和谐共荣，看到了发展与朝气。从齐山洞天中，看到了世界上绝处逢生的政治境界。

军事家的代表是岳飞、华岳、王守仁，他们从齐山的风物中，看到了祖国的大好河山，要与内部的叛徒斗争，与外部的敌人去战斗，才能永葆其美丽。"好山好水观未足，马蹄催趁月明归"（岳飞《池州翠微亭》，《齐山岩洞志·卷十四》），写的是，为了壮美河山，诗人要去战斗了。"水瘦石生齿，山寒梅未花"（华岳《游齐山寺》，《齐山岩洞志·卷十》），写的是，一个国家，正义要弘扬，忠臣义士必须不断地与奸佞斗争，还要铁骨铮铮，无所畏惧。齐山石的峥嵘，与华岳为同奸相史弥远斗争，宁愿献出了生命的个性是相一致的；王守仁挟大功不赏的苦闷，也只有荆棘与奇石共生的齐山，才能慰平他心中的不平。

还有许多大大小小的官吏，许多民间文人隐士，无不为齐山之美而陶醉，留下他们许多动人的诗篇。

2. 齐山的诗作与名人

根据历代《池州府志》《贵池县志》《齐山岩洞志》及其他资料统计，到齐山来的大小诗人，截至晚清，有1000余人，留下诗文不少于3000首（篇）。说齐山是一座用诗堆起来的山，并不过分，这样的江南名山，应该闻所未闻。

一千余年来，登上齐山的宰辅级人物，有记载的有近二十余人，这其中包括裴度、萧复、汤悦、王安石、司马光、包拯、周必大、袁说友、史弥远、岳飞、范成大、吴潜、魏了翁、吴道南、丁绍轼、黄道周、孔贞运、张英、赵国麟等十九人，他们莅临齐山，或觞或咏，或品或题，为齐山增色不少。

除宰相而外，登上齐山之士大夫者，千有余人。登高而咏，临流而坐，品题把玩，齐山的岩，齐山洞，齐山的石，齐山的草木都被欣赏透了。自杜牧开山以来，诗人追踪杜牧遗踪而游齐山，其盛况之空前，其文风之盛炽，九华山也未之有也。从文化之角度上说，齐山与下游的焦山，可以并称江南第一山。

总而言之，齐山是一座精英文化的山，并非低俗文化所能理解者。

(三)齐山自然景观的地理优势与环境优势

1.齐山的自然地理优势

齐山之所以有名,除了上述文化优势,还有其他优势。齐山近府治,为府治第一山;又沿途江行,溯江而来,江上风物第一者称池州,而池州风物第一者称齐山,这是近江的优势。宋人张舜民称:“江山之丽,下游诸郡皆不及也”(《画墁集·卷七》)。

2.齐山的环境优势

齐山之北,山前有湖,称齐山湖,山东北有湖称白沙湖,山西南有湖称古平天湖,洪水来时,连成一片,而以一堤(翠微堤)相界。春来是桃红柳绿,一片景灿;夏则莲菱满湖,锦鳞游泳,与江相连,水天一色;至秋,则所谓“江涵秋影雁初飞”也。

正如明代胡昱云:“池之齐山距郡城四里,在大江上游,无尘坌喧嚣之杂。冈峦嵂崒,石蹬参差,上攀霄汉,下绕陂陁。岩洞三十有二。而窍窟谽谺,莫能测其底蕴。东望则九华巍然,南对则六峰巑然。彪獠麋兔产焉,松楮梧槚生焉。西接乎阛郭,北濒乎清溪,广道为衢,甃石为梁,沙汀芦芷,沼汉禽鳞。至于奇花寿竹之异,佛庐仙迹之胜景物佳丽,不可具状。”(《重建翠微亭记》,见《齐山岩洞志·卷十四》

从地理位置看,齐山就是一襟带江山,控扼南北的咽喉必经之地。未有翠微堤之前,可以以舟沟通东南西北;唐李方玄会昌年间筑翠微堤以后,把主城区与齐山西相连接,方便交通之外,也方便了众人游览齐山;明清时期,相信风水,以为翠微堤似箭,直射城区,于府治不利,于是在东门外修兴济桥,再筑青云堤与齐山中段阳春岭相接,桥与堤相连,形成一条由城区直接到达齐山阳春岭的南方旱路,也使齐山成为主城区到南方的旱路必经之地。

3. 亭、台、楼、阁、庙宇、道观、桥梁之胜

(1)亭

齐山有亭，当首推杜牧所建之翠微亭、南亭。翠微亭居齐山巅，下瞰江水，襟带清溪，杜牧九日登高处也。杜牧有《九日齐山登高》诗；南亭在翠微堤上，桃花粲然，绿柳参差，杜牧有《残春独来南亭》一诗。据《齐山岩洞志》统计，齐山的亭还有：

得得亭。清李暲建。在老人石附近，夏耕有得得亭怀古诗。

青霄亭。在九顶洞上，宋建，宋王哲命名。

二老亭。在齐山寺后，东岭上，明本土诗人张廷瑞、许潜建。

清阴亭。在蕉笔岩西。二老亭与清阴亭同一处也。

露滴亭。在齐山脚齐山寺前，明建。

望江亭。与大观亭在同一亭址，在寄隐岩上。后望江亭移建于今翠微亭处，翠微亭移于小九华西。

翠微亭。唐建，明成化初，郡守邓仪恢复重建，明嘉靖二十一年又重建，崇祯池太观察使程世昌又重建。清郭世纯、张公楷、李暲又重修。嘉庆十年，重建于唐宋故址，即今翠微亭处。后毁弃，清末民初，退休县令方云耕及其友人重建翠微亭，并组织诸多名士咏唱翠微亭，有诗歌400余首，编入《翠微酬唱集》。

九华亭。最初名为"小九华峰亭"。明池州知府何绍正建。又四十年更名"问道亭"。又十余年，更名为"齐华亭"。清吴补亭父子重修，更名为"小九华亭"。

上清岩亭。不知起于何时，乾隆时复建。

其他有华日亭，采霞亭，阆亭，最高亭，绣春亭，三奇亭，云鳌亭，寿字亭，寄隐亭，等等，计齐山有亭二十余座，而兴废移时，今只余三四座焉。

(2)寨

翠微寨。在翠微亭下。宋岳飞驻军处，清池州东至人王尔纲有诗。

马军寨。在阳春岭东。

(3)楼堂

观郡楼。在九顶洞上,唐建。

云巢。宋书法家沈辽故居也,在万壑云涛西,明为状元黄观翠微精舍。此亦为南唐画家陶守立故宅和南宋武状元宋华岳读书处(此地文武书画汇于一处)。

香云茶社。齐山燕子洞北侧十余步。

又来堂。明冯叔吉建,其婿张九佳又复新。在齐山寺东。

玩月楼。在齐山寺前,明冯叔吉建。又名"得得楼"。此地又有李景业(即李方玄)读书堂、五贤楼、湖上楼、湖山楼等景观。

(4)书院

绣春书院。宋状元华岳读书处,明何绍正复建,在齐山寺后东岭上。

齐山书院。万壑云涛下,始建于宋,明何绍正重建。

(5)台

青泠台。在包公寺东,宋建。

响鼓台。在齐山寺后。

绣春台。在东山之巅,如果"竹鸡飞上绣春台"确实是元萨都拉诗句,则绣春台建台不迟于元初。计齐山有三台,以今观之,绣春台之壮阔为第一。

(6)寺庵、道院与祠

茶庵。在齐山西麓。明嘉靖间建。

齐山寺。观音庵同一址也,在齐山南山门处。北宋为观音庵,后废。南宋于废址建齐山寺。也称延庆院。

齐山还有华盖庵、五云庵、石林庵、绣春道院、喻公祠、四公祠、塔祠等人文景观,计齐山庵寺八、九处,而以齐山寺第一。其背,有玉箫峡、观音洞,前则场地阔大。实齐山有大厦之始。

(7)其他人工建筑

月塘。齐山寺前。夏秋水涨,有菱荇荷风之胜。

观理浮桥。北宋建,木已腐,北宋元丰间,沈辽隐于齐山,为之复建。沈辽之友张舜民作铭曰:阻不在大,归于阂;利不在充,志于道;借此以往,嘉无穷。

七星桥。在齐山寺前,明施承我建。

此外还有分水桥、秀鲜桥、仙人桥等桥。

附:府治人文景观摘要

府治人文景观,摘其要者,有三亭二塔,三庙一观,二井一桥二堤,二学二衙,一池口。

①三亭二塔。

三亭即城东南之弄水亭,池口之翠光亭,城北清风岭之清风亭。这里清风亭最老,杜牧来时即有;弄水亭为唐杜牧建,北宋仍在,南宋有移动,袁说友移于原地附近重建;池口翠光亭,岳飞有诗,所建应不迟于此时。二塔指的是百牙塔与清溪塔。二塔皆为明代所建。清溪塔略早于百牙塔。相传池州地理形势为一筏形,易漂流而去,故须插二篙定之,以百牙塔定西部山脉的起处——白牙山,以清溪塔定东部山脉的起处——流坡矶。今二塔相望如篙,锭于水口,则池阳难以飘移也。

②三庙一观。

三庙者,太平禅寺,林泉寺,祝圣寺也。以祝圣寺为最老,建于唐贞观元年(627),是时未有贵池城,而有此庙,说明此地已有人烟。庙在仙台山上。其次为林泉寺,唐杜牧有废林泉寺诗。在西街,后迁于仙台山,于祝圣寺旧址建庙,称"太平禅寺"。一观者,普明观也,在仙台山东150米处(即今府学巷中段),为东晋时一道观,距今有近1700年。南唐为天庆观,后改名紫极宫,其后又改名为玄妙宫。前有山溪流水,溪上有仙人桥,桥头有仙人亭,新中国成立后被毁(见吴世民《仙台山记》)。

③二井一桥二堤。

二井者,普明观井与包公井也。普明观井,今存,在观之遗址处,水清洌可用;包公井在府衙遗址处,今翠柏路南端,今存,水可浣衣。传说井为包公所凿,一井四眼,俗称"四眼井"。所谓一桥者,盖指兴济桥也。明代建。动六邑(贵池、青阳、铜陵、石埭、东流、至德)财力,始成此桥。二堤者,一为青云堤,连接兴济桥与齐山阳春岭,堤两边用石垒起,因明代行家所言,谓翠微堤如箭,直射城池，于城不利，故废翠微堤改建青云堤。后青云堤废，驳岸之石欲移翠微堤，因财力所限，只移部分，余皆散落。翠微堤，唐李方玄筑，遍植桃花与翠柳，人皆方之于西湖苏堤。

④二学二衙。

二学者乃是指县学与府学，县学在南门，今存碑一块，在兴佳小区内，现移入博物馆。碑为清代康熙大学士张英撰写。府学，唐代设立。初在府衙东南，称夫子庙。后因地低湿，于明代移往仙台山。历代各有兴废。今又于明代旧址复建，并改为博物馆。

一池口者：乃老池口也，今废。它是古代物流人流中心，江上往来船只，皆泊于此，货物进出，皆仰于此。

五、不独诗酒杏花村
——立体的村落文化

(一)杏花村的文化内涵

1.杏花村文化含义

我们在谈论这个话题时候,首先就要确定唐杜牧《清明》诗所写之杏花村,即是贵池杏花村(后文将有论述)。在此前提下,我们讨论贵池杏花村文化(以下简称"杏花村文化")。

我们认为,首先,杏花村文化含义的表征就是杏花,它包括酒文化、诗歌文化、商贸文化、耕读文化、渔猎文化、战争文化、陶瓷文化、园林文化、祭祀文化和书画艺术等十个子系统。

(1)诗歌文化

杏花村的酒文化,在后面将单独的提出来说,这里先说杏花村的其他子文化。先说诗歌文化。在"千载诗人地"这一章里,我们已经讲了一点杏花村的诗歌文化,这里我们针对杏花村诗歌文化的特点,换一个角度讲一讲。

杏花村的诗歌无不围绕杏花这个表征而展开,除直接写杏花村的以外,这个杏花覆盖下的村庄所发生一切人和事,以及物象,都进入了杏花村诗歌的范围。其一,直接写杏花的。如沈昌著名的《杏花村》:"杏花枝上著春风,十里烟村一色红。借问当年沽酒处,竹篱西去小桥东。"此外折杏花、赏杏花,为文人传统活动之一,也进入了诗人的视角,成为诗人的歌咏对象。故杏花村的大部分诗人，皆冲杏花而来，无杏花不成其诗。其二，无论是写景还是写人，都离不开杏花的内涵。杏花村累计九十余景(以郎遂《杏花村志》统计)，诗人所写，无外都是村中之景、村中之人，而这些景和人，都是杏花哺育出来的。其三，杏花村的诗歌总体风格是淳朴自然，无雕琢之痕，炫而不妖，具有杏花朴素之本质。其四，写杏花村之诗，繁如杏花。《杏花村志》有1200首诗和《续杏花村志》(民国贵池人胡子正著)有400余首，计1600余首。诗之多，堪比杏花之繁。

因此，无论是诗歌咏唱的对象，还是诗歌本身，都被囊括在杏花意象之内。这就是杏花村诗歌的特质。

(2)商贸文化

由于杏花村居在一个特殊地段，北依秋浦河，南望清溪河，其间是隆起的十里岗。人们从秋浦河翻过小山丘到杏花村前的清溪河，仅四里路；而船行从秋浦河行至池口夹江再到清溪河口，进入清溪内河，行至杏花村以南的清溪河段，就要额外地绕一圈弯路，大约有25里的水路，需要小半天的时间。因此货物从秋浦河进入清溪河或进入城内，最为便捷的是从杏花村转运。杏花村自然也就成了古代向清溪河流域或向池州城内转运货物的物流中心。这种物流中心，为古代的城邦提供生活必需物品。特别是在城与市分离的阶段。对于池州来说，就是从李芃始筑池州城到黄巢军队攻破池州城之间的一段时间(765—878)，恰恰是池州的城与市分离时期。近一百二十年间，池州城是军事城邦，承当“城”的角色，杏花村是集市，是物流中心，承当“市”的角色。这段时间，商贸对杏花村的繁荣起了关键作用。大量资金与人流、物流聚居这一带，杏花酒肆也因此而繁荣，杏花村也因此而日渐兴盛。此村为杏花村，斯人为杏花人，该酒是杏花酒，除此而无他。

(3)耕读渔猎文化

这是杏花村最初的本土文化。士人耕采渔猎以养生，读书以求仕进。由杏花村而形成的集市，小商小贩往来，市井气息浓，故读书，对多数人家而言，都是奢侈的，但对于富商大贾和土豪来说，读书是必需的。随着杏花村史的推移，这种能诗善文的人就越来越多。他们亦耕亦读，丰富的生活和被激发的诗情，是他们创作的源泉，他们创作出一首首动人诗歌。他们居于杏花村，聚饮时贤，吟咏田园，如郎汉的《归田口占题村舍》，李得春的《刘观明前辈招饮杏花村》等。这样的人群也会出举人、进士的，如晚唐的顾云，为盐商之子，早年就居于杏花村。由于他出生盐商，一直讳言杏花村。其后，他考中了进士。

孙黄裔，清初杏花村人。出身渔家，居住村内杜坞，本人也是渔民，但操笔千言立就，是渔夫兼文人。他是一个相当优秀的居村诗人，有诗集《杜坞集》。诗作颇有唐人风味，留有诗作大约500余首，可惜后来都散佚了（见《杏花村志·卷五》之《吊孙黄裔并序》）。加上他英年早逝，几乎没有流传什么作品下来。虽然同时代的东至人王尔纲抄录了他的五十余首诗，但后来也不知所终。

近代如画家汪律本和黄宾虹，曾隐居杏花村内西端的乌渡湖，汪律本有北垞湖舍，黄宾虹有池阳湖舍。他们亦耕，亦渔，亦读、亦画、亦诗。目前，他们存世的关于乌渡湖的绘画，如黄宾虹有《池阳湖上》（共两幅同名）、《池阳湖中》、《池阳湖舍》、《渡湖雨霁》、《秋浦午渡湖》、《湖居图》等近二十幅画作存世，皆是描绘乌渡湖之景的；诗歌亦有数首，如黄宾虹的《贵池湖中投宿北垞汪氏别业》《丙子初冬湖上》《庚午夏涨池阳圩田闻没水中筑舍将圮坏感而赋此》《池阳湖舍》等。

耕读渔猎文化的深味就是其民俗文化和与此有关的诗歌与绘画，也产生相应的人文景观。仅近城的杏花村因此产生的人文景观，就有“杜坞渔歌”“白浦荷风”“茶田麦浪”“桑柘丹枫”等。这是村落记忆的刻痕。

（4）陶文化

如果往更远追溯，由于杏花村近水，运输方便，南靠山区，薪炭供给方便，故古代烧制生活器具的土窑颇多。西起乌渡湖东到池口，其间窑址不断。从出土的带有饰纹的砖和瓦当的风格来看，有窑的历史可以追溯到汉，六朝已经较为鼎盛。当时梁代的南陵郡和陈朝的北江州就设址在这里，需要大量的砖瓦和生活器具，均就地生产。中华人民共和国成立后，杏花村的西庙（昭明太子庙窑址）一直烧到1980年代。这些陶，跟杏花村的人流是密切相关的。陶的大量存在，见证了历史上的杏花村人流量相当大。

（5）独特的祭祀文化

祭祀分为三种，崇文祭祀、农耕祭祀、生活祭祀，而杏花村独特性主要表现在崇文祭祀和农耕祭祀中。

①独特的崇文祭祀。特殊性在于祭祀是以昭明庙为中心,祈祷的内容只跟仕途有关。因为杏花村内有贡院、书院和文选阁的存在,使这一祭祀极富仕文化意味。祭祀昭明神,以保文运昌盛,仕途平安,已成为文人、士子、官吏生活的必需。因而在《杏花村志》和《嘉靖池州府志》诸文献里保存下来的就有专写文选阁和昭明的诗文。

这种祭祀,因杏花村的"杜牧效应"成为文人士子们的游览胜地而更加彰显。

②特殊的农耕祭祀。这一点表现在杏花村除祭土地庙,以乞求五谷丰登外,池州府的社稷坛还坐落在村内。所以其祭祀不仅仅是乞求一村收成,而是乞求一个池州府的丰收。

③生活祭祀中与众不同的是仍以昭明为中心。和大多数村庄生活祭祀相同处是,这种祭祀主要是在祠堂、祖墓和庙宇祭祀。杏花村有庙宇,仅唐代的就有三四座,其铁佛寺最为有名。不仅有名僧西峰和尚,还有历代文人,如南唐的状元伍乔,北宋诗人梅尧臣、书法家沈辽、南宋诗人陆游等人留下的诗文,极富文化气息。

除了崇文祭祀之外,民间生活祭祀也多在昭明庙进行。这是杏花村祭祀文化的一种独特现象。据《杏花村志》记载,昭明神特别灵验。关于昭明神,唐代的罗隐称其为"天地鬼神师"(见《嘉靖池州府志·卷八》),是一个通神:上管天界,下管地狱和人间。因此人间的一切事情尽可以告知昭明就行。这个说法的源头来自昭明庙(俗称西庙)的祖庙——灌口的秀山庙。传说其曾托梦于当地乡民。这个说法,我们从罗隐的诗中也得到了印证。

正因为昭明在池州地面上,是位管鬼管神的通神,每个家族祭祀都要争供昭明神像,杏花村里的昭明神位,成了大家族争抢的对象,所以就有了"案菩萨"的来历。所谓案菩萨,就是把昭明神位前的香案锯成十八节,由争抢神位的十八个家族,各捧一块,象征昭明神位,请回家族供奉,以免争抢之苦。昭明是傩戏供奉的主神之一(至今,刘街里的一些家庙还保存着这种未经任何雕琢的木块——案菩萨,将它与一世祖的牌位并列供奉)。像殷家汇灌口村的旧溪方，就将其牌位列于一世祖的牌位之右，加以供奉。

池州府每十年也要举办一次迎昭明神位入城的活动，民间称作“十年一届大会”，声势浩大，知府亲自主持，倾城出动，热闹非凡。据郎遂《杏花村志·卷三》，这个活动，最初是一年举行一次，传说八月十五是昭明太子生日，八月十二，知府率众人至西庙迎接昭明神像入城内仙台山的祝圣寺（今池州博物馆后山上）供奉，八月十八再率僚属送神像归西庙。该活动大约在晚清时改为十年一次。

（6）杏花村的战争文化

由于杏花村近城，故历来战争对杏花村的骚扰最重，往往兵过如洗，人、物为之一空。几次大的兵灾，如黄巢之乱（《嘉靖池州府志》唐窦譑的《大厅府壁记》），朱（元璋）陈（友谅）之战（《明史·常遇春传》），隋对陈的渡江之战（《隋书·杜彦传》），北宋攻打南唐的渡江之战（《宋史·樊若水传》），以及天京之变后的石达开西征（笔者田野调查），都是大兵过境，加之历朝江上劫匪（杜牧《樊川文集·卷八》之《上李太尉论江贼书》），这些都对杏花村是灾难性的影响。只有左兵过境是一次例外。明末左良玉的大军过池州，烧杀抢掠，无所不为。独杏花村郎大徵，掉三寸不烂之舌，说服左良玉，才保住了杏花村（《杏花村志·卷四》）。

纵观杏花村，由于兵燹频繁，其居民更换也频繁，至今有四百年以上历史的家族，独郎氏一族，其他三百年以上的家族，在大杏花村的范围内（即今55平方公里的大杏花村），也不过五六个。

杏花村内的战争遗址有数处。

①南陵戍、南陵郡城，北江州州城。

杏花村是古南陵戍所在地，其碎砖断瓦至今犹存。南陵戍是古代的江防要塞，修建于南北朝以前（可能性较大的是三国孙吴所建，见梁张缵《南征赋》），周边有两处船坞存在，可以停泊江上战船。后来，南陵郡治又移于此处。陈代为了加强江防，将设于湖北境内的北江州州治移于此，与南陵郡郡治合为一处。其最后一任州长官为陈朝的许翼。

据魏征《隋书·杜彦传》记载：北方隋朝大将杜彦与韩擒虎合兵攻打南陈

时，韩擒虎偷渡马鞍山采石矶，杜彦攻打南陵郡北江州(池州前身)。杜彦派其将领樊子盖，选择于十一月枯水期，在南方水军不能发挥优势的情况下，偷袭州治的南陵戍水寨，夺走船只600余艘。然后大军渡江，直取北江州城(今杏花村内濒临秋浦河的一座小山上。府志称“镇山”，民间称此山为“毛骨街”，疑即“满骷髅盖”之讹音，说明隋军平陈，陈军抵抗之惨烈)。“拔”北江州城，“擒其守将许翼”。平陈之后，隋开皇十九年(599)，废北江州与南陵郡、戍，将南陵郡的一部分地域划出与旧石城合并，设立秋浦县，并将其迁回贵池灌口的三国石城县旧址(《隋书·卷二二》，《嘉靖池州府志·卷一》)。

隋军攻打北江州的季节是十一月，正是冬季，枯水期，不利于水战，无法发挥北江州陈兵的优势，故能取胜。该州郡遗址，自隋代废弃之后，再未恢复。今虽然遗址尚存，但历史已经失去记忆，许多人并不知道它的存在。这是杏花村史前发生的战争。

②其他主要战争遗址。

杏花村史开始之后的战争还有宋代岳飞带兵路过的乌渡湖，有陈友谅与朱元璋作战时在十里岗留下的朱元璋拖船沟，有太平军石达开部西征时，在乌渡湖边阎王岭留下掩埋头颅的万人坑(田野调查，今遗址皆存)。

(7)地位崇高的杏花村绘画

杏花村是一个能改变中国画一代宗师黄宾虹画风的地方，使其从一个普通的画家成为一代大师的关键转折地。这里造就了两位画家，除了黄宾虹以外，还有一位是他同时代的汪律本。他们二人曾同时隐居过杏花村内的乌渡湖。黄宾虹是歙县人，以前以黄山为范本，所画山水白多黑少，故称“白宾虹”，后来到了乌渡湖，发现周边的山峦林木郁茂，为了表达这些山水，他用浓淡深浅的水墨反复皴擦涂染，使“白宾虹”变成“黑宾虹”，终成“三百年来第一人”(潘天寿语)的山水画大师。可以说，没有杏花村的乌渡湖，便没有后来的黄宾虹。

近代有许多画家都得益于这种从杏花村里传出来的画风，其代表人物便是李可染。

顺便说一句，我们有责任保护好杏花村的山形、地貌、一草一木。不要使他们在九泉之下伤心落泪。因为这里的山水改变了画家,使其成为一代宗师,而他们并没有改变杏花村的山水的一草一木。

黄宾虹在杏花村内遗有池阳湖舍,汪律本遗有北垞湖舍(二宅均在杏花村内乌渡湖东北岸,两者隔山而望,直线距离仅千米而已)。另黄还于乌渡湖东南角遗有坂徐小圩一座(今圩堤完整。面积约70余亩,包括圩内水面,合约百亩)。汪于北垞湖舍后的山背面还遗有养鱼苗池一座。

其他如雕刻,也较为有名。南宋四大诗家之一的江苏人尤袤,热心雕刻出版事业,于村内雕刻《昭明文选》梓版,池州知州袁说友赞助之。印刷《文选》藏于村中昭明庙内的文选阁。

其后,康熙时杏花村人郎遂,清雕刻家刘义焕,于村中雕刻印刷《杏花村志》,加上民国胡子正的《续杏花村志》,实为杏花村雕刻出版的一大盛事。

民国初年,隐居杏花村中乌渡湖北垞的汪律本,曾刻印上百枚,笔法老辣苍劲,气韵生动,属于浙派印,仿汉风格(复旦大学张伟然先生语),是不可多见的佳品。

村中石刻有名者,还有清凉亭镶嵌石门匾一块,上书“清凉境”三字。书法俊秀,脱俗大气。

南陵戍及南陵郡遗址出土瓦当及砖,图案对称均匀,清晰完美,状如杏花,是村中目前发现文物中图案之精美者。

(8)天人合一的园林文化

杏花村园林在于它规制小巧,背景宏达,依山就势,融合自然,虽人工之物,却浑然天成。兹略举其著者。

丁相国园林。为明代大学士(宰相)丁绍轼(贵池人)所营造。依湖山之形,穷尽丘壑之幽、山石园林之胜,其精美可以想见。

池阳湖舍。在村内乌渡湖东北岸,民国歙县旅居画家黄宾虹所造。茅舍七八间,一凭山川之势,以自然湖光山色为园林,极天趣之乐,得自然之真,为村内幽绝处。

北垞湖舍。民国歙县画家、辛亥革命元老汪律本所筑。园内建筑,构思别巧,有古奇松一株,粗约三人合围,亭亭如盖,修篁万竿。依山临湖,烟波浩渺。

园内奇花异木遍植，当地人称之为“汪家花园”。其卧室地下置大小缸七口，上覆以薄砖，人行其上，如奏琴弦。其厕，有扶手，粪便滑道有两米之长，如厕，不闻异味。

其他园林，如焕园、乘云斋、湖山堂。园内皆乔松郁茂，修竹映水，为世外修心佳处。

以上园林及杜公祠、文选阁、杜翰林祠、秦公祠、湖山别业，皆因杏花村之景、依杏花村之地形而建，为天人相得之名园。

综上所述，杏花村之诸文化莫不依托于杏花文化，形成了鲜明的独有性。纵使杏花村史前之南陵戌，其碎砖、断瓦之残片，饰纹也有类杏花，此也不能不谓之奇巧。

2.酒与杏花村

在杏花村，酒与诗又共同催生出了杏花村的“平天春涨”“黄公酒垆”“三台夕照”“西湘烟雨”和“西庙霜风”等人文景观。

杏花村的诗与酒不是并列关系，是酒先催生出诗。“清明时节雨纷纷，路上行人欲断魂。借问酒家何处有，牧童遥指杏花村。”就是一首被酒催生的诗。不管来的是文人雅士，还是政客释隐，无不仗酒兴而作诗或温酒而思诗或思酒而成诗。最早写杏花村前之景平天湖的李白，就是“耐可乘明月，看花上酒船”，此其一；其二，中唐酒的工艺变化，是催生杏花的主要原因。此时杏仁是酒的重要原料之一。故杏花村之杏花原是为采杏仁而栽，并非为诗而栽。欲制酒，需广栽杏树，以取杏仁而酿酒，供往来之人享用，当然也供诗人们享用。故一村之中，处处杏树，家家繁花，人们喝的是杏花酒，醉出来的当然叫杏花诗了。故酒又催生了杏花。其三，因酿酒而种杏花，因赏花而得诗，故又称为杏花村诗也。

杏花村更多的是商贸往来之酒，而农夫渔妇及各色人等，皆需酒也。商人往来于村中，疲乏之余，以酒解乏；合作谈判，以酒助兴。农夫则耕作之余，以酒休闲，三杯小酌，劳累全无。渔人打鱼，以酒暖身，虽冲风冒雨而不受侵害。官吏饮酒，迎来送往，皆需酒也；公务之暇，以酒助雅兴；游宦浮沉，饮酒以忘忧。节日之酒,无论贵贱,无论雅俗,皆举杯同庆也。

故,杏花村酒就是在杏花下饮酒,醉了村人、诗人和过客,形成诗境和诗歌。

(二)杜牧、杜荀鹤与杏花村

1.杜牧与杏花村

这里讲的是贵池杏花村。早期的城与市分离,贵池杏花村不必说是杜牧之前就有的,就是在李芃始筑池州城之前,同样也已存在。那时还不叫杏花村。李白有诗二首写这一带景物,分别是《秋浦歌》其十二和其十三。《秋浦歌》其十二云:“水如一匹练,此地即平天。耐可乘明月,看花上酒船。”这里的平天湖就在杏花村边的山脚下。湖面开阔,从杏花村畔一直延伸到万罗山北的清溪镇,湖面长达十里,均宽四里。明代时,已有源头部分河滩干涸,被垦为良田。故从明代起,一直生活在该地的天堂章氏家族(天堂湖畔),其族谱称此地为“平天坂”。《秋浦歌》其十三云:“绿水净素月,月明白鹭飞。郎听采菱女,一道夜歌归。”这里描述的是古代的平天湖面上渔家夫妇的水上生活。可见,那时杏花村已产酒了(看花上酒船);同时,还有捕鱼和采菱的,人们过的是渔猎生活。

后来,在唐永泰元年(765),池州第二次立州,首任刺史李芃筑池州城,于村东北当时是个军事城堡,城内居住的仅仅是军事人员和衙门的官吏,居民是不允许入住的。这就促使了城郭杏花村市井地位的加强:为城市提供食物和其他物资。清溪两岸和秋浦两岸的物资要入城,必经杏花村;两河间的物资交流,也必须依赖杏花村;城里的官吏迎来送往,也必在杏花村。杏花村就成了商人、文人、官宦、农夫往来的热闹市井。

后来由于唐代酿酒配料的改变,杏仁广泛被用于酒的配料,迫使该村庄广种杏花,因而易名杏花村。杜牧来池时,池州筑城已有80年的历史,杏花村作为市井(物流中心)所经历的繁荣也远远不止80年了。从那时以来,杏花村所积累的大量耕采与渔猎知识,自然而然地就构成杏花村文化的基本骨架,值得我们深度挖掘。

需要获取杏仁的酒村,除了外购,只得由村庄广植杏花,就地取材了。此应为情理之中的事情。因而杏花村也就往往成为酒村的代名词。一时间,全国涌现无数个杏花村。有些杏花村的名称流传了下来,而且至今依然产酒,如山西,至今仍以产杏花村汾酒而驰名;有的则只留下一个名称,如湖北麻城的杏花村。历史上,安徽贵池的杏花村,不仅产杏仁酒,更因为它地处江南,杏花开时,又是清明时节,所以这个时节称杏花村,就有了双重意义,既指春天清明时节的杏花村,又指有酒的杏花村。

杜牧之来池州,是会昌四年(844)九月,第二年清明节就存在祭祖问题。按唐朝规定,在一地居官不满五年,清明不给长假。对于清明节没有长假,不能回家祭祀的杜牧,无疑是痛苦的(杜牧欲从池州回故乡,单程有两千余里)。杜牧只能选择一种在中唐流行的"水边祭",即找到一处面向家乡的水面,望西(杜牧是长安人,即京兆万年人)而祭,而池三面环水,南、东、北都是水,独西面无水;故杜牧寻西面水,必至秋浦杜坞,独此处近城而水面向西,是"水边祭"的理想地点。祭罢归来,踏青饮酒,是唐时清明的风俗。杜牧欲在杜坞处寻一酒肆,饮罢,好继续踏青,可是"借问酒家何处有?"而"牧童遥指杏花村":看来只有到杏花村饮酒了。杏花村距杜坞有三里路,故曰"遥指"。杜坞,那时无名,杜牧游过之后,才叫杜坞。田野调查证实,杜坞在近代仍然是良好的天然牧场。该处的秋浦河,滩涂纵横,水草肥美。当时,这里有牧牛、牧童,是再正常不过的事了。

从此以后,贵池杏花村便噪满江南了。

2.清明诗是否杜牧所写

"清明时节雨纷纷,路上行人欲断魂。借问酒家何处有?牧童遥指杏花村。"这首诗是不是杜牧所写,有人提出质疑。其一,这首诗出现在文献上的时间较晚,最早出现南宋无名氏编的《锦绣万花谷》(淳熙十一年即1184年编)、刘克庄编的《分门纂类唐宋时贤千家诗选》(该书成书应不早于1224年。以下简称《千家诗》和《古今合璧事类备要》)里。如果是杜牧诗,为什么早不出现?其二,由于杜牧与许浑的诗,相混较多,杜牧的集中就杂有数首许浑的诗,故有人认为这是许浑所作而混入杜集中的诗。

我们首先回答第一个问题,这首最早确实是出现在南宋谢维新《古今合璧事类备要》、无名氏的《锦绣万花谷》和南宋刘克庄编的《千家诗》里。谢在书中虽未明确作者,但明确了题目,曰《杏花村》,至少证明该诗与杏花村有关。而《锦绣万花谷》的无名氏在自序中称:淳熙十一年写成此书。但《锦绣万花谷》收入《清明》诗,也只注明是唐诗,并没有注明作者。据该书作者自序称:自九华归来,而成是书。说明他对池州相当了解,但他还是没敢断定《清明》作者就是杜牧。这首诗在池州收集的可能性是相当大的。到了刘克庄的《千家诗》才肯定《清明》诗的作者是唐人杜牧。但刘克庄也是南宋诗词大家,自恃德高望重,他绝不会信口雌黄地捏造一首《清明》诗,标为杜牧所写。我们不知道刘编辑《千家诗》的具体情景,凭他的为学品格与威望,绝不可能草率行事,其《清明》所出诗,必是有所依据,称作者为杜牧,同样也会是言必有据。其次,这首诗出现在南宋也属正常。因为杜牧的诗文集是其本人定稿,究竟烧了多少,外人无法得知。他的外甥抢救一些,未必能全部抢救下来。此外,其散在各地的题咏为当地人所保留,而杜牧并没有收集保存的情况也是有的(许多诗人的集子都有这种情况)。杏花村的《清明》诗可能就是被贵池当地人所保留,而且一经发现,就被无名氏和刘克庄收入集中;因为这首诗只有一种版本,证明它很大的可能是:没有被辗转抄写过。

假使这首诗最初是由贵池当地所保留的,那为什么这首诗在南宋时才被发现呢?池州是个小州,却是江防要塞。天下一统时,似有还无,一旦到南北割据时期,地位就会凸显。军政要员、文人墨客,往来池州者就较为频繁。南宋也不例外。尤其是文章太守袁说友(1140—1204),在淳熙六年至八年(1179—1181)主政池州期间(《东塘集·卷十六》)。在他支持下,时任江南东路(今南京、广德一带)提举常平[淳熙八年提升为江南西路转运使兼隆兴(今江西南昌)知府]的江苏诗人尤袤(1127—1202)在杏花村雕版了萧统《昭明文选》,准备印一套藏于文选阁。这时的杏花村,昭明太子庙内有文选阁,应该是被格外地重视了起来。而昭明庙就在杜牧去祭祀的杜坞山边，它处在杏花村到杜坞之间唯一的人造建筑，离杜坞约一里，如果杜牧在杜坞就诗兴大发，他需要一处有纸笔墨的位置，故不得不去昭明庙去写。杜牧当时所草就的《清明》诗，也许就留在昭明庙的庙祝那里，也未可知。可能袁说友与尤袤到昭明庙进行相关考察的时候，无意间发现了这首诗。但这也是有意中的无意，因为袁在池州任职期间，曾将毁弃已久的杜牧所建的弄水亭，于淳熙七年四月重新加以复建(《东塘集·卷十八》)。他对杜牧在池的遗迹尚且如此重视，对杜牧在池的轶诗，自然也会不遗余力地收集。袁、尤应是杜牧《清明》诗的最初发现者和民间收集者。尤其重要的事，袁是福建建安人，刘克庄(1187—1269)是福建莆田人，比袁说友小40余岁，是袁的晚辈(也即是说，袁在淳熙七年在池州任知州时，刘克庄还没出生。刘是淳熙十四年生)。同为福建人，二者间有拜谒与师承关系，应属正常。刘的《后村集·卷七》有《挽袁侍郎》二首和《题袁秘书文稿》，称袁"场屋声名淳绍间"。按，袁的《东塘集·卷二十》云袁说友确实担任过"枢密院编修官秘书丞"。从刘克庄的语气看，他不仅以这位袁前辈为自豪，而且还有点荣辱与共的味道。看来他们不仅有交往，而且不是一般的泛泛之交。如果袁要在池州得到杜牧的这首轶诗，那么在1200年(庆元六年)前后传入刘手(此时，袁已年暮，刘二十岁左右)，由刘编入《千家诗》，也属顺理成章的事(刘起码是四十岁以后才编《分门纂类唐宋时贤千家诗选》)。即使刘没有受袁的指教，刘本人也应到过池州(他任过沿江制司准遣)，有亲自收集这首诗的可能。

虽然《清明》诗出现在杜牧死后400余年，刘克庄才得到杜牧逸诗，应该不算意外。

杜牧还有一件轶事，也是在南宋被南宋左丞相周必大来池时发现，并记载在他的《泛舟录》里。他用诗来表达他的发现。诗云："天遣江山助牧之，诗材犹及杜筠儿。向来稍喜唐风集，今信樊川是父师。"(《文忠集·卷三》)。他还在卷一百七十七中郑重其事将杜牧嫁妾与杜筠的事，记录下来(据周自言，他的故事来自《池阳集》，未知何人著也)。周必大是乾道三年(1167)来池州，比袁说友早来十二年，只可惜他是路过，匆匆而去，失去了发现杜牧诗的机会。

现在,我们讨论第二个问题。尽管杜牧的集子中曾混入许浑的诗,但是这首诗并非出自杜牧的《樊川文集》,即使是许浑所作,也何谈“混入”?其次是许浑不愿或不屑写这样的诗:许浑的诗善于粗线条勾勒大场景,诸如“残云归太华,疏雨过中条”(《夜行次东关逢魏扶东归》),“劳歌一曲解行舟,红叶青山水急流”(《谢亭送别》)之类,像《清明》诗这样几乎没有什么时空跨度的诗,许浑的诗作中几乎看不到。其三,许浑喜欢写一些对比较为强烈的景象,而《清明》诗中的“路上行人欲断魂”具有颖锐细腻的感受,对比度不甚强烈。杜牧类似的细腻诗句如:“长空澹澹孤鸟没”(《登乐游原》),“睫在眼前长不见”(《登池州九峰楼寄张祜》)等,皆是如此。所以,总的说来,这首《清明》诗的作者不可能是许浑,只可能是杜牧。

3.这首诗是否写贵池杏花村

这首诗是写长江流域杏花村的,因为节气对应的景物是江南的。首先是“清明时节雨纷纷”写的2月底3月初的江南,其次是杏花开放,也正在这一时节。北方2月底还是天寒地冻,即使是唐代气温比现在高(竺可桢先生所考),但2月底3月初时,也没有到“雨纷纷”、杏花开的时节。“路上行人欲断魂”也是此时的江南天气。其次,这首诗写的是异地风光。如果杜牧是上自己的祖坟,还用得着去“借问酒家何处有”吗?

牧之在长江流域的黄州待过,那里也有一杏花村,是不是就是黄州杏花村呢?

首先从地理的方位上看,黄州杏花村在麻城,离州治较远,是在荒僻的一个小村,其次是更无西边之水,可供祭祀。

牧之在黄州,是要祭祖的,我们揣测是在州西的一处无名的地方,但这里不叫杏花村,是可以肯定的。

贵池的杏花村,在杜牧的诗境、诗意以及杜牧在池州所任职的时间上,是高度吻合一致的。因此,我们认为杜牧所写的杏花村就是贵池的杏花村。

4. 杜荀鹤与杏花村

杜荀鹤，唐会昌六年(846)生于石埭长林乡，从小耕读。早年，“家人令相东作，怒而斥之”(《康熙石埭县志·卷七》)，长大后举进士，屡困场屋，长期隐居九华读书，希望结交达官贵人，与李昭象、罗隐、张乔、顾云等友善。后来隐居杏花村杜坞。他曾给当时贵池县令的二位公子当过家庭教师(见杜荀鹤本人的《唐风集》)。景福二年(893)进士。任翰林学士、知制诰。所著有《绿窗琐碎》和《唐风集》(《康熙石埭县志·卷七》)。后者为杜荀鹤诗集，前者未曾得见，未知为何书，估计和顾云的《风策联华》、康骈的《剧谈录》大概是一个性质，属于行卷之类。

这里我们面临的第一个问题就是，杜荀鹤是否隐居杏花村。从他的《闲居书事》和《赠湖上渔家》看，他来过杏花村。其《闲居书事》写道：“竹门茅屋带村居，数亩生涯自有余。鬓白只因秋炼句，眼昏多为夜钞书。雁惊风浦渔灯动，猿叫霜林橡实蔬。待得功成即西去，时清不问命何如。”(《唐风集》)这里的“雁惊风浦渔灯动”，绝对不是指石埭杜荀鹤曾隐居的“牧鹅湖”，因为这个地方位于青弋江的源头，水面很小，与雁和浦都搭不上边。清人郎遂有《杜坞访荀鹤别业》云：“极目沧桑感慨多，为寻别业到山阿。相逢尽是渔樵侣，烟雨从容挂绿蓑。”(《杏花村志·卷三》)今杜荀鹤别业遗址尚在，民间呼为“翰林祠”，在杜坞山尽头濒秋浦河处，对岸即是梅里洲。清郎遂有诗(《杏花村志》)。

有一个民间传说：杜荀鹤屡考不中，苦于无达官贵人引荐。某一日，其母云：“儿为杜牧之子，何不去寻杜家人引荐？”可是杜荀鹤没法证明他是杜牧之子。为寻找依据，杜荀鹤在杜牧来过的杜坞隐居，为的是方便寻找他是杜牧之子的证据。

很奇怪的是，杜荀鹤并没有一首诗是直写杏花村的，他也有没有一首诗涉及郡城和齐山的。尽管他有一首《送齐山人归长白山》，但这未必是写齐山的，应该是写一个姓齐的山人，而不是一个齐山的人。

5.杜牧与杜荀鹤

杜牧与杜荀鹤是父子关系，南宋周必大的《泛舟录》里有一首《过池阳赋诗》给予了充分肯定："千古风流杜牧之，诗才犹及杜筠儿。向来稍喜唐风集，今悟樊川是父师。"同时他还记录一个民间传说，说杜牧有个官妓做的妾程氏，后来有孕，嫁给了石埭的乡绅杜筠，于是有了杜荀鹤。但这个故事最早出现在文献中，是北宋末年计有功著的《唐诗纪事》；其后，元代辛文房《唐才子传》等都加以了记录，《嘉靖池州府志》云："或曰杜牧守秋浦，妾程氏有孕，妻逐之，适长林杜筠而生荀鹤。"

这种爱官妾而生子的事，在唐代并不鲜见。杜牧的前任池州刺史的李方玄，也有这种事。杜牧有一首《池州李使君没后十一日，处州新命始到，后见归妓感而成诗》："缙云新命诏初行，才是孤魂寿器成。黄壤不知新雨露，粉书空换旧铭旌。巨卿哭处云空断，阿鹜归来月正明。多少四年遗爱事，乡闾生子李为名。"(《全唐诗·卷五百二十二》)

所以娶官妾而生子，属正常之事，但杜是有孕而嫁长林杜筠，人们还是有疑问。可不巧的是，杜荀鹤出生在646年，这年正是会昌六年，恰恰是杜牧将要离开池州的那一年。也就是说这件事从时间上看，与杜牧在池州生子的时间是非常吻合的。世界上巧合的事少，大多数是必然的，相信这件事也是必然的，即杜荀鹤确实是杜牧庶出之子。

其二，荀鹤于郡城，杏花村，齐山无直言之诗，不谓无因。盖三者其父咏之也，子当讳之。这也算是杜牧与杜荀鹤有父子关系的一个旁证。

其三，晚唐诗人，欲进士者皆有行卷，荀鹤之时，同乡举进士者，顾云有《风策联华》，康骈有《剧谈录》，而荀鹤的《绿窗琐碎》如非行卷，则其即是有恃无恐也。依仗杜家之声势，只是苦无证据而已。

其四，荀鹤登进士，李化文贺之，殷文圭贺之，而同辈顾云等皆无贺。殷以杜为前辈，尊敬有加，故贺。盖李昭象缘何而贺？其父李方玄与杜牧结为亲家，李昭象与杜荀鹤自是亲戚，李、杜两家在池者，仅此二人，故分外亲。李昭象《喜杜荀鹤及第》云："深岩贫复病，榜到见君名。贫病浑如失，山川顿觉清。

一春新酒兴，四海旧诗声。日使能吟者，西来步步轻。”

基于上述理由，杜牧与杜荀鹤的父子关系，基本可以肯定下来。

（三）农耕田园生活与商贸往来

杏花村生活的主要部分是农耕田园生活与商贸往来。农耕田园生活主体基本是本地人。春天里披蓑带笠，出入花海，种田种地种水，夏天耕耘，秋天收获。杏花村十二景里，有些景致与此有关，如白浦荷风、茶田麦浪、杜坞渔歌。他们是农夫而兼渔民与樵夫，既耕田种地，也打鱼折荷、采菱采莲，还上山打猎、樵柴。生生所资，都必须躬自而为。他们农暇也去诵经拜佛，顶礼昭明。这是杏花村大多数人的生活。

商贸生活分为两部分：一部分是坐地商人，称为贾；一部分是过往商人，称为商。坐贾中一部分人，负责将物资就地卖出去，如竹、炭、酒、盐、莲、菱、鱼、兽、粮、木材、陶器等生活物资，砖、瓦、铁器等其他物资；一部分人制造商品，如铁器、木器、陶器的制造，酒的酿造，豆腐及其他食物的制作。坐贾中有一部分开有店面，像米店、铁器店、酒店、陶器店等。这些人构成链条，生产、转运、经销，环环相扣。行商是转运物资，将外地转运至内地，将内地转运至外地。来往匆匆，人群不断变化。他们中主要是将内地的山货，竹、木、炭、紫米等运至外地，其中茶商可能是个大头。然后他们又将山外的盐、绸、布、瓷器、鱼等必需品运到内地。其中，他们和坐贾一起，负责对城内的物资供应，和提供城内到杏花村来的消费。像顾云的父亲是个盐商，就属于行商的一个，但他安家于池州，也就由行商变成坐贾了。

这些都是黄巢军队来之前的事，杏花村前后也繁荣近百年。黄巢来之后，烧杀淫掳，杏花村人死逃无数，一片狼藉，满目疮痍，败瓦残垣，举目皆是。城池破坏十分严重，官兵皆战死或逃散，成为一座废城和空城。

黄巢之乱后，一部分百姓迁入城内，辟荒种地，生存下来。官兵回来再经营城池时，这部分百姓留存了下来。由于生活要就地用水，今天的西街和孝肃街这两块地方，地势稍平，且滨清溪河的地下沙砾层，含有丰富的地下水，易打井取水，居民们都沿此居住。城内生活的官兵有生活需要，居民们就开始经商，做些买卖。他们居住的地方，渐渐也就成了热闹的市井。这就是孝肃街和郭西街（即西街）的前身。但此时仍有一部分消费依赖杏花村。特别是一些大宗商品采购和转运。酒的消费当然也在杏花村。

在与藩镇的作战中，唐王朝是将池州作为重要的后方之一，特别重视，尤其是池州还有国家核心战略资源——铜。故池州驻军不在少数，其所需供给的物资当然也不在少数。杏花村继续繁荣。今杏花村有唐代黄公酒垆的井圈即是明证。到了南唐，虽然建制升为康化军，其实军事上并没有高度重视，反而将池州当成后方，如流放大臣宋齐邱，就是安置在池州青阳。北宋发起渡江战役，最先突破在池州乌沙马石矶，也是很好的证明。

因为在南唐，池州驻扎的军事人员减少，不再需要大量的转运和消费大量物资，杏花村开始衰落。杏花村的商贸活动大为缩水；再加上城内商业发展，杏花村更是雪上加霜。因此，杏花村只有少量制造业能有存活下来。

到了北宋，池州城垣已无，插篱为城，此状况一直延续到南宋陆游来池时，依然如此（陆游《入蜀记》）。北宋满足于买来的和平。举国上下沉湎于奢侈享乐。这时池州城内更加开放，百业皆入城经营，军方物资已不需要转运，而是采取随时随地的购买，附近百姓即自来赶集，无须商贾经营。甚至还有外地人来此营生（张舜民《画墁录·卷七》）。杏花村一落千丈。人们更多的关注于府治下的码头，弄水亭一带（笔者田野调查证实，这一带出土的钱币，基本是北宋的）。

元明之际赖漕运，杜坞设河泊所（《嘉靖池州府志》），杏花村再次振兴。人口增加，生意兴隆，政府亦重视杏花村建设。一些文物古迹也得以恢复。加上宋徽宗时开凿的古运河——车轴河（长江从今堰塘乡新河坝处入口，经车轴河，在今秋浦河边的流寨口附近入秋浦河，见《宋史·卷九十六》），江上往来的船经过杜坞者甚多。后来为防备宁王之乱，明正德十一年（1516），池州知府何绍正塞运河，筑新河坝（《江南通志·卷六十六》）。由于秋浦河物流中断，嘉靖年间，不得不裁撤杜坞河泊所（《嘉靖池州府志》）。明末又逢左良玉乱兵骚扰，杏花村虽免遭屠戮，但生意惨淡。清代至民国，杏花村一直作为古迹而存在，一些庙宇、农耕、少量制陶业，还保留着；一些文化活动还在持续，其余皆荡然无存。

(四)《杏花村志》与《续杏花村志》

1.郎遂的《杏花村志》

(1)第一部入《四库全书》的村志

到了郎遂时代，正逢所谓“康乾盛世”。然而，杏花村已凋落到除零星的古迹之外别无所有的地步了。作为世居杏花村的郎遂，心有所不甘。他搜罗古迹，梳理古闻，分纲述目，撰写成册，这就是《杏花村志》。

郎遂《杏花村志》共有12卷，分卷首，有序文，题词，凡例、征启、书目、姓氏。卷一有总图分图。总图为“杏花村景图”和“杜牧寻春图”。分图为杏花村十二景(平天春涨，白蒲荷风，西厢烟雨，茶田麦浪，三台夕照，栖云松月，黄公酒垆，铁佛禅寺，昭明书院，杜坞渔歌，桑柘丹枫，梅州晓雪)。卷一至卷三，是村之景物、建置、古迹、丘墓等。卷四，讲人物、闺淑、仙释；卷五至卷八，是题咏，从五、七言律诗到五、七言非律、绝句，辞赋等。卷九和卷十，分别是宸翰、文章。卷十一是户牍、族系、传奇。卷十二是杂记。卷末是书后、后序、跋。

郎遂《杏花村志》引文献104种，参订人员103人，记录时间横跨近1000年，存诗1200余首。留下的文化景点包括丘墓共100余处。它是进入清初编纂的《四库全书》中唯一一部村志。

郎遂，康乾时人，家住杏花村，受学于邑人吴非(吴应箕弟)，以文学知名当时。除《杏花村志》外，他还编有《杉山志》。

(2)《杏花村志》的影响

①影响了当时士大夫及后世文人对杏花村的看法。

当时士大夫及后世文人对于杏花村的概念，是由于郎遂的提醒而逐渐认识深刻的，以至形成一致的思想，杏花村是贵池的，是千古诗村。

②为后世再次营造杏花村提供范本。

如果后世想复建杏花村，《杏花村志》便是最好的脚本，依次而建的杏花村，才是不可复制、独一无二的杏花村。

③《杏花村志》所保存的大量文献资料，为后人恢复杏花村的前代文化，提供了充分的依据。

④《杏花村志》体现了郎遂等几代人对杏花村昔日繁荣的深刻怀念和再造杏花村的殷切期盼。

2. 胡子正与《续杏花村志》

(1)胡子正其人

胡子正(1860—1923)，字东溪，贵池梅街镇刘街港口胡村人。光绪二十三年(1896)被推举为贵池四乡公所所长。三十年，与王源瀚、高炳麟募建贵池高等小学堂，任校长。宣统三年(1911)，召集乡绅，宣布贵池光复，被任命为贵池临时议会会长。著《续杏花村志》等。

(2)胡子正《续杏花村志》

《续杏花村志》模仿《杏花村志》的体例，分序、上卷、中卷、下卷、末卷五个部分。图的部分省去了。序包括题词、凡例和征启。卷上也是名胜、建置、古迹、人物；而卷中是题咏和辞赋；卷下为碑记、笺启、杂记；卷末是后序。

因为从郎遂到胡子正，前后才200多年的时间，杏花村更加衰落，除此之外没有更大的变化，可记的东西确实很少。因此胡子正只能依照前人的规范而缩小前人的规模，较简化地弥补一下这230多年的缺录。

书中除记有名胜外，还有人物15人，诗400余首，辞赋文章15篇。收罗成书，较为简化。虽然只有230多年，但写杏花村的诗词赋文绝非只有这些。造成这种现象的原因是多种的，但主要是以下几点：

①胡子正并非是杏花村人，没有那种强烈的使命感。绝不会耗尽精力去四处收罗。

②由于胡子正日常繁杂事务较多，很难沉下心收集关于杏花村的资料。

③时局的动荡，从客观上也不允许一个人在一件事上投入更多的精力。

以上种种原因，造成了《续杏花村志》的重大缺憾，这种缺憾的某些方面，我们今天仍无法弥补。

(3)《续杏花村志》的意义

①继续了杏花村修村志的传统。这一功劳是不可抹杀的。尽管较为简略,粗糙,但毕竟填补郎遂修村志以后这200多年的空白。

②保留这230多年的杏花村部分文史资料。不管作者是否有为自己传名的嫌疑,但保存资料的意义是不可否认的。

③为后人编修《续杏花村志》做好了准备,由于《续杏花村志》承接了郎遂的《杏花村志》,填补了他身后的空白,所以为后人再著一本附志做了铺垫。

④对杏花村的知名度做了积极肯定和进一步弘扬,无论是对当时参与《续杏花村志》的写作与编纂的人,还是对当时的社会以及以后人们,《续杏花村志》都起到了对杏花村积极肯定和宣传作用。

⑤村外人修志相对公允,不像郎遂著《杏花村志》,多少含有一些私心和偏见。

3.《杏花村志》和《续杏花村志》对杏花村人口变动的反映

《杏花村志》所及家族,只有郎、王、许、戴。而郎氏记载又独详。按郎氏来于元代,其他姓氏不知来于何时?又记有刘文昂,唐时为杏花村陈润之女婿,是陈氏为唐时杏花村之土姓。按郎志所载之清渔民孙黄裔、明守备丁昂;《续志》载"谢痴子也,明代人",皆杏花村土著人。这些人有无版籍也?抑或有版籍而无后代乎?郎遂以后,郎氏依然是杏花村一大姓,其他各姓互有消长,到了胡子正修《续杏花村志》时,外来人口明显增加。

这些土著居民耕种着杏花村的土地,传承着杏花村的风俗与文化,是杏花村的人口核心。

杏花村人口,主要是:其一,贸易人口,往来在杏花村做生意的人口,经商坐贾都有,像唐代开黄公酒垆的黄广润,本为青阳陵阳人,因开酒肆而成杏花村人。其二,过往游宦人口。有人旅游路过,有人做官路过。其三,文人雅士来游者。像西庙、西禅院等名胜,是文人雅士去的最多的地方。其四,官吏以及其他消费者来往杏花村。此除黄巢之乱和左兵之乱及以后兵灾,其他时候到杏花村来的文人较多。这些人的往来增加了杏花村的人气,活跃了杏花村的经济,增加了杏花村的人文品位。

六、古道·古桥·池商
——经商与济世

(一)池州古道、古桥的分类与演变

池州古桥古道是池商经商货物运输的生命线,故首先介绍。而修建桥梁和道路,是池商、当地居民和工匠们付出大量人力、物力、财力和智慧的结果,尤其古桥,智慧的付出非同一般。故我们对古桥做了特别详细分析,古道也做了分类说明,以彰显古人的智慧和努力。池商精神也是和这些古桥、古道利济苍生的精神内核是高度一致的。

1.池州古道的分类与演变

池州在唐以前基本是靠水道,主要是长江、青通河、秋浦河、清溪河、尧渡河等重要河道,零星的旱路,多以小道、土路为主。自唐以后始有官道。古道根据其自然状态分,可分为陆路与水路;从管理和使用上分,又可分官道和民道。从功能上分,民道又可分商道、佛道和一般行道。

(1)官道

基本是陆路。早期府治设在秋浦县治(县治在殷汇镇仓埠村,府治在今殷汇镇古城村。两地相距两千余米),武德四年(621)设,贞观元年(627)废,前后州治只存在六七年的时间,未及修路,而州已撤。且秋浦县治在仓埠村,依水而建,无需旱路。李芃筑池州城以来,池州实现了水旱路并重的策略。池州的古道开始修建。首先是官道:池州向东向西各有一条官道,向东连青阳,由齐山—白沙铺—童铺—柿树铺—灵芝驿—中饭铺—石墨铺，去青阳或九华山。向西主要是由清溪经石灰冲—涓桥紫岩铺—洗马铺—金鸡铺—半里铺—旧石城县遗址—杨梅驿—江西。向西的官道经过了演变，后来由池州城出发经由十里岗—何村铺—紫岩铺—洗马铺—金鸡铺，翻越和龙山到旧石城遗址，再往西。这些官道虽经变更，有些道路不再使用，但便利民间，故得保留，成了民道和商道，并行不悖。虽然是官道，但少有石板路，加上后来修公路，大部分官道皆被毁弃。

（2）**民道**

其一，佛道。主要是朝九华之路：这是民道的一种，是规模最为宏大的交通网之一。从金地藏开山以来，历代朝九华者以其坚韧不拔的毅力，修建上九华之道。九华山上古道纵横尚且不说，仅以贵池为例，太朴山即有三条古道上九华山。一条由童铺上岱岭，穿四岭水库上江西岭而达墩上童溪，为明清时古道，麻石条铺路，今犹存其半。一条由马衙镇大路村越寨坑历太婆石而至垄上陶再至童溪，它疑是唐古道，依地势而建，谷底不平处，凿石为级或以石铺之，皆就地取材，费力甚少。今尚存寨坑一段。一条是解放双河溯至小麦岭，直达庙前，再上九华，此可能也是唐道（唐诗人康骈即葬于此道旁的黄老山上）。

刘街古道，为民道。这也是上九华之道。沿贵池清溪上溯至刘街，再由刘街而至长垄桂，再翻山到青阳县杜村而至九华。今古道不复在，桥尚存。此为宋道。

石门古道，也为民道。既是朝佛之道，也是民间行道兼商道。由秋浦东支流龙舒河上溯至曹村，由石板路行至石门高，翻白沙岭古道，达南阳，再由南阳上九华。今曹村至石门高古道已不存，唯白沙岭去南阳尚存石板古道十五里，皆明清所修。

这些佛道同时也是商道，九华庙会时，各路商人都是沿这些古道到九华经商，其间勾连村寨之路也供商人们平时经商之用。

其二，商道。在池州的大大小小的山间，都勾连着一些古道，村际之间、县际之间都存在着；这些商道是人们为了生活之便，更主要是为行商之便而建。大致分成两种：一种是行商之道，一种是采矿之道。从时间上看，有唐道和唐以后乃至明清之时的道路。唐道现存可以确认的有仙寓古道，以及贵池的唐代采铜铁矿之道。仙寓山的榉根岭古道是一条沟通池州与祁门、江西的古道，起始于唐，所以只能叫古道，而不能叫徽商古道。徽商古道是明清以后所修的商道。以前所修则只能称古道，因为那时徽商还没有出现，虽然也有零星的徽州商人，但还不是后来的徽商。唐朝时，黄巢军队就是沿榉根岭古道入侵而来，说明那时古道已成规模。明清时又加以修缮，使得其更好地发挥了商用价值。今保存仍十分完好。

贵池的采矿运矿的古道，断断续续地保存在山林之中，是古代采运铜矿、铁矿的道路，主要分布梅街一带，只有极少数片段被完善地保留下来，主要是唐道。

徽商之路。这是商道中规模最大的。路线分布较广，贵池、石台、东至的许多山间都留存着这样的道路(讲是徽商之路，很多时候是池商在走，路也是池商和当地村民所建)。它们往往与水运码头相连接，如仙寓镇的古道，就是与仙寓的秋浦河码头相连接，石台的小剡古道片段尚存，东至的屈家村也有片段古道，东至木塔的方家古道也有片段保存。贵池的花庙胭脂桥附近也有古徽商之道的片段……诸如此类，这些在山间的古道，因遗弃不用又地处偏远，故被保存至今。

(3)三种古道之间性质的相互演变

这些古道在不断变更它们的性质。有时官道大部分时间是商道和行道，至于废弃的官道，直接为民间所保留，用于商道和行道。除了深山偏僻之地，一般的道路在商道和民道之间，没有严格的界限。只不过，离村落远点，功用就是商道。没有它们，人货难以通行。尽管偶尔有村民在走，仍然是商道。近村庄的路，是商民混用之路，这些路，主要是方便居民，基本算是行道。康乾人口暴涨时期，池州许多商道的附近，出现较大村落，部分商道就成了行道；太平军过境之时，池州人口暴跌，十村九空，这些行道又恢复成商道。总之，无论官道、商道还是行道，它们共同促进了乡镇经济的繁荣，方便了人们之间的物质交换和其他生活来往，更促进了池商队伍的壮大，也增进了官民之间政治沟通和文化交流。

2.古桥的分类和技术分析

(1)古桥的年代

池州所保存下来的古桥最早的是宋代。东至县花园乡桃园村枫林组的枫林桥,相传为唐代桥。从建筑风格和用料的粗细程度看,与时代风气较吻合。但还缺乏有力的确证材料,尚不能确证是何时所建。宋元古桥较少,明清时代较多,尤其是清代。所谓宋代古拱桥其实是南宋所建,能确切的,池州共有五座。九华山下大盆地里有两座。一座在杜村乡的长垅汪,结构简单,就是两块两米多长的麻石条,往山溪上一架,即成一座桥。只是石条比一般平板桥的石条要宽三分之一左右。还有一座是九华乡老田吴的玉带桥,桥体不大,但设计和做工较为精细,很符合宋人的技术特点。东至县花园乡的广济桥,长十米许,青石建造,单拱,造型优雅精细,为池州宋桥中的珍品。其余两座,一是青阳蓉城的龙济桥(两孔),另一座为贵池墩上的童溪桥(三孔)。皆长十余米,为平板花岗石桥面。

元代的古拱桥不多,主要分布在石台和东至。一般用料粗犷阔大,桥身设计,外表看,粗放厚重,仔细看,巧妙而独到。如石台的固源桥。

明代的古拱桥存量比宋元的要多些,在建筑的外在形式上,要比元代的精巧,线条和造型更流畅。在一些重要的商道和早期富裕的村落,还能偶尔见到这种桥,如贵池区墩上乡渚湖村的翠葆桥与继翁桥,这两座都是村庄里的明代桥梁。贵池区棠溪镇花庙的胭脂桥,是一座明代的商道桥梁,造型极美。明代古桥,东至的花园乡较多。

(2)古桥的分类

整个池州目前在文物部门登记在册的约160座古桥,多为明清的桥梁,宋元的桥梁较少,唐代及以前的几乎没有。按照桥的建筑样式来分,可以分为拱桥、平板桥、风雨桥。拱桥、平板桥、风雨桥又分为单拱和多拱。池州古桥有依山式的、有平原式的,多在河流的源头(只有贵池城内的兴济桥是个例外)。现保存的古桥,东至县35座,石台28座,贵池区19座,青阳及九华山79座,其中风雨桥(廊桥)3座。

(3)古桥的技术分析

①平板桥。

单孔平板桥:它们基本上是清康熙乾隆时,人口暴涨,需要大量简易桥梁解决交通问题的产物。从技术的角度讲,平板单拱的小桥为最简陋的桥,构造较为简单,建造难度不大(成本也小)。但也有一些是体量较大的,例如长垄的万斤桥,是由一根大石条构成的独石桥,它的重量约一万六千斤。由于这些桥面石料体量较大,运输时需要一些技巧。这种单拱平板桥,桥面石料,一根或多根不等。它们多在村庄内作通行的便桥。这些平板桥,在技术上的关键因素是桥墩,做好两个坚实不移的桥墩,桥就难以毁坏。如老田吴村内的月窟桥,太朴山中乾隆时造的两座桥,贵池区解放元四章所造的清代石板桥。

平板多拱桥:这个难度要大些,它因多处在野外且桥下过水量较大,易被冲毁。从技术看,要做好这样的桥梁:第一是设计好桥墩,使它在任何洪水的冲击下,都不会轻易发生变形。第二是设计好桥面,使桥面的石条不易被水冲毁。这是两个技术难题。一是设计好桥墩。墩分两部分,一部分在堤岸,即靠接陆路的桥墩。这个可以通过砌好每个桥墩两边的堤岸,将桥墩镶嵌其中,以稳定桥墩。另外桥墩在水中,这就要求打牢桥墩的基础,做大体量,增强其抗洪水的自身力量。二是要将桥墩下游5米之内做好滚水坝,以防止桥墩下的泥沙被掏空,引起桥墩倒塌。水中桥墩,为减少洪水对桥冲击量,都做成斧劈形,斧刃朝上游,以分洪水对桥墩冲击之力。这种桥墩设计,在池州的许多河段上都可以见到。像贵池区的琅河桥、九华山九华河上的利涉桥,石台县六都鱼龙洞的雍溪桥,等等。

平板桥的桥面保护设计。池州平板桥一般选用花岗岩石条,因为它厚重,洪水难以冲动;另外它耐用,经得住车马、人行。也有少数桥梁中间夹一两条青石板,但年深月久,难免为车辙、行人磨损。如东至县龙泉镇屈家村的屈家桥。平行四条石板,中间两条使用的是青石板,时间一长,就留下了三四厘米深的古车辙印痕。因为青石主体是碳酸钙,强度和硬度都较低,容易磨损,且分量比麻石(即花岗石)轻。平板桥面较少采用这种石料。

平板桥面的石条,除了选择厚重材料以外,还要尽量抬高桥面,使它高于洪水面。但一般情况下,抬高桥面不利于行人和车马通行,很少被采用,所以必须采用另外的办法加固桥面。如抬高桥墩斧劈翘起的程度,使它的高度略高桥面,就能很好地分割洪水对桥面的冲击力,避免洪水力量集中于桥面脆弱段(石条接头处),这样就起到对桥面的保护作用。

②拱桥。

相对于平板桥,拱桥的建造要复杂很多。选址、造桥材料、水的来势、来量、桥基的稳固程度、对交通的便捷程度等因素,都必经综合加以考虑。

选料:一般拱桥为了考虑到桥身稳定,都只选用一种材料,即选用青石(石灰石),则整座桥都用青石;选择花岗石则整座桥都用花岗石。由于拱桥桥面较厚,故选料不需考虑耐磨因素,只要一致就行。因此它的取料范围比平板桥要宽。为方便,拱桥的取料,一般都就地取材。

分类:拱桥一般为单拱或联拱。池州能留存下来的拱桥,以单拱桥居多,分布在河的源头。河的中、下段,由于来水量的加大和河床变宽,就出现联拱桥。池州现存的联拱桥不多,因为联拱桥的成本较高,技术难度和应对水文变化的复杂程度也较高。这些都是联拱出现较少的原因。此外,它们的修建,多在水的下游,来水量较大,易被冲毁,恐怕也是其留存少的原因之一。现存联拱古桥,名者有庙前镇的联拱桥、陵阳的南流桥、南阳的三溪桥、木镇的联拱桥、池州的兴济桥。前三者,都处在河的中段,除了三溪桥外,其他各桥都保存较好。这几座桥中,庙前的桥是佛道、商道、行道三道合一的桥,其他三座桥都是徽商古道上的桥,因此成本对他们来说不是问题。兴济桥是清溪河下游的一座桥,来水量较大,同时它也是一座府治之东的重要桥梁。为了修这座桥,在头一次桥被冲垮的情况下,明池州知府祁司员穷六县之财力、人力,费时半年修了这座桥(《嘉靖池州府志》)。七墩八孔,粼粼水波之上,至今仍屹立不动。可以想见,当时造桥之固,技术上又是怎样的无懈可击。

石拱桥的技术分析:石拱桥从造桥角度讲,分村内和村水口两种。地点不同,技术上差异较大。

村内桥。由于桥造在村内,受房屋的影响,桥址选择的自由度较小,桥址往往是固定的地点和河段。这是考验造桥技师的聪明才智的时候。由于在村内,河两岸都是居户,有些河道还是直的,尽管山上洪水直扑而来,对河道的冲击力很大,但无法以改动河道方式,减少洪水冲击力。又,造桥地点是村中要道,地基软硬由不得选择。怎么办?下面介绍两例村中桥,分析一下古人应对策略。其一是贵池区渚湖村的继翁桥和翠葆桥;其二是九华山老田吴的玉带桥。

继翁桥和翠葆桥。渚湖村河道较直,直接承接渚湖山的水,渚湖山(又称巴山、义湖山)海拔800多米,雨季洪水量很大。造桥面临第一个问题就是怎样设计才能稳住桥身。造桥技师采用以下几个步骤:先稳住河床和桥墩。他们将河两岸都用石头垒砌起来,夹住桥墩,使它不迁移、变动。为了使两边的桥墩保持一致,先用松树扎成排,然后于松木排的两头上面建桥墩,使整个桥连成一体;再加两岸以石头砌岸,上下将桥墩一夹,这样既保持了桥墩的一致,又使它难以迁移。但是如何使水下的松排不移动呢?技师采用在桥的上下游水底铺麻石块的办法,相当于在水底下铺地板砖,将松木排压在石块底下,这样既保证河床不被掏空,使整条河连成一体,不变形,又使桥墩由松排相连,不被冲移。其次,他们尽量加大桥拱弧度,以增大过水空间,从而保证了把桥身所受的洪水冲击力减少到最小。桥两墩下有松木排相连,上有桥身相连,形成了一个整体,浑然天成。桥下由松树作排,是因为松是耐腐蚀的有"水浸千年松"之说。

老田吴的玉带桥。由于老田吴的村中溪流,是九华山脚低丘的一道流水,来势较小,故其水流平稳,这对造桥来说是好事。老田吴玉带桥是南宋时建的古单拱桥,它是在水湾处建造的,这是交通需要和造桥的最佳选址较相吻合的典型例子。在水湾处造桥的本身,就减少了水的冲击力,而老田吴村来水本身冲击力就不大,桥身和桥墩承受的冲击力当然就很小了。

玉带桥和渚湖桥一样,采用两岸砌石的办法夹住桥墩(一是造桥需要,二是方便出入),然后再在桥墩上加桥身。玉带桥只有三四米长,但桥身精细别致,是典型的宋代工艺。桥头置一大石盘做成的"玉扣",以应风水,象征着老田吴代代都有蟒袍加身的人。

村口及野外的桥。这是石拱桥的主流。它们往往在修建完以后,便无人问津。但都巍然屹立,数百年不倒,这正是造桥技术非常过硬的见证。

这里先介绍一下我们山区通用的野外造桥技术,再选几个因地制宜的代表作介绍。

山区野外造桥,惯用做法:首先想办法减小水的来势。通常是将桥址选在水转弯处。这样做好处是:水流一旦改变方向,水势就被减缓,这样就能减小水对桥身的冲击。没有水湾的地方,如需要造桥,就人工改造河道,使水流在过桥之前转一个弯。如贵池区的施家桥(在新中国成立前)就是这样,以人工改弯桥上游水道。其次在桥下约2米至4米处,用石头筑一道滚水坝,护住桥墩,使墩下泥土在洪水来时不被掏空。这对桥墩能起很好的保护作用。

选址。这是所有山区野外桥梁都要面临的问题。除前述选址尽量在水湾处外,还必须将交通要道与桥的选址契合起来,同时选择的地点,最好是两边地基都是石质的,如果不能全部是石质的,至少有一边是石质的。池州的古拱桥大多是选择一面靠山,是石质的地基,另一面视其硬度,设法加固。

造桥。池州的古拱桥一般都是半月形,这样,桥身压力都下沉至桥墩,桥身局部一旦受力就被分散下沉,增加了桥身稳固度。

桥身由石块切割均匀后,选大的石料起拱,底部的拱是由一圈圈单拱共同构成一座桥的整拱(石台有部分古桥拱圈由石条混砌,一座桥由一个完整拱圈构成)。拱一般勾缝,用石灰混合物构成的泥浆。有极少桥不勾缝,像石台县仙寓镇的镇东桥就是不勾缝的。桥身根据桥的结构,需要由大小不同的石块有秩序地垒上去。

桥面。石块相对乱一些,但大小也相差无几;桥面正中间一定要留一个小坑,放一个收人魂的罐子,然后再盖一块石板,古人称之为“驮桥”。它在桥造好之后,由技师托着罐子在村里面叫人的名字,谁答应了,据说,魂就进了罐子,然后,盖上盖子,放进桥中心,再盖上石板,这座桥就造好了。据说,那个魂“驼桥”的人,一般不出三个月就要死掉。

这样造出的桥,一般都比两岸高,过桥的人,要爬几个台阶才上到桥的中心。这样的桥,不方便车辆通过,但桥身的抬高有利通过洪水,有利于桥身的安全;为行人安全,有的桥身还加有护栏。

连联桥选址，不光两岸地基要坚硬，河床底部也必须是坚实的石底，这样有利于建造水中的桥墩，青阳陵阳的南流桥和九华山庙前的连拱桥就是这样的桥址。

现在选六座桥做案例，分别剖析一下。

其一，固源桥。在石台县大演乡剡溪村，石台县考古资料记为元代古桥。单拱，青石建筑。它坐落在剡溪村一组陈氏村庄的出水口，是一座古徽道上的桥梁，也是陈家的风水桥。固源者，顾名思义，是固陈家之财源。桥长十余米，所用的青石块较大，朴厚方茂。小剡陈氏是北宋时来此定居的，是陈朝陈霸先之后。说桥是元代的，无论从风格或是建造者的定居时间看，都能吻合一致（这座桥被小剡陈氏宗谱所收录，还附有桥的图样）。这座桥也是一面靠山，地基较硬；一面是水口，地基松软。建桥的技巧是，在靠山的一边先做好桥墩，然后再处理松软的一边。他们的处理是，先清除比桥墩大好几倍地方的松软土层，打好地基，再做好桥墩。为了防止桥墩向岸南移动，造桥者在岸南桥墩的南头堆了一些石料，以增加岸基的重量。但即使这样，造桥者还担心，光靠石料难以阻止桥墩的移动。于是他又在石料上面建了一座桥头亭和小庙，很好地解决了桥墩内移的问题，还为来往的商人提供了休息的地方，同时还解决了他们拜佛求平安、求财进宝的愿望，可谓建一桥而修多福。

拱桥下游两三米处，建有护坝，造桥技师采用以松树铺底，上面铺上石块的办法筑坝。他先将松树埋进河泥，两头伸入两岸，以期固定，再铺石块，这样就不至于使石块沉入河泥。石块竖放，既减轻水流对单个石块的冲击力，又可以使水从石块之间的缝隙分流过去。

由于水坝稍稍地抬升了水位，高于东岸的一些土地，于是技师又在坝岸边，开了一个小缺口，引坝水灌溉农田。为了防止雨水在桥墩渗透淤积后胀坏桥身，技师还在桥墩处设有两个排水孔，桥上游将河道改弯自不必说了。一座乍看貌不惊人的单拱石桥，却藏着这么多巧思，令人赞叹不已。

这座桥岿然风雨七百年，确实有它的道理。

其二，联印桥。在东至县花园乡南溪村外，也是一座古徽道上的石拱桥。单拱，桥身主体是麻石，桥的附属部分是由青石构成。桥南头上游靠山处有一根神柱,建桥年代为清代。这座桥,一面靠山,地势高,地基为石质,较陡峭;一面地势极低,为田畈,泥基。在修建这座桥的时候,两岸大不相同的地基,是对技师严峻的考验,如果不加固田畈一边的地基,桥体极易向田畈方向倾斜推移,直至倒塌。技师首先的一招是,按常规减缓水的来势,使河道在这里取弯;其次是修牢对岸田畈的泥基。为了修牢泥基,技师在对岸挖了近一亩田大地基,挖出淤泥,见到硬基,然后以石板在硬基上铺一层一亩大的石基,再造桥墩。造好桥墩以后,余下的石基上,再覆泥土,继续作为土地使用,种植稻谷。这样既建了桥墩,又不浪费土地。南侧桥墩建好后,为防止山体渗水压迫桥墩,又在桥墩上开有小洞以透水。技师还在桥墩的上游垒了七八米长的石护坡,防止来水洗刷山坡,冲击桥墩。为防止护坡由于山体渗水而滑坡倒塌,特地又在护坡上留有一个导出护坡内部渗水的孔洞,大小可容一人出入。再次,加大桥身的体量。这座桥,在我们走过的桥梁中,不算大,但桥身很宽。这一方面方便过往的行人,另一方面就是增加桥身重量以增强对洪水的抗击力。桥下和其他桥一样,也设有滚水石坝,以避免洪水对桥墩护墩泥土的冲击。桥中间的"驮桥魂",据说是出钱造桥者本人的魂。

其三,南流桥。三孔连拱。在青阳县陵阳镇上。是沟通青通河和南流河进入青弋江上游与新安江商道的枢纽。据传,始建于明代。它是造成富贵陵阳镇的关键所在。两河相接,使陵阳成为一仓储之地。旱季不得行船时,南流桥方便两岸货物的沟通,可成为商道旱路。徽商兴起的时代,作为陵阳商道上的关键部分,其修建是必然的。其后,南流桥为洪水所毁,清代池商集资重修,桥头有碑,记载甚详。

南流桥全长30米,宽5米,高7.5米,面对一座有30米长的桥,技师使用了哪些技术确保了此桥的牢固?

首先,选择在地势较高,河底为石质的地段造桥。因在城镇内,无法改变河道,加固桥第一个办法就是选址。地势较高的,可将桥身抬高,避免河水对桥身直接冲击。由于河中心地基为石质,可以建立稳固的桥墩。

其次,以河岸砌石的方式,加固两岸桥墩。由于两岸的桥墩地基并不稳固,所以在两岸的桥墩下游用石块垒砌护堤,以期抵住桥墩,从而使桥墩的耐冲击力增强。

再次，加固桥身。除了桥有较大的体量之外，桥墩的关键部位及桥两端护栏可能涉及水冲的地方，都用铁水融汁浇铸铁楔，使石块勾连，形成整体，很好地加固了桥身。

最后，在桥的下游很远的地方（大约40米远），筑了一道滚水坝，因为河床到这里地势自然降级，也许是建桥时，为防止地势塌陷向上游河床延伸所做的防护，而不是直接为护墩而做的堤坝。

其四，三溪桥。连拱，河中四墩，五孔，全长60余米，在池州，这是较长的古桥了。据桥碑，该桥为乾隆壬申年（1752）陈、鲍二姓同建。桥现已坍塌了两孔，只余三孔。这是造桥的某些细节疏漏而致。分析这座桥两孔塌陷的原因，对于我们现代造桥也是一个很好的启示。

这座桥的桥墩并没有问题。三溪河，来水量很大。上面汇聚了三条支流，河水经三溪桥之后，豁然开朗，然后穿过石台县六都，归入太平湖。由于三溪桥承受的冲击力较大，桥建筑上的任何瑕疵都会导致桥体的倒塌。这座桥两岸都是山体，岸墩下的桥基是石质的，应该没有问题。中间河床是方解石构成的，建墩也没问题。所有桥墩都是耐受冲击的。

再说一下桥身。桥身常规是由石板（同一种石质的）起拱的，三溪桥也不例外。它是由介于青石和方解石之间的石质制成的石板所起拱，这种材料的硬度比普通石灰石大，所以耐腐蚀性和抗冲击性都较好。那么问题出在何处呢？问题就是构成桥身填空的那些石料上。三溪桥身的填空石料都是方解石，硬度应该没有问题，但是它们由于开采难度大，难以打制成规则的石料，如果打制成规则的石料，成本较高。造桥者为降低成本，就采用了这些不规则的原采石料，大小不一，形状不一，形成桥身重力分布不均，严重影响了桥的稳定性。正是这技术细节的疏漏，导致了这座桥的两孔倒塌。残阳下的三溪桥，山风阵阵，芦荻摇曳，确实让人为这美丽的残破而叹息，为它的瑕疵而扼腕。

其五，丁家桥。连拱，两孔，桥长49米，孔径为18米，桥面宽7米，高7.5米。位于青阳县丁桥乡丁桥村，在新河之上，为青阳木镇到铜陵大通进入长江水道的旱道所必经的桥梁，是商务极为繁忙的商道桥梁之一。其意义不仅在于沟通青阳与铜陵，最重要的是在枯水期，它是新安江与长江两大水系之间，陆路物流的唯一通道。与陵阳的南流桥一样，是不折不扣的商道战略咽喉。

丁家桥也是屡废屡兴。相传为唐代丁氏家族建造。其后，明万历五年(1755)重建。现存桥体为清代重修。

这座桥建在淤泥区。建造者在如何稳固桥基上，应下了不少功夫。但就现在看来，桥身主体略有下沉，应该还是存在一定的技术缺陷。目前尚未清楚是何种原因。

其六，廊桥。又称风雨桥，池州并不多见，现存只有三座，所以特别地讲一下。一座在贵池区涓桥镇叶管村，一座在东至县龙泉镇高林村，还有一座在东至县葛公镇徽道村。叶管村的是义兴桥，高林村的是高林廊桥，徽道村的是五福桥。

义兴廊桥。木结构，单拱，桥墩为石质。以木架桥墩，上建木质桥体，走廊式的木架结构，再覆盖屋瓦。始建于南宋，据叶管村《叶氏宗谱》记载：为南宋叶氏族人绩溪县令叶楠捐资所建(楠为贵池墩上乡铁券叶氏之子，南宋周必大《泛舟游山录》有所提及)。2010年左右，该桥为山洪冲垮，政府与村民共同出资复建。

这座桥的特点是，桥身全为木质结构，极大减轻了桥墩的压力。但同时桥身也因为重量不足，抗冲击能力极弱，因此，很容易被山洪冲垮。

高林廊桥。桥为石拱，上以木质回廊构造，上覆以瓦，较叶管廊桥华丽。半边过行人，半边供菩萨。近村桥头有一牌坊，横匾刻有李氏祖先为屈氏收留，改姓屈氏，后又复姓的文字，警示后人不忘屈氏收留之恩。

这座桥的桥面是石质的，然后于石质桥面上构建廊桥木质的上半部，避免了桥体轻的问题，使得桥身有足够的重量抵抗洪水的冲击。故高林廊桥建成以来，较少被整体毁坏。

五福桥。这座廊桥，廊以青砖直砌而上，上架木梁与木椽，再覆以青瓦，望之如屋。两端开门，人行桥上，即是穿堂而过。与古道上普通的休憩亭子，构造完全一样。底座与高林廊桥相同。

分析了以上的桥梁，池州古代的造桥者，可谓能人辈出。座座桥都是匠心别具。但他们也有一个共同点:都能依据当地山川地貌等自然条件,随物赋形,构以巧思,造出的桥,简单朴素、经久耐用,能立几百年而不倒。他们把中国人顺其自然的应事技巧发挥到了极致。他们身上所体现的不断塑造永恒,而不愿浪费人类劳动的一丝不苟精神,不仅值得我们现代中国人学习,同样也值得全人类学习。

(4)古桥的来历

追溯池州每座古桥的来历,差不多都缘起于道德,池州古桥就是积德行善的雕塑。这里我们选几个代表来讲。

其一,为了全社会,不计个人的名利得失。这里我要讲第一个是胭脂桥。胭脂桥坐落在贵池区棠溪镇花庙村。这里原没有桥,却是池商往来的必经之路,每到这里必涉水而过。明代,当地一位妇人之子也在商队里,当他经过这条河时,正逢山洪,被洪水卷走,年轻的生命就此结束。这位妇人强忍悲痛,她号召妇人们共同捐出脂粉钱,修建这座桥,以便来往人不再被淹死。因此,这座桥就叫胭脂桥。400年风雨不动的胭脂桥,似乎象征了这位妇人慷慨大义精神的不朽。

其二,愿意为他人献出自己的生命和钱财。这是南溪古寨村口联印桥所发生的事。建这座桥,是附近村庄的一个商人出资的。到了桥合拢的那天,技师要找魂驮桥,这位出资人对技师说:“不要连累他人,我自己来驮。”当天,他穿上白衣,骑上白马,桥上的技师,托着一个罐子,叫他的名字,他一边答应着,一边骑着白马从下游打马而来。桥合拢了,过了三个月他就死了。这是多么悲壮的故事,一个人仗义疏财,还舍身忘己,请问,世界上有什么人的精神比他既献财又献命的精神更可贵?请我们永记这位池商包天容地的大义壮举。

其三,积小成大,积善成德。鱼龙洞下有条雍溪。雍溪走过数里之后,便是一条商道。来往商人必于此渡河。在明代,一僧人发愿要在这个过渡的地方造一座桥,但是他没有钱。他就用竹木扎成一个竹木排,每天免费为人撑排过渡。当他渡人时,对大家提了一个要求:所有过渡的人必须带几块砖或石头,放在渡头,才能过渡。日积月累,他攒够建桥的砖石,在渡口就造起了这座桥。附近村庄的一户富裕人家的母子为这一行为所感动,就在河的对岸买下了100亩田，每年收到的田租，就用做维修这座桥的经费。

他们的善举感动了当时的石埭县长和县尉，于是共同在桥头立了一块石碑，专门用来纪念这位僧人和富家母子。这个故事告诉我们，善在每个人心中，只要将它焕发出来，互相影响，一个善的社会就自然而然地形成了。

（5）池州古道、古桥演变的缘由

池州古道从早期简易的土路，逐步演变为就地取材的不规整石板路，再到异地取材的规整石板路，是一个技术、财力、人口不断增加的见证。村中道路也由早期泥土路到后来的乱石乱砖铺路，发展到规整的石板和青砖铺路，是家族兴旺和财富增加的标志。

池州古桥由早期简易木桥，发展到单拱平板桥，再到多拱平板桥，由单孔石拱桥，到多孔石拱桥，再到跨径较大的多孔石拱桥，技术上一天天不断进步；池商的财力，人们的道德水准也在一天天增加，这是社会整体力量进步的缘由，不是哪一方原因造成的。

（二）古道、古桥与池商的兴起

1.池商与池商风骨

池商是指战国至民国的池州商人，其内涵和特征，有别于其他商人。可以用十二个字来概括鼎盛时期池商的特点：“政界中的商人，商人中的圣贤。”

（1）经商的品种不同

池商以物流、丝绸、纸、茶、木材等土产品生意为主，近代以来以经营与民生有关的轻工业为主。

（2）经营的层次不一样

池商虽出身商人，但先祖都为世家，家风传承，所以，池商大多年纪轻轻时就已有很好的文化修养。

（3）经商目的不同

池商经商表面上是经商，其实是在经世。

2. 古桥、古道与池商的兴衰联动

(1)早期的池商

由于早期的池州地域,处吴头楚尾越之北,为三国交界。池州地域的人就做边贸生意。春秋时在这一带做生意的商人代表人物是计倪和范蠡,后来成了勾践的重要谋臣,灭吴后,重操旧业(见《越绝书》)。这说明,远在春秋时期,在池一带客籍经商者,就有了经营天下的理念,是后来池商精神的滥觞。

早期的池商以水为道。池州境内的青通河,一直是中国古代长江以南的南北交通大动脉之一。以陵阳为转运中心;春秋、战国、秦、汉、三国直至唐以来,这条黄金水路,一直是重要的经商之道。池州商人沿这条路,四处经营,明清就形成了"富贵陵阳镇,风流谢家村"的格局。石台的榉根岭,唐代就有了商道。说明石台这条商道的贸易之盛。东至在唐以前,半属石城半属鄱阳,南半截属浮梁,沿江属彭泽。唐时就有"前月浮梁买茶去"的商人。东流则一直有商业活动。到了中晚唐时期,自然而然形成了一条集贸街道——东流场(唐武宗会昌年间设立。今称东流老街)。

池州由于多山,成了大家族良好的避难之处。这些家族多是位居高官,因乱而隐居的。如汉武帝元封中来的石台的舒氏家族(见石台《舒氏宗谱序》),汉宣帝时来的九华山脚下的老田吴氏家族(见九华山《老田吴氏宗谱》)、王莽时来的青阳朱备天宝江氏,还有东汉时来的陵阳陈氏家族和宁氏家族。这些2000年以上的家族,其一世祖皆位居太守等以上的大官;其1600年左右迁来的家族,如南北朝刘宋时期的石台檀氏家族,其一世祖檀珪(刘宋军事家、《三十六计》作者檀道济之子)曾于襄阳为官(池州《檀氏宗谱》);唐季所来家族较多,举其初唐居池者,如贵池石门高氏家族、青阳九华山柯氏家族,安史之乱来的石台桂氏家族等,高氏为北朝北齐皇帝高洋后代,柯氏为唐高宗时池州刺史后代,桂氏为唐梁州刺史桂智览后代;宋代之代表者有宋初丞相曹利用之子曹清。其最初被贬为泉州知州,赴任途中,行至襄阳,再贬为彭泽县令,旋即弃官归隐。这些迁徙而来的家族,除了带来财富以外,更多的是带来了浓重的文化氛围。他们的后代迫于生计,而加入经商队伍,大大提高了池商的文化品位。

他们基本上都是把经商看作谋生的暂时手段,而不是看作最终的出路;经商的目的是积累仁义,而不是积累钱财。由于他们是池商构成的主体,故他们的品位决定了整体池商的品位。

晚唐至宋初,池商开始形成小有规模的队伍。由于南唐开国功臣宋齐邱的封地是青阳,正是他对青阳的盘剥,致使青阳县人均承担的赋税是池州其他各县的七八倍(《宋史》)。这种情景下,青阳县的人们,如果还想以土地来谋生,差不多不可能。于是他们被迫开始经商。能开垦的荒地,都用来种桑养蚕,由老弱妇女经营。丁壮劳力闲时外出经商。沿青通河的货物向东可延伸至木镇,再向南转运,上溯到陵阳,由陵阳可以向青弋江上游和新安江流域扩散。陵阳八大姓中的有些家族从那时起,就在这一带经商,做得很活跃了。

这些人由于谋生的需要被迫经商,以致经商者中的多数,都已经成了职业化商人。

池州的采掘业形成的时期很早,其炼铜,甚至可以上溯到殷商中晚期。所以采掘业尤其是铜采掘,到唐代已达鼎盛,李白《秋浦歌》其十四写道:“炉火照天地,红星乱紫烟。赧郎月明夜,歌曲动山川。”写的就是这种炼铜场景。大量职业化的采掘工人,刺激了文化娱乐业的商业化。唱民歌小曲等娱乐业、饭店茶楼等餐饮业,相应有所发展。采掘业的重点地域是铜陵和贵池区。就当时贵池区的商业而言,除杏花村外,基本是无须流动的。如里山的六峰山,桃坡的铜山排,刘街的西银冲都采银和铜,刘街的黄山岭采铅锌(石门高的滴水崖有一些遗存的古代直矿井,估计也是古代采矿的遗址,也许还是唐代或更早)。

石台至德在唐宋两代,主要是茶叶生产和贸易,东流为茶盐渔的贸易。梅尧臣于宋初来当县令时所描写的至德,就是一个茶叶生产重于农桑的田园世界[①]。

唐代贵池区有个特别的贸易产业要拎出来讲,那就是造纸业(后面有专章讨论纸和铜)。早期贸易量不大。池纸,盛唐开元时,特称“白麻纸”,是唐玄宗和他的私人秘书(翰林学士)起草文件用的专用纸(叶梦得《石林燕话》);南唐特称“澄心堂”纸(米芾《书史》);宋初特称“池纸”。纸质优良,价格昂贵。这是

① 朱东润.梅尧臣集编年校注[M],上海:上海古籍出版社,2006:79—111.

因为这几种特贡纸，生产量少，没有形成商业化产品的缘故。

早期池商由零散到小规模，虽然未形成大气候，但已体现出了池商的两大特点：不为经商而经商，经商就是为了济世经营天下。

(2)中期的池商与零星的桥梁和陆路

中期，主要是指宋到元代。宋代由于对外采取赎买和平的政策，所需钱财均来自百姓，大批的农民再靠土地就无法谋生。许多人加入了经商的队伍。这种大气候下，商业十分活跃。但商道，仍以水路为主。

青阳县由于南唐宋齐邱的横征暴敛，其赋税份额一直延续到整个北宋未变。故青阳人为生活所逼而经商的传统，一直延续着，几代人之后，形成了惯性，渐渐地感受到了经商之乐。他们继续以青通河为主商道，民间种植桑麻，经商以物流为主业，沟通本地与南北。

到了南宋，宋高宗绍兴二十三年（1153），黄子游做池州知州，发现了青阳赋税沉重这一情况，上奏高宗，才使青阳和贵池赋税一致，即青阳的赋税得到了减免(《宋史·卷一百七十四》)。但这种生意传统已经历了一百多年，一部分青阳商人已旧习难改，况且这种农耕种植与流动经商已经产生了职业的分化，观念已经不同；固定的经商群体一旦形成，就难以回头，他们继续沿着经商的路子走下去了。

青阳的木镇，由于处在青通河东面的支流七星河上的港口，主要经营竹木炭生意，并形成了一定的气候，出了不少富户。北宋范仲淹在木镇长山读书的时候，与富家子弟同宿舍，即有富家人子弟以鱼肉馈赠范仲淹，但他拒不接受，依然过他的“断齑画粥”的生活(宋释文莹《湘山野录》)。

青通河西边支流临城河直通陵阳，其商贾之声，更是不绝于道。

商业的兴起，导致了古道和古桥梁的诞生。沿青通河尾梢到陵阳的古道，就应运而生。由初期简易的土道发展到后来部分石板路。我们今天所看到的陵阳石板路，都是明清时期铺设的。

沿青通河的村落，也由于经商的需要，都有直通青通河的小商道。时间一长，这些居民也以青通河的运输谋生，如朱备镇有一个叫东港桥的地方，即盛产竹、木、茶叶，全村主要以扎竹筏、木排为谋生。

有的村，临水设有店铺，供行人休憩和提供生活用品或提供外销产品，如朱备的朱笔店，原产毛笔，就是供外销之用。

官道经商始终是主要的，尤其在唐宋时期的池州。由贵池通青阳再到泾县、南陵、宣城等地的官道，贸易较盛。特别一些有时间要求的商品，主要沿官道而行。官道的沿途也会出现一些店铺，提供商人方便。如青阳县新河的茶铺村，处于南陵、泾县古官道旁，就开有多家茶馆。官道上的桥梁，也有青阳县城的高阳桥，贵池灵芝驿站的灵芝桥等。

九华经济圈在宋元时已经小有规模。朝九华的古道同时也是贸易之道。如贵池区刘街长垄桂到青阳县杜村长垄的山岗上，还遗留着宋代的小平板石桥。过去人们就利用这些古道和石桥进行朝佛和赶庙会。九华山北的五溪，也有一座五溪桥（元文宗有诗），就是那时去九华山北面的要道上的一座桥梁。

南阳古道是接引古代徽州人上九华的道路，他们也是用这条路赶庙会和进香。九华山的经商模式是庙会，人们将礼佛和生意结合在一起，是利用礼佛的人流来做他们的物流。

不仅如此，人们还利用朝九华的古道之便来做生意。贵池区刘街在每年的八月份，都要举行一次舞狮子等杂耍活动，道路的两边，人们都依次设摊，做着各自的生意，买卖各种商品。

贵池在宋元之际，由于车轴河（宋徽宗时，因运花石纲而开凿）的开通，大江进入秋浦河的通道被打通，往来船只多泊于杏花村，杏花村在此时又一次振兴；杜坞至杏花村的古道，也因此而得以修缮。杏花村的西湘圣母桥即是在元代修葺的（见郎遂《杏花村志》）。

贵池区马牙街道办事处的太朴山中，南唐就以产澄心堂纸浆出名（见米芾的《书史》“李后主澄心堂纸以马牙硾浆为上”）。到了宋代，也以产池纸而名（王安石有《酬微之赠池纸》）：产纸的位置马牙，就是处于贵池到青阳的官道上。贵池向西延伸的官道上，有紫岩村，也以造纸闻名。南宋周必大的《泛舟录》有所记载：“过紫岩，民居稍众，即产纸之地”（《文忠集·卷一百七十一》）。

石台在宋元时期的贸易，是以沿古道的旱路为主，达于祁门和徽州。东至的商贸，宋元时以水路为主。

(3)**池商的鼎盛期,古道纵横,桥梁遍布**

尽管六朝及南唐王朝的首都,基本都在南京,但池州商人经营首都所需物资,皆从水道下长江而至金陵,故古道稀少,桥梁更是少见。到了明代,情景不同。贵池作为京郊,需要提供大量商品;再加上生产力的发展,以及池州人口的增加,大量的古道和桥梁都被修建起来。池州的古桥梁,除府治和县治的官道上的供官员往来而须架设以外,更多是因经商的需要而设桥于官道。官道上的桥,像丁桥村的丁家桥,青阳县城的高阳桥,贵池的兴济桥,马牙的马牙桥,在沟通东西贸易上起了重要的作用。虽然后来都城不在南京,但是随着人口的增加,特别是清代康、乾以后,人均土地越来越稀少,故一部分人被迫经商。他们或从事自产商品的外销,或从外地进货,销往内地。他们更多是从事外销活动。基本模式是,农民从事地方产品的生产,商人从事地方产品的外售。如青阳的桑蚕、竹、木、茶、毛笔等,贵池的纸,石台的农林产品及酒曲等,东至的茶叶。这就要求大量的商道存在。各地开始修建并勾连古道。从七都为中心的古道,向南,勾连徽州;向东,通过七井山勾连贵池。以陵阳为中心的古道,西连七都、南连太平,北通青阳县城,西北通九华。东至尧渡口上游古道,向南勾连景德镇、浮梁,向西勾连鄱阳湖,向东通过仙寓山勾连石台等。这些古道又与池州内陆的尧渡河、秋浦河、清溪河、九华河、青通河相通,最后与长江相连,形成了巨大的旱、水路网。池州有95%的古桥建于明代到康乾这段时间,又大部分都处在这些商道上,起着勾连这些商道的作用。

由于交通的便利,池商在这一时间特别活跃。发展到中后期,一些池商受池州文化的熏陶,开始走向政坛,从事跟经济活动有关的政治活动。也有人边从政边经商,还有人从政坛而退,从事经济活动,如贵池刘街刘氏家族、姚氏家族,东至的周氏家族,青阳的陈氏家族等。刘氏家族的刘世珩,从政而关心经济。光绪时,他曾就清政府的财政政策,提出过中肯的意见,并被采纳。息政后经商,入股参垦贵池圩田。姚氏后代姚依林,从政而分管经济,为国务院副总理兼国家计划经济委员会主任;青阳陈氏家族的陈锦华从政,也是国家计委主任。清代东至的周馥,身为封疆大吏,本人边从政边办厂,夫人亲自参加劳动;其子周学熙先经商,从事轻纺工业,后从政,任纺织工业部副部长。如此等等。池商从政界与商界中自由穿梭,不断变化角色,但他们经商的理念和志向,都不是为了自己,而是为了国家,为了天下苍生。

池商的鼎盛时期,他们沿着古道、古桥,由原来的走村串户,最后走向了全国,走上政坛,真正地做起了经营天下四方的大买卖。亦官亦商,从容自得。像陈氏家族陈一甫,先从政,任北洋海防总督、东海关监督、北洋银元局提调等职,后在天津从事水泥实业的操办。刘世珩在上海发展,刘氏家族的其他族人,也纷纷兴办实业,有在上海的,有在南京等地的,星罗棋布。周学熙在天津办他的纺织厂。陵阳的八大姓在武汉、九江、安庆、芜湖、南京、上海都有铺庄。池商在近代中国的轻工业领域,半有天下是毫不夸张的。但是,他们关注的是国家的前途和命运,而不是个人的财富。

(三)古道、古桥与古村落

无论是商人行走的古道与古桥,还是普通行人行走的古道与古桥,都是靠各种各样的集资方式修建起来的。有些是村落里的商人集资修建的,如青阳陵阳的南流桥,南阳的三溪桥;也有的是外村的商人独资修建的,如贵池区马牙太朴山的岱岭古道,据说就是墩上渚湖姜的"姜百担"独资修建的;还有官道和官道上的桥梁,都是官府所修建的;但大多数商道桥梁和临村的商道,还是商人或附近村民所建。桥梁如贵池区棠溪镇的胭脂桥(由一妇人发起捐建),东至木塔的盛隆桥(方氏家族建),东至花园乡的联印桥(一富商捐建),石台大演的固源桥(陈氏家族建),青阳城西的栢家桥(胡妻汪氏捐建),贵池区渚湖姜的迎障桥(姜氏家族建),等等。

道路的大部分修建,村庄的内部道路与桥梁,基本上是村中的富户与村民们共同建筑的。

村民以祠堂的建筑为中心,铺设好祠堂附近的道路;各家各户的小道与桥梁,有的是富户独资,也有的是集体捐资,共同修建。像贵池区的石门高的地下水道和道路,很明显是集体规划与建造的;像青阳陵阳的所村的古道和桥梁,从唐以前就开始修建。朝代的推移,人口的增加,村中的道路和桥也不断添置(村中现存八座古桥)。唐宋以后,各朝都有添置,像赣桥、安澜桥等。道路也是不断添置的。唐、宋、元、明、清,陈氏一直兴旺,因此道路铺设也不断增加,至今,村民还沿用一米多长的青石条铺成道路,作为人行道。

石台的星火村为吴应箕故乡,从宋开始,经过近千年的发展,村中巷弄被石板路勾连得相当完整。

还有一些保留石板路较好的村落,像石台的高路亭村、徐村、占坡村,东至的许村等。

这村落的古道古桥的存在,反映了古人(主要是池商与家族)以修桥铺路为行善积德的思想,也体现了古人对于古道、古桥梁等公共设施重视和珍惜。

随着人口的增长,一些村落财力不足,但是对交通便捷的需求又在增加,于是他们就只能修一些简易的道路,铺上一些不规则的石板,桥梁也用麻石条一根或是两根,缘溪搭成,既省工省钱又方便实用。康熙、乾隆时期,池州人口暴涨,村中这样的道路和桥梁就特别多。今天我们常常会在溪岸荒草中,不经意地就能发现一座那时遗下的这种简易的桥梁,这就是人口曾经暴涨的见证。

自然灾害的无常,常常使道路中绝,桥梁被毁,但无论是何人修建,村民们维护它们都是自发的。这才是使这些古道、古桥畅通无阻的真正原因。

官道的维护是政府和民间共同完成的。这其中有政府、商人、居民。但一些大的工程修复,还是需要官府牵头。像青阳县的双河桥,原为木桥,乾隆年间,官府改为石桥,不久倾圮。嘉庆年间,官府领头又改建为三洞的石拱桥。像这种大工程,只能由官府牵头,才能完成。

总之,池州古道、古桥、古村落是一种互相联动的发展模式,相互裨益,相互促进。这些道路、桥梁,以及由它们而焕发出的村民急公好义的美好品德,反映池商经营财富而经营天下的理念,是我们当今最可宝贵的财富,应该不断传承下去。

七、文明的酵母
——池境河流的文化特征

（一）池境河流的物流意义及其他

池州有许多河流，分别为尧渡河、秋浦河（包括石台、东至界的后秋浦河）、清溪河、九华河、青通河、龙泉河、七都河、南流河（又称陵阳河）等。它们纵贯池境，人们以木排、竹筏进出货物，活跃了山区经济，方便了人们的物质生活。

池州的货物可通过南流河进入青弋江流域，通过七都河进入新安江流域，通过龙泉河进入鄱阳湖流域，通过尧渡河、秋浦河（包括东至的后秋浦河）、清溪河、九华河和青通河，池州东至、石台、青阳和铜陵等地货物都可进入大江，流向全国各地。

这里我们只选取其中五大河流加以分析说明。

1.尧渡河的物流意义

尧渡河全长约84公里，从东至南部山区发源，沿途有几条支流加入，其中一条最为重要的支流，就是官港支流。

尧渡河的上游，接东至的花园、木塔等乡，通过它们，再上接江西的浮梁与景德镇。西以官港接鄱阳湖，连接旱路则以昭潭龙泉河达于江西。尧渡河沿流而下，连接各乡镇，然后过东流，以达于江。它不仅将沿途的农产品，如竹、木、茶、药等，还有东流老街创制的手工业品等，带到长江，还将外面的生活必需品，如盐、丝绸、各种铁器等，由商人带入区内；此外，还有区内的各种物资、人员之间的交流，也仰仗这条河流。在尧渡河的源头和枢纽地带以及它进入长江的尾端，都形成过贸易旺盛的集镇，像木塔、昭潭、官港、尧渡、东流老街等。这条河的大宗商品是茶叶。由于至德县始建于唐至德年间，为唐中期，江西浮梁的唐代产茶区的一部分划归了至德。早期的茶叶就有一部分是从尧渡河走，尤其是私茶。故至德从一成立，尧渡河就已经是茶叶古道了。至德成立后，官茶必须从尧渡河走。这使尧渡河就成为名副其实的茶道。

尤其值得一提的是，尧渡河曾经作为瓷道而存在。在鄱阳湖有个叫龙王庙的地方，是水运必经之地。然而该区却是“魔鬼三角”，来往船只往往莫名其妙地被吞没，无影无踪。即使商船通过了鄱阳湖险区，还要进入长江，过马当之险。所以鄱阳湖运送瓷器的风险很大。明朝在运送贡瓷风险较大的情况下，上贡期限又紧，考虑改取便捷小道，由昭潭镇永丰村，进入尧渡河。绕过鄱阳湖与马当等风涛之险，而且也取直了不少商道。嘉靖十二年(1533)左右，官瓷水运，正式改道为尧渡河。由于尧渡河有些地段在枯水期，运瓷船只吃水较浅，需用人力挽运，加上贡瓷由鄱阳湖溯龙泉河，从昭潭永丰上岸，再转运尧渡河，中间还有一段旱路，须人畜驮运。挽船和驮运这两件差事，就落到至德昭潭永丰人的头上，当地百姓苦不堪言。隆庆三年(1569)，明朝海瑞在任上视察江南饶州府时，曾在建德县(即今东至县)停车暂住，发现这一情况，当即上奏朝廷，奏罢此役。百姓欢欣雀跃，为海瑞立碑(这块碑在“文革”时，被东至昭潭永丰一居民冒着生命危险，私藏家中，才幸免于难)，称《巡抚都御史海公德政碑》(原碑现保存东至县文化部门)。

尧渡河运官瓷，前后虽然只有37年左右，影响却是深远的。它打通了昭潭古道，使它们成为从江西至东至的通衢，它繁荣了昭潭古镇的经济。昭潭作为宋代永丰监(南宋四大钱监之一)的所在地，曾经有过一段时间的辉煌。永丰钱监在南宋乾道年(1165—1173)之后被废弃，冷落了好长一段时间，至明代成为官瓷运输必经之地，又再次复兴。尽管官瓷在尧渡河上只走过几十年，但却在心理上，拉近了东至与景德镇之间的距离。从此，尧渡河上就多了一种商人——陶瓷商人。

概言之，尧渡河也就成了名副其实的茶瓷古道。尧渡河经历了茶道到茶瓷古道的演变,文化内涵在不断地丰富完善。

2. 秋浦河:农商兴旺的河流

(1)秋浦河的得名

秋浦河全长149公里。它由两大支流——龙舒河与鸿凌河合流而成。龙舒河是一条得名较早的河流,在汉武帝元封中,它的上游来了一支舒姓家族,居住七井山,位于龙舒河的上游,故此河命名龙舒。两大支流的汇合处,元封时为了镇山越,建了一座县城,名石城。三国孙吴政权,在龙舒下游距石城约15公里处,设军事营寨虎林城。两大支流汇合后,流过殷家汇。从殷家汇以下河段,称秋浦河。秋浦河因其傍秋浦而流,故称。秋浦之名得于何时,已不可考,最迟应不晚于六朝(《光绪贵池县志》)。秋浦河的范围是,东起殷汇镇平顶山琅山崖下的玉镜潭,西到池口的一段,全长37.5公里许。春夏涨水,一片汪洋与江相连,从晏塘乡到乌沙乡再到高脊岭乡的一列低矮丘陵,若隐若现地浮在江面上。秋来水枯,大片陆地浅滩浮出水面,长满秋草,故称为浦;因秋天而出现,故称为秋浦。浦是吴文化的语汇,故此推测秋浦得名的上限,可能起源于春秋末期(春秋时曾一度属吴)。我们讲秋浦得名最迟不晚于六朝的第二条理由,是因为隋灭陈,直接将石城县易名为"秋浦"县,这一更改本身证明,秋浦之名,在隋朝之前已经出现。

秋浦河流至木闸乡到池口段,由于春夏之时涨水,水面宽阔,宛如巨大而长的水池(宽40余里,长60余里),故郦道元的《水经注》称为"贵长池"。贵长池的得名应早于南齐。南齐在这一带打过一场平定叛乱之战,《宋书·卷五〇》称,沈仲玉"过贵口而不敢进";郦道远的《水经注·卷二十九》也载:"(贵池)水出县南郎山,北流为贵长池。"这些都说明"贵长池"之名来源可能比南北朝更早。

"贵长池"之"贵",大约是重要的意思。北宋与苏轼同时的张舜民和南宋左丞相周必大来池时,据贵池当地民间传说,认为"昭明太子食贵长池之鱼而味美,赐名为"鐀",后改"池口"为"鐀口",此说也流行一时,以至于形成了一个人文景观"鐀口归帆"。

所以，从灌口玉镜潭昭明钓台开始的秋浦河，春夏涨水时节即为贵长池，秋冬落水时节即为秋浦河。

从这段河道行船，无颠覆之险。相反，附近的长江段，则有拦江、太子二矶，凶险难测。拦江矶段，古称石牌口（由于江中石块耸立如石牌而得名），号称“拆船湾”（《宋书·卷九十六》），故行船需绕此险。如绕道而行，古时只有贵长池了。为保证花石纲的安全，宋徽宗宣和六年（1124）九月，卢宗道上奏开通车轴河（《宋书·卷九十六》），由长江穿秋浦，直达贵长池（秋浦河）。江上来往船只，可直接由长江进入贵长池（秋浦河）航行，从而避开了太子矶（罗刹矶）、拦江矶、马石矶这一段凶险的江面。田野调查证实，车轴河深约十五米，能行三桅大船。

尽管池州临江，但江上过往船只并不在池口靠岸；直到车轴河开通，江上船只必须经车轴河而入秋浦河，出口处——池口，也自然成了江上船只必经之地。因而，池州也就成了真正意义上的港口城市。直到正德十一年（1516），为防江西宁王之乱而筑新河坝，堵住了车轴河的长江入口，车轴河断航。池口作为江上必经港口的历史也就结束了。在池州作为港口城市的前后近400年里，“池口”这个词，频繁出现在古代文献里。

大约2000年前，即东汉末年，江水发生过一次海水倒灌，长江水位上升，由今天的殷家汇牛头山处，江水进入贵长池，由贵长池越过十里岗，再过梅埂南进入青通河，继而漫过陵阳进入青弋江，在越过分水岭，过浙江安吉，再归之于太湖，这就是历史上有名的南江。郦道元的《水经注》完整地做了记录。由于很多人不了解2000年前的海水入侵长江，所以无法想象南江的存在。故近代校注《水经注》的个别学者，打着版本的旗号，竟然将其中的“南江”一条内容直接删去，以掩盖其无知。

池州是因有贵长池而得名。唐高祖武德四年（621）设池州，治所在秋浦县，即旧石城，是贵长池之源。后期的永泰元年（765），第二次再立池州时，李芃筑城在贵长池入江处。贵池县城最初移到池东入江处的时候，仍称秋浦县。五代时，杨吴政权认为，秋浦县在贵长池之东，还是称“贵池”为妥，于是改称贵池县。

贵长池在南宋时做过一段时间的水军(称“清溪雁汉控海水军”)练兵基地,由岳飞主持(约在建炎四年);为此在贵池口建有翠光亭一座。岳飞翠光亭有诗,其诗云:

爱此倚阑干,谁同寓目闲。
轻阴弄晴日,秀色隐空山。
岛树萧骚外,征帆杳霭间。
余虽老江上,心羡白云关。

(2)秋浦河的物流意义

秋浦河的流域面积为2235平方公里,从目前考古资料来看,本地区早期有少量的旧石器发现(杜坞山旧石器),最迟在5000年左右,即有大量的人类活动存在。石台矶滩秋浦河边的沟汀,即是新石器时古人的石器制造场地。从他们制造规模来看,他们的石器是拿来与沿河的部落交易的。春秋时,池州范围内居住的基本是古越人和殷商末期的淮河流域难民,古越人用从太湖流域传来的耕作技术,种植旱稻,主要沿河谷的湿地和丘陵易开垦的坡地种植。由于鸿凌河处在石台县境,洪水较大,河谷较少,因此居住越人较少。龙舒河谷相对多些。他们山居水行,乘独木舟以兽皮粮食之类去交易一些生产生活用的铜铁器和食盐。尽管这些也是流域内或流域外的越人生产的。这种生产、生活一直延续到汉武帝时代,武帝在设县时,就根据这一流域的生产春谷的特点,恢复了古代的春谷县,意思是他们种植的是春天二月份就可以下秧播种的稻谷(见《汉书地理志》“春谷县”条)。这种稻谷七月上旬(农历六月)就可以成熟,而本地洪水期是七月中下旬,正好错过山区的洪水期,在洪水来临之前把庄稼收割完毕,这使龙舒河一带的灌口、黄田、梅村、棠溪以及九华河、清溪河一带盆地山地都得以一定程度地开垦。这一时期,沿河主要是阶段性地为生产而运输,商品运输除了铜铁交易,还有简单的生活必需品,如食盐等。

汉武帝建元和元封年间,移来大量的南方越人(《史记·东越列传》),他们与当地越人的山居水行的生活习惯相合,但他们也带来更先进的铸冶技术,加上本地富有铁、铜等矿,使他们又多了一个特长“擅甲兵”(见《越绝书》)。他们既擅长于铸冶兵器,也擅长于作战。由于有锐利的武器,这使他们的食谱再次扩大,能很顺利地捕猎野兽,同时他们还能有效地抗税和抵御外敌入侵,从而也使他们人口一度繁衍甚多。他们一直过着以农耕为主,渔猎为辅的生活。由西汉武帝时期一直到东汉末年之后的三国时期,统治者对山越人,都是取包围的政策,使山越人虽北濒长江,但很难涉足长江(据现代有学者研究和实践,独木舟可以航海。横行长江,当不在话下。见李修松《先秦史探析》)。三国时代,为了有效臣服山越,孙权在龙舒河的下游设虎林城(即今天的梅街镇桃坡乌石村)。这一带生活了不少的山越人,老百姓传说"周朝人头(山越一直以周朝人自称)比雨点还多",诸葛恪一次围剿,就俘虏几万山越人(见《三国志·诸葛恪传》)。

所以,在三国时期的这条河道,主要用于战争与掠夺。由于诸葛恪的围剿(孙吴嘉禾三年至五年),山越为之一空。剩下的人口,由于耕地充足,农业再次发展起来。由于山越人口减到了几乎可以忽略不计,所以春谷种植的总量也大幅减少了。少量山越人也不再需要从山下的滩地上去居住和耕种,只需渔猎就能生存。因此到了六朝的中期,春谷的地名就消失了。

直到梁代设立侨郡——南陵郡(横跨今池州大部、芜湖大部和宣城一部分),秋浦河及沿江地区才开始又有了大量人口。由于梁朝相对稳定,大量北方移民南逃,滨江地区,人口暴涨,南陵侨郡的设立就是为了管理这些人口。后来由于战争,人口出现死伤和逃亡。由于山越人口的荒疏,有一支南北朝时北齐高洋的后代,在初唐,迁到了龙舒河的源头石门,后来竟繁衍成为一支大的家族——石门高氏。

到唐、宋、元、明、清,陆续有一些大家族逃难进来。像鸿凌河右的支流上的檀氏家族。六朝刘宋时,檀道济被杀,其子檀珪携第十子逃难至此(第五子在东至的花园乡),从而衍成檀氏家族(东至《埠头檀氏宗谱》)。源头李也称是唐时至此,繁衍成村。龙舒河石城县旧址上的潮溪桂氏,就是在黄巢之乱后,由桂仲武(石台人,曾任安南都护、福建团练使)的后裔,避乱至此,繁衍而成的一支大家族(《光绪秋浦潮溪桂氏宗谱》)。还有如石台小剡的陈氏,乃南陈太祖陈霸先之后,来于北宋(《剡溪陈氏宗谱》)。龙舒河东的棠溪曹氏来源于北宋(《乾隆缟溪曹氏宗谱》)。来自元明的村庄甚多,清代亦然,元明清时迁来的家族，都来自不远，有的是近乡的分支，有的来自附近的外州府；皆因兵祸天灾迁入。随着秋浦河流域人口的增加，货运亦在增加，有的将本地的土特产、农货、手工业加工品运出外地，也有的将外地的商品、原材料运回来，尤其是建材、砖瓦、石条等运输量加大。

本土商品，主要是纸。自唐代始，池州即以产销纸闻名，至宋而宏。宋代池纸还销往同样盛产纸的四川，川人虽作“胜池纸”，但终究在质量上不抵池纸。

明清更是畅销京城(关于纸，另辟专章叙述)。

本地还产有主要工业原料——铅。这也是货运的内容之一。

今天的秋浦河流域，贵池区人口近大半在此流域，耕地约占全区的六成以上；石台县几乎七成人口在此流域，耕地面积也如此。

3.清溪河

(1)清溪河的发源地及家族

清溪河全长63公里，李白来时，全境都叫清溪河。它发源自刘街源溪村的柯家大山，也有人称这源头为平天河。另一支流源自刘街乡的长垅村。两条支流在刘街汇合，流至刘街以下，与源自刘街乡郑村的溪水汇合，至姚街与西银冲水、楼华河水汇合成清溪河的虾湖，清溪河流至梅街与峡川水汇合，再流至梅街的白洋镇，与白洋河汇合，至万罗山江祖潭而下，绕城至白牙山下，与白沙水汇合，称为下清溪(白沙水也称下清溪)，在流坡矶入江。江岸上有明代建造的清溪塔。

清溪河曾经因河段不同而称呼不同，白洋以上称洿溪，白洋至江祖潭段称白洋河，清溪镇一段称上清溪。经城区一段，称清溪，白牙山至长江段，称下清溪。

清溪的洿溪段，因有傩事而闻名。顺带说一句，傩事是一项庄严的家族祭祀活动，虽会有戏的成分，但不能叫傩戏。近世有人将傩事称为傩戏，加以研究，令人费解。保存较好的有九刘十三姚的傩事。每年正月举行。每个家族举行傩事的时间都不同，但都在正月初一与十四之间。至正月十五，各家族的傩事，都齐会刘街出口处对岸的青山庙，称青山庙会演，至此当年傩事方告结束。各家族傩事所祭祀的神祇，略有不同，昭明、本家的祖宗、社神和五猖神是必须祭祀的（也有家族不祭昭明，而祭拜汉灵帝，如汪氏家族）。其他的神，因家族的不同而不同。比如刘街的太和章，就加猎神，因为他们的祖先就是猎人。故祭祀猎神有双重意义：既是祭祀猎神，又是祭祀祖先。又比如刘街的源溪柯，加祭桥神、仙姑和青檀树神，这是因为源溪柯有一座柯家桥，还有柯家出的一位仙姑，又柯家世代以造纸为生，故青檀树也是祭祀的必要内容。此外，源溪柯家和曹家的傩事中还有一项抢灯伞活动，是祈祷家族添丁进口。

这一带早先也是越人居住的地方，刘街长垅桂村发现楚国风格的铁锸，（发现者是长垅村的目连戏传承人吴老，时间在2008年左右）说明战国时代楚文化波及清溪河的源头。该区主要是承继了越文化的传统，故傩事极盛。

该区土地少，大块平整土地更少，故所来家族，早期都较孤寒。像长垅桂氏、夹山吴氏、缟溪曹氏、太平曹氏、九刘十三姚、元四章氏、峡川柯氏、桃坡殷氏、岭上方氏、老屋韩氏、花园巩氏、山边徐氏等家族，都是唐宋元明之际迁来、刘世珩，石泉（武汉大学教授，与谭其骧齐名的历史地理学泰斗。本姓刘，为刘街乡南山刘氏刘瑞芬后裔），青山姚氏则有姚国桢、姚震、姚依林。夹山吴氏在康熙时，有进士第一者吴世尚，著作有《易经注解》《老子宗旨》《春秋义疏》《庄子解》《楚辞疏》，是该流域内独树一帜的人。桃坡殷氏在五代南唐至宋时出过几位重要人物，如殷文圭、殷崇义父子及汤允恭等。殷文圭跨晚唐、五代，仕杨吴、南唐二朝。晚仕南唐为千牛卫。文学成就也较为突出，其诗风格峻朗气清，于晚唐诗中别具一格，有著作数部。其子殷崇义，南唐后主李煜之相。降宋，易姓名为汤悦。著《江南录》等。文学未有建树。汤允恭，汤悦之后，贵池人（汤悦后人回迁贵池，主要居住在旧解放乡白洋村至旧清溪乡政府一带。其迁于江西临川者，为明戏剧家汤显祖祖先）。活跃于北宋末南宋初，仕至兵部侍郎。

（2）清溪河的物流意义

秋浦河、清溪河的源头都产纸，但清溪河较盛。自宋代以来，渐渐演成规模。至明清，从源头到刘街，十几里长皆遍布纸槽，生产各色生活用纸，尤以生产书画纸见长。光绪以后,多以生产草纸为主,但书画纸和制作家谱用纸依然生产。

池州古代的一些重要矿产,如铜、铅、铁,主要产在该河段。像唐代六峰山铜矿、西银冲银矿和铜矿、铜山排铜矿、黄山岭铅锌矿等,都分布在该河段。

因此,该河段在古代,除了运输人们的生活必需品之外,主要外运竹、木、茶、炭和铜矿、铅矿,以及开采用的工具,大宗的还有纸。木排上达刘街的港口胡,上游的纸,都集中于港口胡外运。铜矿、铅矿都处在溪水宏大河段,水运较易。

该河段虽短,但流域内,在清乾隆时,曾生活着近二十万人,因此生活必需品需求量极大,加上人员往来,河上运输十分繁忙。

本河段的祠堂较多,因此大量建材要从河上运输。大量石材运输,还需要运输者通过合作,才能进行。

木排、竹筏的兴盛,也带来制木排业的兴盛。在六峰山下苦竹坂前河段即有一处排湾,后来形成地名,至今仍存。

沿池州府一带清溪河,不仅有承担运输的意义,近城一段还成为护城河,占了护城河总长度的一大半。

4.梅根河(或称梅埂河,今更名九华河)

(1)梅根河概况

梅根河位于池州城东20公里,上游三大支流。最西边支流源于太朴山,泻于马牙桥,在五步沟与主要支流九华河汇合。该河流主要以产纸闻名。中部支流发源于太朴山系以东,源头是渚湖山,泻于黄屯桥;本区产铜、银、竹、木、炭、酒。池州东去青阳的官道,横跨这两大支流段。官道横跨的五溪河,它由八都河、九都河汇流而成,出五溪桥至墩上云山与东太朴山水汇合于黄屯桥河口。主干流长56.4公里。

(2)梅根河流域文化

先从其支流五溪水上游九华山河谷说起。这里是五溪水的几条支流共同冲击出来的盆地,现居住三个乡,即九华乡、庙前乡、杜村乡,人烟繁盛(20世纪70年代人口统计有6万余人)。

这段河谷,从新石器就开始,直到晚清民国,各种时期的墓葬,在此地均有出土。证明了这里没有断过人烟,是一个相对独立安全的封闭性盆地。在这个小王国里,九华山接纳了因战乱或逃难的一些人口,如老田吴氏,长沙王吴芮之后(距吴芮活动年代仅150年左右)来自西汉宣帝元康年间,距今2000多年(像这种2000多年未移动的村庄,在江南实为罕有《九华山老田吴氏宗谱》);又如九华山柯村,一世祖柯应诚,为江南某州刺史,隐遁于此,衍成村落,距今已有1400年历史(《九华玉莲柯氏宗谱》);还有如钱氏、汪氏、刘氏、罗氏等,都是本地大族,这个王国的土居人口恐怕在战国时期就不少于万人,否则,其战国墓葬中,不可能出现士大夫规格的酋长墓。然而,多年来他们与外人来往甚少,人们很少知道这里面的情况。

早在新石器时代,这里可能就有来垦殖的越人,他们在这里过着农耕的生活,对这一带的土地进行了开垦,沃野良田滋养着这里的人口①。至春秋时,越人开始使用着铜兵器。从这里的春秋墓葬来看,这里已经出现了首领。墓主还佩有两把青铜匕首,锋利无比,即使在出土的今天,它依然能一次划透十几张纸。他还佩有权杖。这个墓葬保留了吴越以剑葬的传统,是这个地区典型的越俗墓葬。墓主还保留了此地山居水行的越人风俗,以独木船形棺下葬②。后来又有了山越人的加入。由于山越人擅长冶炼,他们的技术,在整个汉代都没有被其他地区人们所发现。直到三国,才被孙吴所发现。于是,孙吴利用了他们的冶炼技术,在他们生活的九华河下游长江入口处,建造了一个冶炼场——梅根冶。吴国为了防止越人怠工或有意破坏,对他们制定了极严苛的法律,其中如,费铁矿石十万钱而不能出铁料者斩(《太平寰宇记》)。证明这时他们既炼铜,又炼铁。

对于一切外来人口,山越人都采取攻击姿态。如汉宣帝时代隐居这里的老田吴氏,为保护自己,曾筑一座叫新城的“军事城堡”,正说明了这一点。到了唐代,老田的吴器高,认为孤族难以对抗外族的入侵,引入同宗不同氏的柯

①游修龄.太湖地区稻作起源及其传播和发展问题[J].中国农史,1986(1):71—83.

②朱献雄,王博华等.安徽青阳县龙岗春秋墓的发掘[J].考古,1998(2):18—25.

应诚,定居老田河对面,后形成柯村。

黄巢之乱曾波及这个“独立王国”,由于老田吴胜华等人的抵抗,他们未能在此地形成大的骚扰。山越,虽经过三国的围剿,一蹶不振,但到了安史之乱时,已势力较大。青阳朱备柏氏一世祖,唐代大将柏良器,就是因征山越有功,官位得以升迁(《新唐书·柏良器传》)。可能是这两次打击,导致六泉口盆地这些势力强大的山越,而今却踪迹难觅。

在九华河支流黄屯河,由于唐后期黄巢残存势力在池州仍然较大,这一带一度为其所据,并进行屯田。这是九华河流域属于唐代开垦的唯一一片较大的土地。经过他们的开垦,以及后代的增垦,这一河段,今天良田已达万亩。至今这个地方还叫黄屯畈。

在黄屯畈之西北,山间产银铜,有分水岭采冶遗址,人传为明时遗址。但从这一带的发现来看,可能时间更早。因为在附近杨村就发现过商周时的铜鼎,为一炊具。说明商周时即有人居住于此,而且能采冶铜作炊具;这应该是以前善冶炼的古越人酋长留下的炊具;采矿点应在附近。同在九华河流域不远的清溪流域,有一处东周时期的青铜器窖藏,其铜是否来自这里,有待证明。这个窖藏,有兵器与生产工具,它们一起整齐有序地摆放着。其中有铁质、铜质的兵器和生产农具,同时还有铜镰。这已是越人灭吴,越又为楚所灭之后,池州为楚地时的情景(这个窖藏共有56件窖藏,6把铜斧、4把铲、4把锛、4把镰刀,正证明了这个生产家庭,大约4到5个主要劳力,有七八个老人、妇女和小孩,能做辅助劳力,故有14件鱼钩)。在九华河的中上游一带,也不断有新石器和商周遗址及农业生产工具的发现。这些工具证明了汉朝以前称此地属于春谷,不是子虚乌有。铲和蚌形镰刀的出现,说明至少战国时已开始大规模农业生产。

该流域新石器时期遗址有:方家山遗址(墩上)、龟山遗址(马衙);商周遗址有桂竹园遗址(马衙)、螺丝山遗址(马衙)、闸口遗址(马衙)。

到了汉代,在这流域的中下游之交,曾经就存在的春谷县,被再次重视起来。由于中下游濒临南江,本土居民已经开发滨江的圩区,用于农耕;其他的丘陵荒地和滨湖的滩涂也甚多,外来人口较易于在此地立足。所以这一带渐趋于繁荣。直到南齐，由于南北战争，加上内部战争不断，沿江又成为兵马之地，烧杀屠戮是常事。故人口锐减，加上春谷县内山越被孙吴也征剿得所剩无几，至梁代，不得不取消春谷县，把春谷县被割残下的地方，改成南陵县。

南梁之时，北方人口因战乱，大批南迁；梁武帝一面于春谷故地加设侨郡南陵郡（郡址在梅根河中游春谷县旧址，距离今池州市治约25里），以管理迁移到这一带的北方人口；一面将前设的南陵县（它只包括今天的南陵、繁昌、芜湖各一部，铜陵全部及贵池东五乡）不变，用以管理土居人口。

三国时，在梅埂河下游的出江口处的梅根渚，设梅根冶。为什么吴在此置冶呢？

三国时代的梅根冶既炼铜，又炼铁。冶所设在梅根，此地东距铜陵数十里，西距清溪河数十里，二地皆产铜铁，故冶所位于适中地段，方便水路的铜锭、铁矿和木炭运输；二是河之上游——九华西麓之腹地，为冶矿之冶工——山越人的居住处，也方便他们来往。三是，此地距春谷城（三国之后，南梁时改为南陵县，并置南陵郡治于此）只有十几里，县治可以随时对冶进行监控。故三国时代，当孙吴从山越人夺下此地作冶时，特地派亲信镇守。第一任春谷长即周瑜亲自兼任，足以见孙吴对梅根冶作为国家兵工厂和造币厂的战略地位，是高度重视的。

该冶到北宋为止，一直受到历朝历代的高度重视，以至于后来演变为专职的钱监。

其中游的郡级行政机构——南陵郡治，在后来（不迟于陈代），由于江防需要，被移至秋浦河边的镇山，即今杏花村境内。梅根冶失去了武装的保护。到了唐代初期，将冶提升为监，安全问题，才稍有改善。永泰元年（756）立池州于今所，立池州后，梅根冶仍为监，直属国家，不受地方控制；至北宋，改名称为永丰监，并移往上清溪与下清溪的交汇处——今白牙桥东。至南宋后期，又将其移至东至昭潭，一是为永丰监的安全，二是因为这时本地铜矿减少，大部分铜已来自江西，而炼铜大量薪炭则又是池州供给。故选址在池州与江西的交界处，方便铜锭和燃料供应运输。

梅根河的支流——马牙河和黄屯河，至唐代盛产手工楮纸——池州纸。

随着工艺的演进，至南唐，马牙河上游已成为南唐李后主制造的“澄心堂”纸的最佳纸浆供应地。故米芾云：“李后主澄心堂纸，以马牙硾浆为上”（米芾《书史》）。至北宋尤盛，沈辽在游马牙河谷（今九华天池）时称：“观民家擗（剥）楮为纸者”（沈辽《云巢编》）。

黄屯河上游和九华上游的造纸一直延续到清光绪前期。之后，国外机器造纸在国内盛行，手工纸市场一落千丈；大部分造纸用的水碓改为舂制木香。

本河流域还是重要佛教活动区域，自唐以来，以九华为活动中心，山北面以江上来人为主，九华河（五溪水末端）边墩上乡的低岭庵，是从江上上九华的必经之路，故低岭庵称九华一天门。马牙流域也建有雷鸣寺、法海寺、护国寺等寺庙，以呼应九华。

（3）梅根河的物流意义

梅根冶、监存在，前后八百年时光。梅根河除了运送大量的本地生活必需品之外，如竹、木、茶等，更重要的是承担运输冶炼用的大量木炭和石灰石等，以满足梅根冶冶炼需要。

唐至清中期，它还要承载一种特殊的商品——纸。

由于河道不宽，尤其中上游，加上水流湍急，本河段使用的运输工具主要是以竹筏、木排为主，早期山越人使用独木舟。

宋代以后，本地区河流运输的主要任务是生活物资，以及山区需要运出的常规交换物质和纸。纸，除了一部分作贡纸以外（王安石《酬微之赠池纸》有“方船稳载送天子”的诗句），一部分是用来作商品的。

5.青通河

（1）青通河的概况

青通河干流全长55公里，主干从长江边的铜陵大通，上溯贵池十八索湖区，再进青阳县城，由朱备至青梢湾，再由旱路与陵阳相接。东部一大支流是由南陵、泾县发源的七星河，又叫管埠河。东南一大支流为临城河，经杨田、东堡与陵阳相接，是古代的交通要道。三流合于童埠后，即称青通河。其他小支流也汇入三大支流后，加入青通河。

七星河上游，主要由南河和北河构成，南河在南，由南陵、青阳、泾县三县交界处发源，由乔木、西华二乡流入木镇，归入七星河，全长29公里。北河在北，发源南陵，由木镇进入七星河，全长38.7公里。

青阳县东的七星河主要与官道一致，北到铜陵、南陵，东到宣城、泾县，是南北要冲，是古代商品交易频繁的地区之一。

这一带河流密布，草泽丛生，是新石器以来人类喜爱的渔猎场所。

商代末期，受陵阳小诸侯国的辐射，本地区略有一些物流活动。商代中期武丁东伐，淮夷中的古彭国灭亡，他们沿江上溯，其中一部分在上溯至铜陵大通时南窜。他们需要经过青通河，在该河段短暂停留，然后继续南逃。估计他们沿青通河支流临城河（今名东河）一直南逃至陵阳，在那里停留过近八百年的时间，直至春秋晚期才被迫转徙。今天青通河上游新河镇出土的162.5千克的大铙，应是他们的遗物；而在陵阳琉璃岭北的彭祖墓则是他们为祭祀而设的假墓。

春秋早期，在池州境内的越人是散居的，不隶属任何一个政权组织。到了春秋后期，吴王为了称霸诸侯，首先夺下了这块战略资源要地（今南陵县境内出土过吴王阖闾剑）。因为该地区是江南唯一的大产铜区。后来吴国被灭，本区被越占领，该区北部的铜陵一带山脉被越人称为铜姑山（《越绝书》）。正是这一带山脉所产之铜，为越人制作兵器，才使越国能称霸中原。后来楚灭越，该区又属楚。楚国因有大冶之铜，对该区铜矿不再重视。而该区包括整个池州地区沿江为楚人所设春谷县统治，偏僻山区仍分散着残存的越人。

汉代武帝时，为加强对越人的统治，汉武帝移瓯江、闽江的越人到该区的南部山区。

由于该区沿江一带滩涂，地势夷平，早期也是越人的耕作地，与清溪河谷，梅根河谷一样，都种旱稻为生，辅以渔猎。故汉代以前复立春谷县治于梅根河。该区也成为管辖地之一。到了西汉末，由于发生过一次较大的海侵，该区可能沦为一片汪洋泽国，人口骤减，大水退后，该区才渐现生机（西汉末至东汉中期，池州地区沿江的考古文物出土几为断层）。

三国时，为控制山越，在该区青阳境内设临城县。东晋南北朝时，本地江北外来人口增长，该区又改属南豫州定陵县(《晋书》)。至隋，定陵归入南陵县。至唐天宝元年立青阳县治于该区西南侧后，该区一直属于青阳县一部分而未曾变动。自南北朝以来，该区一直为池州东南要枢，人流物流繁盛。

南唐时，该区成为南唐开国功臣宋齐邱的封地，赋役为贵池的七八倍，迫使该区大量人口从事经商活动。

①七星河的物流意义。

由于七星河沟通铜陵、南陵、泾县，历来是经商的黄金水道，同时是官宦人员往来的官道。唐代铺设旱路官道，以桥梁与七星河相连，水路旱路，并行不悖。

本区运输，商品大宗是外运的交易货物，一大部分属于物流转输过境，将江上物资转卖外县。外运中一部分来自长江航道，一部分来自七星河两大支流。无论外卖还是内销的货物，首先都须齐集木镇，然后由木镇转运他处。由于木镇处在北河与南河的交汇处，因此它天然地成了七星河上的物流中心。

木镇以前叫木竹潭，清代称为“吴潭镇”。木、竹是其转运的大宗货物的代称，“吴潭”者，因此地在三国时也属吴。山区产竹、木、茶、炭、丝蚕、麻以及各种矿产品，皆由此集散；长江而来的货物，盐以及各种生活用品，还有大量商旅，官宦人流，也由此集散。

三国时，吴在梅根河口冶炼铁，其铁来自今铜陵和南陵县境内之铁矿，其运输就是经过七星河进入青通河，再入江，逆流数里，即达梅根冶。

②临城河(东河)概况。

青阳汉代属陵阳县，三国时分割陵阳县西北设临城县，故朱备流来的青通河主支流(也叫青通河)流经青阳县城与临城河合流。再向西北流，与七星河交汇。这条河发源于东堡乡与陵阳镇交界处的小分水岭，再由小分水岭流经东堡、杨田、新河、蓉城镇，至童埠，再汇入七星河，流入长江(《方舆纪要》)。由于这条河的尾梢是陵阳，而陵阳河又南流，故经这条河将物资运到陵阳，再由陵阳上船，顺溪南达青弋江和新安江流域。因为顺流，南去的货物可以节省诸多运费。因此临城河道自古便是商道，同时也是战乱南迁人口必走的孔道，古彭国难民和屈原即是沿这条河到达陵阳的。

同时这条河道还是古南江的遗存。大约在距今3400年前和2000年前,长江有过两次大的海侵,也就是说,一次是商王武丁伐东夷之前,一次是在王莽篡汉前。这两次海侵造成江水上涨,沿江及低地都为江水淹没。不仅如此,一些由分水岭隔断的河流也由于江水上涨而相连成一条河,南江就是如此形成的。

此流域还有徐国残余。在徐国为夫差所灭之后(周定王三十年,即夫差六年。一云为其父阖闾所灭。就实力、需要和现实环境而言,以夫差所灭徐可能性大一些),沿青通河南逃至浙江绍兴会稽、衢州龙游一带。黄山的花山谜窟,浙江衢江边的龙游迷窟,极有可能是徐国人为报灭国之仇,为勾践开凿的藏兵洞,因为徐国祖先就是以开山凿石见长的。史书记载,伯益佐大禹治水有功,就是开山凿石之功。

附:青通河(主支流)与临城河的历史人文

沿着青通河奔走的人很多,使这条河沉淀了很厚的人文历史。

除了前面说的彭国和徐国残余之外,战国末期的屈原也是早期南走的一位,那时临城河水面很大,屈原泛舟直到陵阳,他写道:“当陵阳之焉至兮,淼南渡之焉如?”在“至今九年而不复”的情况下,想完成他的使命,为楚怀王招魂。楚人招魂一般在故乡,故屈原希望能回国都郢都,为楚王招魂,所以心中焦虑。他在陵阳居住了几年后,毅然决定回都。在回都受阻之后,又决定还乡(三峡秭归)。而西去的道路已为秦军所封,他只好在前线澧浦(今湖南常德境内)等待。几年后,回乡无望的屈原,只好在澧浦为楚怀王招魂。毕竟这里是离家乡比较近的地方,只能如此。之后,屈原便踏上了回陵阳的道路。由于秦军的逼近,江上已不可行,他只好绕道湖南,行至湖南汨罗,屈原可能是感到身体不适,怕死在过汨罗的路上。因为行过汨罗之后,便到了浙西,那里水与海通,这样屈原死后,灵魂就不能溯江而上回到故乡(楚旧俗,人亡,魂可沿水路回故乡)。故屈原行至汨罗,就抱石沉江了。

古彭国来之前,就有古越人在陵阳这一带的活动,这一带河谷就发现有好几处新石器遗址(陵阳镇陵阳村、陵阳南部青弋江河谷)。汉武帝时,移南方越人填皖南山区，该区也是其中之一。三国时，由于孙吴对这一带及其他山区山越人征敛，激起山越人强烈的反抗，孙吴决定征剿。先后发动过几次大规模围剿，损兵折将，未能奏效。直到诸葛恪任丹阳太守时，才基本剿除。

南北朝、隋与唐初，该区都没有名人活动，故略而不叙。

中唐时期，本地出了九华山的第二个进士费冠卿，他在青峭湾的云外峰有读书堂，死也葬于九华山北麓山脚(今称旱麓冲)。先后来悼念他的唐代著名诗人有十数位，著名的如姚合、张乔、李群玉、杜荀鹤、罗隐、顾非熊等。

在朱备，有来自王莽时的天宝江氏，今居朱备江村，其散落全国各地，总人口二十余万。也有来自安史之乱时的柏氏和仙氏，他们是唐代禁军大将柏良器的子孙。柏良器早期因征山越有功，一路升迁至禁军大将。而就在他任禁军大将时期，将禁军的军权交给了宦官，开启了唐代最可耻的宦官专政时代。柏良器晚年是否定居青阳，待考。但他的子孙从此定居青阳，这是确凿无疑的，有《青阳柏氏宗谱》为证。柏氏在后来产生分流，分为两支：柏氏和仙氏，人口众多。在遭受咸丰兵变的大屠杀之后，柏氏凋零(《青阳柏氏宗谱》)。今天，柏氏多散居在青阳朱备的西北部。

青通河西岸的九子岩，位置在九子岩七布泉瀑布上端的一个山洼里。地处幽僻，小桥流水，曲径通幽，树木参天，确实是个好地方。

青通河流域的九子坂，唐代诗人李群玉曾经经过这里，李群玉还特别感慨地写下一首《九子坂闻鹧鸪》："落照苍茫秋草明，鹧鸪啼处远人行。正穿屈曲崎岖路，更听钩辀格磔声。曾泊桂江深岸雨，亦于梅岭阻归程。此时为尔肠千断，乞放今宵白发生。"写出诗人此时行至九子坂，虽思念故乡，但不再有旅愁，表达了他对九华山特别的深情。

唐代诗人多修道教，李群玉也是其中之一。所以，他对修道的费冠卿表现出特别的兴趣。

李群玉《经费冠卿旧居》中写道："云卧竟不起，少微空陨光。惟应孔北海，为立郑公乡。旧馆苔藓合，幽斋松菊荒。空余书带草，日日上阶长。"表达了人书俱空的叹息。

隐居在青梢湾云外峰下的费冠卿，是元和二年中进士，被当时的池州刺史张岩(一说李行修)向朝廷荐举,朝廷任为右拾遗。但他以母死为由,拒不赴任,隐居学道,这激起了不少诗人的兴趣。除了李群玉外,先后还有杨巨源、杜荀鹤、罗隐、齐己等,都沿着青通河到过费的书堂或墓冢,对他的人格与品质表示敬仰。

到了南宋时期,这条河便成了进入南方腹地的军事要道。南宋中兴四大将之一的刘光世,曾在朱备安营扎寨,以扼守要道,防备金人沿此河入侵。其遗址称为刘公寨。南宋程万九与程松父子也诞生于此。后来程松做到宰相,由于当时的宋金问题处置未当,被革职,发配广西宾阳,衍成今天的广西宾阳大程村。

元末朱元璋也曾在此厉兵秣马,备战陈友谅,留下了将军庙、打鼓峰与杀猪台的遗迹。朱元璋得天下以后,据传,失败的陈友谅军师张定远流落至此,埋名隐姓,以卜卦为生。

(2)青通河(朱备段)的物流意义

青通河上游朱备段一直可上溯到与陵阳分界的分水岭。从三代时(周代的可能性最大),陵阳作为一个小诸侯国开始。这条水路(它与临城河一样)便成了一条商道。生产工具由早期铜器到后来铁器,生活用的食盐,都是从这条商道上运输。后渐渐发展到竹、木、炭、粮食,以及其他日杂。在两次南江存在的阶段,更是南北交通的重要辅助。由于物流的兴盛,两岸适宜的地方渐渐兴起商铺、仓埠、码头、旅店等,人丁也随之日臻兴旺。青通河的主要支流则一直沿九华山脚下往东南,经陵阳山的中间溯至陵阳地界之兰溪。可由此翻越分水岭,入陵阳河。它的发展也如同临城河。

朱备由于位于青通河上游的中段,因而物流十分发达,不仅有大宗商品、商品仓储,还有茶、麻、蚕等出口的转运。此外还有制造业,根据当地的特点和物流的方便,生产一些物品,如毛笔等。朱备也因为这里有一家姓朱的制作毛笔有名而称朱笔店,进而化成地名,后讹成朱备(《青阳县地名录》)。

枯水期所屯货物,涨水期就可以用竹筏、木排,将货物运抵陵阳了。

由于物流运输的需要,一些配套物流的服务业也跟着发展起来了。如上游的东港桥村,古时即为港口,同时本地人也出现了专门扎制竹筏、木排的行业，竹筏木排可供出口，专借外地的客商。

（二）池州五大河流域文化的衍生与发展

我们在讨论池州农耕、渔猎、商贸文化衍生与发展时，再次将讨论的范围拉回池州的五大河流域。

1.农耕、渔猎文化的衍生与发展

（1）农耕种植文化

依据本地出土石镰等农具和沿江及太湖地区对新石器时期的考古情况看，本区新石器时期已经开始种植水稻。春秋战国时代，最初的原居民越人和后来的吴人、楚人，继续种植早稻，这是根据池州气候的特点以及越人的种植习惯而形成的一种种植模式。汉代加入南方闽浙迁来的越人，生产方式与本地越人相同，早稻种植继续进行。至魏晋南北朝，北方人口大量南迁，不同的种植物种和种植技术也同时传入本地区的濒江一带，如黍、小麦、大麦、小米（粟）等。养蚕种桑也传入本地（早期的越人织葛布为衣），这就形成了山里人种早稻、山外人种小麦等杂粮的传统。池州称北方传入的农作物为"杂粮"的称呼一直流传至今。

在传入农作物的同时，一整套的种植、加工工具也传了进来，如碾子、磨、犁、连枷等。

这种种植一直到北宋初，仍是如此。北宋大书法家沈辽最初流放在湖南永州，那里是水稻种植区，元丰五年（1082）二月改流放到池州的齐山，途中写道"清明未及犹可秧"（沈辽《云巢编》），他想到了齐山之后，清明未到，还可以下秧子育秧苗种稻子。没想到，到了池州齐山后，发现当地人都是种麦子，不种稻子，因为齐山是濒江地区，当时已为北方迁入的人口所占居。

山区种水稻，到了唐宋还在延续，它们主要河谷或山间河水冲击而成的盆地分布。当开元年间，金乔觉到池州的时候，在九华山脚下老田吴村化缘了一袋米，他写下了《酬惠米》一诗。唐元和年间，九华山进士费冠卿写《九华山化城寺记》曾记有金地藏来九华修行时生活艰苦,称金地藏“唯白土少米烹而食之”。这些都证明九华山山间盆地是种植水稻、盛产大米的地方。

至北宋,山区仍以种水稻为生。任建德县令的梅尧臣,任上写的《野田行》有“轻雷长陂水,农事乃及辰”的句子,《山村行》中也有“淡淡平田水,濛濛半岭云”的句子,都证实,这些是水田,可种稻子。其他作物,不需要水田种植。

农事用具,至宋已有较大改进,如输水已使用水轮,梅尧臣作《水轮歌》来歌颂它的功效。

池州的村社,也随着农耕社会的形成而出现,祭祀踏歌的活动也沿传不断(《嘉靖池州府志·卷二》),从近代的情况看,起码至明代,池州境内就几乎无社不成村。

至南宋,北方移民杂粮技术开始向深山河谷的旱地传播,山里开始由种水稻为生,改由以水稻为主、五谷为辅的种植方式,这种种植方式一直延续至今。

农耕还有一种秋收后割草的风俗曰“打草”。由于有了锐利的割草工具,秋季农闲时,农人们就有了“打草”的习惯:劳力自动组织起来,集体去“打草”。到空旷的江滩草甸上去割草,晒干打捆,运回来做肥料。“打草”空暇的时候,人们就会讲一些民间故事和唱一些山歌,所以秋季草场也是民间文学存在的空间之一。

(2)陶文化

本区早期,即自新石器时期以来,农耕与渔猎文化,一直是基础与核心文化。围绕这两个主题衍出一系列的文化现象。

制陶。本区从新石器开始制陶,围绕一般居民的生活,大量制作生活陶器。之后,制陶业一直没有停止过发展。制陶地点一般多设在有较好的陶土,水运又比较方便的地方,如升金湖、江口至梅龙江段、秋浦河、青通河、南流河、尧渡河和龙泉河等滨江河处。以秋浦河为例,考古资料证明,在今涓桥镇金星村滨秋浦河处就出土过一个唐代窑址。至于其他土窑址,沿秋浦河岸连绵不断,不到一里即有一个,像小寨窑、幽阳湖窑、毛家渡窑、西庙窑等,后来还发展了多处砖瓦窑,烧制砖瓦。

这些陶器制作粗糙,烧制水平也较低,主要是生活器具,如沙钵,罐、缸、火钵等。金星唐窑稍稍精致一点，加刷一层陶釉。当然，不是说池州没有精致的陶器生产。如梅根冶三国陶器仿青铜器造型三足猪首鼎（本书作者收藏，江西省文物考古研究所鉴定），相当规则工整，应为精致的模具制作出来的。这种模具制陶技术极其罕见，可能是受冶炼工人以钱范铸钱的启发而产生的。新石器时代人们还制作陶制网坠。

附带说一下石器。石器，普遍被制作于新石器时代。大量的石块被打制成精美的生产生活器具，如石刀、石铲、石锛、石簇，目前尚有少量石镰发现。证明在新石器早期，本区已有种植现象发生。

（3）冶铸文化

本区文化中，制作一直没有间断。新石器至战国时期，主要是铜器，杂有少量铁器。如炊具鼎，战争和渔猎用的箭镞、刀、矛、戈、钓钩，生产生活用器的铲、斧、锛、针等。出土资料证明，秋浦河的九房朱新石器时已有铜范，是钓钩和针的模具，并出土有铜斧。里山乡白沙河的徽家冲战国窖藏，即有铜制的斧、锛、铲、刀、戈，此外有14枚铜钓钩等。田野调查表明，九华山西麓清溪河源的贵池区刘街长垅村，出土有战国时代楚国风格的铁锸。

秦汉以后，大部分农耕、渔猎用器已由青铜器改成铁器。由于铁器不断磨损和易腐烂，加之很少用生产器具陪葬，故一直缺少出土，除上述铁锸外，仅见青阳县出土的清代铭文铁权和太平天国时期的组合兵器。

本地区铸冶，有炉神祭祀现象。据《太平御览·卷四一五》载：“《纪闻》曰：吴宣城郡青阳县有梅根冶孝女李娥庙，居曾阜之巅。林木秀茂，周回十里，土人不敢樵采，敬而事之，曰荐蘋藻。娥父，吴大帝时为铁官，冶以铸军器，一夕，炼金竭炉而金不出。时吴方草创，法令至严。诸耗折官物十万即坐斩，倍又没入其家。而娥父所损，折数过十万。娥年十五，痛伤之，因火烈遂自投于炉中，赫然属天。于是，金液沸涌，溢于炉口，娥所蹑二履浮出于炉，身则化矣。其金汁塞炉而下，遂成沟渠，泉注二十里，入于江水。其所收金凡亿万斤。沟渠中铁至今仍存，故吴俗每冶铜铁，必为娥立祠，享而祈福。”明人董斯张的《广博物志》还特别提出：“娥父，吴人。”

这两史料告诉我们李娥作炉神的起源，同时也告诉我们“娥父”就是当地人，以至这个铸冶祭祀的风俗，一直延续到新中国成立前。

（4）**秋猎文化**

在晚稻成熟之前，是一段农闲时光，各大河域的池州人都有秋猎的习惯。秋猎通常由成年男子组成。早期使用弓箭，和张罾网，以及设置各种陷阱与夹弓。唐天宝年间来到池州的李白曾在《秋浦歌》中写“妻子张白鹇，结罝映深竹”，写女子以张网的方式来捕捉白鹇。这种秋猎是古代流传下来的习俗，可以补充粮食的不足，特别是多山的池州，土地较少，农耕仅限于山坡和河谷的小片田地。明代《嘉靖池州府志·卷二》“风土”条也称：民“以渔猎为业”。

秋猎在池州有些地方一直持续到二十世纪五六十年代。

对乡村而言，秋猎既锻炼了人们的勇敢和团结精神，同时也训练格斗和射杀技能，在战争时，能起到保卫乡邦的作用，是一种准“军事演习”。

秋猎还有分食的习俗：一人或数人捕得猎物，必给邻里分食一部分。这无形中也促进了邻里的和谐。秋猎动物，一般有獐、鹿、兔、虎、熊、猪獾、狗獾、豺及各种鸟类（通常以雉类为多）。

（5）**渔采文化**

由于本地山溪、河流众多，沿江一带湖泊纵横，因此农闲时渔采，也较频繁。捕鱼有众多办法。除以网捕鱼外，还有钓、钗、兜、笼、罩、捞、作坝和张卡子等方法。其所捕获，通常有乌鱼、草鱼、鲤鱼、鳊鱼、鲶鱼、刺粑鱼、黄蜂鱼、鳜鱼、鲥鱼、鲫鱼、黄鳝、泥鳅、白鳝（河鳗）、虾、螃蟹等（乌龟与鳖，一般不作食用），水生动物总计有二三十种之多。

湖水中可食用的植物有菱角、芡实、莲蓬与藕、荇菜、莼菜等，其他水生植物如水白菜（水车前）、鸭舌头、鸡头菜（芡实的叶子）等，多采之以喂养牲口。

正如李白所写的“秋浦田舍翁，采鱼水中宿。郎听采菱女，一道夜歌归”，说的就是渔采生活。

（6）**樵采文化**

池州居民多居于河源山区，所以樵采已成生活中密不可分的部分。樵就是砍柴、烧荒、伐木、烧炭。所获物品一方面用以自给，另一方面用于交易。砍柴以资炊火；烧荒又叫烧火子，全国山区皆有，谓之赤烧，先砍光一片柴草，再烧出一片山地，用于种庄稼；伐木，一方面用于建房屋、做家具，另一方面用于外运、交易；烧炭亦然。因而延伸出相应的工具以及制作工具的文化。比如，樵所需要的弯刀（柴刀）与板斧及磨刀用的磨石，都要考究一番。弯刀要做成“7”型，使其同时具备砍与割的功能。另外，弯刀还要配上刀鞘，拴在腰间，以方便携带。斧头要做成“V”型，使其既锋利，又具备一定的自身重量，以增加斧头砍下去的冲量。烧柴的锅灶台，搭制也要适应烧柴的需要，十分讲究。有进柴口和出烟的烟囱（通往屋顶外），灶上安锅，要保证柴火烧在锅底下，使热量尽量少从烟囱里走掉。伐回的竹木做家具，则产生两种技师：木匠和篾匠。木匠做木器，有斧、刨、凿、钻、锯、钉锤和划线的墨斗和测量的拐尺。篾匠的工具较简单些，只有篾刀、锯、直尺和剖细蔑用的两刀片等。木匠和篾匠的工具都十分讲究，因为它决定二者的效率。尽管在新石器时代就有砍伐工具的出现，如铜斧、石刀等，但还是被分化很细，并为更锐利的铁器所替代。

山上的采集，有野菜、野果、食用菌之类，还有经济植物——茶叶。前者可以作为食物的补充，甚至是荒年的主粮。作为非产茶区，人们采制少量的园茶和野茶，主要留作自己饮用。对于大量产茶的产茶区，则另当别论。

2.商贸文化的衍生和发展

（1）茶的生产和贸易及茶叶文化

自中晚唐饮茶盛行以来，池州即作为重要的产茶区之一而存在。

以种植的方式生产。因为茶和桑蚕麻，都是本区重要的贸易物品，故作为独立的商贸文化来谈。

会昌四年（844）六月，杜牧就上书宰相李德裕（《樊川文集·卷八·上李太尉论江贼书》）反映江匪抢劫青阳商人，并用赃物在池州及附近产茶区易茶的情况。宋代梅尧臣做建德县令的时候，就曾作诗云“谬作采茶官”，称自己是个采茶官，足以见那时建德植茶、制茶之盛。

池州的产茶区，主要在青阳青通河域、东至尧渡河域和石台秋浦河河域山区。尤其是东至河域山区，它是中国茶叶生产和贸易较早的地区之一。东至的南部旧属江西，是唐代重要的产茶区之一。白居易贬谪九江司马时所写的

《琵琶行》中就有“前月浮梁买茶去”的句子。虽是描述至德立县五十多年后的江西浮梁(东至木塔乡至今还流传着浮梁一带的鸡公调),但也从侧面反映了东至的产茶情况。因至德的南部,五十多年前,就是从他们那里划出来的。东至茶叶在唐代已经出现了几大品牌。

在池州府南门的清溪河岸,从近两年出土的唐代民间研茶钵(直径33厘米,钵口倾斜,内壁制成粗糙条纹状,利于研茶)来看,唐代池州茶叶贸易的繁盛,可见一斑。池守杜牧上书李德裕,专门讨论清剿池州一带江面的茶叶劫匪,可见当时池州茶叶的贸易量。

至宋,池州采茶规模更加扩大(至德县令梅尧臣自称“采茶官”),随采茶业兴起的是一整套的制茶工艺。池州知州梅询以此工艺制“闵源茶”,以为不减“建渚之茶”。随着茶叶生产和贸易规模的加大,茶生产者为劳动解乏的需要,使以情歌为主调的采茶歌、贩茶歌,应运而生,并流传开来,一直到今天。

东至的茶叶至清代还衍生出红茶,后传入祁门,称为“祁红”,为中国红茶制作的发展,做出了重要贡献。

(2)桑蚕麻文化

种桑养蚕技术是何时传入本地区,尚不清楚,但唐代已有生产“记录”。晚唐池州诗人杜荀鹤有《题所居村舍》“蚕无夏织桑充寨,田废春耕续劳军”,又其《山中寡妇》云“桑柘废来犹纳税,田园荒后尚征苗”,可见唐时池州人民不仅种桑养蚕,而且还被作为纳税对象,足见池州桑蚕生产已达到一定的规模。

麻的种植应该开始较早,据《吴越春秋》,春秋末越王勾践为复仇,划定地方专门植麻,以作弓箭绳弦。说明那时南方人种麻比较普遍。这种并不要种植技术的作物,估计那时也会传到池州。

至唐代,池州已用麻来织布做衣。本土诗人杜荀鹤《山中寡妇》写道“麻苎衣裳鬓发焦”,说明麻是用来做衣服的,而且是穷人穿的衣服,以至民间要求所有的女性都必须从小学会绩麻。当地民谣曰:“七岁麻(学绩麻),八岁花(学绣花),九岁十岁学当家。”

有一种楮树,很高大,成长也快。池州有的地方把它叫织树,在古代是否用来织过东西,现在无从考证。

青桐是一种生长快速的树，池州过去种植较多。当地人取其皮用来织一些粗绳，所以又称青桐皮。

（3）其他物产的商贸文化

唐代以前的贸易，主要是过境贸易，沿青通河而南。本土物产主要是鱼与铜。鱼主要是销往南方越地山区。勾践的谋臣计倪、范蠡在未发迹以前，以商贩为业。早期曾贩于吴越楚之间，主要在池州一带活动，鱼便是所贩物之一。铜主要运往吴越。屈原《国殇》有“操吴戈兮披犀甲”之句，其中“吴戈”之铜主要就是来自本区之冶。过境的主要物品是食盐。

唐代以及唐代以后的茶叶和蚕丝，生产量都大大增加了。外运的大宗商品，尤以青通河运送的青阳蚕丝和茶叶、尧渡河运送的建德茶叶而出名。

后来随着境内各大河流商贸内容的不断增加，贸易日益繁荣，过境商人日趋增多。不独如此，本地商人也不断加入他们的队伍。

明代，池商兴起（比徽商兴起时间略早）。明代初期，池州直隶南京，南京城内的大宗消费品成为一个巨大的市场，运输货物到南京，成为池商的主要活动。此外，池商因拥有长江水道，大批徽州人的消费品都由池商供应，东面的大通镇，中部的殷家汇，西部的黄湓，成为活跃一时的商业中心。

大通镇是青通河的入江处，自古便是重要的码头。江上往来货物，及青通河所外出的货物都要从此转运，故民间有“银大通”之称，其繁华可想而知。民国时，大通一度成为“市”。

青通河繁华的贸易，是青阳腔诞生的经济基础。一帮池州商人与一部分徽州商人在生意途中单调的生活需要娱乐来打发，青阳腔的出现正是填补了这一空白。商人们一边欣赏着，一边以自己的财力支持着它。唱青阳腔的戏班子，也常追随着池商走南闯北。这样青阳腔就有了向南向西深入的可能，使得他们有机会接触江西的弋阳腔、浙江的海盐腔，在他们的戏剧中融会起来。最终他们依附于后来居上的徽商，其融会的唱法就叫徽戏。徽戏班也随着徽州的举人、进士涌进京城。为了进一步拓展生存空间，他们在北京又吸收了湖北汉调等，再加上士大夫的一些高雅文化元素，于是就形成了国剧——京剧。所以说青阳腔是京剧的鼻祖之一，并不过分。

池州商贸至明清而盛，一则因为池州是明代的京郊，另一方面是因为康乾时期池州人口的鼎盛。这一时期，根据《乾隆池州府志》统计，包括铜陵，池州有250多万人口，超过一万以上的人口的村庄，星罗棋布。一方面人口的巨大，有着潜在的巨大消费市场；另一方面，人口的压力，也使有限的土地无法承载，许多人被迫加入经商行列（康乾时，全国经商之风都很盛，也主要是跟当时的国内人口压力有关）。

他们经营着日用品的内销和土特产的外运。日用品的经销主要是粮食、食盐、陶瓷；土特产的销售，除竹、木、炭等，还有茶叶、丝蚕和纸。

纸的地位尤其突出。池州自唐宋时就产“天下第一纸”——池纸，品质优良，除作贡纸外，民间售纸量较大。《乾隆池州府志》称“（池州人）多以造纸为生”。据宋人笔记记载，南宋时，池纸因纸质优良，被售往同样是造纸胜地的四川，价钱大大超过当地的四川纸，四川人曾因此仿造池纸的造法制作“胜池纸”，想胜过池纸。

清代，贵池、石台、东至皆造纸。纸被用于生活的许多方面，如伞、扇、灯笼、账本、书画纸、家谱用纸等，他们称办公用纸为“京文纸”（见刘世珩刻本《贵池先哲遗书序》），一直畅销京城。一些家族或商人因制纸或售纸而富，乃至交游甚广。

由于造纸以石灰为漂白剂，加上纸的配料植物（面皮筋）含毒，故河水一年四季都保持着阶段性的毒性，故钉螺难以溯河而上，因此，造纸的山区一直没有血吸虫病。直到光绪年间，外国机器造纸输入，因其价廉，国内传统手工造纸受到重创，大批造纸为生的人，改行从事用水碓舂制木香。由于造纸业的停止，溪水失去阶段性的毒性，血吸虫沿河上溯，山区血吸虫开始泛滥，一些村庄因此毁灭。

（4）商贸名镇的代表

明清的商业繁荣也使长江上的另外两个镇繁荣起来：一个是殷家汇，另一个是黄湓镇。

殷家汇。秋浦河两大支流在殷家汇南约6里处（朗山崖下玉镜潭）合流后，形成秋浦河，流经殷家汇，折向东流，形成贵长池，直达池口。全长70多里。由池州府西去江西的道路,从殷家汇以南五里处经过。殷家汇向东南则通往徽州,向东连接池州府,西北渡江达安庆。因此殷家汇既是兵家必争之地,又是商贸要道。兵争使殷家汇人变得剽悍,经商又使他们精明。

永泰元年之前,由于秋浦县(古石城县)的存在,官道以及商业主要集中在殷家汇以南的古石城周围。此时的殷家汇,地面仍未抬升,依然一片汪洋,直与长江相连。

永泰元年(765)之后,池州设立,县治也随之而移到贵长池东岸。此地商贸一时衰落。去江西的官道,也由经和龙山,再过石城西行,改由殷家汇附近的白面渡渡河而西行。宋代流传的岳飞故事的地点,可以约略说明这条道路;它由"涓桥村—洗马铺—七一村的金鸡铺—和龙山的金灯崖(白面渡)—秋浦河西的平顶山",再往灌口的马草深向西而去。这条道路对殷家汇的形成至关重要。宋元明三朝,殷家汇渐渐从水中浮出,开始有了人家,进而有了商埠,承接来自秋浦河上游和下游,以及来自长江的货物进出转运,并提供西去东来的商人们歇脚。自清康熙六年七月,立安庆为省府,由于省会的辐射功能,殷家汇愈加繁荣。

其间,殷家汇屡遭兵燹,较大的几次是:晚明左良玉大兵过境,清代太平军过境,日寇过境并占领本地,这些战争对殷家汇的商业打击颇大。

中华人民共和国成立以前,殷家汇没有秋浦河防洪堤,水来则淹,水去则出。经商店铺依河而贾。这就形成了殷家汇商埠在建筑上的特色:洪水来时,经商人家放弃一楼商铺,移居二楼,街道行船往来,每户人家皆有河埠石道码头,一直从商铺后延伸到秋浦河中。一条条石道并列,就像钢琴的琴键,演奏着殷家汇繁华的曲子。清代知府张士范有二首《殷家汇即事》,反映了政府对商业的不支持态度,他写道:

农歌几处傍柴门,也醉田家老瓦盆。
榴火正红秋正绿,淡云微雨过江村。

青郊布谷连村唤,绿树山蚕抱叶眠。
信马不知旧路远,夕阳人影散平川。

在他眼里只有农事,不见商铺。

黄湓镇。黄湓,原意可能是泛黄的洪水中的一块小绿地。它处在升金湖(过去叫黄湓河)的河口,又与长江相连,也是连接安庆的重要交通枢纽。它向南隔水与姥山相对,东与牛头渚相对。1700多年前,牛头渚乃是南江的入口处。南面的姥山顶,是这一带的制高点,南北朝刘宋时的陶亮曾于此扎寨,也就是说南北朝时,这里的交通枢纽地位就为人所看重。宋代岳飞也曾在这一带剿匪,并利用这一带的水域训练雁汊控海水军(升金湖古时又称雁汊),留有遗址马料湖和铁凝土匪洞。唐代著名诗人罗隐有《姥山》诗,云:"临塘古庙一神仙,绣幌华容色俨然。为逐朝云来此地,因随暮雨不归天。眉分初月明中鉴,香散余风竹上烟。借问邑人沈水事,已经秦汉几千年。"清代张煌言抗清失败,路过此地,留有《黄湓谣》二首(己亥):

妾家生小住黄湓,乱挽乌云刬着裈。
九月鱼腥湖上熟,自摇兰桨过前村。

黄湓贾客百金装,湓口长年醉索郎。
闻说江干烽火急,停桡一曲"古襄阳"。

足见那时的繁荣。过去,池州有人写过一副对联:"白沙白鸡鸣白昼,黄湓黄犬吠黄昏。"将黄湓与池州城边的白沙铺相比,来形容黄湓兴旺的生意。白沙铺因生意忙碌,彻夜灯火,鸡已弄不清楚白天与黑夜的区别,黄湓也因生意忙碌,黄昏时还有外地商人来行商,犬因此而吠叫不停。过去一直有"金黄湓、银大通"的说法,但黄湓的物流、商埠兴盛于何时,一时竟无从考证。

(5)清溪河与九华河流域的民歌

由于二河流域的金属矿开采较早,因此冶炼工人一直是这一带的常客。清溪河的六峰山,根据考古资料,至迟在唐即已开采,唐时已有百炉庄,其规模之大,可以想见。李白来时,此一带民歌即已盛行。其秋浦歌第十四首就写道:"赧郎明月夜,歌曲动山川。"还有人吹笛子,吹外地的曲子《梅花引》(李白《清溪夜半闻笛》)。也有专门的歌手,如李白提到的谢扬儿(李白《闻谢扬儿吟猛虎词,因有此赠》)"同州隔秋浦,闻吟猛虎词。晨朝来借问,知是谢扬儿。"贵池在南北朝时是吴歌区,尤其是《子夜歌》,其基本的句式是五言四句。也许是由于贵池当地吴歌调子,使善于模仿的李白灵感顿生,写下了《秋浦歌》。清溪河一带的民歌流传甚广。它产生原因可能就是这一带铜矿工人解乏或打发闲暇时光的杰作。

九华河的民歌可能也不例外,围绕采铜而展开。根据考古资料,这一带银铜铁的大规模开采是明清时期,比清溪河的要晚,故民歌的兴盛较晚,因而它传承力度较大,这一带的一些人至今还在唱。传承下来的民歌被统一了名字,叫《罗城民歌》,作为非物质文化遗产。与以前民歌不同的是,现在民歌大部分已成为七言,且作者多为后人。

(6)移民文化

商贸文化产生过特殊的移民现象,清代康熙年间的曹曰玮是个典型代表。其父曹国光弃文从商,可能是经营纸生意。为了使曹曰玮、曹曰瑛两个儿子能顺利科举,就将他们的户籍迁至北京大兴县。因为每年的科举,按历朝惯例,京都所在地的名额都多于其他地区。故有京都户籍者,科举考试就会占很大的便宜。因这种原因而迁移户籍,相当于今天的"高考移民"。其实他们也就在北京挂个户头,大部分中举前的光阴,都在池州度过的。曹曰瑛的后代,至今仍在池州老家,世代居住;曹曰玮的武功也是童年和青少年时代在池州习得(按,曹是形意拳第二代传人,第一代是姬际可,姬际可去世时曹才十三岁,故曹氏练的只可能是童子功,才会是姬的传人。这样推测,极有可能姬际可晚年曾隐居曹村附近的南山寺或柏岩寺时,收了这位童子徒弟)。

(7)池商文化

池商经商,虽然是人口众多而迫于谋生的需要,但经商的目的,除了营利之外,还有仗义疏财,急于国家大义的成分。如曹村汪阡的一位纸商(据该纸商的后代口述笔录),曾在京城资助一位陌生的落魄秀才,但他拒绝对方功名利禄的许愿。晚清民国时,东至的周氏家族为了国家、民族的需要,兴办水泥、轻纺等工业,后来又出于支持国家需要的目的,将工厂献给国家。故池商经商,于利字上多有高风亮节之处,是其他商人无法望其项背的。

3. 青通河、九华河、清溪河与铜冶文明

（1）青铜采冶

前面在讨论五大河流时，对这些都有所涉及，这里将展开稍微深刻一些的讨论。

青通河是古代南北交通要道，其入江口与梅根河（九华河）两地相距，仅十余里。古代没有河堤约束，距离可能更近一点。因此铜陵铜山所炼的铜锭，由青通河运输至梅根冶的距离并不远。铜锭由山溪至青通河，入江，沿江上溯即可到。或可经十八索湖直趋梅根，无须入江上溯，距离大为缩短。按《元和郡县志》，铜陵产铜之利国山距梅根冶才25里，冶所在古代没有大量的兵卫，至多派几个人巡逻。如徐州利国监，前身是秋邱冶，有冶户36户，至多也就由州府选十名精壮劳力守护。因此，冶一旦遇到兵匪，完全没有防御力量。梅根冶始设于三国孙吴，基于它在春谷县城十余里处，故没有设立军队专门守卫的必要。

《江南通志·卷三四》是这样介绍梅根监的："梅根监在府东五十里，亦曰梅根冶，六朝皆鼓铸于此，刘宋泰始中陈庆攻张兴世于钱溪，不敢越，乃于梅根立砦。"又云："南陵县有梅根镇，盖其地旧属南陵也。宋至道三年，以池州钱监为永丰监，或曰即故梅根监。"又云："利国监在铜陵县铜官山，唐置铜官场，宋置利国监，后以铜乏废。"

这说明梅根监至少在开元年间已存在，同时存在的有铜官场。后来北宋移永丰监于池州府附近（《元丰九域志》），则此一带冶铜，如运送至永丰监铸钱，则需耗费时日；故于永丰监设立之时，设利国监，以铸铜陵之铜。

按：宋"祥符四钱监：饶、池、江、杭。元丰六钱监，兴国、睦、衔、舒、蕲、惠。铜钱十七监：……江州广宁监、池州永丰监、饶州永平监……"

据《文献通考·卷九》，列举宋神宗时各钱监的产铜钱数，居于前四名的为：永通监（韶州）80万贯，阜民监（惠州）70万贯，永平监（饶州）61.5万贯，永丰监（池州）44.5万贯，永丰监在十七个钱监中位列第四。

钱监的不断增多，说明宋代商品经济的不断增长，另一方面也反映了炼铜

技术的进步,使低品位铜矿得到了大面积的开采。

梅根监的设立,如果从唐开元时算起,至至道二年(也有说三年)冬十月废止,前后存在近300年。其废止的原因可能是因为宋王朝考虑监的安全。虽然宋进军江南,最先打下的是池州,但池州人立二砦以对抗樊若水的北宋军队;樊若水的老师贵池的夏乾锡,宋太宗优加征召,也不愿出仕于宋,后自号"清溪布衣",隐居终老(《江南通志·卷一百六十九》)。这些事情的发生,使宋太宗对池州心存顾虑。造币的地方乃国家重地,故设监,常以军队保护之。而池州梅根监离府治五十里,一旦有事,从府治发兵,要半天才能到达。宋太宗考虑到监的军力有限,不足以御大盗。鉴于此,将新设的永丰监选址于城东二里许。至少在北宋末年,还在州东北二里处。最后,大约在南宋初中期,再移至140公里之外的池州与江西交界的东至县昭谭镇。

清溪河沿岸的铜矿,唐代开采的矿点较多,宋代加大了开采,宋代池州钱监铸钱44.5万贯,而唐代和南陵的钱监合铸才5万贯。故宋的需铜量至少是唐的10倍以上。宋以后开采继续活跃,但所产铜锭运往何处,至今仍是个谜。

唐代,甚至唐以前,清溪河所炼铜锭,下清溪河入江,东运50里,即达梅根,甚为方便。宋至道冬十月移监于州东北2里,即清溪河口,当然铜锭和冶炼木炭的采集运输更方便,但是更重要的还是为了监护的方便。宋《元丰九域志》称:"(池州)监一,铸铜钱。"又云:"永丰,州东北2里。"说明至少在宋神宗永丰间,永丰监在清溪河口。何时移至建德昭潭,不甚明了。据现有资料估计,大约在乾道以后。池州东北2里的永丰监,规模比唐时的梅根监要大。《资治通鉴长编·卷四十》载:"冬十月己未,诏池州新铸钱监为永丰监。先饶州有永平监,兵匠多而铜锡不给,知州马亮清分兵工之半别监于池州,诏从之。"那么永丰监在梅根监原有规模上又添益了许多兵匠,铸造规模也因此增大。

绍兴初,一部分人员又并入饶州(《宋史·卷一八〇》),但永丰监,并未撤销。据《中兴小记·卷三十》:"(绍兴二年)至道中增池之永丰……兵兴以来,鼓铸殊损旧数,而官吏猥众,往往虚靡廪给,是年始令永丰监卒寓役于饶。"

历史上,宋代留下了几位永丰监的监管姓名。《临川文集·卷九十七·都官郎中致仕周公墓志铭》载:"周公至尚书屯田郎中,求监池之永丰监,遂致仕。"

此事在宋仁宗皇祐年间。《姑苏志·卷四十九》载："王缙，字子云，严州分水人。宣和中因谪监池州永丰监。"《文忠集·卷四五》："永丰监黄思义写真……"《文忠集》作者是周必大，南宋乾道间人，黄思义是其友，其任永丰监也应该是乾道年间。《南涧甲乙稿》载：曾浩，由知温州永嘉县，监池州永丰监……乾道九年再监池州永丰监。其葬于池州贵池县崇贤乡长乐山之原。"据说其葬前掘得一铜鼎，以监官得一铜鼎，引为奇谈。

梅根监的存在，起自唐开元，终于宋至道，前后约三百年的时间，梅根冶的存在时间以"吴置冶"计算，至至道二年止，前后有700余年。这期间，不仅冶铜，而且冶铁，东晋时曾出产一种名铁，叫"空青"（可能是钢），《大清一统志·卷八十二》称："其色特妙于广州。"

设立监，就意味着有兵把守。从前引"先饶州永平监，兵匠多而铜锡不给……"（《资治通鉴长编》卷四十），我们可以得知，设监不仅仅是管理规格的提高，而且是对冶加强军事保护的需要。有兵有匠，都是国库供养人员。人员的盈余和缺少，又反过来影响监的设立与废弃。由于永平监的兵匠对池州永丰监的补充，而致使永丰监的规模扩大，铸钱规模的扩大，就意味着其保护不得不额外要借助府治的兵力。故梅根监迁于府治附近势所必然。

永丰监设立二十七年后，发生了官吏私藏铜锭案。大中祥符六年（1013），管理钱监的官吏私藏钱监的铜数万斤，按当时法律，如被发现，应是死罪。此事正被江南提点银、铜、铁的胡则发现。他宽大地处理了这件事，仅仅是没收了铜。一个小吏居然能藏铜几万斤，很长时间没被发现，可见其铸造规模之大。

（2）青铜器物

自三国设梅根冶（六朝称梅塘冶）以来，一直以铸冶外输两样东西：铜钱和铁兵器。三国时期主要是冶铁铸造兵器，兼带冶铜以铸钱币。六朝以来，都是铸造钱币。故梅根河被称为钱溪。这些钱与兵器都没有被留存下来，所以无物可考。倒是早期三国以前，主要是殷周时，还有些器物留存了下来，我们能见证青铜文明之一斑。这些铜器主要集中于青通河、九华河、清溪河流域。

青铜大铙：2008年发现于青阳县青通河流域的新河镇大撩湾，重达162.5

千克，为当时发现的全国第二大青铜铙，具有明显的南方文化特征。据专家考证为商周时期的青铜器，距今约3000年。

青铜鼎：1983年4月18日，在九华河流域的墩上乡中铺村杨冲出土。1994年的《贵池县志》云："西周晚期青铜炊具，平沿外折，双立耳微向外撇，圆底，兽蹄足，鼎高58.5厘米，口径29.4厘米，腹径11.5厘米，重6.2千克，耳内面饰窃曲纹，外饰两周空心连珠纹，腹部饰一周窃曲纹。"

青铜戈：1995年出土于青阳县庙前乡十字窑场。《池州地区志》云："菱形花纹戈，春秋晚期青铜兵器，援、胡、刀部及穿下齿稍残。前锋呈三角形，援中起脊，栏侧五穿，内中有三角穿，援锋及内残长19.1厘米，胡长13厘米，器体镶嵌有黑白相间的菱形花纹，色彩鲜明，光洁无蚀。系安徽省境内首次发现的青铜戈兵器。"

春秋青铜剑：出土于青阳县庙前镇龙岗春秋墓的船形棺内。至今仍然十分锋利。

战国青铜兵器窖：出土于贵池区齐山风景区附近的徽家冲。内有兵器及生产、生活铜器具计五十余件，能反映战国时期池州家族式生产及防卫的基本情况。

曾氏鼎：宋代青通河流域出土，为池州永丰监官曾浩死时开圹所得，年代不详。实物现已无存。说明宋代即有地下文物的些许发现(《南涧甲乙稿》)。

半两铜钱范：1980年10月贵池灌口乡江村出土。《池州地区志》云：秦代铸造的钱范，2件2式，均为长方形。Ⅰ范：长22.5厘米，下宽15.7厘米，肩宽15.3厘米，边厚0.9厘米，重2.4千克。范面由两道铸沟分开，两边各一行，每行六个钱槽，中间两行并列，每行5个钱槽，两行顶部有一钱槽。全范计23个钱槽，钱槽径3.1—3.2厘米，方孔，孔径0.9厘米，无内外廓。钱文曰："半两"，篆体明文反书，范背面有长方形提耳一对，两耳相距10.7厘米，上耳宽4.5厘米，下耳宽5.4厘米。

Ⅱ范：长22.8厘米，底宽13.5厘米，肩宽14.2厘米，重1.52千克。范面有两道浇铸沟分开，中间为一行，每行5个钱槽，共计15个钱槽。钱槽的钱形腔，钱文如Ⅰ式相同。浇铸口上宽8.1厘米，下宽9.4厘米，背面两耳相距10.5厘米，耳宽4厘米。高2.41厘米.两钱范保存完好,是研究秦代江南“半两”钱币钱造的极为珍贵的实物资料。

实际上,这个钱范无论是秦代,还是汉初,都有可能是私人铸钱的遗物。因为该区越人擅长冶炼,青阳青通河出土的铜铙和庙前乡出土的两铜剑和同期的其他青铜器都证明了这一点。秦朝后期乃至汉初的币制相当混乱,民间私自铸钱的现象很普遍。秦始皇初定天下,对于南方蛮夷之地不可能设立官铸之所。汉初,此地属吴王刘濞属地,他招募流亡之人,采山烹铜,私铸了大量钱财。所以,此铸范极有可能是吴王刘濞铸钱时留下的遗物,流于民间,继续私铸。直到汉武帝设石城县时,被官府收缴,或在三国移县时丢失,或在唐代“水打秋浦县”时,为洪水冲出,故流落此间。从它与唐代官印一并发现的情况看,后者的可能性较大。这些都有待进一步研究与发掘。

西汉铜洗:1983年11月17日出土于梅街宋村。《贵池县志》云:“西汉时期盥洗具,圆形方唇,折沿束颈,鼓腹平底,通高11.8厘米,口径25.5厘米,底座16.4厘米,腹部有一对兽面铺首衔环,并饰以三周凸弦纹,洗内底饰一马形图案。”这个深山之中出土的铜洗,给人们带来了种种疑问。

这么小的盥洗用具,生活中不太实用,其象征意义远大于实用意义。它象征着富有、权势、尊严。那么在这深山沟里,又有谁能配有这些呢?据笔者对此地调查,这一带目前的居民居于此地的,最早也不超过六朝。

那么在此之前,居此地的是山越人。是山越人铸造了这个铜洗吗?铸造技术,山越人是没问题的,但是这洗底饰以马形图案又是什么意义呢?是山越人被流徙于此地之前与汉武帝的骑兵军队作战中,对马产生了深深的敬畏而渴望得到马的心理反应吗?这个用具的主人是谁?显然,这不是一般的山越部民的东西,而是山越贵族的东西。既是山越贵族的东西,附近必有贵族生活,也必有贵族的墓葬,但墓葬在哪里?我们需要进一步的探索。

东汉青铜镜:《贵池县志》记云:“东汉照面用具,圆形,径11.7厘米,原0.7厘米,重370克,圆钮,内区主体纹饰以钮为中心,绕有三道凸弦纹,有等距排列乳钉9枚。外铸以铭文曰:“青羊作镜自右纪。辟去不羊宜吉市,长保二亲利子孙”21字。铭文外为7个乳钉间夹朱雀图案,外区饰以节齿纹、水波纹、锯齿纹、凸弦纹各一周，1988年4月在殷汇镇翠丰村出土。”

殷汇翠丰村在古石城附近，应是石城县治附近的人活动的产物，从这面镜子的铭文来看，好像是枚陪葬镜，上面文字的语言风格符合东汉乐府歌辞的语言特征。

三国青铜镜：1987年3月6日在晏塘乡莲花村出土。《贵池县志》记：“三国吴青铜照面用具，圆形，兽面钮，直径10厘米，缘厚0.2厘米，重145克，镜面微凸，背斜至边缘。周铸“嘉禾五年正月十七日安葬”等31字铭文带。钮的上下左右是排列有序的神兽图案，此镜质地精良，为三国吴时纪念镜中的佳品。

《池州地区志》载：“镜背纹饰较清晰，纹饰分内外两区，外区为一圈内凹的铭文带，带宽0.8厘米，文曰：“吴王二……嘉禾五年正月十七日安……造……四……竟者，万寿……”镜外缘有一周三角锯齿纹饰，宽0.4厘米，内区饰“国，兀，目”为组合的一周图案。

这枚三国铜镜的出土，似乎证明了石城曾经迁往这枚铜镜出土地（晏塘乡莲花村）附近，嘉禾五年（236），是吴将诸葛恪任丹阳（治所在今宣城）太守征剿山越即将结束的那一年。

诸葛恪在不到两年半的时间里（嘉禾三年八月至五年十月毕），即剿平了山越。石城作为围堵山越的天然哨卡，在诸葛恪征剿活动后，已经失去了它在二水合流处存在的意义。于是就将石城县城移往太子矶附近，使它成为长江上的一道哨卡。嘉禾五年十月诸葛恪才剿平山越，而墓主人一月就去世，因此，石城县治可能嘉禾四年就迁到此地。它的任务是监视长江江面，对江北战场起战略后方的作用（故这位镜子的主人或许就是死于征剿山越的战场，而权宜地葬于新县治附近）。我们再看，此后诸葛恪去江对面的皖口屯田，没有江南的后方策应，是无法想象的。直到南北朝后期，或许是隋朝统一天下之后，随着山区人口的增加，石城作为长江的监视地位，以及战略后方的作用不再有意义，石城又移回旧址，并加割南陵西五乡，立为秋浦县（隋开皇十九年即599年）。这是后话。总之，如果这个推断成立，则从吴嘉禾四年至隋开皇十九年，这个县治在晏塘附近的江边，前后共存在364年。笔者后期调查证实，晋一统天下后，这个石城就移往靠近秋浦河的木闸乡古城。直至隋统一，开皇九年在此设秋浦县，十九年，又移回灌口仓埠村。

豫州留守印，萍乡县印，宜春印，均属唐代官印，在贵池灌口乡江村（秋浦西岸）同时同地出土，其意义非同一般。所谓豫州，唐武德年置，天宝年间改为汝南郡，其间存在一百二十余年。这期间也是秋浦存在于此地的时间段。如此同地点同时出现的三枚不同地区的官印，是否暗示了这里曾是唐代官印的铸造地之一？现在文献不足，还不能下这样的结论。但它们与半两钱范同地点出土，却说明了一个事实，这些都是重要的东西，曾被人精心的保管在一起，是一场突发的变故，招致掩埋。这不经使人想起历史上的“水打秋浦县”：一场洪灾，招致了古城的覆灭。是不是这场洪灾也导致了这些文物的掩埋？从地点看，可能性极大。

唐代铜镜：真子飞霜镜、蜂蝶牡丹镜、池州铭文镜，前两镜已确定为唐代镜，造工极为精致，疑是青阳富贵人家用物，是否是南唐开国功臣封为青阳公的宋齐丘家遗物？目前尚缺乏相应的证据。

真子飞霜镜直径24厘米，蜂蝶牡丹镜直径31厘米，二者均体形硕大，绝非贫民用物。《池州市志》记录道：“真子飞霜镜，唐代青铜照面用具，直径24厘米，重1.12千克，葵花形，拱形钮，镜面平滑，背铸浅浮雕图案，钮孔右边一人背倚修竹端弹琴，前有几案，室置香炉，书册。左边树下凤鸟伴琴起舞，钮下一荷池，池中伸出一柄荷叶，叶面宽大，圈托镜钮形成纽座，上方三道水平凸槽，线间有祥云缭绕的山岳半月，云下十字方形格内楷书‘真子飞霜镜’四字。1981年青阳县三增晚唐墓出土，现藏青阳县文物管理所。”如果是宋家物，这个墓就应该是南唐墓而不是晚唐墓。

大型蜂蝶牡丹镜：唐代青铜照面用具，镜体硕大厚重，重2.7千克，圆形，凸棱缘，半球钮，钮旁对称饰牡丹花，上有缠枝葡萄，钮下方有一簇鸡冠花，繁花茂叶间点缀31只蜂蝶飞翔，喧舞翔绕，趣味盎然，整个图案富有“封牒加官，富贵绵延”的吉祥寓意。1981年青阳县文物普查时收购。

池州铭文镜：六出葵花形，小圆钮，钮残，无钮座，钮右侧置长方形框，框内铭文两行：“池州叶家炼铜照子”，这面铜镜年代不详，但无论如何，它都说明以铸铜币闻名的池州，也曾经铸过铜镜。

4.尧渡河与茶、瓷文明

尧渡河是穿过东至城边的一条河流，是至德县城沟通山区与长江的一条重要河流。南端的支流末梢，一支可达景德镇，另一支以泥溪谷为中心，沟通鄱阳湖。

至德县的南部，在唐代产茶，而且产名茶。至宋代，至德的农人经营范围扩大。我们从宋代景祐年间(1034—1037)做过至德县令的梅尧臣诗里，可以略知一二。他有诗如下：

铜坑

碧矿不出土，青山凿不休。
青山凿不休，坐令鬼神愁。

采白术

吴山雾露清，群草多秀发。
白术结灵根，持锄采秋月。
归来濯寒涧，香气流不歇，
夜火煮石泉，朝烟遍岩窟。
千岁扶玉颜，终年固玄发。
曾非首阳人，敢慕食薇蕨。

斑竹管笔

翠管江潭竹，斑斑红泪滋。
束毫何劲直，在橐许操持。
欲写湘灵怨，堪传虞舜辞。
蔚然君子器，安用俗人知。

野田行

轻雷长陂水，农事乃及辰。
茅旌送山鬼，瓦鼓迎社鬼。
青皋暗藏雉，万木欣已春。
桑间偶耕者，谁复来问津。

陶者

陶尽门前土，屋上无片瓦。

十指不沾泥，鳞鳞居大厦。

从梅尧臣诗史式的记录来看，宋代的至德有采药者，有采矿者，有采桑养蚕者，有务农者，有制陶者，可谓百业皆有。农业还相对冷落一些。但是东至的重要物产还是茶叶，梅尧臣《南有佳茗赋》特别记录东至的茶叶生产、质地等状况。现将他写东至茶叶的《春阴》和《南有佳茗赋》录如下：

春阴

浓淡寒无宣，凄微气宇寒。

鸠鸣桑叶吐，村暗杏花残。

客子行裘薄，春塘野水宽。

轻雷欣已发，谬作采茶官。

这是写春天桑叶已吐，桑事将起，鸠鸣杏残，农耕已开始，然而至德人却全将它们置于脑后，而忙于茶事。作为县令，他既是忧心忡忡，又无可奈何。所以他说："谬作采茶官"，这哪里是到至德当县令，简直就是来当采茶官。从反面说明至德当时的茶叶生产规模特别大，以致县令在采茶季节只能应付茶事，而不是去督促农耕，而农民也都忙于茶事，而忽略农桑。

南有佳茗赋

南有山原兮，不凿不营，乃产嘉茗兮，嚣此众氓。土膏脉动兮，雷始发声。万木之气未通兮，此已吐乎纤萌。一之日雀舌露，掇而制之，以奉乎王庭。二之日鸟喙长，撷而焙之，以备乎公卿。三之日枪旗耸，搴而炕之，将求乎利赢。四之日嫩茎茂，团而范之，来充乎赋征。

当此时也，女废蚕织，男废农耕，夜不得息，昼不得停。取之由一叶而至一掬，输之若百谷之赴巨溟。华夷蛮貊，固日饮而无厌；富贵贫贱，不时啜而不宁。所以小民冒险而竞鬻，孰谓峻法之与严刑。

呜呼！古者圣人，为之丝枲絺绤而民始衣，播之禾辫菽粟而民不饥，畜之牛羊犬豕而甘脆不遗，调之辛酸咸苦而五味适宜，造之酒醴而宴飨之，树之果蔬而荐羞之，于兹可谓备矣。何彼茗无一胜焉，而竞进于今之时？抑非近世之人,体惰不勤,饱食粱肉,坐以生疾,藉以灵荈而消腑胃之宿陈?若然,则斯茗也,不得不谓之无益于尔身,无功于尔民也哉!

这首赋被收录在《至德县志》里。据说是梅尧臣写至德茶叶的,可能也有他老家宣城茶叶生产的影子。赋中描摹了当时的茶叶生产与消费的情景,可见当时人们对茶叶的需求已达到狂热的地步。作者对人们因茶叶而淡漠农业生产的行为表示了谴责,它也从反面说明社会对茶叶的重视与需求。

当时至德生产的茶叶,主要是为了对外出售与充税。我们可以从赋中得知,当时建德的名茶有:雀舌露、鸟喙长、嫩茎茂、枪旗耸等。但当时上至皇帝王公贵族,下至平民百姓,人人嗜之,流行一时。《文献通考·卷十八》云:“宋时,买茶之处,江南则宣歙江池……”

元代池州以产名茶闻名,马端临《文献通考·卷十八》云:“仙芝、嫩蕊、福和、禄合、运合、指合出饶池州。”以饶、池州并称,足见从产量和品种上,两州可以并驾齐驱。饶州自古是产茶大州,历史久。白居易的《琵琶行》中“前月浮梁买茶去”,就是指饶州茶叶(唐时的浮梁一带也属于饶州府)。这足以见宋代池州至德的产茶规模与品位。

为确保茶叶官卖的垄断,宋代从宋太祖时就制定了严苛的法律,所有的茶叶,如有私贩,即严加惩处,重者处死,轻者黥面(《文献通考·卷十八》),荒废的茶园必须重新整治,茶叶还可以代税。故农民对茶事不敢懈怠,以致轻农桑。故梅尧臣在至德时所发出的感叹,是可以理解的。

明代开始,至德县有一段时间,从尧渡河官运瓷器,渐渐一度影响民间,走向以瓷养茶、茶瓷合一的道路。至德的茶瓷文化今已中断,茶叶品牌也未能整合一处,独茶园仍多,以官港、木塔、马坑茶较为著名,然未整合成团,难以形成品牌优势。

八、血与火的洗礼
——沿江湖泽与战争

由于池州江面是处于长江中下游较为狭窄的一段。虽春夏水涨，江面有数十里之宽，然秋冬水枯之时，今秋江大圩一带就会浮出水面(这便是古代的所谓秋浦)，江面宽度仅数里。历史上，这一带发生数次战争，或围绕争夺铜资源，或为渡江灭国。

如吴楚数次大的争霸战争。仅鲁襄公十三年至二十五年，在这段江面上就发生过庸浦之战、鸠兹之战、舟师之战、舒鸠之战等四次大的战争，核心是为争夺池州一带铜矿的控制权(《左传》)。其后有隋末灭南陈的渡江之战(《隋书》)，北宋灭南唐的渡江之战(《宋史》)，1949年的渡江战役等。而江南的坚守据点，早期则在秋浦河岸的南陵戍、南陵郡城(即北江州城)，后来却移至江边乌沙夹的马石矶。

所以池州这一带江面，历来都是兵家所看重的地方，与战争有着天然的血缘关系。

(一)梅根河与三国“军工厂”

梅根河今称九华河，上游三大支流：主干九华河，由九华山盆地的八都河与九都河汇聚，出六泉口，于贵池区墩上街道办事处的云山脚下，与墩上源出太朴山东麓的黄屯河合，又北流，与源出太朴山北麓的马牙河会合，成梅根河，在贵池区梅龙街道办事处的郭港村注入长江。旧日的梅根冶就位于今天的郭港村。这条河，东与青通河水面相接，西与清溪河入长江处相距40余里(古代里制为50里)。青通河水系之铜(包括铜陵山系西部铜矿)可由青通河下游水面直航运至梅根冶,清溪河流域之铜铁也可由清溪运到长江,顺流而下至梅根。梅根是个方便集中铜铁料的地方,同时它还方便将铸件由江运向外输出。

正是这点运输优势,孙吴政权选中这里,设置"梅根冶",作为一个集中造钱币和造兵器的地方。《江南通志》称"梅根冶,吴置冶"。梅根冶的炼钢技术达到了极高超的境地。《太平寰宇记·卷一〇五》称:"梅根山,《吴录·地理志》云:晋立梅塘冶,今作铁冶,出青铁,其色特妙于广州。"其实,前已述,三国吴时已作铁冶。当时有一位冶工,不知何故,在已用了价值超十万的冶铁矿料之后,而未曾出铁,十分焦急,可见其铸冶规模之大。其二,所谓青铁者,乃钢也。与《太平寰宇记》作者同时代的沈括在《梦溪笔谈》中说:钢"乃铁之精纯者,其色清明,磨莹之则黯黯然,青且黑,与常铁迥异"。但钢不是直接出自铁矿,而是由生铁再加工而成。此证明,所谓梅根出"青铁"乃是在梅根冶炼出的生铁,就地加工而成的钢。可见梅根冶不仅冶炼铁矿石,而且锻打兵器。

正是因为梅根冶既造币又造兵器,孙吴才非常重视。尽管当时,孙吴在南京附近也有冶铁处,但从其重视程度来看,梅根冶是他们最倚重的兵工厂。

春谷县治就在梅根冶西南十余里处,其驻扎的军队,就可算是梅根冶的卫戍部队。首任县令(春谷长)周瑜,可能还将他的老丈人一家,从潜山(皖公山)移至县治安置。今梅根冶遗址西南十余里处(今马牙枫岭一带),民间还流传当地曾有乔阁老花园之传说。据《光绪县志》记载:曾有人在当地浚井时,捞出一块腰牌,上有"乔府"二字。到了诸葛恪辅政的时候,又将虎林城移至春谷县治,以加强梅根冶的拱卫和江防的安全。此时梅根冶所在地已成为"滨江兵马之地"。

虎林城移至之前,春谷县就开始驻有重兵,皆由猛将把守。除了首任春谷长周瑜外,继任者有老将黄盖,猛将周泰(孙权的卫队长)。其后琅琊王孙休,大将朱熊、陆允、何逊、朱异等为虎林督,镇守该地。《太平寰宇记·卷一〇五》载,大将朱异也曾镇守过虎林。据《资治通鉴》载,景耀元年六月,"孙琳使镇南将军朱异,自虎林将兵袭壹"。吴将孙壹据夏口而反,朱异直接从虎林发兵,袭击夏口,孙壹被迫逃降蜀国。可见,虎林如不是屯有大军,孙吴不会贸然让朱异直接从此发兵去平叛的。

终孙吴三世，梅根冶一直处在重兵猛将的镇守之下，孙吴重视梅根冶的理由其实很简单。

其一，孙吴的财政需要。早在孙吴设梅根冶之初，抑或未设立之时（梅根冶究竟设于何时？一时难以考证，我们认为其设立时间应不早于周瑜任春谷长前，即孙权执政之初），曾发生过特别的钱荒。孙权曾颁发诏令，要求民间将私藏铜器捐出，用以铸钱。因此，梅根冶这样一个造币厂对于孙吴来说是非常重要的。其二，孙氏统治江东，最大的心腹之患是山越，而池州又是山越人较集中的地区之一；冶炼精良的兵器是山越人的特长。孙权一方面想剿灭山越，一方面又想利用山越人技术来冶炼兵器，并制定严苛的法律来限制他们可能产生的破坏。镇以重兵，一方面防止冶炼的山越匠工生事，另一方面防止山区的山越人下山抢劫梅根冶。山越密集的山区距梅根冶极近，近者只有十几里，远者也只有几十里，可沿九华河、青通河、清溪河、秋浦河顺流而下，十分方便，而“山居水行”正是山越人的特长。其三，防止敌人或叛军对梅根冶的贪图。孙吴到了后期，长江对岸的安庆皖口与巢湖濡须口都时常成为御敌的前线，此时的防线，就在长江岸边。

（二）池口、升金湖、天生湖与南宋抗金

池口、升金湖、天生湖都属于沿江的湖泽，在战争史上，水兵发展起来以后，这些地方在江防中的地位就突显了出来。

1.池口与天生湖

池口，作为一个地名，本指贵长池东之入江口。北魏郦道元的《水经注》中称贵长池发源于玉镜潭，而终于池口，即殷家汇到今天的池口港，古称贵长池，又叫秋浦河。玉镜潭在殷家汇镇的琅山崖，有两个源头：东边为龙舒河，发源贵池棠溪的七井山和石门高村，西边为鸿凌河，发源牯牛降、大洪岭和珂田仙寓山。两大支流今至玉镜潭上游五里处而合，流入潭中，构成秋浦河的源头。

从今牛头山的晏塘向东，至池口段，是秋浦河的主流段，占秋浦河总长度的六分之五。贵长池与秋浦河的关系是涨水和落水的关系。春夏涨水时，河的水面直抵江边，中间宽处有40余里，两头窄处也有好几里；长度则为60余里，可谓一巨型长池，即贵长池。梁代设立的南陵戍、南陈的南陵郡及北江州城，就坐落在贵长池中下游的东岸。该地并遗有昭明钓台遗迹一处（在今杏花村景区内梅州晓雪西侧，即秋浦河新大桥西南侧约2里处），旧传昭明太子于此垂钓，得鱼味美，故贵长池之贵又改为“鐀”，池口改为“鐀口”。

秋冬落水时节，贵长池北岸浅滩尽出，野草遍生，故称秋浦，意即秋天出现的浦。此时称为秋浦河，水面宽仅仅1里左右。

在贵长池与长江之间，即沿江岸，有一列低矮的小山，也就是今天的晏塘、乌沙、高脊岭一带的小高地。涨水时，是长江的天然涯岸。据郦道元的《水经注》载，古时，长江至牛头山时，一分为三，南边的一支称为南江，贵长池西南即是古代南江的江道，是古时南江夺道贵长池，还是贵长池就是南江的遗迹，现在不得而知。

在贵长池南岸的中游，池水在群山之间聚集成了三个湖，三湖似断还续，它们分别叫大白湖、乌渡湖（今称天生湖）、谷潭湖。

今大白湖水已涸，成为稻田。谷潭，古时跨秋浦河南北，水面较大，但今已为秋江大堤隔断，北部成为稻田，南岸只剩下一个极小的水面。现在留下的一个水面最大的湖，就是乌渡湖。古称后湖、紫岩湖，后称乌渡湖，新中国成立后又称天生湖。南江入贵长池之后首次由此向东南而行。经紫岩入清溪石灰冲，到古平天湖过齐山白沙，与丰收圩水对接。天生湖南岸还存有从长江冲来的卵石，即是明证。该湖本是一天然水面，与秋浦河水同盈缩。民国四年，歙县人汪律本，响应贵池人刘世珩召唤，围湖造田，在天生湖至秋浦河入口处的两山之间，筑一长堤，约2里长，使乌渡湖成为一人工湖。后汪氏又邀同乡黄宾虹来垦湖（曾同为黄社核心成员），黄氏即在汪氏别墅附近筑屋数椽，号曰：池阳湖舍（今汪、黄故居二遗址尚存，隔山岗相望）。

北宋徽宗时，卢道原曾上书称：花石纲经乌沙江面时，必过拦江矶与太子矶，而此段江面，航道凶险，请求朝廷批准于二矶上游李阳河处的新河口（宋仁宗时周湛为开新河所凿入江口)为起点,开凿一条运河,引江水入灌秋浦河,船从长江驶入秋浦,从池口再归江,这样江船便避开二矶之险。朝廷同意从新河口开凿一条人工运河——车轴河,连接秋浦河。从此,池州就成了港口城市。江上大小船只都乐于从此经过,池州的物流与人流一时鼎盛。

池口作为江上港口,其意义在于物流带动了人流。凡江上船只不得不在此停泊。著名的泊客中便有李清照。因她随船携带了许多金石字画,不想在内河停泊,也就泊在这里。池口设有税务亭子(宋),管理货场的税收,足见当时池口交易的规模。

过往的官员也皆如此。只是要在池州逗留几日的官员,则是将船直接驶入清溪河口,溯河而上,至南门弄水亭泊岸(今南门大转盘),上岸即是府衙(今包公井处)。没有开通运河之前从江上来池州的著名游客,有李白、李群玉、李商隐、苏舜钦、苏轼、曾巩、王安石、司马光、黄庭坚、张舜民诸人,开通运河之后,有李纲、陆游、杨万里、范成大、尤袤、文天祥等,他们大多数皆由弄水亭泊岸(离南门弄水亭几十米的清溪河对岸,古代也是一个商贸集散地。原有一座桥与府衙相通,桥边即集市。从近年出土的文物看,其繁荣主要在宋代,尤以宋代生活瓷片和北宋各个年号的铜钱出土最多,与北宋的张舜民来池州时所见“此地物丰价贱,北人多留此为生”相吻合。此处还间出一些唐代或元、明的生活器具,如唐代的研茶钵和铜币,这些也说明唐时在这里加工和转运过茶叶)。

池口的繁荣,一直持续到明代正德十年左右,其时何绍正任池州知府。他在任的时候,适逢江西宁王朱宸濠准备谋反。为防止宁王的军队,由江上沿此河入侵池州,他赶紧找了一个江水漫灌民田的借口,于正德十一年(1516),将李阳河的入江口堵塞起来,筑了一道坝,名曰新河坝。至此,池州结束了它作为一个江上港口城市的地位。

2.池口天生湖一带与南宋的江防

(1)池口与清溪控海水军

宋高宗南逃立国之初,长江一带屡次成为战争前线,尤其是九江至建康一线。由于江南一带河湖众多,水军越来越为南宋朝廷所重视。高宗建炎四年(1130),金兀术在长江黄天荡逃走之后,南宋痛定思痛,决心加强长江一带的水军建设。在池州设立了清溪雁汊控海水军,规模不断扩大,经过几代人努力,最终该水军扩充至1500人(《江南通志》)。

最初训练此水军的将领为岳飞,清溪一带水兵的最初训练地即在靠近池口的贵长池中,并建翠光亭一座。岳飞有翠光亭诗一首云:“爱此倚栏杆,谁同寓目闲。轻阴弄晴日,秀色隐空山。岛树萧疏外,征帆杳霭间。余虽江上老,心羡白云还。”

(2)天生湖与岳飞

作为从池州城取水路去殷家汇的便道,先坐船从池口出发,沿秋浦河上溯十余里至乌渡湖,舍舟登岸,从涓桥经洗马铺到金鸡铺,再去殷家汇的琅山崖。从这一路都留有岳飞的传说看,当年这正是岳飞走过的行军路线。

在涓桥镇涓桥村,传说岳飞军队过涓桥时,为保密,以绢裹马蹄过桥,故称绢桥(后讹为涓桥)。洗马铺,则是因岳飞军队停下洗马而得名。金鸡铺因岳飞军队购买斤鸡(一斤重的鸡)而得名,称斤鸡铺,后改为金鸡铺。

岳飞在池口和秋浦一带活动时间,大约在建炎至绍兴初年。直到宋高宗后期,宋、金基本在两淮一带对峙,江上紧张的局势稍有缓和。

3.升金湖(黄湓湖)

升金湖古称黄湓湖,又称雁汊。古时即以候鸟(主要以鸿雁为主)越冬栖息地而得名。它面积广大,四面环山,尤以姥山与乌石山较为高峻。惟湖西北一隘口与江相通,今谓之黄湓闸。

升金湖有两路来水,一为黄湓河,源自仙寓山的东至段,一为唐田河,源自贵池区牌楼镇。

沿升金湖黄湓河上溯,可抵达石台。翻杵岭古道,即进入秋浦河流域;再上溯至祁门、屯溪。向西南登岸,不数里即达至德城,再沿尧渡河上溯,可至江西鄱阳与浮梁。故古代升金湖,实为商贸要道,由于其沟通南北,故又为军事要冲。

位于升金湖湖口的黄湓，是黄湓河与长江之间的交通要地，一面临江，三面临湖，为进入升金湖的咽喉。小岛面积不大，由于南通升金湖，东达下江，西达上江，水面辽阔，故交通便利且渔业资源十分丰富。因而当地一直以物资集散和捕鱼为业。明清时渔业税收高于池州沿江各渔港。加之繁荣的商贸，于是民间就有“金黄湓，银大通”说法。张煌言在对清作战失利后，曾经过黄湓，亲眼见证过黄湓的兴旺，留下两首诗，叙说他的所见。明清政府还在此设立船政管理机构(见《嘉靖池州府志》和《乾隆池州府志》)。

在南宋时期，清溪雁汊控海水军名为一体，实分两处，即清溪与雁汊。雁汊对面即安庆，宋代为舒州。这就需要应对可能在皖口出现的敌人。上游九江已有水陆军，彭泽至殷家汇段是江防空缺，而雁汊控海水军实填补这一段的空缺，故水军需常年在此地驻扎。究竟雁汊与清溪两端的兵力分布如何，现在无从考证。但从雁汊所处的险要位置看，应是重点考虑地区。因为清溪位于府城，还有相当力量的陆军。中兴四大将之一的刘光世就曾长期驻扎过池州；在青阳的朱备还留有他当年曾经驻扎过的遗迹——刘公寨(《民国九华山志》)。所以这个地方只需配以适量的水军。而雁汊没有陆军，江防全靠水军，故水军配置必须足量。当宋高宗听说北方有几万投降士兵的时候，高兴地说：“吾虑江池一带兵力不足”，急欲将这些兵力补充到这里来(见《宋史》)，而江池一带防区最薄弱的便是雁汊。

升金湖，口小腹宽，周围山峦起伏，便于防御，也便于水军训练，其训练和集结地应在乌石山下，至今，当地仍留有点将台的遗址，并遗留一方有“鹏举之军”的石刻(岳飞，字鹏举。此碑毁于20世纪六七十年代；有人认为是“鹏举之印”，误)，位于今汪秀林所经营的景区内。

顺带说一下乌石山。乌石山的名字在唐代就已存在。《太平寰宇记·卷一〇五》记载：唐永泰元年(765)以前，“宣饶二郡人方清、陈庄聚兵据乌石山并太平等古城为乱，遂绝江路，劫掠行旅日久”。其实，此前，陈庄进攻过江对岸的舒州，方清也在石台、歙县一带活动，但终究是山区乏食，二人便合据乌石山为盗(见《新唐书》)。乌石山在升金湖东南，山脚就是升金湖，地势险要。至今仍存有乌石山寨的遗迹。二人据此，打劫江上过往船只，无论是民商船只还是官家漕运船只。这种匪患，对唐王朝平定安史之乱和藩镇割据战争的后勤补给，是极大的威胁。

乌石山离秋浦县城（当时在石城旧址，殷家汇灌口）仅20余公里，离至德县城也仅有30余公里，故乌石山寨威胁二县治安全。其中，至德县刚立县不久，受影响时间较短，秋浦县治则受威胁达十余年之久。而此时，还未设立池州，至德县自然仍归饶州管辖，秋浦县归宣州管。二者州治都在数百公里之外，鞭长莫及。而二县都是县小兵弱，根本无力与方、陈对抗，更谈不上清剿。

此时，江西观察使李勉的幕僚李芃，据此提出复建池州以剿贼的建议。唐王朝依允。永泰元年（765），池州第二次复立，选址在清溪河与秋浦河末端。李芃是池州复立之后的首任刺史（《新唐书·卷一四七》）。立州后，他迅速派遣部将剿平了方、陈二人。方清战死，陈庄投降，乌石山告破（《江南通志·卷十六》）。李芃于乌石山勒石纪念，碑今尚在乌石山顶，当地呼为“宰相碑”，因为后来李芃也确实担任过右仆射（宰相）。

4. 贵长池与三次渡江战役

贵长池与长江相接，隔岸是安庆和枞阳，军事位置十分重要。历史上改变全国战争格局的三次大的渡江战役，都是首先在这里突破的。

（1）贵长池与北隋灭南陈的渡江战役

北隋灭陈的渡江战役，据《隋书》记载，是兵分两路的。一路由北隋大将杜彦带领，直扑南陈的北江州，即由今天的贵池江段渡江。另一路由大将韩擒虎带队，直扑当涂，偷渡马鞍山采石矶。按计划杜彦渡江后，向东（即金陵方向）奔袭，与韩擒虎汇合，攻打金陵。

南陈王朝在历史上，只存在短短的几十年。为了加强江防，南陈在贵长池南岸（今杏花村景区内）的南陵郡城安置了北江州城（该州治在原湖北黄陂境内）。最后一任刺史为许翼。杜彦在江北驻扎大军，以大将樊子盖为先锋，率军先偷袭北江州的水军寨。当时是十一月份，秋冬水枯，南陈水军难以发挥优势，樊子盖偷袭成功。他们抢走北江州水军船只600艘，使其水军全军覆没。在丧失水军优势的条件下，北江州兵与渡江而来的杜彦军队苦战，伤亡惨重，北江州刺史许翼被生擒(《隋书·樊子盖传》)。整个山上尸横遍野,人称满骷髅盖(当地称头颅为骷髅盖)山(今讹为“猫骨盖山”或“毛骨街山”,即《府志》所指镇山)。杜彦夺下北江州后,与偷袭采石矶成功的韩擒虎汇合,去攻打金陵,陈亡(《隋书·杜彦传》)。

这里有一个问题,为什么南陈的江防要塞不设在贵长池的北岸,却在贵长池的南岸?前已述,贵长池与江,仅一列小山相界,这列山起于木闸、晏塘二乡,经过乌沙镇东北至高脊岭乡,它既是长江的南岸,又是贵长池的北岸。如果在此设防御要塞,则防军就处于二水之间,一面是长江,一面是贵长池。一切给养与军队调动,全部依赖船只。如果从南岸运送给养与人员,船则需运送四十余里的距离。一旦敌军渡江作战,南陈无法及时给予后勤的保障与兵力的支持,又很容易被敌人四面包围,甚至战败连撤退的后路都没有。

北江州城也是临贵长池而设,在临水的一个小山(即镇山,或猫骨盖山),有两个大水池,就是守军的军港,仅一路与附近陆地相接。一旦被包围,逃生的机会也很少。但它的优势在于镇山与南岸是一体,补充给养与人员极为方便。

(2)贵长池与北宋攻打南唐的渡江战役

北宋攻南唐的渡江战役,在战略上与北隋攻南陈的渡江战役是惊人的一致:也是兵分两路:一路攻池州,一路从采石矶渡江。更为巧合的是,这次攻打池州的主将也是姓樊。

据《宋史》记载,这次宋军领军攻打池州的将领是樊若水,不知道是不是北隋的那个樊子盖的后裔。从两次战役的战略相似来看,二者确实有祖孙之嫌。

樊若水之父在南唐时,于池州为官,因此,樊若水也算是个池州人了。但科场一直不顺,据说是为贵池人殷崇义所阻(殷崇义是南唐后主李煜的宰相,后来被掳归北宋,改名汤悦)。

樊若水一怒之下,决意投奔北宋,拿渡江战役的规划作为见面礼,向宋太宗献降。

樊若水的渡江计划与北隋渡江计划如出一辙。但同中之异是,宋军攻采石,不是偷渡,而是公然地攻打。

要公然攻打采石，首先要解决大部队同时渡江的问题。为此樊若水多次化妆成渔民，以小船系绳，直奔江北，偷量采石矶江面的宽度。在量好江宽以后，樊若水构想以毛竹扎成浮桥，连接于江面，大军从浮桥渡江。

带着这个计划，去江北投降，面见宋太宗，陈渡江策，得到认可。

北宋开宝八年(975)，宋军从四川伐巨竹(疑是巨龙竹)，顺流而下，拟于采石架浮桥渡江。他们先在安庆的皖口段，试铺成功后，继续向下游进发。一路大军由樊若水率领，攻打池州江段，江面要塞是夹山寨。夹山寨在贵长池的北岸，即长江南岸，今天谓之乌沙马石矶，是沿江一列山丘中最突出江面的一个矶头。山上树木丛生，临江有小土崖，防守方便。由于北宋的水军也较为发达，很快打下夹山寨。继而攻打池州。守将戈彦不战而逃。樊在攻下池州后，还攻下了两个当地人据险自保的山寨，樊被北宋任命为池州知州(《宋史·樊若水传》)。

攻采石的部队由北宋大将潘美指挥，架设浮桥，十万大军渡江，一举攻下采石。与樊军汇合后，改由曹彬统一指挥，攻打金陵，李煜出降，南唐亡(《宋史·曹彬传》)。

池州的迅速被攻破，不能说南唐对池州的军事地位不重视。在南唐后期，池州被升为康化军(《嘉靖池州府志·卷一》)，以军镇建置管理池州，应该说是非常重视了。但问题是，南唐一直疏于江面防范。因为它自信自己的水军是一流的，无论哪一段江面出了问题，水军都能及时解决。就是北宋十万大军架设浮桥渡江时，还为南唐的水军所嘲笑，显得不屑一顾。

樊若水的老师夏乾锡，贵池人。以樊叛南唐为耻，拒不出仕，以“清溪布衣”而终(《明一统志·卷十六》)。

(3)贵长池与渡江战役

1949年，人民解放大军百万雄师横陈江北，上迄九江，下至江阴。国民党依旧自信，千里长江，固若金汤。但没有想到的是，解放军最先突破的江面仍是历史上的池州段。

国民党忘记了池州江面曾是历史上数次渡江战役的首先突破点，以为他们铁甲军舰的船坚炮利，只要在长江游弋，就能轻易击溃解放军的渡江渔船。

整个渡江防线薄弱部，连李宗仁也没有看出来。倒是共产党于1949渡江成功之后，于5月迅速设立皖南池州区。池州的行政区域扩大到下辖九县一市：在贵池、石埭、至德、东流、青阳、铜陵六县的基础上，增芜湖、繁昌、太平、大通市（《池州市志》）。渡江战役，毫无例外的最先在贵池北岸乌沙的马石矶突破，部队如潮水般涌入。国民党忘记了，江防只要从一点上突破，所有江面的坚船利炮的作用都归于零。国民党在渡江战役中的失败，除了其不得民心之外，最重要的因素之一，就是根本不重视池州在江防上的重要地位。

贵池面临的这一江段为什么屡屡被渡江战役最先突破？其地理原因之一是，这段江面较狭窄，滩涂很短，便于登陆；地理原因之二是，池州背临山区，东达南京，西达九江，南达徽杭，便于部队渡江后，迅速展开深入；其三，作为防方，难以用重兵驻池州，一方面由于地理环境限制，军队难以展开，一方面由于经济制约的原因，即池州为山区，山多田少人口少，本土物产很难供养大批军队，如驻重兵，军队给养的运输成本较高。

5. 平天湖与元末朱、陈的争夺战

元末，经过朱元璋北抚南剿之后，只剩下陈友谅一支劲旅。当朱元璋的部队拓展至池州时，与陈友谅相遇，双方在池州展开了三次大规模的拉锯战。

陈友谅以投诚将领赵普胜为将，镇守池州。陈友谅部队以水军为强，朱元璋的部队以陆军为强，双方各有优势。池州为水国，孤城四面环水，赵普胜又素为悍将，所以朱的部将常遇春在攻池州时，屡易其手（《明史·陈友谅传》）。

双方曾在平天湖以水军大战过一次。这次是朱元璋亲自督战，被陈友谅部将赵普胜打得大败，落荒而逃，仅以身免。

民间传说朱元璋逃跑是从杏花村境内的十里岗低洼处，凿了一条拖船沟，将船拖至另一面的贵长池，狼狈而逃。今拖船沟遗址尚存。

贵池历史上，永记着常遇春对池州城的三次血洗。为彻底解决陈军的水军优势以及悍将赵普胜，朱采取了两个步骤：第一步，离间陈友谅与赵普胜，利用间谍散布谣言，使陈友谅误杀赵普胜（《明史·陈友谅传》）；第二步，诱敌至九华山腹地六泉口，汇而歼之。这样可以发挥自己的步兵优势，使敌人彻底失去水军的依托，无法发挥优势。六泉口一战，陈军守池部队全军覆没，投降者，被常遇春活埋三千(《明史·常遇春传》)。

由于陈友谅宽政仁厚，池州人民对他较有好感，故下至百姓上至豪家大族，皆拥陈反朱。池州惨遭朱的屠戮，原因也在此。

顺带说两件常遇春与池州的事。

常遇春曾欲借道贵池石门高村，从青阳南阳越石门高村偷袭池州陈军，石门高人不从。于是常氏一怒，尽屠高氏，仅少数死里逃生。

陈氏手下大将柯天奉，战败退至贵池源溪(今贵池区刘街源溪村)，欲筑寨自保。常遇春欲戮源溪柯氏，柯天奉设九十九座疑冢，诈死而逃至湖北。后转徙于河南而死(《源溪柯氏宗谱》柯天奉像赞云“隐遁荆蛮”，后湖北柯氏子孙寻根问祖至源溪，方知荆蛮是指湖北)。

民间传说，常遇春杀尽池州城，城内仅余董、姜两户，可谓惨绝人寰，令人发指。

明军在池州的屠戮，是池州人口的第一次大灭绝，以致明代的池州人口中，有相当一部分杂姓，但他们都来自明初的大移民。即使是通过这样的移民，池州的人口仍只有元时的一半。据《元史》《明史》统计：元代池州路(元代称府为路)，领县六。户 68 574，人 366 567。明代池州府，领县六，洪武二十六年，户 35 826，人 198 574(包括大量的明初池州移入人口在内)。

(三)九华河中上游与黄巢起义军

晚唐黄巢起义，在大江南北作流寇。终因缺乏根据地，军队补给不畅。起义后期，粮食生产逐渐被重视起来。在一些较稳定的地区实行军屯，已迫在眉睫。九华河的中上游，黄巢一部的军垦，正是在这种背景下出现的。

这支队伍在池州一带的活动，现在只留下了零星的记载。据《石埭县志》与《嘉靖池州府志》记载：黄巢起义军曾进攻过石埭仁里(今称七里，即城关镇)，遭到石埭仁里桂氏家族的激烈抵抗。乡民在桂仲武(中唐时曾任安南都护，福建观察副使等职)之子桂盛率领下，进行抗击。另据《方氏家谱》记载，方氏一世祖方绍，本在贵池上清溪云子坂为其父池州刺史方璞(开成年间到池)守墓，因黄巢之乱，避居棠溪石门高村的宏溪。清郎遂《杏花村志》亦载：九华杜村西馆刘氏的一世祖刘文昂，本娶杏花村陈氏女为妻，居于杏花村，因避黄巢之乱，迁住九华山下的盆地西边的杜村乡避乱。

据相关文献记载：黄巢军队过池州时，池州判官刘孟昭，曾因为剿黄巢有功，之后，升任山南东道节度使。刘孟昭墓在贵池城边齐山，是老死、病死、还是与池境黄巢军队作战而死，实为悬疑。他死后，继子刘文昂葬其于齐山南，按黄巢军队来池州，刘文昂居杏花村20岁左右计，他才有能力葬刘孟昭。刘孟昭可能死于黄军来池之战稍后。

黄巢军队所军屯的地点是九华河中上游，即墩上街道办事处的西边广阔的地方。这里水量丰沛，地势平坦，宜于开垦。这里在黄军来之前，应是人烟较少的地方。查其现在当地的姓氏，大姓者有叶、姜，还有在太平天国时被灭族的桂氏。

按叶氏，在南宋时出过叶楠。如叶氏来于黄巢军队以前，到南宋时，应已衍成大族，绝不至于在南宋才出一个小小的县令。在池州曾出土过一面唐代的铜镜。其背面铭文即有“叶家造”字样，但这个叶家是否是墩上这个家族，不好说。

其次是姜氏家族。在民国，姜氏被称为贵池四大姓之一。但是姜氏之有文名，或有大财富者皆在明代，足见其定居于诸湖的年头，不可能早于宋；也可能是元代中后期才到墩上。

那么桂氏，据说到了太平军来的时候，桂氏才百余户。如果黄巢时来墩上，800余年，绝不仅仅只有百余户。又据桂氏家谱，黄巢来池时，桂仲武仅有二子，桂璧、桂盛，均在石埭仁里。仁里以外无桂姓。故桂家祠之桂，不可能早于黄军到来之前或同时。

因此，我们可以做出一个基本判断，黄军来时，墩上一带较少居户。据现在的情景看，这个长川足有万亩以上的良田，当地人称之黄屯畈。畈中间河流上的一座桥，叫黄屯桥。假使这里一片田野，不是黄巢军队所开，又何以有“黄屯”这个名字？

这支军队最后在黄屯畈东南的铁券山战败投降(《江南通志》)。铁券山,在今墩上铁门冲附近,旧有二巨石夹路,称为石门。地势险要,是防卫、军屯仓储之理想所在。

据《大清一统志》记载:铁券山在贵池县东60里,相传黄巢军投降受券于此。意即黄巢的这支军垦部队在此投降,接受朝廷免罪的铁券。

这支军队为什么选中黄屯畈进行屯田,一是如前所述,这里人烟较少,土肥水美,面积广大,是军垦的理想之所。据《旧唐书》载:唐朝时,整个池州四县,户19 000,人206 932。也就是说四个县人口加起来,不足21万,地广人稀,许多土地尚未开垦。这片土地按理在交通要道上,它却正当河流上,每年为山洪淹没,一家一户的自耕农,很难有力量治理水害。二是,这里是交通要道,地势开阔,易遭兵乱,不安全,这是人们在选择定居时很忌讳的一个地方。池州清以前老家族所选居住地几乎都在地势险要之地。如西汉时来青阳九华山的老田吴氏家族,王莽时来青阳陵阳的所村陈氏家族,唐初贵池石门高氏家族,唐高宗时来九华山的柯氏家族,以后,东至的南溪古寨的金氏家族,官港的许氏家族,明中期石台牯牛降的严氏家族,等等,他们几乎都选择群山环抱的山腹之中,基本上村口树木茂密,不见村庄。即使村口也为一小山所拦,根本上看不出有什么村庄。这种隐蔽性好,又利于防御的地方,是他们的首选;其次才考虑土地平旷,利于后代子孙繁衍发展的地方。

黄屯畈也是一个山间盆地,几乎为群山包围,却是个开放的盆地,官道穿行其间,去九华朝佛的道路也交错其间。除石门村与渚湖外,其他地方几乎无险可守。所以黄屯畈不是古人理想的宅住地,故居者少。

黄军选择此地的第二个原因或许就是因为九华河是梅根河的上游,唐代铸钱的梅根监,距此地的水路仅30里,这就意味着,他们随时可以抢夺唐朝的财富。此地可谓钱粮兼备,是可以有效地为黄巢军队提供补给的最佳选择。

九、被忽视的文明
——吴越楚文化的交融

(一)从春谷县说起

1.探寻春谷县城

春谷作为县一级行政的名称,最早出现在《汉书·卷三三》:“丹阳郡十六城,有宛陵、粟阳、故彰、于潜、泾、歙、黟、陵阳、芜湖(中江在西)、秣陵(南有牛渚、湖熟侯国)、句容、江乘、春谷、石城(人口63万)。”这是春谷作县级的行政单位,第一次出现在史籍的记载里,与陵阳县和石城县并列。

那么,汉春谷县治到底在哪里呢?其疆域范围有多大?我们先讨论第一个问题。

按《元和郡县志·卷二九》“南陵县”条下云“本汉春谷地,梁于此置南陵县,仍于县理置南陵郡。”也就是说,南北朝设立南陵郡本来就是汉代的春谷县,南陵郡府治所在的位置就是原春谷县城(县理:“理”本为“治”,《元和郡县志》避高宗李治讳改为“理”)。《元和郡县志》是唐代宰相李吉甫依据唐玄宗开元年间留下的资料编纂而成的历史地理类书籍。它的记载,比较可靠。以唐代开元年(713—741),即使是后来的元和年间(806—820),距南梁不过200多年的时间,相对古代的历史地理而言,这是较短的时间跨度,变化一般是不大的。即使是更替了几个朝代,也只是南北朝前期行政变化较大,特别是晋元帝渡江后变动最大,梁中后期较为稳定,仅个别地方变动大,故李吉甫所述的南陵郡治位置相对较为确定。

由南陵县郡治与春谷县治在一起，故我们确定了南陵郡治，也就知道了古春谷县治的位置；反之亦然。

《元和郡县志》在南陵县条下记云："梅根监在县西一百三十五里"，"春谷故城在县西一百五十里"。

我们姑且不论唐开元时的南陵县治在哪里，单就是定位了梅根冶的位置就知道了春谷县治或南陵县治的位置。梅根冶设于池州城东约五十里处的梅根河口，自三国设冶至唐代设监，一直没有移动过（见吴世民《牵动王朝金融神经的地位——池州冶监设置迁移考》）。那么梅根冶东距南陵县治（唐代南陵县治，今南陵县内）"一百三十五里"，而春谷县城东距唐代南陵县治"一百五十里"，二者相减，则春谷县治西去梅根冶则15里。也就是说春谷县城在梅根冶西或西南15里左右。

如此可证，古春谷县治在梅根冶西（或西南）15里左右，即在梅根河下游，属于丘陵边缘，与南边山区腹地有山连接，进可攻退可守。可以推想汉代在此恢复春谷县城，目的在于控制山越入江。因为据《越绝书》所记，越人，除了"擅兵甲（即擅长冶炼兵器外）"还"山居水行"，即居于山上，以水为路，行独木舟，来去如飞。山越人继承了这一传统（从汉武帝在水道上设卡就知道山越善水行；从孙吴多次剿山越不得，就知道山越人擅甲兵）。如果山越人沿九华河或青通河而下，可以绝江路。春谷县设于梅根河下游，则东距青通河仅数里。可以推断，山越人去长江的两条河道（梅根河和青通河）即为春谷县所卡。同时汉又在青通河与青弋江的发源处，设陵阳县治，于西边的秋浦河支流汇合处设石城县治，对整个池州山区形成U字形包围圈，堵住了池州山区的河流的入江口，山越人被圈于九华山脉，及周边地带的山区，既避免了山越人对长江水道可能造成的骚扰，又防止了山越人向其他地方蔓延。另于青弋江中游，二水交汇处，设泾县治，以遏山越，使山越人始终处于江淮之间，即长江以南，青弋江以西（青弋江，汉称淮水，见武汉大学历史地理学家石泉著《楚文化辞典》）的广大山区。

2. 春谷县的历史

(1)春谷县的得名和设立时间

春谷县在汉代才出现在文献中,是不是意味着汉代才出现春谷县呢?根据《左传》记载"以县赏胥臣",春秋已出现县,设长官管理。春秋出现县比较早的国家中有楚。那么,春谷县到底何时设立?

据《史记》,战国时,楚灭越,"尽取吴故地"。这里"尽"字意味深长,即是说,春秋吴国的故地,全归楚国占有;越人自立为王的地盘,只在春秋末期越国所有的老地盘及徐人建立的姑篾国,即越王勾践灭吴前所有的土地,加上其他非吴国的闽越一带。

楚"尽取吴故地"后,派人统治,如封春申君黄歇于吴,即是一例。

按理说,池州一带属吴楚交界,虽然楚曾一度打下芜湖(鸠兹),吴国强盛时,即吴王僚、阖庐、夫差时,池州属吴。南陵曾出土过吴王光剑(该剑现藏安徽博物馆),即吴王阖庐剑,上有铭文"作此以御越人"的字样,即是明证。南陵县大公山是上古时产铜并冶炼的地方,吴王光剑出土于此,应即炼成于此。说明吴国拥有这里的土地和矿产。所以池州即是所谓"吴故地",越灭后,为楚国占有。

但问题是,楚在占领"吴故地"之时,到底设春谷县了没有,史籍无载。我们只能推测,楚国除了将"吴故地"的一部分分封出去外,另一部分地方,还是要设县。

楚国于春秋时就有了在打下的新地方设县的历史。《史记·楚世家》记载:"楚庄王十六年,伐陈,灭夏征舒,破陈,即县之。"以整个陈国为一县,在今天看来,可谓大气魄。

春谷县的范围极大,西起秋浦河东,东抵马鞍山一带沿江宜于稻作的平原区和丘陵平地。面积这么大的县,也应该只有常灭一国为一县的楚国,才做得出来。

其次,春谷的种植,从被吴国占领时起,到越国灭亡,已历一个半世纪。这么大面积的春谷种植已成稳定局势。

鉴于以上理由，我们认为，春谷县不独设于为楚占领之时，而且“春谷”这个名称也得于此时。

下面，我们将春谷县设立的情况再说得具体些。

楚与吴越接壤于池州西部，春秋时，楚王伐吴，曾占鸠兹（今芜湖）。吴楚在春秋时，为争夺池州一带，发生过多次战争。从根本上说，吴灭越之前，池州已经属于吴国。因为吴王光在讨伐越国之前，铜陵一带铸造讨伐越国的兵器。故至少在吴王光第一次讨伐越国之前，即前496年前，即为吴国占领。估计此时吴地的稻作随即推行到池州（“塘”是吴地对他们水利工程的称呼。该地沿江一带大量以“塘”命名的水利灌溉工程，也已证明吴稻作文明的存在）。

到了吴为越勾践所灭（前473），此地尽属越，越无县。越国也是稻作文明，池州区域虽然属越，但无须改变耕作习惯，仍然可以继续种水稻。130余年后，越为楚灭，此地尽属楚。《史记正义》记载：楚威王“大败越，杀王无疆，尽取吴故地，至浙江北。而越以此散。诸族子争之，或为王，或为君，滨于江南海上，服朝于楚。”越国被打败以后，从此散为小部落，王族的子弟，各占一个地方，自立为王，或自称为君，这就是百越。但《史记》说：“尽取吴故地。”吴故地，皆是水稻种植区。这个“尽取”，就意味着楚国全面接管越国的水稻种植区。因为楚之云梦泽（洞庭湖、江汉平原一带）也是水稻种植区，占领之后，按云梦泽稻作区的管理模式管理，驾轻就熟。同时，还可以移民“吴故地”，因为他们都种植水稻，种植技术、生活习性自然基本相同，楚移民也就能迅速融入“吴故地”的居民之中。贵池里山徽家冲的这位窖藏主人，应该就是来到“吴故地”的楚国移民之一。

楚庄王曾经攻下陈国（约前534），设陈国为县，时间很短。不久又恢复了陈国。但楚惠王十一年（前479），终于“灭陈而县之”。这种于新占地盘设县，证实了春秋时，诸侯对设县的考虑。据《说文解字》“县者，悬也”，也即春秋设的县，是一级地方政权组织，对新得的土地进行管理，但新得的土地随时又可能被夺回去，或被他国占领（故称作“悬”着的土地），所以就临时设立这么一个管理组织。这级管理政权管理的面积，在春秋时，很大。如前述的“灭陈而县之”，将一个陈国变成一个县。这种做法，应一直延续到战国。按此办法推理，楚国如在池州一带设县，面积应该远远越出池州的范围。按古春谷所领的范围包括今天的池州大部、铜陵、繁昌、南陵、芜湖、马鞍山等地，面积估计有数万平方公里。

从面积看，这样面积的大县，很像战国时楚国遗留的古县。从资源上看，此地盛产铜，而铜正是古代国家高度重视的资源（类似于今天的石油），而这样一个资源极为丰富的地方，楚国占领后，不可能分封给任何一个人，一定是由楚国国王亲自来掌管。

春谷设县的时间，可能在楚怀王时期。据《史记·卷七十一·甘茂列传》："且王前尝用召滑于越，而内行章义之难，越国乱，故楚南塞厉门而郡江东。"唐张守节正义："吴越之域皆为楚之都邑。"而"（楚威王）大败越，杀王无疆，尽取吴故地，至浙江北"。威王是否在"吴故地"上设县，不得而知。其子楚怀王则是很明确的，不独在"吴故地"之一的池州，而是整个吴越之地"江东"都设立了县，即是所谓"郡江东"了。究竟设了哪些县？名称是什么？由于楚国的史书《梼杌》毁于秦火，现已无法知晓。但我们推定春谷县设立于此时，应该是没有问题的。

但这个县是否就已经叫"春谷"，值得商榷，只是说可能性较大。因为据《汉书》注，春谷县名的解释是，由于此地盛产春天种的稻谷而闻名，即2月下种，6月收割的稻子，类似今天的早稻。

这种稻，很适宜池州至马鞍山这一带的气候，以今天的气候和公历推测，基本吻合。现在的气候是春季多雨，适宜于种植水稻，每年到了7月25日左右，山洪暴发（也即农历6月份），庄稼必须赶在山洪暴发之前收割完，免于被洪水淹没，所以春谷正是2月种植，6月份洪水即将爆发前收割。

池州地区种植的历史，可以上溯到新石器时期。考古发现证实，据《池州地区志（1996）》，新石器时期，已有石镰出土，出土地点在古春谷县西，今池州市贵池区的濒江湿地地带（里山白沙村）。证明那时已有种植的可能。在此地附近的里山乡徽家冲，出土了一个战国中期的窖藏，计铜器57件，刀、剑、斧、锛、鱼钩皆有，铜镰4把。这么多器具皆是铜，而镰刀也是青铜做的，而且有4把，这就说明这一带种植规模较大，因使用率较高，易坏，人们不得不用贵重的金属做镰刀。

同样,在毗邻炼铜地(铜陵与繁昌一带)的九华山脚的大盆地也出土了一把战国时的铜镰与一把战国的铜耜(现藏于青阳博物馆),说明该地在战国时也有了大规模种植。此地之所以用金属铜作农具,尽管是因为它离铜产区近,铜较易得,但更重要的是说明耕作量大。金属农具耐用,以铜为之,也说明在战国中期,越人擅长炼铜。

九华山腹地的这块盆地,土地平旷,八都河与九都河流经这里,水量丰沛,最适宜水稻,即舂谷。这里如果产舂谷,应该总量是极大的。二十世纪八十年代,九华山腹地还是以种水稻为生,这里的人口竟达到6万人,可以想见它的粮食总产量。据《安徽省青阳县地名录》,以1979年统计,该盆地共产水稻5600万斤,以战国时粮产量是现在的三分之一算,也要产1900万斤。

这种大面积的种植,是不是舂谷呢?注意到,在楚灭越(前324年左右)之前的春秋晚期(前560—前475),正是吴文化扩张的高峰。吴向北进入了江淮流域,直至山东境内,向西抵达池州,一度攻入江西。其所到之处,水稻文化也应随之扩张。今江淮流域,池州一带所出的青铜镰,皆属春秋晚期至战国初,时间正与此吻合,而且出土铜镰刀头都微有弯曲,这正是水稻收割工具的明显特征。因麦、黍等杆粗硬,刀头须九十度大弯,方可很好地收割庄稼。而且据《墨子·公输盘》记载:楚之云梦有犀象,说明那时的气温比现在要高很多,江淮一带的气温不用说很适宜水稻的生长。

再从贵池徽家冲出土的农具铜耜来看,是土地翻耕用的,说明池州一带的农田都是连年种植的熟田。这种耕作方式的出现,彻底改变了远古时代一块土地种两三年之后,肥力耗尽,就重新开垦一块的习惯,扩大了土地的使用率,从而变相地增加了土地使用面积,大大增加了粮食的产量。这种先进的种植文化,非从有7000年水稻种植的吴文化(太湖流域)中来,不能解释。有学者研究,五千年前,太湖流域种植早稻(即籼稻,适宜高温区生长的水稻)就已经扩展到长江中下游,晚稻(即粳稻,适宜稍寒冷地区)扩展到淮河流域(俞为洁《良渚人的衣食》)。

贵池徽家冲同时出土的14件青铜钓钩,说明了渔猎仍有很大的残留。农耕闲余，人们就去渔猎，以补充肉食，为渔猎文明向农耕文明过渡的典型状态。而此时此地已经大规模种植农作物，如果是春谷，则春谷县得名于楚灭越之后是毫无异议的，且为楚国诸县中的一县。

楚耕作的方式，对本区影响很大，甚至影响到池州地区的深山区。本书作者在池州市贵池区的深山地区刘街长垅村走访，见到村人拾于当地山洞的一方楚国铁锸。这应该是楚灭越之后，铁器比较盛行，才普及到普通的农具之中。这种先进农具的出现，可能使春谷的种植面积扩展至山区，开垦荒山以作梯田，种植春谷，春谷的产量大增，春谷县更加名副其实。

秦实行郡县制（战国时相反，以县管郡），立天下三十六郡，春谷县地域属鄣郡。古春谷县地是否叫春谷县，无考。

（2）先秦的春谷县到底范围有多大

《汉书》中并没有说明先秦的春谷县有多大，只是将汉代的春谷与汉代的石城并列在一起，作为丹阳郡滨江地区西部的两个县。石城与江西接壤，以秋浦河流域（不包括龙舒河流域）、升金湖流域以及石台县，为其辖区。面积与楚春谷县比起来，至多是其七分之一。

据《汉书》，武帝元封二年，在楚春谷县境内设芜湖县，胡熟侯国。从《晋书》中可以看到，繁昌县又从春谷县中分出的。据《晋书·卷一四》："元帝（东晋第一个皇帝）渡江，春谷县侨立襄城郡及繁昌县，成帝乃侨立豫州于江淮（长江与青弋江）之间，居芜湖。"这样，先秦的春谷县就差不多为两郡三县瓜分了，足见其范围之广。这样我们可以给春谷县大致勾勒一个范围，东起胡熟（当涂），南抵泾县，北到长江。那么西到哪里呢？据石台县《舒氏家谱》记载：舒氏一世祖于"汉武帝元封中移家于春谷上沂七井山"，按七井山在今天的贵池与石台两县交界处，西边是鸿凌河，流经古石城县治，七井山也是源头之一，显然，这是汉石城县地，不可能属汉春谷县。东边是龙舒河，七井山位于其上游，所以唯一符合称为"春谷上沂"条件的地方，只有此条河流的上游能吻合。那么，汉代的春谷县的西界就是秋浦河东边的支流：龙舒河。另，古人迁徙自有携带家乡地名的习惯，从龙舒河的地名来看，舒氏一世祖可能来自安徽舒城，因为那里至今还有一条河，也叫龙舒河，而且河名里带有"舒"氏，说明舒氏来七井山之前,这条秋浦河支流根本没有名字,是舒氏第一个命名的。汉春谷县西界是龙舒河,而石城县也是汉代始设,故真正的先秦春谷县西境应包括石城在内,与彭泽县接界。故先秦春谷县包括当涂、芜湖、南陵、繁昌、铜陵、青阳、贵池、石台和东至的一部分,甚至可能还包括宁国和广德的一部分平原地区。

先秦古春谷地域之广大,在江南诸古县中,应属罕见,如果不是战国时楚国遗留的古县,难以想象秦代能设此大县。

(3)春谷县的消亡

面积大为减少的汉春谷县,在东晋被侨立的两郡一县又一次分割后,面积急剧缩水,名存实亡。到了梁代,只得在春谷县残留的地盘,另设南陵县(包括今天的南陵、繁昌、青阳、铜陵、池州大部)。以取代春谷县,并于南陵县内侨立南陵郡。

总而言之,从东晋初年以至于梁,春谷县剩下的地盘被侨立的三郡二县彻底瓜分干净,至此,春谷彻底消亡。大量的北方移民将他们麦作区的耕作技术及文化带入该区,丰富了该区的文明。同时,春谷的种植及相应的文化也渐趋零落与消亡。

(4)春谷县池州部分的文化反思

春谷县的池州地域,春秋时期,吴楚在此频繁交战,有一段时间,属吴统治。战国时,吴被越灭后,属越,越亡后属楚,楚亡后属秦,秦亡后属汉,三国属东吴。东吴亡归西晋。又历经东晋、刘宋、萧齐。至南梁改属南陵县时止。其中,生活方式、文化习俗等在大体稳定中,不断拓展自己的内容。

①新石器的渔猎文明。

根据池州现在的考古资料,从整个池州地区已发现的石器时代的遗址来看,基本沿江沿河分布。池州东段的古春谷县部分基本一样。时间主要在夏之前,也许跟长江古洪水退去有关,因为这正是夏禹治水之前的古洪水退去之时。

遗址所发现的以石器为主,石斧、石锛、石镞,陶制的生活器具,以及网坠之类。石镞与网坠是典型的渔猎文明遗物。他们一般选址于濒江濒河的土墩上定居,既可以防水,也可以防猛兽侵袭,还方便就近渔猎。以他们所居住的位置看，他们所捕的都是浅水滩涂的野鱼，猎杀的可能是水禽为主。这种不需要与猛兽搏斗的生活，使池州古人易于获得食物，这也许是池州人不乐意“迁徙于他乡”民风的源头(《嘉靖池州府志·卷一》)。

境内宜耕地区可能出现了农作物种植。濒江的白沙湖(今称平天湖)畔的七星墩新石器遗址，就发现过石镰，应是收割庄稼用的。然而，拥有这些石器的居民，好像在夏末商初之间，大部分突然消失，原因未详(在新石器和青铜器出现之间的这段时间，到目前为止，没有任何文物出土)。

②商末周初的青铜文明：新石器渔猎到农耕文明的过渡。

商周时期主要指商末至周初的一段时期，居民生活遗址发现不多。但已有青铜器出土。如贵池濒江的木闸乡九房朱商周遗址出土了铜斧和铸铜钓钩与铜针的范。

与冶炼有关的出土，值得高度重视。池州以外的春谷县地区，如铜陵和南陵发现数处商周时期的古矿洞和冶炼遗址(南陵大工山遗址、铜陵师姑墩遗址)。池州以内的春谷县地区也发现了商周时期的大铜铙(重162.5千克)、小铜鼎、铜洗等物。这些器物的出土，说明池州大部的青铜文明已由单纯的冶炼矿物发展到铸造器件。

青阳博物馆认为，青阳出土的大铜铙与宣城、马鞍山、潜山出土的三铙同样具有越文化特征。说明，我们这一带在西周早期，是古越族人生活的地方。同时池州的古春谷县部分还出土过大量春秋战国时期的青铜兵器，剑、刀、矛、戈等，都是吴越文化的特征。证明该时期池州春谷一带已承担吴越兵工厂的角色。

出土的青铜生活器具表明，本地已经有一些有权势的人物出现。这种人物在西周即已出现，墩上乡中饭铺村出土过周代的青铜鼎。至周代，鼎已不再是国王专用品，但也不是普通平民之物。不独如此，象征着权力的权杖，也在春谷县地范围内出土了。

这些鼎、农具、兵器等都是出土在宜于耕作的地方，如青通河流域、九华河流域、清溪河末端，这些都是春谷故地。这些也说明，战国初期的春谷农业生产，与保卫生产、生活，都连在了一起。这些已是典型的农耕社会的生活方式了。

春秋晚期至战国初，古春谷县的池州地区已基本过渡至农耕社会。

③农耕文明——春谷县的得名

从春秋至汉，以农作物为县名的几乎没有。独春谷是个例外。这说明当时春谷县不仅物产独特，而且规模很大。农耕社会的特征就是定居，传承有序，社会关系基本稳定。这其中的传承包括生活方式、生产方式、生产技术、生产工具等传承。池州地区的春谷县部分，在春秋晚期以前，系古越人居住地区，是越文化区。越人淫祀，以部落为单位，进行生活与生产。这一时期的古越人对池州早期的铜冶影响颇大。根据现在的考古发现，这一时期出土的青铜器均带有明显的越文化特征。到了春秋晚期至战国初，吴国占领了该地区，水稻种植文化入侵，该地的青铜器也打上了鲜明吴文化特征。如这一时期的戈、矛等武器的样式与其他特征都是吴文化的产物。尤其是繁昌出土的吴王光剑，上面还镌有“作此以御越人”等字样。这剑虽非池州出土，但能代表古春谷县青铜器的文化特征。贵池齐山徽家冲窖藏的春秋晚期至战国初期的有些器物也有铭文。这种风气甚至影响到三国以致唐宋。池州出土的三国吴嘉禾五年镜，背铸“吴王□□□，嘉禾五年六月十七日，安□造”等字样，池州杏花村出土的唐宋时铜镜，上铸“池州叶家炼铜照子”（照子就是镜子的土语，今池州土语仍称眼睛为“眼睛照子”）。这些都是生活用器的文化传承。

春秋晚期以后，水稻种植文化成为池州春谷县部分的主要文明特征。除了上述青铜镜文化的传承，就徽家冲窖藏而言，单水稻生产器具有4件铲、4件镰、4件耜。这些都是农业生产用的工具，有中耕除草的耜、深耕翻地用的铲、收获用的镰。各为4件，说明这家的主要劳动力不少于4个。这些明显的磨损的痕迹，说明它们均已使用了很长的时间。所以窖藏以待来年之用。耜是不规则菱形，是典型的吴文化传承。镰前端弯曲，是明显的水稻收割器具。其铜铲的形状，结实而有力，是除草根的有力工具。早期，池州濒江一带湿地，芦苇、蒲草密集，根系强壮、坚韧，非此强有力的工具，不足以清除。

此外还有农耕垦荒伐木时的用具，斧6件，锯1件，锛4件。一方面伐木垦出土地，以增加耕作面积，另一方面伐木作建筑材料。伐下原木之后，需要以锯来按尺寸裁剪木料，修建定居的房屋，甚至在建筑上可能还有榫卯存在。因为有锯，从技术上讲，就有榫卯存在的可能。榫卯结构的房屋，正是吴文化早期良渚文化的产物，是水稻种植文化的一部分。

因为水稻多在湿地或山谷等水量丰沛之地，易受水害。尤其是洪水季节的涨水，榫卯结构的木草房耐洪水，涨水时节不影响居住。

而北方泥结构的圆锥形房，洪水一浸就烂。涨水时，不能居住。砖木混构的房屋出现在周人立国之前。据考古发现，在陕西宝鸡周原一带有发现。但这种结构，易被洪水冲垮，如果把房子造于高地，则居住地远离农耕生产地，对于水稻的种植、管理、收获、加工、储存都带来了距离上的不便。否则，周初时期，太伯、仲雍从周地南奔时，早就会将周原的砖木结构技术在南方普及了。

这个窖藏还有14件鱼钩，这是农闲之用，农忙时，老幼不能生产，就去钓鱼，农闲时，则全家钓鱼。

这是个以家为单位的农耕生产单位，根据窖藏器具的分析推测，大约为祖孙三代，计10余口，主要生产劳动力4人，妇、老、幼七、八人左右。

窖藏里还有铜锭7块，是以备劳动力增加或农器具毁坏时，以铸造新的器用。

池州春谷县地区，出土的生活器物中，以鼎类较多。青阳博物馆三只春秋晚期鼎，贵池墩上中饭铺出土的鼎，贵池徽家冲出土的两只鼎，均是春谷县区域早期的炊具。在三国梅根冶所在地今梅龙郭港出土的陶鼎足，有猪首造型，说明了在三国时期，家畜的饲养在这个春谷县内已很普遍，已经成为人们对财富渴望的象征。

春秋后期，吴国攻占该地区时，古越人进行了激烈抵抗。最后他们退入山区。青阳九华山脚盆地出土的春秋晚期的兵器较多，箭、剑、戈、矛等，式样齐备。说明他们有专门的武装组织，兵种齐全。最后他们终于在这个山间盆地定居下来，也由渔猎转入了完全的农耕。从九华山盆地出土的农耕工具耜、镰，生活娱乐器具、鼎、酒樽、乐器来看，他们不仅农耕，而且酿酒还有乐舞，生活丰富多彩，应该是个越人小首领的生活。

这里青铜酒器的出土，尤其值得注意。夏王朝发明酒，周封夏禹之后于越，越人喜酒，应该是古越人的生活文化标记。

这批越人尽管退入山区，但也加入了春谷县区域早期的农耕文明中。

春谷立县之后，农耕工具出现了铁器时代。徽家冲窖藏农具齐全，甚至兵器，以及备用铜锭都在一起，应视为秦国攻占该区时，战争逃难时的埋藏。这一家显然再也没有回来过。这批铜器具中含铁，属于春谷县域早期的农具。

吴为越所灭，此地再归越，春谷县的农耕部分地被削弱。一些地方依旧很繁荣，像九华腹地，相对闭塞，社会结构、生产方式相对稳定地被传承。青阳县丁桥、童埠圩一带的越人，应仍垦殖不已。可惜，这一时间段的文物出土比较少。也许是铁器易被腐蚀吧。

楚灭越，应是春谷立县之时。徽家冲窖藏里有鼎，其上刻有铭文曰："楚弩恖之鑊(镬)"，应为楚人占领该地后，楚移民"弩恖(匆)"所造的炊具，因为家中贵重物品，故须刻上自己的名字。又因为当地还有土居的吴越人，为示区别，故前面又加刻一"楚"字。还有贵池深山区刘街长垅桂出土的铁锸，也证明了楚国的农耕工具已经传入深山，山区的稻作也有所发展。

随着池州人口的增多，相应的贸易也在本地区出现。越已为楚灭，楚人在境内可以随意定居或经商。石台怪潭出土的楚币金郢爰(现藏黄山市博物馆)，即是楚人已在本地区经商的证据。据1957年安徽寿县发现的《鄂君启节》称"入浍江，庚爰阳"(鄂君的船队"进入青弋江，在爰阳登记")，楚国鄂君的大商船组成的船队在青弋江出入，说明那时皖南一带的商贸是兴盛的。

具有楚文化特征的物品，尽管没有楚核心地区两湖地区的精良，但比中原地区还是要精良些。就前述的铁锸而言，虽经过两千年历史，也只仅仅有一薄层的锈蚀，器具的轮廓线条直折分明，其平面处平整如现代机械器件，其冶铁制模的技术，实在令人惊叹。

据湖南一带的水稻遗址的考古鉴定结果看，九千年前即有水稻种植。故湖湘地区种植水稻的历史比太湖流域种植历史要早两千年，至战国时，种植技术已相当成熟(湖北江陵博物馆藏战国时楚地出土的碳化稻穗就有数百粒之多)。楚灭越后，越人被压缩至南方沿海一带，浙江西南、福建等地，散为"百越"。池州的春谷县区域的吴人可能还在继续耕作，在农耕人口减少的情况下， 可能是楚国有组织地将湖湘地区从事稻作的楚人，迁移了一部分到“吴故地”，以补充本地的劳动人口。至今本地区以吴越为主体的方言里还杂有相当一部分洞庭湖西南部的方言用词和发音，或许就是那时留下的文化印记，说明楚移民在当地人口的总数量上占据相当的比例，否则，他们的方言不会至今还有留存。

也正因为有部分楚地移民的存在，故屈原在郢都被攻破时，就选择了本地区的陵阳暂时定居。至于陵阳是不是在楚时已经设县，到秦统一时被废，汉武帝时又重新设置，暂时没有可靠的资料证明。

秦以统一天下为目的，发生过无数次战争，但它的目标是消灭军队，不存在赶走当地百姓、移入秦民的问题。从本地区以吴方言为主体的方言，被使用至今看，春秋晚期来的吴人，应该是一直延续了下来。传承有序的语言，就是一个明显的农耕定居型社会的标记。

延至汉，春谷吴人及部分楚人将大面积滨湖土地基本开辟成良田，山间河谷也有一部分已经为楚人开垦，以致汉武帝在建元三年和元封二年两次将越人迁到该地区时，只能定居山上，号称“山越”（这种情景，在泾县、鄱阳湖以东地区均是如此。《三国志》称他们为“山贼”）。山越人很快地在山上定居下来，开辟梯田，也从事水稻种植。今七井山一带，青阳酉华、九华山腹地及周边一带山上，都存有大批的古梯田，大部分应是此时期的产物。“山越人”给春谷带来一些生活习性的改变和一些新技术，如“山居水行”、种植薏米（至今，石台七井山和其他深山地区，仍有种植薏米习惯。薏米是夏文化的圣物，山越人为夏后裔部落。今福建古田仍广泛种植）、“擅甲兵”等。

至三国时，山越也已人口众多，十分壮大，因此山区能开垦的土地都辟成了稻田。

当孙吴政权草创三国时，面临最头痛的事，就是山越人的问题。老将程普进行了针对山越人的第一次扫荡。《三国志》称“山越”为“山贼”，可见其目标不是本地的吴人，而是居在山上的山越。由于春谷县主要是以圩区为主的稻作区，故接近圩区的山区，山越人相对较少，故孙吴很快平定该区的越人，并将此山区（主要是铜陵南部青阳北部山区）划出，立了一个临城县。剩下的圩田地区仍属春谷县。由于这时春谷县圩区已全是吴人及部分楚人生产、生活区，相对较稳定安全，故孙吴于此地濒江地区设立梅根冶，以铸造钱币与兵器，用重兵猛将把守。约建安四年(199)，周瑜为第一任春谷长。

到了东晋，晋元帝将春谷县境内划出了一个繁昌县，另外又侨立了两个郡，将春谷分割得只剩下春谷县的池州区域及其附近的南陵、繁昌、铜陵，春谷县基本式微。

至梁武帝时，干脆取消春谷县，重新设立南陵县，县衙仍在春谷县治(贵池城东二十五里，合今制二十二里许)，县境比晋元帝时的春谷县还要小。

至此，春谷县，一个以水稻闻名的地方，名字已被抹去。春谷县自楚立，至南梁结束，前后近800年。该区大量的宜于耕作的土地，广被开垦。后来的山越又垦山为田，极大地扩大了种植水稻的面积，丰富了土地开垦的样式。

及至南梁设南陵县，又于南陵县侨立南陵郡，以安置北方大批避乱人口，原春谷县的农耕稻作系统基本上为北方的农耕麦作或黍作所代替。早熟水稻的种植文化基本被消灭，后来水稻种植面积再度扩张，出现了南北作物交叉种植的局面。北宋大书法家沈辽，元丰五年流放池州。沈辽估计二月底能到池州，他兴奋地写到“二月清明犹可秧”，结果来了以后，发现齐山一带是种麦子的(沈辽《云巢编》)。今贵池山区还遗有大麦岭，小麦岭等地名，这都是北方农耕麦作文化的产物。

(二)“三种文化”交汇的地名标记

所谓三种文化，即是吴越楚三种文化。

1.水利工程的名称来由

池州的古代水利工程，从府县志的记载来看，古代主要是桥梁、水坝。山区的吴越楚时桥梁，一般都不存在了(即使有，不大可能存在到明代，故明代府志均无记载)。因为这段时间的越人，多是“山居水行”。吴越人多使独木舟，沿水而行，无需桥梁。乃至楚人移民，多在洞庭水乡，以船为主，也无需桥梁。

小溪小坎，以独木为桥就可以了。

这种独木桥，造时方便，更换也方便。后来，稍阔的一些沟溪，又以多木拼成一排，一段一段地接起来。这些木质小桥，容易烂掉，很难归入人们的记忆之列，所以后世并没有留下什么桥的名称。

那么就剩下水坝了。水坝多筑于山间，起着抬升水位和蓄水的作用，以利灌溉田地。由于是灌溉需要，即使为洪水冲垮，也屡废屡兴。

自楚占领春谷，池州的部分山区得到了开垦。溪谷之间，高山之上，能开垦的地方，都有一定数量水稻田的存在。

本人曾访问过池州的一些山区，他们直到20世纪五六十年代，仍有在山上梯田种水稻的习惯。山上水源，除了天下雨，还有山泉。在太朴山西面的山腰，我亲见一条沟渠，并没有源头，但沟渠流到20余米以后，沟里的水由细流居然变成满满一渠水向前奔流，这都是这20余米间沟壁渗透出的水，沿途不断补充汇聚而来的。古时的气候，比现在还要温润，水量更丰沛。所以山上种田并不担心水源，只要修几条小沟就行了。但这些沟渠，也没有留下方言中独有的词汇。

山间拦水堤坝，第一个引入的名称便是“陂”。“陂”字出于夏禹之时，后渐不盛行，到了楚国人手里被重新拾起。夏禹时称“九泽既陂”，就是“九泽导流之后，水位下降，为山丘阻隔，形成一个个湖泽”。而楚人指“陂”即是人工筑成作灌溉的水面，如楚人用孙叔敖为相，以治芍陂，能灌溉许多土地。

这种“陂”的称呼，在唐时的池州地域，还很普遍。如李白诗中有“白笴陂”“桃胡陂”，今石台东部一带，楚文化一直被传承下来，这种水利工程甚至到了清代，都还全部称作“陂”（明王崇《嘉靖池州府志》、清姚子庄《康熙石埭县志》）。

圩区第一个是引入的“塘”。春秋晚期，本区吴人建。主要分布在池州的濒江与濒河的圩区地带。当时的吴人，在生产力不高的情况下，不可能修建大的水利工程。何况难以遇到干旱的情况，唯独只有建排涝的设施——塘。

这种排涝用的堤坝，称之为“塘”。“塘”最初在吴语里就是排水堤坝的意思（《左传》）。这个含义一直到南北朝时，南朝人尚在使用，以至于很长一段时间里,杭州一带称海边的人工防水堤坝叫“海塘”。南朝诗人谢灵运诗云:“池塘生春草”,即是指“池的‘堤坝’上长出了春草”。

“塘”的含义后来引申了,成了对特定水面的称呼。凡筑堤坝堵的水面,都叫作“塘”。于是有“山塘”“池塘”的区别。“塘”这个词主要使用在池州东部——吴人最早耕作的濒江、濒湖地区,直到现在仍然如此。

“堰”流入本区较晚。估计是秦统一后,流入刚开发的种植区,它是对堤坝的另一种称呼。秦国蜀太守李冰在四川建都江堰,是个分流灌溉工程。池州的东至县一带水利灌溉工程都叫“堰”(《嘉靖池州府志·卷一》)。由于池州东南地区,春秋晚期即已流行来自吴文化的“塘”,故“塘”的地位,难以撼动。所以,战国后期来自秦文化的“堰”,就只能流行于本区的西部东至县一带。

2. 山越人的方言残存:“阬”“井”

第一,“阬”不是土坑的“坑”,而是从“阜”,“亢”声。笔者通过对池州地区及泾县一带实地地形勘察,当地人把山冲都叫“阬”。因此,初步断定,“阬”就是较大的山谷之意。这种带“阬”的地名,广泛分布在泾县以西到鄱阳湖东南,一直到福建东部。它们曾是广大的越人居住区。池州残留的还有,如池州东至的“马阬”“纸阬”,石台的大宇阬、大剡阬,贵池的霄阬、双阬、大阬、栗阬;青阳的酉华有青阬、平阬等十三“阬”。这些都是池州的深山部分地区叫“阬”的地方。主要分布区域有:青阳东部的与泾县共山脉的酉华山区,贵池轿顶山西北秋浦东边支流龙舒河中游山区,东至东南山区,还有石台的中部远离秋浦河的山区。总之,这些地区与交通要道、河流、地势平坦的大面积宜种植地区无关,它们都是在交通不便的山区边角地带,而且分布破碎。

通过分析这些带“阬”地名的分布,再与三国时代征服山越的战争相结合看,颇耐人寻味。

先看秋浦河,其两大支流,在石城汇合,再下流长江。这个流域的山越人要进入长江,必须经过石城。石城冒着被供水冲垮的危险筑在二水交会的河滩上,就是意在控制这条水道,切断“山居水行”的山越人骚扰长江的道路。汉武帝设石城县时,山越人刚迁来,人口不多,一城临水扼之,足矣。至三国时山越人多为患，不足守御该河。孙吴在打下石城以后，韩当在石城上游两大支流之一的鸿凌河源头也征服了当地的山越，并就地建石埭场，山越比较密集地被圈于七井山区。石埭场正处在七井山区通往祁门、屯溪的要冲之地。这里溯河而上，当溪为两块巨石横断，船只欲过此，必须人力拖船。扼此，山越人既不能下秋浦河，又不能南逃徽州山区。沿鸿凌河直到古石城，河岸两边大约一两里内的高山峡谷，没有一处叫"阬"的，如有山谷，则称之为"冲"。称山谷为"冲"的，应是楚文化的输入。这样推测起来，孙吴为打通进入徽地的通道，肃清了鸿凌河至石城一带的沿岸山越人，其策略是赶尽杀绝。山越人不得不遁逃附近的深山，以致沿河一带地名失去传承，土地被重新分配给黄盖（湖南零陵人）从湖南南方带过来的将士家属，于是地名就打上了湖湘文化的标记。而鸿凌河上游的石埭场周边（今石台县横渡一带）直到七都，有些山谷称"坞"，则是韩当（河北人，见《三国志》）的北方部下所带来的北方文化印记。

同样，孙吴早期在池州东部的沿江圩区与平原丘陵地带，属于老将程普的部下家属耕种。他们仍从湖南老家带来了对山谷的称呼"冲"，以至于铜陵、南陵、繁昌、泾县等早期被程普攻下的地方，山谷叫"冲"的，已极为普遍。

为什么程普、黄盖的部下是湖南人？因为孙坚起兵湖南诛董卓的时候，实行的是子弟兵制度，每个将领的部下都是父子兄弟及亲戚，这些人又将他们各自的亲戚朋友招来成为他们各自的部下，这些部下也一层层地如法炮制。打起仗来，父子兄弟齐上阵，一损俱损，一荣俱荣，往往作战很勇敢。近代的曾国藩的湘军正是承袭了这套子弟兵制度（《三国志》又称"部曲"）。故每个将领的部下基本都是来自一处。我们今天来看看这些有"冲"的地方，与《三国志》所记载的被程普、黄盖占领或管理的范围能一一对应。或者反过来说，程、黄部下都是清一色的湖南人。黄盖是湖南人，其部下是湖南人，并不稀奇；程普是北方人，为什么部下也是湖南人？因为他追随孙坚在湖南起义，故部下是湖南人，就不奇怪了。

为了保障石城的安全和征服山越人，孙权末年于石城上游的另一支流龙舒河险要处，设立军事城堡（即今桃坡乌石），呼为虎林城（下距石城十五里许。《明一统志》）。虎林城临龙舒河。据现在的遗迹看，城墙距河水仅数米。城壕直与河水相通(今城壕犹残存一段)。这里两山相夹,河水至此折九十度,由西流折向南流;迴弯处,悬崖高耸,是拦截船只或军事伏击的最佳地点。虎林城距石城水路仅有十五里左右,一旦石城有事,即可发兵虎林,顺流而下,瞬时可达。虎林有战事,石城也可迅速发兵。孙吴对剩下的避水而居的山越人,一边防范一边怀柔。据《三国志·黄盖传》载:孙权时,黄盖任石城长,与山越人关系甚洽,尧渡河流域的山越人,对孙吴威胁不大,故孙吴放弃了围剿,从“阬”字的地名一直流传至今,说明山越人一直在这一带延续生活。即使后来居民发生了更替,也是渐进式更替,而不是断代式更替。只有渐进式更替,地名才会口口相传下来。

贵池城附近的轿顶山及其以西一带、龙舒河上游、清溪河上游(即九华山以西)和太朴山区,都是非水上交通要道地区,带“阬”的地名,不仅存在,而且较为密集。这说明该地区山越人有幸地生存了下来。

第二,“井”在一般的文化语境下,是对汲水用的很深的人工水坑的称呼;在山越的文化里,是对“深而且陡峭的山谷”的称呼,是“阬”的特殊种类。例如青阳县西华乡,背倚大山,与泾县交界,是山越人比较集中的地方,也是山越文化延续的地方。该处有“九井十三阬”,即有九个比较幽险的山谷,十三个比较大的山谷。还有石台的七井山,有“七井”。具体的哪七井,在当地的文化中已经失去记忆。只有“大龙井”“石井”两个地名侥幸地传承了下来。“大龙井”是一个极其巨大而陡峭的峡谷,从七井山上一直延伸到七都乡。这个大龙井还有另外一个称呼叫“天阬”,这也证实“井”与“阬”,原是同一种地形,只是特殊一点而已。

青阳北部的平原地带,青通河一带,直至陵阳,无论是稍高的山区,还是丘陵,其山谷的称呼,无一例外都叫“冲”。孙吴最早打下该地,设临城县。该地平原地带原是稻作的吴人或楚人之后。估计这些地区已在汉以后基本上被山越蚕食殆尽,剩下少数吴楚人之后,也融入了山越,故吴孙策采用了灭绝式扫荡,所占土地全部分给程普部下将士家属耕种。

今青阳一带种桑养蚕的习惯,从它的历史上规模较大来看,应始于三国孙吴,因为一项传统的种植或养殖技术,要形成规模,必须要一个相当长的历史时期。

之所以断定，一部分吴楚人融入了山越，是因为我们这一带一直到今天，还有吴歌的传统，称之为“插秧歌”和“耕田歌”。很明显是稻作农耕的产物。其主要内容是爱情，有的曲名还带有稻作农耕的词，如民歌《慢赶牛》，还有儿歌里，也保存有四言句式的，如“点点脚帮，脚踩南山，南山逼斗，尔龙张口……”这种诗经四句式诗歌可能性最大是吴太伯等人南逃时，从北方带入太湖流域，然后由吴人携入古春谷区，后又随吴人进入山越民俗。

贵池山区的方言中，还保留了一个楚方言的词“肬”，读“niu”，第二声，就是方言中的“肉”的称呼。我们在屈原的《楚辞》也找到了这个词：“反离群而赘肬”。(《九章·惜诵》)这是楚人方言留存的印记。

吴越楚三种文化在此交会、杂糅，造成了此地的稻作农耕文化在上古的发达。灿烂的池州上古文化，是池州风俗淳厚、有令必集、忠正不阿等品格的源头。

这种文化还衍生出了特殊的祭祀风俗。它是将稻作吴文化的祀社、越人的淫祀、楚人的重巫鬼这三种风俗糅合起来，形成了独特的池州傩事，以祈求风调雨顺，添丁旺口，国泰民安。

总的说来，池州文化的基本骨架是吴越楚文化交融之后形成。其后，本土文化不断延伸、发展，再加上其他外来文化的汇入和融通，逐渐形成丰满充实而多姿多彩的池州文化。

十、历史的辉煌
——青铜与造纸

(一)细说青铜

1.池州铜、铁采冶史

池州铜矿采掘与冶炼加工开始于商代,鼎盛于唐宋,随着两宋时胆汁浸铜炼法兴起,低品位铜矿得到广泛开发,池州铜产量相对下降,明清已渐趋衰落。由于铜铁在历史上属于国家战略核心资源,因此,自秦汉至唐宋,池州的政治、军事地位也不断上升。

青铜文明是本地区(池州)具有全国性影响的两大文明之一(另一文明为造纸文明)。

(1)先秦两汉时期

池州铜矿采掘与冶炼加工开始较早,秦汉时期就是著名的丹阳铜产地之一。铜矿多分布于河流交通便利之所,主要在贵池滨江山区,矿点多,矿床浅,易开采。根据考古资料,新石器时代本区已有零星的青铜器件出现。青通河与九华河(即梅根河,古代梅根冶即在此河下游)流域,20世纪50年代以后相继出土一些商周时代的青铜器,尤以青阳县新河镇出土的重达162.5公斤的大铜铙为代表,具有明显南方文化特征。如果这些青铜即产自本地区,则本地的青铜采冶炼历史的上限至少可推至商代。这种间歇性开采冶炼,主要加工生活器具。商周时代,铜开采规模较大,开始制作大型器具,与中原同时步入青铜繁盛期。

(2)春秋战国至三国时期

本区的铜开采与冶炼已由制作器具和外运为主,转向就地铸造钱币为主,出现了著名的梅根冶。三国时期,吴始设梅根冶,它成为吴国重要的冶铁兼冶铜基地,周瑜亲自担任春谷长(春谷县为楚所置,治所据《元和郡县志》载,在梅根冶西南十余里处,即今池州主城区东约二十五里处),可见其重视程度。此处成为大规模铸造兵器之所绝非一日之功。由九华山西麓的庙前镇,春秋时期古墓所出土的青铜兵器(1995年出土)以及贵池清溪办事处(原里山乡)出土的青铜兵器(20世纪70年代出土)来看,池州铸冶兵器的历史应不晚于春秋时期(不包括铜陵在内)。

这些兵器铸造与该地当时古越人和后期汉代山越人对本区的占领有关。本地铜矿丰富,便于开采。《三国志·吴书》诸葛恪本传记载:越人盘踞地"山有铜铁,自铸甲兵"。三国时代,居住该地区及周边一带的山越人十分强大,孙吴数次武力围剿,都因遭到他们强烈抵抗而奏效甚微,这应与他们拥有精良的兵器有关。

(3)南北朝时期

至南北朝时期,此地铜矿开采的规模进一步扩大,由冶炼兵器为主,改为铸造钱币为主。钱币铸造在此前已出现。贵池灌口乡旧石城县遗址出土的半两铜质钱范即汉代私人专门用来铸币的铜范。但大规模官方铸钱应从晋代开始。至东晋,梅根冶所在的梅根河出江口被称作"钱溪",足见其规模与影响。

(4)唐宋时期

本地区铜矿的采掘与冶炼至唐宋而达鼎盛。冶炼技术也出现了重大变化。从贵池六峰山铜矿遗址看,自唐代开始,本地铜冶炼已由木炭冶炼改为煤冶炼。煤的使用,使冶炼火力大大加强,从而提高了铜提炼的纯度。梅根冶还采用鼓风冶炼技术,不仅提高了火力,还缩短了整个冶炼时间。大规模铜冶炼,场景十分壮观,唐诗人李白在《秋浦歌》中写道:"炉火照天地,红星乱紫烟。赧郎月明夜,歌曲动山川。"至今在贵池境内的六峰山、铜排山、西银冲等地仍可见到唐代铜矿渣,并时有炼炉发现。

两宋时胆汁浸铜炼法兴起，北宋太平兴国年间(977—984)成书的《太平御览·卷九八》明确记载："取矾石、白青分等冶炼台铁，即成铜矣。"，宋代池州铜矿开采与冶炼一直保持在45万缗左右。南宋纸币兴起，境内所设永丰监也被并入饶州。

(5)明清时期

尽管宋以后池州铜矿的开采与冶炼出现衰退趋势，但一直未间断过，新的矿点不断被开采，冶炼金属的品种范围也不断扩大，从铜冶铁冶扩展到金银等贵金属的冶炼，贵池墩上罗汉山，桃坡铜山排，棠溪的桐木阬等遗址，都留下了明、清时期的大量银、铜合炼的矿渣。

池州市的古代炼铜遗址主要集中在贵池区境内。从这些冶炼遗址的矿渣推断，铜矿石被采出后，即就地进行了初步冶炼，北宋以前，集中于梅根冶。南宋以前集中于永丰监。元明清时期未知集中于何所。

(6)梅根冶与梅根监

梅根冶位于今梅龙镇九华河(古称梅根河)口，该地至今仍遗有两处遗址：梅塘冶遗址和郭港的梅根铜铁冶遗址。

根据《江南通志》(黄之雋等编纂，赵弘恩监修)记载："梅根冶，吴置冶。"此为三国时代孙权兄弟先后派大将周瑜、黄盖、程普、韩当等荡平池州山区及沿江山越人之后，在山越人手中所夺得的冶炼场地。孙吴将法门(今铜陵县顺安镇)和石埭两地粗加工的铜铁会聚于梅根冶进行冶铸。故《太平寰宇记》云：梅根冶"地元(原)管法门，石埭两场所。"(今石台"三国石埭场"附近的七井山铜陵坡仍遗留有古铜井数座。《南陵县志》称"石埭"在今南陵境内，这不太可能。铜锭运输困难。因为道路太过漫长，水路又不通)。

梅根冶及其所辖矿冶点(法门、石埭)在东汉时均隶属汉之春谷县(汉春谷县当时所辖范围大约在今秋浦河以西，南至石台与贵池的交界处七井山，北至长江，东至南陵、繁昌、铜陵一带)。

孙吴夺下冶炼地之后，不仅冶铜，还大量冶铁，"铸军器"(《太平御览·卷四百一十五》)。他们制定严苛法律来管理冶炼工人(其中大部分可能就是被俘虏的当地山越冶工)，据《太平御览·卷四百一十五》记载：当时，如果一个冶工耗费官物价值十万的矿料而不能出铁者，即遭斩刑。十万以上的即连坐同事与家人。

梅根冶的铁冶为孙吴的兵器制造提供了根本性的保障，故孙吴高度重视，任春谷长的除周瑜外，先后还有名将黄盖与周泰，目的是保证梅根冶的安全。

至南北朝，梅根冶一直存在。晋张勃《吴录·地理志》云："晋立梅塘冶"，说明东晋单独设立了铸钱冶。其又云："（梅根）齐梁之代作冶。"这是说，齐梁时代又恢复了梅根冶作为铸钱冶。故梁代庾信《枯树赋》云："南陵以梅根作冶。"（梁代，梅根冶属于南陵郡南陵县地界。县、郡治在贵池城东25里，相距梅根冶约15里。见《元和郡县志》）

梅根设监，见于文献者，最早在唐代。唐李吉甫撰《元和郡县志》云："梅根监在县（南陵县）西一百三十五里。"梅根监的主要任务是监制钱币。《元和郡县志》又云："梅根监并宛陵监，每岁共铸钱五万贯。"盛唐诗人孟浩然诗云："火炽梅根冶，烟迷杨叶洲。"可见梅根监下梅根冶当时的规模。梅根监由于铸钱量的增加，北宋至道元年冬（995）"从饶州知州马亮请"（《宋史·马亮传》）将饶州永平监多余的冶工归入池州，另设永丰监，至此梅根监撤并永丰监，完成其历史使命。梅根监在唐代也铸铁器，专门有铁冶官。诗人罗邺的父亲罗则就任过梅根监的铁冶官。

（7）永丰监

永丰监设立于宋太宗至道元年冬。《宋史》载：至道元年（995）冬，诏以池州新钱监为永丰监。大约在南宋中期，由于战乱，永丰监撤设于东至县，北宋的《元丰九域志》云"永丰监，州东北二里"，即是说，在池州城东北二里，大约在今百牙桥东附近。《大清一统志》又云："永丰监在建德县南，宋置，铸钱。"《九域志》亦云："建德县永丰监至道二年置（"二年"也为"元年"之误），铸钱。东北去县二百里。"说明，虽至道时在池州城附近设立了永丰监，但由于形势的需要，发生过迁移，一度迁至建德西部的昭潭（今东至县昭潭镇永丰村，与江西省交界）。

宋至道三年（"三"应为"元"之误）以池州钱监为永丰监。梅根监在归入永丰监之后，可能由于撤并时的混乱，管理人员匿藏铜达数万斤。据《资治通鉴后编》载："（胡尚书）至道年按池州永丰监，得匿铜数万斤，吏懼。""公咸以羡余籍，不复为坐。"没有追究藏匿者的法律责任。

南宋初，可能由于沿江战事吃紧，永丰监曾一度并入饶州，《宋史·卷八〇》云："绍兴初并永丰监于饶州。"但很快又重新恢复。南宋高宗时期，"池州永丰监合铸三十四万贯"（《中兴小记·卷十五》）。时"江州三十四万，饶州四十六万，建州二十五"（《中兴小记·卷十五》），产量位列南宋钱监第二。大约在宋孝宗乾道之后，池州永丰监就不见记载，可能又并入饶州。

永丰监官见诸记载者有：江西人周某（皇祐间），严州人王缙（崇宁、大观间），徐兢（宣和间），曾浩（乾道间并其父皆葬于池州贵池）。

（8）永宁监

南唐置，疑为梅根监之改称。《旧五代史·卷一四三》云："江南因唐旧制，饶州置永平监，岁铸钱，池州永宁监，建州永丰监，并岁铸钱……"宋太宗太平兴国初，因饶州铸铜规模过大，致使薪炭不能供给，不得不将部分铸钱任务分给池州永宁监，建州永丰监，以就近供给薪炭。该监终于何时，未得而考。

2. 钱溪

（1）梅塘冶与钱溪

钱溪首次出现在文献上，是东晋时陶渊明的一首诗《乙巳岁三月为建威参军使都经钱溪》。这是陶渊明四十一岁时为建威将军刘敬宣参军，出使都城南京，经过池州梅根冶所作的一首诗。诗题目中的钱溪，逯钦立注曰"宣城南陵之梅根港"。池州东部，梁时属南陵县（梁置。在梅根冶西南约十五里处）。隶属宣城管辖，后人追述，故云。这就是说，梅根港就是钱溪所在。东晋时，"梅塘冶"，冶的地势比原来山岗上的梅根冶要低些，因为这一带地势，只有梅根冶最高，其余地方地势都只略高于江面。田野调查表明，梅根冶及其附近，叫钱溪的有两条。一条在滨江的梅根山山岗上。由人工切岗，开一条溪。从现存遗址推测，约有十米宽。从冶址直通长江回湾处，即郭港。从梅根冶往东的滨江地势低处，也有一条直通长江的钱溪，对应于东晋的"梅塘冶"（《吴录·地理志》），这里可能就是东晋的"钱溪"，即九华河（梅根河）。张勃的《吴录·地理志》称;“晋立梅塘冶”,明明白白地说,这个冶是另“立”的,不是老梅根冶。以“塘”度之,应是在地势较低的地方。这正好与“梅根河”穿过的位置相对应。至于东晋为什么要到地势低洼处设梅塘冶,极大可能就是铸钱对水和水力的需要。此外,原梅根山上的“梅根冶”到东晋时,可能已专作冶铁用,那么“梅塘冶”就是专作铸钱的了,所以,经此冶的梅根河(今称九华河)由于为运钱船专道,得名“钱溪”,也就不足为怪。从梅根山上发现的巨大冶铁残渣墩(20世纪八九十年代尚在,后被毁弃,遗迹尚可寻),似乎证明了这里确曾做过大规模的冶铁处(鉴于唐至宋初,梅根冶为专职铸币处,其梅根山梅根冶的冶铁则非六朝即三国,抑或二代兼有之)。梅塘冶因铸钱而名声盖过梅根冶,故后世误认为梅根冶已改称梅塘冶。由此看来,则东晋陶渊明写的钱溪,笼统地说,是在梅根港,说细一点,是在梅根冶的梅塘冶附近的九华河(梅根河),因它经常出入运钱船而被称为“钱溪”。

(2)梅根监与钱溪

两条“钱溪”的存在,应该是不同时期铸钱的印证。既然梅根山东面滨江处的梅塘冶是东晋铸币所,经过这里的梅根河自然是东晋的钱溪,那么,梅根山上开出的一条溪,该是什么时候的钱溪呢?我们从盛唐孟浩然的“火炽梅根冶,烟迷杨叶洲”(孟浩然《夜泊宣城界》)和中唐的刘长卿“落日芜湖色,空山梅冶烟”来看,他们都讲梅根冶,而不是梅塘冶,刘更确切地说“空山梅冶烟”,说明是山上的梅冶,而这里就是方圆十几里内唯一一座“高山”了,除了梅根山,再无别的山。而梅根山上除了梅根冶,再无别的冶。也就是说唐代的铸钱炉设在梅根山上,这个冶即是梅根冶。正因为冶烟冒出的地势高,被东风一吹,才会沿岸弥漫近百里(杨叶洲在西边上游近百里处),可以反推,作者孟浩然是春天行驶在江面上(只有春天才刮东风),从杨叶洲往梅根冶行驶,所以先看到“烟迷杨叶洲”,行船至梅根冶时,发现梅根冶铸钱炉所冒出的烟。由于铸钱规模大,铸钱炉较多,故炉烟极盛浓,方能绵长百里。可想而知,这个钱溪,运入铜锭的船和运出铜币的船,出入非常繁忙,吞吐量确实很大。

3.梅根冶的历史文化

梅根作为一个冶监所在，从三国到宋初，前后约八百年，聚集大量冶铸工人。在这段时间里，前后相续，容易形成带有冶铸工人自身特点的民风民俗。而梅根山滨江又是江上一个重要的港口，既是与冶炼有关的货船停泊处，又是江上往来的商船和客船暂时停靠点，因而给梅根冶带来了不同的外来文化，与冶铸工人的民风民俗相结合，又形成了梅根冶自身独有的人文特质。

(1)梅根冶与民俗

梅根冶，从三国孙吴到西晋，对王朝的军事和经济，影响一直较大。尤其在孙吴时，作为重要的兵工生产地和主要的钱币铸造地，受王朝高度重视。由于它是军事重地，梅根港不大可能允许客船和商船停靠。因而，这段时间内，是本土民风民俗的形成和发展期，应该没有外来文化。冶炼工人自身因劳动的特点和生产生活需要，而形成具有强烈的冶炼工人特点的民风民俗。

其一，炉神祭祀风俗。

从三国时代即有冶神孝娥庙(李娥，也有说为丁氏。其事在前面章节已有叙述，这里从略)，“吴俗冶铜铁必先为娥立祠享而祈福”。以李娥为炉神，为其建庙宇，每逢开炉必于神前祭祀。“庙居会阜之巅，林木秀茂，周回十里，土人不敢樵采。”(《太平御览·卷四百一十五》。此庙距梅根治遗址不到1公里)。这种炉神祭祀之风，至少延续了八百年(梅根冶监前后存在八百年)。梅根冶监搬迁之后，该庙为当地村民继续祭祀，其祭祀的内容已不再是为冶铸而进行的炉祭。祭祀直至二十世纪六十年代，因庙被毁而止。由此计算，此庙前后被祭祀近1800年。

其二，劲悍的民风

冶炼工人在劳动中极易养成团结互助、不畏强权、疾恶如仇、行事无所顾忌的品行，长期一贯地延续下来，就会形成刚劲耿直、慷慨好义、讥讽幽默的民风特点。因而我们推断，梅根监民风特点的形成，也不会例外。唐代文学中的罗隐、罗邺在梅根冶的出现，他们所表现出敢于讥讽、宁折不弯的文风和人品，似乎印证着梅根冶民风的盛炽。

其三，意蕴深厚的陶文化。

梅根出土的三国三足炉和陶钵的陶片（笔者在梅根冶收集，江苏省文史馆丁骏处长和江西省文物研究所肖发标研究员均鉴定为三国时期文物），做工极为精细规整。三足炉是仿青铜鼎器的样式，两个圆环对称地黏在钵身，三只猪首造型的足均分地黏在钵的底沿。炉为平底，直径10厘米。钵口的外沿直径有23厘米。这样的陶器，发现在这里，可能性最大的就是梅根冶冶铸工人所使用的日用品。那么这种陶器为什么使用猪首造型的足呢？我们推测，工人们日用品一般是从陶器集市购买的。而市场上的陶器是面对主要消费群体，而不是为某一个消费人群特制的。既然冶铸工人不得不买一个自己不很感兴趣的猪首钵，说明市场上别无选择，到处是农民喜爱的猪首钵。因为这种猪首，极可能是财富的象征，故广为制造，以迎合顾客的消费心理。试想，三国时的梅根冶铸工，有铸钱的，有铸冶铁的，少说也有几千人（唐代即有罗隐云“清流夹宅千家住”，三国时规模应更大），而这个消费群体居然让制陶人看不上眼，可想而知，他们面对的农民消费群体有多大。这样，我们可以估算，在梅根冶附近起码生活着数万人。而且，以养猪为代表的饲养业，十分发达，猪成了财富的标记。所以，猪首的造型，最能反映人们对财富的渴望。

（2）梅根监与文学

直接描写梅根冶铸冶的诗文，少之又少。而相关梅根冶的文学，我们分两块来谈，一是外来文学，二是本土文学。

①外来文学。

从三国至中唐，梅根冶的文学均是外来文学（更准确地说是诗赋）。它大致属于以下内容：

其一，描写商业活动的。仅仅只有一首南朝齐武帝的《估客乐》。其诗云：

昔经樊邓役，阻潮梅根渚。

感忆追往事，意满情不叙。

这里的梅根渚就是指梅根山。因为梅根河口只此一块高地。这是齐武帝萧赜在他继位之前的一首遣兴之作。继位后命名为《估客乐》，经常在宫中演出。他在未称帝前，西征樊、邓时，路过池州的梅根港，在那里度过一段美好的时光。这段时光令他时时回忆,有些恋恋不舍。这说明当时,梅根港的娱乐文化很发达。这种娱乐文化往往是受商业文化滋养的;由此可以反推,梅根港当时是个商贾云集之地。江上往来船只,停泊甚多,非常繁华。它也是梁代诗人张缵,唐代诗人孟浩然、李白、刘禹锡、刘长卿及清代文学家吴敬梓等停留过的港口。

其二,描写铸冶活动的。真正描写梅根冶铸冶活动的诗人只有四位,都只有片言只句涉及梅根冶。因为他们都只是在港口短暂停留,未上岸到梅根冶进行近距离的体验,无法写得具体细致。第一位是萧梁武帝的女婿张缵。他从南京逆江而上,途径池州,作《南征赋》,其中几句涉及梅根冶神李娥的。云:

嘉梅根之孝女,尚乘肥于媵姬。嗟吴人之重辟,忧峻网于将贻。彼沈瓜而显义,指沧波而为期,此浮履以明节,赴丹烂其何疑。信理感而情悼,实凄怅于余悲。空沈吟以遐想,愧邯郸之妙词。

这位梅根孝女的事迹令他唏嘘不已。称其举为义,予以高度赞赏。张缵生活的梁代离三国梅根冶初建时的李娥生活时期相隔400余年。说明李娥的故事一直在流传,她的庙在江上看,一定也是个显眼标记。

第二位是梁代的庾信。他是否到过梅根冶,目前难以考证。他是在《枯树赋》中夹带了一句梅根冶,证明他对梅根冶是知道的。因为东晋设立的梅塘冶,在齐梁时代被废弃,他们重新恢复了梅根冶。《太平寰宇记·卷一百五云》:"自齐梁之代为梅根冶,以烹铜铁。"故庾信《枯树赋》云:"南陵以梅根作冶"(当时池州东部属于南陵郡南陵县,郡治、县治同在今池州城东部约二十五里处)。如果庾信没有来过梅根冶,以他一个纨绔子弟而知晓梅根冶,说明梅根冶在国家经济中的重要地位。事实也是如此。侯景之乱时(庾信也是当事人之一),大部分时候,池州(当时称南陵郡)还一直控制在朝廷手中(见《梁书·平景诸将列传)。

第三位便是唐代的孟浩然《夜泊宣城界(一题作旅行欲泊宣州界)》。诗云:

西塞沿江岛,南陵问驿楼。

湖平津济阔,风止客帆收。

去去怀前浦，茫茫泛夕流。
石逢罗刹碍，山泊敬亭幽。
火炽梅根冶，烟迷杨叶洲。
离家复水宿，相伴赖沙鸥。

除了“山泊敬亭幽”，基本上都是从东至到梅根的一段江面景色，虽然诗中提及敬亭，那是为了照顾题目“夜泊宣城界”中的“宣城”二字，是一句虚写。诗写到梅根港就戛然而止。由此我们推测，孟浩然此次有宿于梅根港的可能。这首诗也就可能作于梅根港了。因为是“水宿”，没有上岸参观梅根冶，没有更多的感受，也就江上所见，客观地描写了梅根冶铸冶的规模：“火炽梅根冶，烟迷杨叶洲。”可以想见梅根冶当时冶炼规模之大。

第四位是中唐诗人刘长卿。他有“落日芜湖色，空山梅冶烟”（刘长卿《鄂渚送池州程使君》）。这里所写梅根冶的景象，应该是回忆中的梅根冶形象。刘长卿是长江皖江段下游的和州人，平时，江上往来，过皖江上游的池州段江面，是常有的事，有一次还从陆路经池州回家，在池州上清溪镇住过一夜。诗句之所以将“梅冶烟”与“芜湖色”对举，是梅冶烟很浩大，铸冶场面壮观，与盛唐的孟浩然所见到的梅根冶相同。

其三，描写江上所见的。最早的是陶渊明。他是在东晋义熙元年（405），做建威将军的幕僚时，停宿于梅塘冶，写下了他的《乙巳岁三月为建威参军使都经钱溪》，他写道：

我不践斯境，岁月好已积。
晨夕看山川，事事悉如昔。
微雨洗高林，清飙矫云翮。
眷彼品物存，义风都未隔。
伊余何为者，勉励从兹役。
一形似有制，素襟不可易。
园田日梦想，安得久离析。
终怀在壑舟，谅哉宜霜柏。

由“事事悉如昔”可知，他过去是来过此地的。所以对这一带的景物都很熟悉。他在表达对此地的亲切感的同时,也表达了他对自由、理想境界的向往。特别是"眷彼品物存,义风都未隔"二句,逯钦立注曰"二句是说喜爱此地人品事物,正义风尚没改变存在。"这两句说明陶渊明对梅根冶文化有至深的了解。他所讲的"人品事物",到底是指什么?梅根这一带是铸冶之地,除了铸冶工人和极少的管理官员之外,应该没有其他人。即使有,也是暂时停留的,不会留下什么影响。陶渊明既然讲"人品事物都留存着",说明跟铸冶工人有关,唯有铸冶工人是长期驻留此地的。只有与他们有关"人品事物"才会长久保存流传。被铸冶工人认同的人品就是在利益上要团结一致和慷慨讲大义。如若追溯历史,铸冶工人的相关事迹已不见记载,唯有三国时的冶工头领之女李娥的舍身跳炉,致使铁水奔涌的义举被流传下来。她不仅使他父亲免于斩首,也救了她父亲手下的一帮弟兄。这也算是梅根冶一带最大的"人品"了。她死后,铸冶工人给她立庙,尊为冶神。这个庙也可以算是一个"物"了。虽然人和事都在以前的梅根冶发生,庙也不在梅塘冶(庙离梅塘台有1公里),但与它们不远。况且,梅根冶和梅塘冶都属于一地区的铸冶基地。但是李娥的义举,不断被铸冶工人传承,一直到渊明来钱溪时,依然感觉到他们"义风都未歇"。与铸冶工人的"义风"形成强烈反差的是官场无情无义,导致渊明对民间情义极其向往,表示要回归田园,回归民间有情有义的世界。这首诗体现了陶渊明的内心世界与梅根冶"品物""义风"之间的交融。

因此,这首诗在表象上是写他在钱溪观景,实际上是他内心铸冶工人文化赞赏与内化,从而升华出他自己的道路追求——归隐田园。

第二位是唐代的李白。他有一首《望九华赠青阳韦仲堪》诗云:

昔在九江上,遥望九华峰。
天河挂绿水,秀出九芙蓉。
我欲一挥手,谁人可相从。
君为东道主,于此卧云松。

这是李白回忆自己在江上看到九华山的情景。要知道江上看九华,唯有梅根冶江段最清楚。其他江段看不清,甚至看不见。李白说"昔在九江上,遥望九华峰。天河挂绿水,秀出九芙蓉"。除去想象的成分,至少说明李白在江上是看清了九华山。而要看清，就必须是在梅根冶江段。诗里，作者描述了九华远看中风姿绰约，表达了对隐居九华的期盼，希望能得到韦仲堪的帮忙。

梅根冶江段，是江上望九华的不二地点。在此看九华的不独有李白，还有后来的刘禹锡、卢嗣立、王安石、苏舜钦、晁补之、王守仁、吴国伦和陈良器等数十人，他们都留下了诗作。

第三位为孟郊。他的出道和白居易差不多同时，是个穷困潦倒的人，一生除了诗，一无所有。他涉及梅根冶的诗是《离思》，录如下：

不寐亦不语，片月秋梢举。
孤鸿忆霜群，独鹤叫云侣。
怨彼浮花心，飘飘无定所。
高张系绰帆，远过梅根渚。
回织别离字，机声有酸楚。

这是孟郊在旅途思家的一首诗。极写离思之苦，连梅根渚也不敢稍事停留，而是趁着风大，用粗索挂帆(高张系绰根渚。因为他是念着家中媳妇想他的苦(回织别离字，机声有酸楚)。这些都暗示了梅根渚令人流连、名声在外。

第四位是刘禹锡。在梅根冶江段望九华，确实是奇峭多姿。也许他和李白是在同一地点看九华的缘故，他有和李白一较高下的念头。他在这里写下了一首著名的《九华山歌并引》。他写道：

九华山在池州青阳县西南。九峰竞秀，神采奇异。昔予仰太华，以为此外无奇，爱女几、荆山，以为此外无秀。及今见九华，始悼前言之容易也。惜其地偏且远，不为世所称，故歌以大之。

奇峰一见惊魂魄，意想洪炉始开辟。疑是九龙夭矫欲攀天，忽逢霹雳一声化为石，不然何至今，悠悠亿万年，气势不死如腾佡。云含幽兮月添冷，月凝晖兮江漾影。结根不得要路津，迥秀长在无人境。轩皇封禅登云亭，大禹会计临东溟。乘樏不来广乐绝，独与猿鸟愁青荧。君不见敬亭之山黄索漠，兀如断岸无棱角。宣城谢守一首诗，遂使声名齐五岳。九华山，九华山，自是造化一尤物，焉能籍甚乎人间。

这首诗是以长短句的形式写的。与九华山参差的地貌相对应。具有较为强烈的节奏感。但他写得太过于露骨，不够含蓄老辣。与李白比，笔力尚欠火候（参见吴世民《李白宿寺诗与九华山无相寺关系考》对这首诗的比较分析）。

李白是九华山的定名者和扬名者，刘禹锡是李白之后的人，又同是诗人，对于这点，刘不会不清楚。为什么他通篇没有直接提到李白？除了有意规避之外，不能进行别的解释。可能在刘看来，李白九华山留下的几首诗，都不足以让九华山扬名，他很自负地认为他这首诗超过了李白的任何一首九华诗。但奇怪的是，他不使用原名“九子山”，而很服气地使用李白改名之后的“九华山”和疑似用了李白《改九子山为九华山联句》中李白的诗句“青荧玉树色”里的“青荧”一词。说明他在内心对能否胜过李白是没有把握的。李白改“九子山”为“九华山”在天宝十三年前后，即754年左右，而刘禹锡是“永贞八司马”之一，即他的活跃期在永贞前后，即805年左右，两者相距半个世纪。这首诗也应作于此前后。

刘禹锡能闻知九华之名，很大可能是来自池州籍进士桂仲武（秋浦人，即今石台人）和费冠卿。这两位都是池州人。永贞前后，两人都在长安应进士考。其中，桂仲武的应举，还是刘禹锡于贞元末年（即永贞元年的前几年，也就是799年至804年之间）推荐的（《刘宾客文集·外集卷十》）。桂仲武大和六年去世，刘禹锡还为他写了一篇祭文。按理，刘和桂走得比较近，从桂那里得知九华山的可能性大些。可能他也零零星星听到李白的一些写九华山的诗。李白在刘禹锡时代，名声还不高，甚至还有相当一部分人诋毁他（从韩愈写诗为李白辩护，我们可以窥见一斑。刘、韩主要活动都在同一时代）。所以，在李白身后的几十年里，由于他自身的声誉未起，为九华扬名所产生的影响也不可能大到哪里去。

至于元和年间（806—820），萧建写诗向费冠卿问九华，也有可能受刘禹锡的这首《九华山歌》的影响。因为只有像刘禹锡这样有名望和地位的人所推重的人、事、物，才会得到社会的重视，尤其是士大夫阶层的认可。

总的说来，就诗的质量而言，与唐代其他诗人比较，刘禹锡这首诗也算是佼佼者了。说明梅根冶江段看九华山，的确是一个绝佳的视角（反过来，我们也可以说，九华山是梅根冶的借景）。正因为这样的视角，才会触及相应的灵感与想象。

从梅根江段看九华，南宋的状元王十朋深有感受。他在《梅溪集后集·卷十五》里说“予过池阳登郡楼，望九华，仅见一峰。舟出清溪，始见之。然犹减没于云雾之间。晚泊梅根浦，方了了见峰也”。为此他一连作了9首九华诗。今录其2首。

其七

郡楼初见一奇峰，深恐烟霞无路通。

神母遥遥将九子，总将山色列舟中。

其八

曾见齐山小九华，梦游缥缈羽人家。

灵山面目忽相见，舟系梅根秋日斜。

从选录的这两首里，我们能强烈地感受到诗人泊舟梅根，终于见到九华全貌时的激动。

作为外来文学，除上面所述之外，还要包括一些在梅根冶来巡查过的官员和任冶监官的作品。由于这个工作做起来需要耗费大量的时间，暂时还难以有时间去进行相应研究。

②梅根冶的本土文学。

梅根冶的本土文学，除了少量的民间文学，以及在梅根冶做冶监官的罗则三位子侄中二罗的文学创作(即罗邺、罗隐。文学史上，一般都是三罗并举，包括罗邺另外一个堂兄罗虬。但罗虬似未曾到过梅根冶。见《唐才子传·卷七》)。他们在全唐诗中均留下了各自的诗歌作品，其中以罗隐成就最大。罗隐不仅有诗集，而且还有文集。他们或是为人，或是文风，都打上梅根冶铸冶文化的深深印记。尤以罗隐表现得最为鲜明。

第一，二罗的生平及主要文学成就。

虽然人们习惯三罗并称，其实，与梅根冶有关的只有罗邺和罗隐，因此我们只叙述评价二罗的文学及成就。

其一，二罗之间的关系。二人中唯一明确是葬在梅根冶的，只有罗邺。《江南通志·卷四十一》载:“罗邺墓在梅根浦上流之岸。”明曹学佺《石仓历代诗选·卷八十九》称“罗邺,隐之弟也”,未知何据。按《御定全唐诗·卷八百二十三》称:“应物,大中时江南诗僧也。尝与罗邺唱酬作九华山记诗二首”,且他也作过《费冠卿书堂》诗。年龄应该和罗隐差不大,(近人闻一多定罗邺生于825年,李定广《罗隐年谱》定罗隐为833年生。依此,则邺大隐8岁。罗邺的父亲是罗甫,字令则(有的文献简称“罗则”或“则”)。据《新发现罗隐宗叔罗甫墓志》:罗令则乃大中八年(854)进士(其生年833年,与罗隐同年),此时罗隐于罗则年22,罗邺年已29(闻一多说)。由此反推的结论是:罗令则未出生即已生邺。这是不可能的。若以则18岁生邺推,那么,大中八年邺就是5岁,小于隐18岁。若按罗则是年为27岁计,如其18岁始生人,但他开始生的也是老大罗鄂而非罗邺。邺则是18岁以后生(邺排行第二)。依此计算,大中八年,罗邺最大也不超过5岁,即其生年不早于大中四年(850),至少比罗隐小18岁。这样看,“罗邺,隐之弟也”,还是符合事实的。

有文献称罗令则做过梅根冶的冶官(盐铁小吏),从罗邺最终归葬梅根冶的情感来看,罗邺应该是青少年时就一直生活在梅根冶。根据《罗氏宗谱》,罗隐与邺为堂弟兄。其父罗修古,曾任池州贵池尉(三罗中的罗虬,则是邺二伯父之子。罗虬和罗邺是共祖父的。罗虬年似最长。因虬与池无涉,故略而不书)。《唐诗纪事·卷六十九》云“隐池之梅根浦”,《十国春秋·卷四十八》罗隐列传也云:“初寓池州梅根浦。”罗隐《下山过梅根》云:

岸叶经秋坠晚枝,袅烟凌鬓促征期。
家从泽国谁能问,路在侯门自不知。
但恐老侵多病日,每忧忙过少年时。
可怜江上人堪笑,独倚残阳弄钓丝。

这里我们看到了罗隐确实是居在梅根。因为他说“家从泽国谁能问”,一会儿又说,“可怜江上人堪笑,独倚残阳弄钓丝”,结合题目里有“过梅根”,我们基本可以断定,罗隐就居在梅根冶附近不远。所谓“下山”,除了九华山,附近似乎没有什么叫“山”了。那么“下山”只有两条路,即沿着青通河或九华河而下。二河都在梅根冶(梅根山)的东面,那么“过梅根”,就是去梅根冶的西面。也就是说，罗隐居住地在梅根冶西面不远的地方。因为这里离李娥庙(《太平御览·卷四百一十五》)比较近，夜间还可以就庙里的长明灯读书，罗隐就有一首诗题目就是《长明灯》，他对长明灯充满感激之情，后文有分析。罗邺可以居在他父亲那里，因为他父亲是冶官，在梅根冶有官廨。两罗相距大概不会太远。可能也就一两里左右。罗隐为什么要居在梅根，原因有二：一是叔父在此，又有堂兄弟在。二是，罗隐的儿子需要靠叔父来教育。按，罗隐是二十岁来池州居住的[①]。此时，他住于池州府附近的齐山，一面读书，一面炼丹(参见第二章“诗井”条)。这时，罗令则还没有中进士，更不可能住在梅根冶。那么罗隐是杭州人，凭什么住在贵池？只有一种可能，就是他父亲正在贵池县尉的任上。《明一统志·卷十六》云：“罗隐，本余杭人，父仕于池，因家焉。”罗隐23岁(855)时，其子塞翁已6岁[②]，是该上学的年龄，故移居梅根。按《罗氏宗谱》，谓罗则，“隐子塞翁教育成才，多赖之”，证明罗则已经到了梅根冶。

也许是为了孩子读书，同时也为了增加自己考进士的学识储备，罗隐一直在梅根冶住到大中末(858)才出山应考(三罗者，只有罗虬最先登科，《邵氏闻见后录·卷一七》)。这一年，罗隐26岁，其子已9岁，罗邺则不大于9岁。估计此时，罗令则已任满3年，须迁官，离开梅根冶，而隐子已大，可随叔祖在任上读书。故罗隐无事一身轻，可以考虑自己的前途了。罗隐第二次居梅根，正逢黄巢之乱。后面再叙述。

其二，罗邺的文学成就。罗邺与贾岛、方干同时有名(《读礼通考·卷六十一》)。有诗一卷(《新唐书·卷六十》)。他的一生，屡举不第。还是他去世以后，“光化(898—901)中，韦庄奏，追赐进士及第、赠官”(《御定全唐诗录·卷二十九》)。《唐才子传·卷七》很确切地说他是罗则之子，评价他“尤长于律诗”。认为其诗“清致而连绵”。

罗邺留下的诗歌，除了被《御定全唐诗》收录以外，还有一些诗以及残篇逸句，零星见于各种诗选、诗说和其他文集中。总计，罗邺诗不少于160首(句)，何庆善《罗邺诗注》集155首(句)。

①李定广.罗隐年谱[M].上海：上海古籍出版社，2012：11.

②李定广.罗隐年谱[M].上海：上海古籍出版社，2012：5.

从形式上看，罗邺的一百余首诗，多数是七律和七绝。

兹举数例，略做分析。

七绝五首：

宫中

芳草长含玉辇尘，君王游幸此中频。
今朝别有承恩处，鹦鹉飞来说似人。

春游郁然有怀赋

芳草和烟暖更青，闲门要路一时生。
年年检点人间事，唯有春风不世情。

秋怨

梦断南窗啼晓乌，新霜昨夜下庭梧。
不知帘外如珪月，还照边城到晓无。

为人感赠

歌舞从来最得名，如今老寄洛阳城。
当时醉送龙骧曲，留于谁家唱月明。

梅花

繁如瑞雪压枝开，越岭吴溪免用栽。
却是五侯家未识，春风不放过江来。

这五首是随机选取的，有咏人、咏物和感事的。除了《为人感赠》含有懊悔之意外，其余四首基本上都语含讥刺和怨恨，似作者屡举不第，借景借事借人对社会不公的控诉。他之所以郁郁不得志，就是“春风不放过江来”。这其中的一首《春游郁然有怀赋》，当时和后世都极为称赞。宋人胡仔《苕溪渔隐丛话》取其中“唯有春风不世情”和杜牧名句“世间公道唯白发”，合作一联云：“公道唯白发，春风不世情。”

就作诗的技巧而言，这些诗，立意角度新颖别致，如写春草，“闲门要路一时生”为一般作者难叙。为表达人的忏悔之情，他选择通过“当时醉送龙骧曲，留于谁家唱月明”的一个典型细节来表达：这边的用情用意，那边却毫不领情，这个细节充分地表达了歌女的无限悔意。在立意无法做到新颖的情况下，他于表达上别出心裁。像《秋怨》的“不知帘外如珪月，还照边城到晓无”，虽然以明月寄相思是个老套的立意，但作者换了一个视角，从边城的月亮是否也一夜到明，也就是说，即使共一个月亮，也希望共一整夜的月，把闺怨写得入木三分。后来苏轼把这个视角进一步开掘了一下，成就了“但愿人长久，千里共婵娟”的名句。

罗邺绝句意境的营造，已经有格式化倾向。前两句铺垫，勾勒背景，渲染气氛，然后抽丝剥茧，掂出要害，点明主题，形成完整浑融的意境。由于他的前两句背景描绘较为细腻，第三句承接没有任何突兀之感，仍以描述的笔触，达到转折的效果，丝毫没有非形象的东西。故人们称其为“清致而连绵”，是恰如其分的。

其绝句的格律，已与明清时所总结的绝句格律基本吻合（明清时期所提出的所谓格律标准，实际上是后人强加给前人的“标准”）。

从内容上看这些绝句，除咏物诗外，咏情、咏史、羁旅、赠别和写景等几个类型，在他的绝句中都有涉猎，而且写得都很不错。像上面所举咏情诗《秋怨》和《为人感赠》写征妇相思与舞女愧疚，以细见深，把人物的内心揭示得很到位。其咏史诗《吴王宫井》中的“拾得古钗镌敕字，当时恩泽赐谁来”，刻画了君王的寡情薄义，使人浮想联翩。还有写羁旅的，如《黄河晓渡》云“昨夜莲花峰下月，隔帘相伴到明愁”，把游子思乡情切写得很细腻。

我们再来举几首七言律诗：

冬夕江上言事（五首选一）

僻居多与懒相宜，吟拥寒炉过腊时。
风柳欲生阳面叶，冻梅先绽岭头枝。
山川自小抛耕钓，骨肉无因免别离。
赖有陶情一尊酒，愁中相向展愁眉。

牡丹

落尽春红始着花，花时比屋事豪奢。

买栽池馆恐无地，看到子孙能几家。
门倚长衢攒绣毂。幄笼轻日护香霞。
歌钟满座争欢赏，肯信流年鬓有华。

芦花

如练如霜干复轻，西风处处拂江城。
长垂钓叟看不足，暂泊王孙愁亦生。
好傍翠楼装月色，枉随红叶舞秋声。
最宜群鹭斜阳里，闲捕纤鳞傍尔行。

送张逸人

自说归山人事赊，素琴丹灶是生涯。
床头残药鼠偷尽，溪上破门风摆斜。
石井晴垂青蔓叶，竹篱荒映白茅花。
遥知此处应稀出，独卧晴窗梦晓霞。

在罗邺的律诗中，以七律居多数，其次是七绝，五言律绝只有少数的几篇。这恐怕不独罗邺是这样，整个晚唐的诗人差不多都是这样。像池州同期的张乔、杜荀鹤、殷文圭和费冠卿以及罗邺的堂兄罗隐基本上都是一样。做七言律绝好像是中晚唐的一种时尚。

从内容上看，七言咏物诗是罗邺的一个强项。他的名句大多来自七言咏物律绝："买栽池馆恐无地，看到子孙能几家。"（七律《牡丹》）"年年纵有春风便，马迹车轮一万重。"（七律《芳草》）"乘时得路何须贵，燕雀鸾凰各有机。"（七律《鹦鹉咏》）"抱节不为霜雪改，成林终与凤凰期。"（七律《竹》）罗邺也有很多七绝的名句，如"确是五侯家未识，春风不放过江来。"（七绝《梅花》）"年年检点人间事，唯有春风不世情。"（七绝《春游郁然有怀赋》）。如果我们就咏物诗的名句这一点以及整首诗的精炼程度上说，罗邺的七律还是逊于七绝。《牡丹》和《落花》较能说明罗邺咏物诗的特点。首先，它有因物而生的名句。如"确是五侯家未识，春风不放过江来"，因梅花而生感慨。其次，名句描摹的对象各有不同。有因物而生的感慨，也有因物而描摹的优美画面，如"最宜群鹭斜阳里，闲捕纤鳞傍尔行”就是因芦花而勾勒的绝美画面。

下面我们结合内容，对前面列举的四首诗，略做分析。第一首《冬夕江上言事》。这一首主要写在乡闲居的苦闷。他在这里表达自己想仕进的愿望，没有罗隐在《下山过梅根》中表达得那样强烈。他说，“僻居偏与懒相宜，吟拥寒炉过腊时”，虽然过得不好，只能“僻居”，只有“寒炉”，但可以“懒”，寒炉也勉强可“拥”；而且，“骨肉无因免别离”，无有别离之苦。这说明他觉得过这种生活，还是有点小惬意的。只是看到“风柳欲生阳面叶，冻梅先绽岭头枝”，于是内心有所触动，但面对现实，又觉得无可奈何，于是以酒解愁，所谓“赖有陶情一尊酒”耳。但这里最耐人寻味的一句是结尾的“愁中相向展愁眉”。罗邺说自己在愁，而“相向”的还有一个愁人是谁呢？在梅根冶，能和罗邺同病相怜的，除了罗隐，可能没有第二个了。这两个倒霉蛋，都是屡举不第的主人翁。兄弟俩，愁中相对而坐，也许他们想通了，于是相视一笑，“赖有陶情一尊酒，愁中相向展愁眉”。结合罗隐的《下山过梅根》，似乎是同一时间的作品（此时罗邺虽大于二十九岁，但起码也在二十五岁以上）。罗隐是深秋下的山，罗邺写的是腊月的梅根，前后相隔两个月。罗隐下山是准备要去参加进士考试的。从两首诗中的内容看，罗邺似乎还没有参加过科举考试，他只是在考与不考中纠结；罗隐显然已经尝试过，要不然他不会有“路在侯门自不知”的感慨。《牡丹》是一首咏物诗。他是借牡丹而写富贵无常，抒发离乱中的无限伤感。故名句一出，立刻流传四方。《芦花》借芦花表达社会对士人的不公和士人对自我的追求。《送张逸人》是一首赠别诗，写张逸人闲适而清苦的生活，十分传神。写景清新而富于野致。“床头残药鼠偷尽，溪上破门风摆斜”，虽写尽主人的清贫，但给人的感觉十分高雅。“石井晴垂青葛叶，竹篱荒映白茅花。”所述之景，野而不荒，意境清新雅致，很好地表达了张逸人平居的心境。这样高水平写景的句子，即使放在盛唐也不多见。说明，晚唐诗人的写作水平并不低，可惜的是他们的人生境界很低。平常无法写出高格调的句子，只有在写高人逸士的时候，他们才能写出盛唐似的名句。但终究受境界的影响，整篇的整体水平还是不高。

关于罗邺，我们先说到这。

其三，罗隐在梅根冶的文学创作（包括其在池州的诗文）。

我们受本书主题的制约，只能就罗隐在梅根冶的诗文谈一谈。但我们能确切指证罗隐在梅根的作品并不多，因此只能笼统地就他的池州诗文来谈。罗隐只有少数诗文能确定是写池州的。

谈到这里，我们先必须弄清楚，罗隐究竟在池州居了多少年？

我们将罗隐居池分为两个阶段。

第一阶段，前已叙述，先是随父居住贵池，接着又随叔父居住梅根，这个时间大约5年。这在前面已经讲清楚了。

第二阶段，是避黄巢之乱，居住贵池梅根，前后住了六七年，“黄尘初起此流连，火耨刀耕六七年”（罗隐《别池阳所居》）。在878年前后（黄巢部于878年入池），罗隐还未迁走，“干戈已是三年别”（罗隐《忆九华》）。他在《得宣州窦尚书书因投寄》中说“双鱼迢迢到江滨，伤感南陵旧主人”，说明他还在江滨。而窦尚书就是曾经在池州做过刺史（池州旧为南陵郡县治所在地）的窦潏。他们成为诗友，是乾符六年（879）八月以后，黄巢部队已离开池州，宣城人窦潏来池任刺史（《嘉靖池州府志》）时。《唐诗纪事·卷六十九》云：“罗隐，字昭谏，余杭人。隐池之梅根浦。自号江东生。广明中，池守窦潏，营墅居之。”窦到宣城老家任职，已是黄巢乱池后。故罗隐在诗中说“寻知乱后尝辞禄，共喜闲来得养神。时见齐山敬亭（敬亭，代指宣城）客，不堪戎马战征频”，诗的最后一句是说“可惜现在是战时”，言外之意是，“要不然，我一定来看您”。窦潏是乾符六年（879）来池，他离开池州，至少在中和元年（882）。而窦回了老家宣城，罗隐还在梅根浦的“江滨”，说明罗隐至少883年或884年初（黄巢本年兵败，余党尚在流窜），仍在池州梅根浦。所以，他的“火耨刀耕六七年”，应该是指黄巢乱中的六七年，不是以前随父亲和叔父在池州住的5年。在那个5年中，有父亲和叔父官俸接济，根本不需要火耨刀耕。之所以要亲自去“火耨刀耕”，正是黄乱（875—884）时已47岁左右（879）的罗隐，不再有长辈的关照，只有自食其力了（在梅根浦和罗隐一道隐居的，还有罗邺及其兄罗鄂[1]。878年4月黄巢略池，8月即渡江北上（《旧唐书·列传第一百五十·黄巢传》）。这种短暂的劫虐，罗隐

①李定广.罗隐年谱[M].上海：上海古籍出版社，2012：108.

并没有来得及搬家,只会暂时躲避一下。他可能上了九华山。罗隐《忆九华故居》云:"九华巉崒荫柴扉,长忆前时此息机。"罗隐大约五十二岁时(884)离开池州[①]。此后,罗隐再也没有回过池州。

这样算来,罗隐前后居池,不少于12年。而且,除去居于贵池的两年,有10年的时间居在梅根。尽管罗隐居家于此,但大部分时间在外漫游,很少在池。虽然如此,隐在池作品,按理也不会太少,但要在罗隐文集中甄别出来,则是一件很困难的事。我们现在根据诗的内容和相关时代背景,把能基本确定的是写于池州或与池州相关的诗歌,先捞出来。这些诗总计一下有30余首。如前面列举过的《下山过梅根》,和第二章举过的《文选阁》《九华山费征君所居》,另外还有《昭明庙》《贵池晚望》《秋浦》《秋江》《江边有寄》《长明灯》《别池阳所居》《忆九华故居》《寄池州郑员外》《寄进士卢休》《得宣州窦尚书书因投寄》等,这些是在池作品。涉及池州的作品,有《途中送人东游有寄》《广陵春日忆池阳有寄》《村桥》《送顾云下第》等。其中涉及梅根的有近十首。下面我们也不分诗体,选几首分别就内容加以分析。

忆九华

九华巉崒荫柴扉,长忆前时此息机。
黄菊倚风村酒熟,绿蒲低雨钓鱼归。
干戈已是三年别,尘土那堪万事违。
回首佳期恨多少,夜阑霜露又沾衣。

这里罗隐表示来九华居住,就是暂时放松自己,没有任何仕进的念头,故曰"暂息机"。他说"九华巉崒荫柴扉",就说明他在九华是有房子的。这是要住三年五载的打算。以罗隐念念不忘功名的人,忽然说"暂息机",不是不得已是绝不会说这种话。只有战乱,才会使他死心。故罗隐必是因战乱而避九华。形势稍缓,他就下了山。估计他是急切切地要去赴京赶考。《下山过梅根》就是这次下山的作品,因为他说:"岸叶经秋坠晚枝,袅烟凌鬓促征期。家从泽国谁能问,路在侯门自不知。"而所谓"促征期"就是他秋天就急着赶回梅根,准备赶到长安,参加第二年的春试。如果我们推测不错的话,这一年正是黄巢入池。黄

①李定广.罗隐年谱[M].上海:上海古籍出版社,2012:84—124.

巢八月即渡江而去，正是中秋时节。从罗隐的“岸叶经秋坠晚枝”，可知，他是晚秋下的山。也即是说，黄巢一去，他观望不到一个月，见时局初稳，就匆匆回家。此后三年，他依然屡屡碰壁，他也许就是那一刹那的对下山的后悔，就写下了这首诗。如果按878年下山，三年后，应该是881年。他感慨地说：“尘土那堪万事违。”他很后悔那次匆匆地下山去赶“佳期”，“回首佳期恨多少”，去考了又怎么样，还不是名落孙山。

秋江

秋江待晚潮，客思旆旌遥。

细雨翻芦叶，高风怯柳条。

兵戈村落破，饿俭虎狼骄。

吾土兼连此，离魂望里销。

这首诗写于878年8月黄巢离池后。诗人目睹战乱带来的凋残，想到自己求仕不得、归乡不能（作者故乡在杭州），客居池州江浦，内心十分痛苦。

村桥

村桥酒旆月明楼，偶逐渔舟系叶舟。

莫学鲁人疑海鸟，须知庄叟恶牺牛。

心寒已分灰无焰，事往曾将水共流。

除却思量太平在，肯抛疏散换公侯。

这里写自己虽是酒钓之徒，却依然保持高洁，只是希望天下太平，自己还能建功立业。这首诗所表达的情绪是在失望和希望之间。这只有在黄巢迫近长安或已下长安，科举已停，唐王朝急于逃命，罗隐觉得仕进无望，才会有这样的情绪。对于已往，他感觉自己“心寒已分灰无焰”。但他也不是绝对失望，觉得战乱一旦结束，天下恢复太平，他依然有一番作为。（“除却思量太平在，肯抛疏散换公侯。”）

江边有寄

江边旧业半雕残，没轸归心即万端。

狂折梅花山店暖，醉听村笛酒楼寒。

只言圣代谋身易，争奈贫儒得路难。

同病同忧更何事，为君提笔画渔竿。

这首和前面那首一样，都是写于梅根浦时。他感慨自己，投身举业，却荒了田园。原以为仕进很容易，田园抛荒去仕进，却一无所获。田园也已荒芜，以致不能复垦，而仕进则遥遥无期。作者调侃自己和朋友，“同病同忧更何事，为君提笔画渔竿”，无官无田一身轻，学钓鱼去吧。

这首诗里，看不到一点战乱的影子，应该写于其在池州的第一段时期，二十七岁以后。这时，其叔父罗令则已离任梅根冶，罗隐在梅根浦，除了有堂弟罗邺之外，已经失去了依托，因而动了归念（“没轸归心即万端”）。

长明灯

破暗长明世代深，烟和香气两沉沉。

不知初点人何在，只见当年火至今。

晓似红莲开沼面，夜如寒月镇潭心。

孤光自有龙神护，雀戏蛾飞不敢侵。

这首诗可以确定是写梅根浦李娥庙的长明灯。首先，他把这盏灯写得十分崇高——“破暗长明世代深”，又十分神圣——“孤光自有龙神护，雀戏蛾飞不敢侵”，还十分圣洁——“晓似红莲开沼面，夜如寒月镇潭心”。这超过了一般的寒士对长明灯的情感。古代一般的寒士要想夜间用功读书，家中点不起油灯，就去依靠庙里的长明灯来夜读。有的还在庙里蹭饭吃。这往往招致僧人的厌恶。他们本身对长明灯的好感，也被庙里僧人的情绪淡化了。但有一些才学寒士是僧人喜欢的。这往往是那些应酬和香火较多的庙宇。僧人们需要寒士用他们的才学给庙里撑门面，或用他们来应酬达官贵人、文人雅士的诗文唱和，或让他们来教僧人的诗文。这两种情况，在九华山较为常见。所以，唐代中后期，上九华山的达官贵人、文人雅士较多，相应的上山依庙读书的寒士也增多了。像杜荀鹤、周繇、殷文圭、张乔、顾云、李化文等寒士，都是靠庙里长明灯读书的，而且庙里还供吃喝。对于特别穷困的寒士来说，庙就是他们的命根子，一步也不能离开。例如殷文圭，就是一直在庙里读书下不了山的人，以致被人们误认为是青阳人（殷文圭，贵池梅街桃坡人，也葬于桃坡）。所以对这些寒士来说，他们离不开庙，僧人们也巴不得他们住在庙里。因而，在这种环境中,他们对长明灯也不会有特别深的情感,不可能把长明灯看得那么崇高圣洁,更不会看得很神圣。对于罗隐来说,就不一样了。一方面,他前期在梅根的时候,毕竟还有父亲资助,后期,自己也在梅根浦有点田产,吃穿是可以勉强应付的,还没有到非上九华山不可的地步(尽管他也因乱上过九华山,但不多长时间他就下山了)。夜里点灯读书耗油,可能对在温饱线边徘徊的罗隐来说,有些奢侈。而梅根浦附近只有这座李娥冶神庙是正常开门的,因为她是冶工们每次开炉所必祭的炉神。故庙的香火自然很旺,点长明灯的油当然也是不断的。所以,罗隐要在梅根浦夜间读书,此庙的长明灯是当然的选择,不仅因为这里是少有的能正常维系的庙宇之一,还因为庙里有油,点得起灯,会长年不断,是最有利于读书的地方。为此,他特地住得离庙很近(《下山过梅根》)。这盏长明灯,前期就陪罗隐度过五年的长夜。那时的罗邺住在梅根冶,无须到这庙里来读书。所以庙中的夜里,只有罗隐一人伴着那长明灯苦读,长明灯是他苦读的见证。所以他对这盏长明灯感情很深。另一方面,他希望这位庇护冶工的神灵也能保佑他一举高中。他写长明灯,实际上就是歌颂冶神李娥。所以,他把长明灯看得很神圣。其次,他说"不知初点人何在,只见当年火至今",也很吻合梅根冶冶神庙的情况。这座庙不同于一般的佛教或道教庙宇。佛道二教的庙宇,因各种原因,庙中香火不定,甚至庙宇本身时被毁弃。可以说,没有那一座佛道庙,没有遭受过中断或毁弃。因此,这些庙里的长明灯更不可能从立庙的一开始就一直不断地被点下来。而梅根冶冶神庙则不同,庙中冶神一直被冶炼工人奉为至高神明,每年要来祭祀若干次(每次开炉冶炼,都要来祭祀。《太平寰宇记·卷一〇五》)。只要冶炼工人一直在梅根冶,祭祀就不会间断。而从三国设梅根冶以来,历两晋南北朝隋和唐,这里的冶炼就没有间断过,故冶神庙的祭祀也就从没有间断过,长明灯自然也是从三国设冶庙开始,一直亮到罗隐那时。所以,罗隐说"不知初点人何在,只见当年火至今",大多数庙,都会因战乱或政治因素(如武昌灭佛)导致香火中断过,只有李娥庙的香火不会中断:因为无论社会怎么变化,对铸冶都是需要的;而冶工开炉又必祭炉神。故其香火不得断绝。最后,我们说这是罗隐前期隐居梅根浦的作品。因为这个阶段,罗隐很少外出,所以读书的时间较多,同样,去庙里夜读的时间就多,对长明灯的情感也自然是此时最深,写出这首诗也就不意外。

后期虽还居梅根浦，但大多时间都在外漫游。对长明灯的记忆会渐渐淡去，更不会去为它写诗。

别池阳所居

黄尘初起此留连，火耨刀耕六七年。

雨夜老农伤水旱，雪晴渔父共舟船。

已悲世乱身须去，肯愧途危迹屡迁。

却是九华山有意，列行相送到江边。

这首诗和《下山过梅根》一样，是对罗隐隐居进行定位的诗。首先，我们可以肯定罗隐是居在水边的，因为他说“雨夜老农伤水旱，雪晴渔父共舟船”。其次，我们从“却是九华山有意，列行相送到江边”这句知道，他是居在梅根的江边。前面我们叙述得很清楚，只有在梅根江段，才能清晰地看到九华山。诗中还向我们透露了，在这段避乱的时间，他也曾四处躲藏过(“肯愧途危迹屡迁”)。而且，路途艰险，也就是暗指九华等地。末一句说九华有意，也含有他居过九华之意。

秋浦

晴川倚落晖，极目思依依。

野色寒来浅，人家乱后稀。

久贫身不达，多病意常违。

还有渔舟在，时时梦里归。

诗中云，“野色寒来浅，人家乱后稀”，显然是初冬的样子，又是乱后，即879年8月以后。结合罗隐的自述：“还有渔舟在”，乱后，啥也没有了，只剩渔舟了。现在还在秋浦河晃悠。这就是黄巢略池以后不久的情景。带着一家人在船上，漂泊秋浦河，显然是无家可归。只有在该年的初冬才会是这样的景象。如果是黄巢去后的第二年冬天，还在秋浦河的可能性不大。一是，梅根浦残破的房子，修补，要不了一个月。二是，一家人无衣无食，在船上不可能待上一年。三是，梅根浦有罗隐的“火耨刀耕”的田产。秋浦河距梅根浦有上百里，长年漂泊在秋浦河，无法回去耕作。因此，这首诗毋庸置疑是写于878年的初冬。

广陵春日忆池阳有寄

烟水濛濛接板桥，数年经历驻征桡。
醉凭危槛波千顷，愁倚长亭柳万条。
别后故人冠獬豸，病来知己赏鷦鷯。
清流夹宅千家住，会待闲乘一信潮。

这首诗是罗隐春试后回家路上，在广陵与友人盘桓，一时不能回家，就先寄了一首诗回去，告诉家里人别着急，他会找空回来。他在诗中回想起自己为求仕进，多年在外漂泊，“数年经历驻征桡”，总是在家门口的板桥边上船。一边是在外的自己“醉凭危槛波千顷”，一边是妻子家人“愁倚长亭柳万条”。他还想到了池州府中的友人，一个在别后升官，“别后故人冠獬豸”；还有一位知己是时任池州刺史的窦潏，在罗隐最困难的时候，给他营造了房子，即所谓“病来知己赏鷦鷯”（鷦鷯，取庄子“鷦鷯巢于林，不过一枝”之意，这里指窦潏给他做的房子）。这里要补充的是，这句诗告诉人们：此诗作于881年，即中和元年。《唐诗纪事·卷六十九》云：“罗隐……广明中，池守窦潏营墅住之。”广明年号只有二年，即880年至881年。880年窦潏为罗隐造屋，现在已成回忆，说明诗写于880年之后。882年，窦潏已经离开池州赴宣歙观察使任（《唐藩镇年表》）。罗隐在外已很长时间，以至于要写诗告知家人归期，故这首不可能写于本年（880）。而罗隐对家乡的人事变动，知晓很快，连他的朋友在他走后升作法官这样的细节，竟然都了如指掌；要是窦潏已升为宣歙观察使，他怎么会不知道，还以为在池州呢？故此诗不可能作于882年，只可能作于881年（广明二年）。880年之后，只有该年窦潏在池州刺史任上。这首诗里最值得注意的是“清流夹宅千家住”这一句。这是罗隐想念他居住的梅根浦，是个既闲适又热闹的地方。一面是清流绕宅，一面是千家汇聚。一个小小的梅根浦，既不是城又不是集市，为什么住了这么多人？我们知道梅根冶就在梅根浦边，这里的千家，不是别人，正是冶炼工人的住家。只有冶炼工人有这么大的群体。以一家五口计，千家就是五千人口，除去老幼，劳动力应该有两千人左右。根据明代宋应星的《天工开物》“铸钱”条，铸钱的工序很多道。每道都要好几个人协作，才能完成。要从融冶、制模、配料、浇注、冷却开始再到打磨和装箱等，每一炉都需要不少人。按《新唐书》，梅根冶与宣州南陵合铸五万缗钱，即使梅根冶分摊一半的任务——二万五千缗，也是一个相当繁重的冶铸任务。故梅根冶两千工人的需要量并不为多。这是反映当时梅根冶铸冶规模的一则珍贵的资料。

寄进士卢休

半年池口恨萍逢，今日思量已梦中。
游子马蹄难重到，故人樽酒与谁同。
山横翠后千层绿，蜡想歌时一烬红。
从此客程君不见，麦秋梅雨遍江东。

这首诗写于879年四五月。罗隐来池口，根据《秋浦》诗，是在878年的秋冬之际。池口是秋浦河的入江口。罗隐是黄巢八月渡江北去后来这里。一是，局势未稳，想在这里先徘徊一两个月，等局势稳定，再回去。二是，这一带芦苇面积极广，万一黄巢再杀回江南来，也有个躲避之处。三是，还可酌情逃亡江西，也很方便。故罗隐在秋浦河的池口一带漂泊了两三个月。这一时期，他写有《昭明庙》《文选阁》(均在杜坞山，池口附近，离秋浦河几百米)等诗，后来还是窦潏给他在梅根浦做了房子。来池口避难的人很多，罗隐正是这时在池口遇见卢休。唐朝中期，春试一般在1月，3月左右放榜，即知结果。如按消息传到池州是3月底4月初，罗隐得知卢休中进士，如按诗中所言，“半年池口恨萍逢”，则卢休与罗隐相见是879年的10月底左右。卢休也许就是池州文化史上唐诗人卢嗣立。

送顾云下第

行行杯酒莫辞频，怨叹劳歌两未伸。
汉帝后宫犹识字，楚王前殿更无人。
年深旅舍衣裳敝，潮打村田活计贫。
百岁都来多几日，不堪相别又伤春。

顾云和杜荀鹤、殷文圭等人都是在九华山读书的寒士。《明一统志·卷十六》云：“顾云，池州人。少与诸贤肄业九华山。文名藉甚。登第后，杜门著书。”(后隐居浙江苕溪)作者与顾云是同一时期的赶考者。唐朝举进士一般都是春试，二三月放榜，而此时正是水稻下秧之际，那些赶考进士的人却还在归途中。所以，考进士者，往往误了这一年的农业生产。故罗隐的江边田，每考一年，就要耽误一年农业生产。所以送顾云回家时，也想到自己家被耽误的农事，忧心如焚，说“潮打村田活计贫”。住在长安旅舍里，衣裳都褴褛了，家里的田没人种，又是抛荒一年。内心十分纠结。罗隐还有一首《送臧渍下第复归池州》，从情感上，并没有这首深。

以上，我们列举了几首罗隐居池州写的诗和几首与池州相关的诗，并做了相关的考证和内容阐释。由于罗隐的池州诗中很少有他的代表作，就没有作艺术特色的分析。我们将罗邺和罗隐对比，就其诗歌艺术简略地说一下。

比如，罗隐的咏物诗总体成就不及罗邺，少有名句。像“采得百花成蜜后，为谁辛苦为谁甜”的句子，在罗隐咏物诗中并不多见。在其他的五言和七言诗中，罗隐胜过罗邺的地方，是他的诗能突破时空的局限，且在用典上，不仅较多而且十分得体。这两点恐怕都跟他读书多有关。罗邺主要靠性灵作诗，突破时空的能力较差，而且也较少用典，这些恐怕跟他读书不勤奋有关。

第二，二罗的风骨与梅根冶铸冶精神。

二罗隐居梅根的时间较长，尤以罗邺最长。故他们浸润梅根冶的铸冶精神，不独影响他们的做人风格，还深深渗透在他们的作品中。罗邺是“初无箕裘之志训，顿改门风，崛兴音韵，驰誉当时”（《唐才子传·卷十》）。就是说，最初，他没有继承先祖事业的打算，过得比较懒散随性，后来才“顿改门风”，在诗歌方面狠下功夫。这里“顿改门风”颇耐人寻味。罗邺的门风是什么？他父亲尽管也是进士出身，他却做着梅根监的监官，整天和铸冶工人打交道。迫使其讲话行事必须直来直去，做事直截了当。这自然也影响到罗邺。这大概就是罗邺的门风。显然，这是不合官场情调的。所以罗邺要改掉这种直来直去的性子，增加一些斯文的品位，且发奋学诗，结果“崛兴音韵，驰誉当时”。罗邺虽然改了脾性，并成为当时很有声望的诗人，但他骨子里的耿直，时时在他的诗中流露出来。他的咏物诗中，像写春草的“唯有春风不世情”，写梅花的“春风不放过江来”之类愤愤不平的句子，比比皆是。他的心中依然充满着正直和正义，难以掩抑，诗中时露真容。这就是陶渊明盛赞的那种铸冶工人的“义风”，在罗邺身上延续的结果。

对罗隐来说，他的耿直，不独体现在他的诗好讥讽上，还表现在他有改不掉的“口过”(讲话口无遮拦,敢于针砭权贵)。正因为这两点,罗隐屡试不中。每当皇帝要录用他时,总有受过他傲视的权贵站出来说他坏话。

总之,梅根冶的“义风”在他们俩身上,一直未歇。

(二)“天下第一纸”

1.池州造纸滥觞期

池州造纸的开始,到底可以界定在什么时候呢?为了讨论的方便,我们将池州造纸的滥觞期分为可以确定的时间下限和有开始可能的时间上限,分别加以讨论。

我们先来看它可以肯定的时间下限。池州地域的秋浦县在唐代已有宣纸和土贡白麻纸出现。唐张彦远《历代名画记·卷二》云:“好事家宜置宣纸百幅,用法蜡之。”宋叶梦得《石林燕话·卷三》也云:唐玄宗的学士,草拟诏书,独用白麻纸,“虽为白麻者,亦池州楮纸耳”。这些说明,池纸作为贡品,在盛唐就已出现,因此至少可以确定的池纸出现的时间下限为盛唐,即唐玄宗开元年间。那么,池州造纸开始的可能时间上限是何时呢?我们先分析它有没有可能开始在南北朝。

在东晋南北朝时期,造纸业有一个良好的外部条件。离盛唐不到三百年的东晋中期,桓玄一度称帝,他曾发布过一个以纸代简的诏书。据宋代李昉《太平御览·卷六〇五》载:“桓玄伪事曰:古无纸,故用简。非主于敬也。今诸用简者,皆以黄纸代之。”这道命令是在桓玄称帝的当涂县发出,这对于处在离当涂极近的池州地域所产生的影响到底有多大,不得而知,但或多或少的影响肯定有的。那么池州会不会就此开始了造纸呢?我们不能排除这种可能性。稍加留意,还是可以看到一些蛛丝马迹。唐张彦远《历代名画记·卷七》记有:“梁元帝游春苑白麻纸图”,我们认为,梁元帝所使用的绘画纸,必然是贡纸。当时贡纸郡县,梁书虽缺乏记载,但如果它就是池州唐开元时贡的白麻纸的前身,不是没有可能。如果池州贡白麻始于梁,那么其造纸始于比梁代更早一点的东晋,也不是没有可能的。即使不做任何假设推理,这种白麻纸产于梁的疆域内,肯定没问题,但产于梁的何地,已不可考。它与池州唐代白麻纸的关系到底多大,我们暂时还不能肯定,但二者在一定程度上有关联,是可以肯定的。所以,我们说有产于池州区域的可能。

虽然我们不能肯定池州造纸始于南北朝,但起于隋或唐初,还是能够基本确定的。

据《新唐书》,有唐三百年,除池州外,全国并没有发现其他地方贡白麻纸。而且,在唐玄宗开元年间,白麻贡纸就已出现。唐玄宗开元年离唐立国仅百余年。对于传统造纸来说,从一般造纸演进到能造朝廷贡纸,如果没有上百年抑或更长前期的造纸技术积累和演进,是不可能在盛唐时,很突兀地造出贡纸来。这种事情,在造纸史上,池纸并非特例。例如,从西汉的灞桥纸到东汉蔡侯纸的突破,跨越的时间长度还不止百年,是跨越了一个朝代。对池州这样一个小地方,从造普通纸演进到造贡纸的技术,其突破难度可想而知。不说造纸技术需要很长一段时间来酝酿;即使加上一些外来技术影响因素,池州造纸开始时间,最迟大约也不会迟于唐初甚或隋,这应该是可以确定的最起码的时间上限。

因此,我们说,池州造纸可能起始于东晋、南北朝,最低不迟于隋末唐初。这就是池州造纸开始大致的时间上限。

从上述情况看,南北朝至唐初,中国南方造纸已经从无到有。在此背景下,池州造纸进入滥觞期,是南方造纸的早期响应者。

2.池纸的初步兴盛阶段

隋至盛唐,南方造纸地区,池州是率先进入兴盛阶段的地区之一。

池纸出现在文献的时候,已是它的初步兴盛阶段。此阶段涵盖了从开元盛世开始的大半个时期的唐朝。其代表为宣纸和白麻纸。其中,白麻纸是唐皇帝御用纸。且围绕白麻纸还形成了独特的纸文化现象。

(1)宣纸

池州楮纸,发展到唐代被称为宣纸。称呼一直沿用到北宋。称为宣纸的原因是，该纸的产地是池州地域内的秋浦县，在唐代的前期（包括开元盛世）属宣州管辖；此时间段内，泾县以及宣州其他各县，均未产纸（据《新唐书》《元和郡县志》）。乃至宋时，宣州其他各县仍不产纸（《宋史》）。故至北宋时，宣纸一词已成为池纸固定的专指（后将论述）。

这里，我们有必要将池州的秋浦县与唐代前、中期宣州的关系，做进一步说明。池州虽曾于唐高祖李渊武德四年（621）立州，但唐太宗贞观元年（627）即废，前后仅仅只存在7年。之后，秋浦归宣州管辖。唐代宗永泰元年（765）再立池州时，秋浦县才回归池州，其间已跨越了长达138年。在秋浦县归属宣州管辖的唐代前、中期的138年间，恰恰是池纸辉煌的第一阶段；更主要的是，此段时间内，宣州所辖的范围内，除秋浦县，其他各县均未出现造纸，故秋浦县所造之纸有宣纸之称（换言之，只要是唐代的宣纸，就一定是秋浦县所造的纸）。

唐张彦远《历代名画记》云："好事家宜置宣纸百幅，用法蜡之，以备摹写。古时好拓画，十得七八，不失神采。"从这段文字分析，唐代秋浦县所造的宣纸，具有良好的韧性和润墨效果，极少纤维束。只有纤维束少，纤维分布均匀，纸张才匀薄，才便于临摹，临摹时线条又不会走样，造成"十得七八，不失神采"的结果。因而，池州宣纸成了唐代前期书画家用来临摹古字画的首选。

（2）白麻纸

白麻纸名称虽最早出现在南北朝时期，但被作为明确产地的贡纸名称时，是特指出现在唐代池州地域的贡纸。宋叶梦得《石林燕话·卷三》云："学士制不自中书出，故独用白麻纸而已。因谓之白麻。……虽为白麻者，亦池州楮纸耳。"而学士则于唐玄宗时始置："开元另置学士院，白麻独在学士，为天子私人，称内相矣。"《新唐书·百官志》云："开元二十六年，又改翰林供奉为学士，别置学士院，专掌内命。凡拜免将相、号令征伐，皆用白麻。"可见唐玄宗开元二十六年始，池州地域的白麻纸已为皇帝私人秘书"学士"的专用纸，用来草制拜免将相、号令征伐的诏书，成为皇帝特权的标志。贡品池纸白麻纸，因专门用来制作皇朝顶级公文，而知名天下。在唐玄宗时，池州白麻纸不独成为学士草拟圣旨的专用纸，同时还是唐玄宗本人的专用纸。据《四库全书总目》载："开元十年,起居舍人陆坚被旨修书(《唐六典》),帝手写白麻纸六条。"

唐朝自玄宗始,独揽拜相大权,拜相的诏书用池州白麻纸书写,因而白麻纸就渐渐成了权力的代名词。以致大臣被拜相,都统称为"拜麻"或"拜白麻",延续到宋,以致形成了所谓"白麻规制"。尽管"白麻规制"至宋而止,但这种惯称却一直延续到明代。兹略举数例:如,宋陈贯窗《郧峰真隐漫录·卷二六》云"即拜白麻之诏",又云"忽聆拜麻之命",元王恽《秋涧集·卷一二》云:"重看拜白麻",明倪元璐《倪文贞集·卷一一》云"既拜白麻,弥存淡远",等等。从此"拜麻"成了典故。这就是唐代在池州白麻纸深刻影响下,所产生的独特的纸文化现象之一。

此外,成书于宋的一些讲仪礼的书中,提到了用"白麻"制丧服。如《义礼集释·卷一七》提到"白麻履",《内外服制通释·卷二》提到"白麻黑衣"等。这种以纸做丧服的现象,古代并不稀奇。20世纪70年代,在新疆的一次考古发现中,就有唐代的丧服纸冠、纸鞋,甚至还有纸棺木。这些白麻是否为池州地域所产白麻纸,有待进一步考证。唐代是池纸发展的第一高峰阶段。

据《元和郡县志》统计,开元时,除池州外,还有杭州、衢州、衡州、常州等四州贡纸,如表1所示:

表1 《元和郡县志》所列土贡纸统计表

	州郡	开元时期	元和时期
1	杭州	黄藤纸	无
2	衢州	绵纸	绵纸
3	池州	白麻纸(《元和郡县志》写缺,据《新唐书》《石林燕话》补)	
4	衡州	绵纸	无
5	常州	六十纸	无
6	婺州	无	白藤细纸
7	信州	无	藤纸
总计	7州	3种	3种

其中衢州、衡州造的是绵纸,此纸不见用于三省。杭州上贡的藤纸则只限于三省(尚书、中书和门下三省)使用,地位仅次于白麻纸。唐元和年(806—820),《国史补》作者李肇,在其《翰林志》中云:"凡赦书、德音、立后、建储、大

诛讨、免三公、宰相、将，曰制，并用白麻纸。”“凡赐、征、宣索、处分曰诏，用白藤纸。”贡纸中还有一种是常州的“六十纸”，尚未知为何纸，未见用于朝廷顶级公文，其用途，文献无考。

3.池纸的鼎盛阶段

池纸的鼎盛阶段在南唐和宋代。纸的品质居于优异等次。

此期间，出现了南唐著名的澄心堂纸和北宋的池纸、马牙纸，都是享誉天下的名纸，被政治家、诗人、书法家如王安石、欧阳修、梅尧臣、王逢原、苏轼、黄庭坚、米芾等，作诗作文，称颂一时。

(1)澄心堂纸

池纸在唐代经过近两百年的演进，到南唐李后主时终于造出了精美绝伦的天下第一纸“澄心堂”纸浆，从而达到池纸巅峰状态。北宋书法家米芾《书史》云：“今人以歙为澄心，可笑。一卷即两分，理软不耐卷，易生毛。古澄心以水洗浸一夕，明日铺于车上晒干，浆硾已去，纸复元性，乃今池纸也。”米芾的这段话，首先肯定了品质优良的澄心堂纸不是歙县所造，而是池州所造。其次，他肯定了宋朝以澄心堂纸的古法制造的池纸，品质完全与澄心堂纸一样优良。所以，他说：“乃今池纸也。”米芾是宋徽宗的宠臣，君臣都是顶级书画家，最有机会接触与得到全国各地的贡纸以及古澄心堂纸，他应是宋代最具权威性的纸鉴定专家。米芾还在《宝晋芙光集·卷六》称：“李重光(李煜)作此种纸以供澄心堂用，其出不一，以池州马牙硾浆者为上品。”他进一步肯定品质优良的澄心堂纸是出自池州，并指出了具体地点是池州马牙。马牙，在今池州市贵池区马衙街道办事处辖区的太朴山中马牙河谷，至今造纸遗迹尚在。从米芾这段话我们可以得知，歙州与池州尽管都是澄心堂纸提供者，但是，真正的优质澄心堂纸乃是出自池纸。因为抄纸是造纸的最后一道工序。由硾浆到抄纸，仅仅只差一道工序了。虽然抄纸是造纸的关键工序之一，但它也只是决定纸的厚薄均匀与否，只有纸浆的好坏才是纸是否洁白、细密、不起毛和抗褶皱的决定因素。这就是说，没有好的纸浆，抄纸技术再高，造出的也只能是劣质纸。

潘吉星在《中国造纸史》中指出：“南唐澄心堂造于歙州和池州(今安徽歙

县和贵池)。原料是楮树皮。”这句话表述的史实，基本准确，但，是不是“造”于池州和歙州，尚待商榷。米芾只说：“李重光(李煜)作此种纸以供澄心堂用，其出不一，以池州马牙硾浆者为上品。”他说的是马牙提供澄心堂纸的硾浆，没有说在马牙造这种纸。那么，澄心堂成品纸的来源，只有两种可能：要么是马牙提供造澄心堂纸的纸浆，在池州别处造澄心堂成品纸，再送到金陵的澄心堂；要么就是由池州提供纸浆于澄心堂，然后由李煜王朝派人监制，再存放李煜的“澄心堂”。按理说，歙、池两州，要将纸浆送到金陵，在运输途中，如何保证纸浆不变质，可能比较困难，不如就地造纸方便。但究竟是怎样，史料暂缺，还不能作出最后定论。

为什么“马牙硾浆为上”？这恐怕与制作工具有关。“硾浆”的“硾”暗示了马牙澄心堂纸浆的制作工具：这就是说，这种纸浆，既不是铁器具“锤”出来的，也不是人用手和脚“捶”出来的，而是通过石制碓臼“硾”出来的，故“硾”字从“石”旁。这也是马牙硾浆造的澄心堂纸不起毛、吸墨、不损毫的原因所在。因为纸浆这样地反复舂捣，纤维束才能全部被捣散，纸浆中的纤维也才能分布均匀。这种纸浆成纸之后，自然就有了上述效果。田野调查表明，马牙河谷水力丰富，水碓遗址众多。若利用水碓对纸浆进行昼夜不停地舂捣，使纸浆“匀细”，是件轻而易举的事。

《十国春秋·卷三二》称：“澄心堂纸、龙尾砚及廷珪墨为文房三宝。”北宋蔡襄在《文房四说》中说：“纸，李主澄心堂为第一。”(蔡襄本人用过澄心堂纸，故其有直接感受。有该纸帖存世，现藏台北故宫博物院)南宋罗愿《新安志·卷一〇》也称澄心堂纸为“天下冠”。当世以及北宋初年擅长书画的达官贵人，都特别钟爱澄心堂纸。南唐后主李煜，将此纸藏之澄心堂，他对此纸的钟爱自不待言。他的大臣也非常珍爱此纸。元代夏文彦《图绘实鉴·卷三》载：“徐熙，金陵人，世为江南显族，……画花木禽兽，蝉蝶蔬果，妙奇造化，……所画多在澄心堂纸上”(我就此事求助潘洁星先生，其称“徐熙画系故宫珍品，不敢取样分析”)。

北宋更为风行。欧阳修将石曼卿用澄心堂纸所写李商隐诗《筹笔驿》，收藏家中，呼为家中三绝，他在《六一诗话》中说：“至今藏之，貌为三绝，真余家宝也。”

由于南唐为北宋所灭，当时也许就有宫人将“澄心堂”纸掠出，偷卖宫外，以求高价；掠剩的“澄心堂”纸，才被当成战利品送至北宋宫廷封存。后渐流出宫外，被士大夫争相收藏，并作为名贵礼品馈赠 。宋太宗还用澄心堂纸拓印他精心搜访的古人名贵书帖，印成《淳化阁帖》(《资治通鉴》)。

此纸因质优而价昂，北宋梅尧臣《宛陵集·卷七》云：“江南李氏有国日，百金不许市一枚”。用此纸作书画，一般人用不起。

(2)池纸

随着南唐灭亡，池纸不再被藏入澄心堂。池纸又一度恢复了宣纸的旧称。宋神宗(熙宁时)在下诏给杭州官府令其贡纸时，仍称：“诏降宣纸式下杭州，岁造五万番，自今公移常用纸，长短广狭毋得与宣纸相乱。”(此时的宣州仍不出纸，故宣纸只能是沿袭的池纸旧称)这就是说，要按池纸的品位要求造纸，但大小规格不能和池纸一样，免得鱼目混珠，足以见池纸在当时，就是全国的造纸榜样，地位极其崇高。

至北宋初，由于池州造纸依然处于当时全国一流的水平，继续朝贡。宋王存的《元丰九域志·卷六》云：池州土贡“纸一千张”。王安石是第一个给宋代池州纸定名为池纸的。他在有名的《酬微之赠池纸并诗》一诗中对池纸赞道：“霜纨夺色贾不售，虹玉丧气山无辉。”这说明池纸色白而光洁；北宋诗人王逢原(王安石姨妹夫)也写诗赞道：“有钱劝君莫买金，多买江东纸，江东纸白如春云。”由于池纸对造纸条件及原料的选用要求都非常苛刻，虽质量极高，但产量极少。除朝贡，市场极少出售。连池州知州王微之想获得池纸，也须“善价徐取”，虽然出高价，但供量有限，一次仅得些许。

池纸秉承了池州以前造优质“澄心堂”纸的品质，北宋书法家米芾《书史》云：“古澄心以水洗浸一夕，明日铺于车上晒干，浆硾已去，纸复元性，乃今池纸也。”他分析了形成这种优良纸性的原因，认为它是由于“特捣得细无筋耳”。又云“第一池纸，匀硾之，易软少毛，澄心其制也。”所谓“无筋”，用今天的术语，就是没有纤维束。

由于王安石诸人使用池纸来称谓池州纸，我们就将池州造纸的整个历史时期所造的楮皮纸称为“池纸”。

（3）马牙纸

在北宋前期，池州还生产一种面对民间消费的马牙纸，品质也很优异，很受书法家喜爱。北宋书法家黄庭坚《山谷集·卷一〇》云：“多谢何须为尔，乌田、马牙各一百，漫寄。书大字，悬手书，勿令攲斜，失威仪，乃佳耳。”又云“庭坚顿首，辱手诲。喜承夙兴，安胜损马牙二百。德兴簟一筒，佳惠也。”接下来，他评价了德兴簟，认为“虽极工，远不如蕲簟之中者，以其甚薄不离汗也”。而对马牙无一贬词，从侧面说明，马牙纸品极工，天下无可相比者，为最满意之佳品。

马牙纸因产地为池州马牙而得名。马牙属今池州市贵池区马衙街道办事处，它不仅是马牙纸的产地，也是古澄心堂纸的产地。前述的《宝晋英光集·卷八》所谓：“李重光（李煜）作此种纸以供澄心堂用，其出不一，以池州马牙硾浆者为上品”的马牙硾浆，即产此处。早于米芾数十年的北宋书法家沈辽，元丰五年二月被流放池州，该年四月他游览了贵池太朴山系的马牙河谷。他在《云巢编·卷七》里的《三游山记》中就写道：“出马牙南行，观民擗（剥开）楮为纸，皆即其溪流有足佳者。”今天笔者田野调查证实，马牙太朴山谷中即遗存古代造纸遗迹十数处，多为溪流足佳、可设水碓之处。其最深的一口碓臼深达1.8米。这么深的碓臼，也许正是“马牙硾浆”质量上乘的秘密所在。

这一阶段是池纸巅峰状态的持续阶段。

（4）南宋池纸

至南宋，池纸的品质依然居全国领先水平。它大量流入了当时就号称造纸胜地的四川，成为办公用纸的首选。甚至当地官员认为，用池纸办公，就是对上级官员的尊重。据元费著的《笺纸谱》记载：（南宋时）“蜀诸司及州县缄牍，必用徽池纸。”当时各地还大量仿澄心堂纸。“澄心堂纸，取李氏澄心堂样制也。”南宋参政知事陈简斋，以池纸临摹王羲之的《兰亭序》，《兰亭考·卷一一》“陈氏本”条载“简斋用池纸临”，足以见池纸在南宋士大夫心目中的地位。

由于使用价昂的池纸，导致办公成本增加。南宋范成大镇川时，要求以当地的蜀纸代替池纸作办公用纸，以降低办公费用。元代费著的《笺纸谱》云：

“范公在蜀镇二年，止用蜀纸，省公帑费甚多。且怪诸司及州县缄牍，必用徽、池纸。范公用蜀纸，重所轻也”。由于池纸质优价贵，蜀地造纸以似池纸为荣，价格也会因此而随之上升。四川造竹纸，蜀中经史籍子皆以此纸传印，而竹丝之轻细似池纸，视上三色，价稍贵。他们甚至“仿徽池法作胜池”，以表达他们想胜过池纸的愿望与追求，《蜀中广记·卷六七》载：这种纸“亦可用，但未甚精致耳”。

4.池纸的延续期

元灭南宋，占领池州，由于没有对池州进行大规模杀戮，池州人口未出现减少与迁徙，因而造纸业一直继续繁荣。

（1）明代贡纸

明初，为了加强池纸作坊管理，以符合上贡朝廷的特殊要求，清张士范《乾隆池州府志卷·二十五·食货志》载：明洪武年间，朝廷特地选在水质极为纯净的灵芝塔（今属马衙街道办事处）造贡纸，以供户部册纸，并派遣户部周尚书亲自监造。明王崇主修《嘉靖池州府志》云：“土产有纸，出贵池”，而“土贡”条则无“纸”项。这也是说，明代，纸是池州土产，但已经不再作为“贡纸”，就是因为已经有了专门为朝廷造纸的灵芝塔官方作坊，故民间造纸无须上贡。

（2）谱纸

清代乾隆末，据清张士范《乾隆池州府志》统计，池州人口已达250.5万（包括铜陵的人口）。由于人多地少，利用本地资源以造纸谋生者，日益增多。该书载：“纸，出贵池、石埭、建德、铜陵。”“今池人多造纸为业者。”田野调查表明，当时，仅贵池区刘街的清溪河上游造纸作坊，曾沿清溪河分布，绵延达二十华里。由于造纸业的发达，造纸原料楮皮，供应紧缺，造纸的原料配方不得不发生改变：生产者将原来单一的楮皮改为楮皮加檀皮；悬浮剂也使用了包括猕猴桃藤、青桐皮树叶柄等，多达三四种植物的汁液。这种造纸原料的不规范使用，使这段时间的纸质有所下降。

此时，池纸除用于书画、记账本、扇面、纸伞面或学生学习写字用纸外，主要用于制作家谱。

这一阶段延续的时间较长，虽然池纸的品质下降，但相对全国的楮纸而言，仍然超出普遍水平。

光绪时期，大量廉价机制纸涌入中国，手工纸的需求量锐减，规模大大压缩，给包括池纸在内的中国传统造纸市场以沉重的打击(潘吉星《中国造纸》)。笔者在池州曾经的造纸地进行田野调查，证实：在这种大背景下，造纸户只保留了部分作坊用于继续造纸，其他舂楮树皮的水碓则改为舂制木香。这种舂制木香的方形石铲式碓头，在原产纸地如贵池的马牙、龙池、双河、棠溪等地随处可见。甚至有些碓臼在20世纪末还在生产木香。保留下来的池州造纸业，艰难生存。他们主要生产制家谱用的“谱纸”和办公书写纸“京文纸”，偶尔也用纯楮皮生产记账本和扇面纸、伞面纸(我在贵池无棠溪镇石门村调查时发现用纯楮树皮生产的记账本)。关于“京文纸”，民国时期，贵池人刘世珩在其编刻的《贵池先哲遗书》卷首《贵池先哲遗书序》中云：“少白君名铸材者，随赴日本劝业博览会。因属共考察造纸。以县向产京文纸，乃创手洒造纸，厌凡”，表示要引进日本的造纸机械，进行生产工艺改造，以提高生产效益。

由于池纸洁白绵薄，坚韧不易碎，既耐腐蚀又防蛀，一直是印制家谱的首选纸。笔者在池州范围内先后调查过多部清代家谱，这些家谱都是在农村存放，没有采取任何防蛀保护措施，但迄今为止，没有发现任何一部家谱有虫蛀现象。其中，贵池缟溪曹氏乾隆谱，距今已有二百七八十年历史，仍完好如初。所以光绪以后的池纸除了一小部分销作书画纸外，大部分都销作家谱用纸，故它有了一个特别的称呼：“谱纸”。

5.池纸走向衰竭

清咸丰的中后期，一方面，由于江南是清兵与太平天国的主战场，池州人口锐减，从乾隆时的250.5万人，减到光绪时期的20多万人，池州人口损失200多万。人少地多，大量土地足以养活现有人口，人们并不需要以造纸谋生。另一方面，池纸面临着大量机制纸对市场形成的巨大冲击，市场急剧萎缩。池纸的生产凋敝。本地经济再一次回归到农耕渔猎经济。以池纸产量最大的池州贵池为例，《光绪贵池县志·风土》云：“民以耕渔为业。”其“土贡”“土产”条中，也不再有“纸”项,更没有明代的那种官营造纸机构。

池纸在光绪以后之所以还勉强维持生产,如前所述,仅仅是制作家谱,仍需要这种纸。池州的风俗是:制作家谱,是每个家族必须要做的一件事,六十年左右修一次谱,将修好的家谱,用谱纸印刷一次,分发各房头。因池纸能防蛀等优点,被谱纸市场广泛采用,需求一直比较稳定。所以谱纸生产能够延续到二十世纪五六十年代。

光绪初生产的谱纸,质量依旧较好。笔者在贵池区涓桥镇调查时发现,涓桥小叶村修于光绪时期的《叶氏家谱》,纸质历经百余年,至今仍洁白如棉。细腻如肤,无任何虫蛀现象。笔者所藏祖父遗留的光绪时期池纸(祖父是清末至民国的小有名气的书家),依然洁白如新,柔韧、润墨,也无任何虫蛀现象。

据笔者在池州范围内东至县、石台县、贵池区的田野调查:二十世纪八十年代,贵池县解放乡和和石台县秋浦河上游,用青檀皮替代楮树皮,作为主要原料,制作池纸。仍使用水力为动力,以手工作坊的方式进行生产。九十年代停止了生产。据笔者所收集的纸样来看,颜色灰暗,纸质粗糙,吸墨效果差,与池纸应有的品位大相径庭。这种以青檀皮为主要原料,使用的却是楮皮的生产工艺,失败是不可避免的。

池纸从清代光绪年开始走向衰微,直到二十世纪九十年代以后,完全绝迹。

总之,池纸历经大约一千六百余年的进程,从辉煌走向匿迹,期间原因不一而足,但其消亡的主要原因是近代机制纸的冲击以及书写工具的相应变化造成的,这是毋庸赘言的。池纸史是中国造纸史特别重要的一环,尤其是池纸中优异的书画纸制作工艺,几乎失传,这值得我们去深入研究发掘和继承。在恢复其传统制造工艺的基础上,造出优质的书画纸:以期为中华民族文化的伟大复兴做出应有的贡献。

十一、池州历史文化变迁之动力源
——池州的人口与家族

（一）历史上池州人口的盈缩

池州滨江而多山，在4000年前的大洪水前后，所有的滨江适宜居住、渔猎和耕作的地方，基本都处在洪水之中。故生产力十分低下的旧石器时期及新石器早期的古人类遗址，在池州非常稀少，只有东至县的华龙洞（几十万年前的旧石器时代）和贵池区秋浦河下游的杜坞山（旧石器遗址）等少数几处遗址。池州有点人气的历史是从新石器晚期开始的。

池州人口虽然在主体呈上升趋势，但其间也经历了曲折往复。其人口增长期有：商代中后期、春秋晚期、战国晚期、西汉中后期、南北朝时期的梁朝、元代和清代的康乾时期和二十世纪的六七十年代等共八个阶段的人口增长期。其人口衰减期有：三国孙吴时期、南北朝梁武帝末期、元末农民起义时期和清咸丰后期等四个时期。

1.新石器时期的池州人口

从池州境内的考古发现看，目前新石器遗址的发现约有40个，主要是沿江沿河分布，以渔猎为主，故生产工具主要是石刀、石斧、石锛、网坠、鱼钩之类。遗址基本上在滨水台地。选择滨水台地，一方面是防止水淹，同时就近渔猎场地，方便水中捕鱼和芦苇里捕捉鸟兽；另一方面又可避免猛兽袭击。

这种形式的遗址，滨江的如贵池九房朱遗址、梅里洲遗址、杏花村内的猫骨盖山遗址、梅龙团山泡遗址，濒湖的如贵池里山白沙湖（今称平天湖）的七星墩遗址、贵池墩上灵芝的猫儿山遗址，濒河的如石台鸡公岩遗址、青阳县庙前镇遗址，等等。尤其值得注意的是，这些濒湖濒河遗址中有农耕用具石镰的出土；在青阳城周边及杨田、陵阳、九华山等地，还相继出土石铲等农耕用具。

池州的这些新石器遗址，多在夏代，距今4000年左右，也就是在大禹治水或稍后出现的。我们将这些遗址都断代为新石器遗址，仅仅是凭生产工具来推断，是不够的。实际上，池州的相当一部分出土过农耕用具的所谓“新石器遗址”，应该是夏代早期的农耕遗址。这个时期，尽管人口大面积集中的黄淮、江淮和东南地区，已进入标准的农耕社会，但是南方这些零零星星的小块地方，依旧保留着新石器时代的生产工具和社会生产方式。这些工具或许也印证了历史所记载的，大禹治水之后，湿处宜稻（见宋傅寅《禹贡说断·卷一》“荆扬宜稻”）。对百姓而言，这些工具就适宜在大洪水退却以后，轻松地在滩涂上劳作。

从这些真假参半的新石器遗址的数量来看，这一时期的池州人气还是比较旺盛，人口的具体数量难以估计，基本上濒临江、河、湖而居住。石台沟汀还发现了一个新石器的打制石器场地（据省级文物专家鉴定为5000年左右的石器制造场），说明，那时候已有一部分人分工出来，他们专门从事制作生产工具，从而也说明了本地居住人口的数量和规模，也是相当可观的。

他们从事渔猎的同时，还从事农耕，证明池州的农业，在夏代已开始兴起并十分活跃，且已经开始出现村落群居。如贵池七星墩，非常清晰地反映出池州新石器至夏初的古人类居住状态。这里一共星散着七个台地式的小山泡，既相连又各不相属；每个山泡顶部的面积大约只能容纳十来个人居住；山泡之间，都有一个小水潭。从这种地形来推测，他们可能已经出现了家庭这样的社会细胞：一家一户占据一个小山泡，组织生产，过着各个家庭独自的生活；山泡之间的每一个小水潭为他们每个家庭生活用水的地方，也就是说，每个家庭都独自拥有自己的水潭，不相混淆。他们渔猎耕种于山泡下的滩涂湿地。该地出土的有石镰、网坠、石斧、石簇等，说明了他们是处在农耕渔猎的生活状态。这种居住的生产、生活方式，在池州同时期类似的遗址中，很有代表性。

但很奇怪的是，这一拨人在商代中期以前（大约3400年前左右）却突然消失了。因为池州境内这段时间的商代遗址发现，少之又少。他们因长江大洪水退去，为耕作渔猎而来，生产十分活跃，却为何突然销声匿迹了呢？据有关资料，公元前距今3400年左右，发生过一次大的海侵①，江、河、湖的水位有所抬升，先民们的耕猎场地几乎被淹是毫无疑问的。但他们是放弃耕地迁徙了呢，还是瘟疫或战争驱使他们逃亡了呢？迄今尚未发现相应的佐证。

2.关于商代家族迁移的一些断想

这里是讲商代中期以后，即3200年以后，在前1200年左右的家族迁徙。

在青阳的陵阳，有一处与太平湖交界的地方叫琉璃岭，岭南有旧石埭县遗址（现在已经淹没于太平湖）。据《嘉靖池州府志·卷一》记载，石埭县通政桥西，有彭祖墓，府志称"故老相传如此"。这是一个很带有启示性的传说。为什么不传说大禹、商汤、尧、舜的墓在此，而独独传说彭祖墓在此呢？根据李修松教授的研究，我们就可以找到一个合乎逻辑的答案。李教授在《先秦史探研》中认为，先秦家族的迁徙，必然要设先祖的衣冠冢于新的迁徙地，如会稽为夏禹之后的封地，以奉禹祀。故越之会稽，越人就建有大禹衣冠冢——禹穴（《越绝书》）。春秋以前诸侯士大夫是没资格建祠堂（家庙）的，只能以祖先的墓为祠，如果迁徙他乡则建祖先衣冠冢，目的是供家族祭祀祖先之用。到战国时代，诸侯才有家庙（《战国策》）。

彭祖为古彭国之祖，古彭国灭于商代中期的武丁伐东夷（《竹书纪年》）。彭夷是东夷最强大的诸侯之一（另外还有徐夷。在东夷中，徐夷是比彭夷还要强大的部落，但商王朝好像不是他的对手，一直没办法对付他。故商朝基本上是与徐夷和谐相处，几乎没有发生什么战争），当然是讨伐的首要对象之一。古彭国被打散之后，都逃散到哪些地方了呢？根据《江南通志》记载，安徽和县有彭祖室，四川有彭祖墓，《嘉靖池州府志》又载安徽陵阳有彭祖墓。我们可以推测古彭国在商代被灭国时，大致的逃亡路线。他们第一站是逃往安徽和县，一支留下了，其余人继续沿江上溯。其中一支上溯至池州境内，沿青阳的青通

① 马长信，项新葵.庐山[M].北京：中国地图出版社，2004：15.

河的支流临城河向南逃至陵阳,定居下来,另一支上溯至四川定居下来(大约在今彭州地区。我个人以为,他们可能是三星堆文明中青铜器的铸造者:三星堆青铜器的年代,基本与他们的迁徙时间相吻合)。这三个地方,为了祭祀祖先,他们分别修建了彭祖室或彭祖墓(衣冠冢)。

古彭国一支来到陵阳的又一旁证,是青弋江上游古称淮水。一个家族的迁徙,往往容易将家乡的地名、水名、地形名,带入迁居地。古彭国位于淮河边,故称迁徙地青弋江上游为淮水。当他们逃难至此的时候,青弋江还是一条无名之水。谭其骧《中国历史地图册》称战国时,此水为"浍(音会)水",未知何据(可能是依据《鄂君启节》的研究成果(《长水集》)。其称青弋江为"浍水"。我们认为,"浍水"和"淮水"在淮河流域的方言中,读音很难分辨。因此,二者可能是同音字的不同写法——古小彭国此时已逃离此流域,只留下有音的地名,楚人只是新占领者,可能性最大的是他们根据这个音就在《鄂君启节》写成了"浍"。陵阳古彭国难民才是第一个给该水命名的,并且是第一个有影响力的命名者。称青弋江为淮水,已出现在司马迁的《史记》中。《史记》称,汉武帝迁东瓯、东越和闽越于"江淮之间",就是指长江与青弋江之间。因为实际的情况就是,山越人只分布在泾、歙、池,向西则在江西的鄱阳湖东南部。这正是青弋江与长江之间。故淮水只能解释为青弋江。武汉大学的石泉先生编著的《楚文化辞典》也称:青弋江,古称淮水。这样,彭氏家族来到陵阳一带,必然使陵阳得到最早的开发(青弋江上游也有新石器遗址,但真正有规模的开发是彭氏家族对青弋江上游河谷的开发)。商代中期对陵阳的开发,奠定了彭氏至周代已有诸侯小国的人口规模与社会经济基础。

从商代的武丁时期到周代的中期,即春秋晚期,已跨越六、七百年。如果这个家族在周初受封为小国,以奉彭祀的话,建彭祖墓是必然的;其活动中心是陵阳,甚至广阳一带。从殷代中期逃至陵阳,到周初受封,应有三百年左右的时间,这段时间的人口积累至几万人以上的规模,应该不为稀奇。受封以后,又不断蚕食,可能使它的边域不断扩充,向东南至青弋江中游,向北至青阳北部,包括铜陵的山区铜矿地带。他们可能将中原地区的铸铜技术带入古越地,并率先铸造铜器(二十世纪末二十一世纪初,青弋江的中下游陆续发现的商代晚期的越文化特征的青铜器,即旁证了商代的青铜铸造技术由中期彭难民传入到商晚期对越人区的扩散的判断)。

青阳博物馆藏的大铙,可能是他们在商末周初的作品。据说彭之得名,因善作大鼓,声之彭彭而得姓。按照古代,鼓声为进军之具,而鸣金(即铙)则收兵之具,其大鼓者必配之以大铙,故铸大铙。

古彭国在商代前期十分强大,封为彭伯。只有大国的气度,方能铸此大铙。退居到陵阳的一支,应该拥有规模不小的军队,否则也不适宜用这样大的铙。

当时这支彭氏,应该是瞄准了铜陵、南陵、繁昌一带的铜矿而来。站稳脚跟之后,垄断了该地铜的开采、冶炼和铸造。根据现在出土的西周早期至春秋晚期的青铜器看,铜鼎、酒樽等生活用具的铸造工艺都较为粗朴,应是商代中前期的青铜铸造工艺水平。铜陵的师姑墩所发现的商代中期的铸冶遗址中有一些兵器,有人就认为,这些兵器是商代中期中原地区的风格。这愈发印证了这支彭氏秉承他们从淮河流域逃跑时所保存的工艺水平,在池州一带垄断了青铜的开采、冶炼与铸造。

可能在春秋晚期的某个时候,这个小侯国遇到了强大的对手,时而是吴国,时而是楚国,毕竟他们对这一带铜资源垂涎已久,且国力强大。

到春秋末期,吴国崛起,想一举夺取铜陵一带产铜区。小彭侯国为保卫铜矿山,不惜与吴决一死战。战场就选在距产铜区很近的青阳平原地带,即水路交通要道青通河从这片平原流出的唯一出口处,今青阳新河镇。吴国水军在这里上岸,小彭侯国在此应战。结果,小彭侯国一战而亡,只有少许残部退入九华山腹地庙前乡一带,其他人被迫逃亡他乡。留守陵阳的小彭侯国人民也许向南逃入浙江,成为浙江钱氏始祖;在前线战败的小彭侯国军队大部则是沿江向江西的楚国边境地区今九江一带逃跑。大铙被就地遗弃。

从今天出土地点的地名看,他们战败时,应该有残部存在当地。大铙的出土地名为大撩湾,我们认为"大撩(liao)"就是"大铙(nao)"的谐音(今青阳话犹"n"和"l"不分,比喻"哪儿"他发音成"勒埃",而且"埃"还是入声)。证明,当时大铙被丢弃在这里,是有人知道的。只是小彭侯国已被灭亡,就没有人有必要把它捞起来，但这一历史记忆被保存并传承下来。

我之所以说，这支彭人军队逃到彭泽，是因为这个地名是以彭来命名的。存在至今的历史地名，往往都是第一个到达该地，并延续传承下来的居民命名的；或者是原居民被彻底消灭，地名失去历史记忆而由新来者重新命名。以此推测，陵阳古彭国残兵逃至该地之后，迅速强大，不仅霸占了土地，而且霸占了地名，并且，这支家族至少一直延续到该地名稳固之时。

泽，按今天的理解，就是一片湿地，荒无人烟。而小彭国残部逃亡至此，当时属于楚国边境之内，应是最安全的地方。因其久居而延续，故泽边之水，也因而命名为“彭蠡”。

彭泽是楚国的边境，且是荒芜之地，陵阳彭国在此停留安顿，应不会招致楚国的攻击。还有一个重要的原因就是彭泽西边有铜矿。这个以铜冶铸为生的家族，所到之处，必有铜矿。像湖北的房陵、四川的彭州皆是古彭国难民的居地，也同样是铜矿区（见张之洞奏折）。《元和郡县志·卷二十九》云：“江州”下辖“浔阳、彭泽、都昌”。其“贡赋”条云：“开元贡：葛、生石斛。元和贡：碌”，碌即为孔雀石，是一种品位极高的铜矿石。这个矿在庐山和古彭泽西部（《越绝书》云：“越国取‘障山之铜’。”按，《元和郡县志卷·二十九》：“庐山，县东三十二里，本名障山。”汉武帝之后，方更名“庐山”。故《越绝书》所指“障山之铜”指的当是这一带的铜矿）。

彭侯小国残部逃至楚境，显然是受到了吴国的攻打。吴在东，故西逃。从铜陵、南陵一带的铜矿遗址和出土文物看，吴国也确实在此时攻占了这一带的铜矿。

《战国策》最先出现“彭蠡”一词。继而在《三国志》中出现“彭泽令”，东吴的几位大将都出任过彭泽令。彭泽成地名，然后又称为县名，没有数百年的发展，是不可想象的。春秋晚期，在这个泽里，可能也生活着少数居民，以渔猎为生，泽处于无名状态（或者虽有名而不显）。彭侯小国的残兵败将的突然降临，对于当地，俨然是一股强大的武装力量。他们迅速吞灭周边，并打上了他们的文化印记：彭蠡、彭泽。此外，古彭国残部选择此地停留，除了上述原因外，还有一重深层原因：他们原居于淮河沼泽地，逢泽而居是他们的生活习性。

在池州的方言中，还有一句土语："大江大河都没有翻船，阴沟里还翻了船。"阴沟，即是淮河的一条支流。这句话也应该是来自淮河的陵阳彭侯小国在池州留下来的一句流传至今的俗语。

彭侯小国粗糙的铸铜技术，应是被其退入九华腹地的残部所保存。该地出土的有些粗朴的铜器或许就是他们的产品。但这里也有零星的结构稍复杂的战国青铜器出现。其中剑形矛和剑，是吴人打下铜陵、南陵一带的铜产地后铸造的可能性大。这一段时间，能在这一带制作出稍精细兵器的，只有吴国人了。因此，这些结构稍复杂的青铜文物在九华山腹地的出现，标志着吴势力也进入过此地。或许就是追击彭侯小国的残兵，在这里发生过战斗，连将帅也牺牲了，故有此剑留存下来。要么，当时吴国尚有一支军队，驻扎此地很久，以防范彭侯小国的残存势力。后吴国被越灭，他们又与彭侯小国的残余取合起来对付越国。在此局势下，九华山腹地就成了独立于越统治之外的独立王国，由吴国军队与彭侯小国残兵共同管理。

这样就能很好解释九华山腹地庙前汪村、十字和龙岗出土的文物。三地出土兵器源于同一时期，但风格不同。十字出土的春秋箭镞，有扁平的，戈还饰有菱形纹，剑也很精巧，可能是吴军遗留物；汪村的剑与戈则较为粗朴，可能是陵阳彭侯小国残部遗留物。

龙岗的矛为剑形，带有血槽。剑的制作也精细实用。龙岗还出土了类似王者权势象征的精致的锥形器，雷纹铎、乐器勾耀，其生活器具也较十字的精致。

同为春秋时期的青铜器，龙岗与十字明显是吴越文化的产物，其兵器实用（例如有血槽）、精巧（有花纹），工艺较为细腻。汪村的青铜器明显具有商代中期以前粗朴风格，虽然也学会用剑，但还不知道铸血槽，说明他们才开始使用剑，把剑当成砍杀的兵器，故制作得很宽厚，明显是彭侯小国的工艺。

值得一提的是，商代的其他遗址与零星的少量人口也值得关注。

这些都是孤立分散的遗址，各个遗址出土的文物相互之间都没有多大联系，且没有跟战争有关的文物出土。

今贵池梅根河口的团山洮遗址，面积不大，出土陶器、骨器，以及少量的生产用具，其紧临长江，以农耕、渔猎为生，人口估计最多也就百十人，应该没有引起强大部落的注意。

贵池木闸的九房朱，是一块水中台地，最多也就能容纳几十号人生活，以渔猎为生。出土铸范上有针、鱼钩等模型，还有铜斧。

石台的小河尧田遗址。从这个名字看，是否是尧时就开垦耕种了呢？因其居于升金湖尾稍，有水利之便，却无洪水之害。如果从尧时开垦确凿的话，这是从尧继续到商代晚期的遗址。石台小河的河流并不长，两岸山崖陡峭，受水面积不大，除了洪水季节，平时水量较小。如果种植早熟庄稼（如春谷），则可免去洪水之苦。

这里的遗址离东至大历山很近，可能与他们有呼应关系，如尧渡以及尧庙，都是尧来过的证据。这里与历山周边的地区可能是连成一片的农耕区，因而受到尧的关注。如果这样的话，尧田一带与历山一带从尧时代就有数千人，至商代，人口也不会少到哪里去。从这里石器的石种非本地石种来看，应有不少从事劳动生产的人，他们已经进入制作石器和使用石器的分工时代。

尧田附近有鸡公岩，也是同时期遗址，同时有石镰出土，东至的香隅也有该时代的遗址，足以见，这确实是连成一片的农耕区。在此情景下，舜耕于此地的大历山，也是情理中的事。

纵观整个池州，商代遗址，主要集中于青阳与东至的山间平地和滨河平地，或湿地面积较大的地带，它和吴国一样，也是“原居”或“湿地居”人群的生活方式，是他们祖居文化的翻版（居于水边或山间平地的群落，我们称为原居群落；居于沼泽地群落，我们称之为“湿地居”群落。二者的生活、生产方式存在较大差异）。池州以多山为主，故这些人群在池州的人口发展，也受到了极大的限制。

3. 周至秦的人口分布状况

周至秦初，战争频繁，本地区铜资源丰富，往往是邻近各国的争夺对象。本地区人口，也因为战争而变动不居。

（1）春秋——较为稳定的人口

本地区在商代即有铜矿的采掘与冶铸，商代中期的所谓伐东夷，实际上是争夺铜（东夷阻断了南方向殷商的输金之路）。在此之前的夏代，《禹贡》里即列有“惟扬州，厥贡金。三品”，到了周代，也沿袭了禹贡。在周初，本区的铜也维系着上贡之用，无有诸侯国侵占之事。陵阳的彭侯小国，也同样遵守着上贡的秩序。所以本区至春秋晚期前无有大的战争发生。人口按照农耕加渔猎采的方式发展。按照《嘉靖池州府志》所言，本地区是“江南卑湿之地，多女少男”，故人口发展缓慢。人口的集中区，可能还在东至升金湖南岸及西部沿江地区、贵池沿江的山脚滩涂地带，即里山、马衙一带湖区、九华山腹地、青阳以南的杨田至陵阳一带。陵阳彭侯小国可能是人口最集中的地方，估计不少于数万人，甚至有可能达到十万人。

此时池州人口总数，依据当时的生产力与气候条件，应该在10万以上，总数劳动力，估计也只有3万左右。

（2）春秋晚期至战国，吴越楚对该地争夺，导致人口波动

春秋中晚期，吴、楚崛起，他们加紧对池州一带铜资源的争夺。在池州至马鞍山江段，吴楚两国由最初的拉锯战到春秋晚期吴国取得决定性胜利，双方以鄱阳湖东边分界。吴国彻底占领池州一带，开始将其一部分湿地的稻作区居民迁移池州，为池州后来形成春谷县的一部分，奠定了良好的农耕技术基础与人口数量基础。

此时池州沿江湖宜稻区得到有力的开发。同时吴国的采矿、冶炼、铸造人员也向该地区集中。据《江南通志》记载：铜陵石屋山，是吴国铸剑师欧冶子为吴冶炼之所。欧冶子是吴国著名的练剑师，可见，吴国向此地聚集冶炼人员的层次之高。冶工人口应聚集于青阳稻作区，像青阳以北的木镇、乔木、丁桥等地，以及铜陵中部横贯东西的平原地带，都是冶工及家属居住的理想地。古彭侯小国被打散逃亡，其所损失的人口，就由这些冶工及家属来填补。

从我们现在村村都有土地庙的情况看，吴人的文化深入了每个稻作区。村人祭祀土地神，每年春秋两次，称为社日，以祀丰年。春社祀丰，秋社答谢土地神所赐的丰年。这是吴文化的产物，由吴人祖先太伯和仲雍从北方的周文化中携带而来。这种文化能形成该地域风俗，并影响至今，说明吴国移民的数量是很大的。这段时期的人口比彭侯小国时期要多。

越王勾践灭吴时，对池州地区的影响并不大。据有关学者推测，黄山花山谜窟是勾践灭吴的藏兵洞，假设如此的话，勾践出兵黄山，经青弋江到达芜湖（《越绝书》《吴越春秋》），其目的是切断铜产区即铜陵、繁昌、南陵、池州一带与吴国的联系，以断其兵器补给，目标直指铜陵、南陵等一带的矿区。

铜矿区除少数吴国的看护军队之外，冶工是不会被屠杀的，因为越国也需要这些冶工为他们铸造兵器。

稻作区的吴人也不会被屠戮，因为勾践攻打吴国，根本就没有更多的劳动力来代替稻作区吴人来进行水稻生产；勾践虽经过二十年生聚，国民总数还是不足，连伐吴的兵力也勉强维持而已。

青阳平原地区，九华河流域及贵池濒江湖稻作区，今仍称人工筑坝蓄水的水利工程为“塘”。这种带有吴文化标记的地名能够传承下来，足以证明该区的吴人未被消灭。那么如此看来，在越人统治的一百多年里，稻作区的吴人加上开矿冶矿的工人，以及东至沿河濒江区的原居民，池州范围内的总人口应该10万到20万之间，其中冶工及家属，恐怕要占一半，因为吴国几十万军队的兵器的采铜及铸造，不是少量人口能完成的。

周元王三年（前473），越灭吴。越统治池州区域130多年。前339年之后，越为楚威王所灭。楚国接管该地区。

（3）楚文化的入侵与池州人口

楚国在占领池州以后，据史书记载，从楚威王（前339—前329）始，历三王而得卞和之玉，封卞和陵阳侯。这是将周初分封的小彭侯国的地域，在战国中期，由诸侯国楚国再次封予卞和。尽管卞和未必受地，但此现象表明，楚已对该地已经实行占领，并在吴人稻作区派人管理。从贵池濒江的徽家冲窖藏器中一件青铜鼎上有“楚××铸”的字样（战国窖藏共57件青铜器，现藏于安徽省博物馆），即可推知，楚向该地进行了移民。以徽家冲这户有14到17人计算，他们在此地居住有三代左右的时间（即70年。通常计算代数，以25年为一代）。“江南卑湿之地，多女少男”，故这家只有4个劳力。从前328年楚怀王即位到楚国灭亡的前223年，正好是百年左右。如果这家人是楚怀王末年（前298）前后来到这里，到秦大军灭楚恰是70余年的时间。如果徽家冲窖藏是这家避秦逃亡时留下的窖藏，则他们为楚国“尽郡江东”之后的移民，是确凿无疑的。同时，楚还向深山区开发。在贵池深山区刘街长垅，我们发现了一件楚国风格的铁锸（侧看似斧形）。从该山区的水利设施，以及石台深山区的水利设施均称“陂”来看，楚国人，是第一个进入这些山区开垦种植，并实行人工灌溉的。楚人还深入这些山区做贸易。在石台通往屯溪、祁门的要道怪潭（即古石埭场所在地），考古发现了楚金币郢爰（黄山市博物馆藏一枚），可佐证这点。楚国对该地稻作区、铜产区以及向深山的垦殖，使池州人口进一步增加。

至楚襄王时，楚国郢都被攻破，本地区又涌入了大量郢都一带的难民，其中包括楚三闾大夫屈原。屈原逃至陵阳。

那么，从楚威王灭越（前339）到秦灭楚（前223），前后百余年的时间，楚在吴越开发的基础上，通过对秋浦河流域及清溪河流域山区河谷土地的开垦而增加的本地人口，加上战争避乱而迁徙本地区的人口，总的新增人口应该不低于3万。

如果加上池州原有人口，池州地区的人口总数应该不少于20万。

（4）残刑酷法，战争与徭役——秦统一后的池州人口

①秦灭楚时，池州人口的逃亡。

在楚国统治池州地区的中期，即楚怀王末期至楚襄王时期，秦与楚发生过几次大规模的战争，包括秦将白起最后对郢都的攻破，楚国兵力几乎死伤殆尽。所以到楚国末期，池州的部分丁壮可能被用于补充兵源。秦灭楚时，池州地区可能出现了一定数量的逃亡，如徽家冲窖的农具及兵器，就很可能是那时主人逃亡时埋藏的。从同类的农具数量推测，此家庭至少丁壮男力4人，老少有10余人，他们是楚国的移民，逃到哪里去了，无法知道。所以，在楚被灭时，池州人口也有相应的减少。

②秦统一之初，全国人口剧减。因为秦灭六国的战争，大量的人口，尤其青壮，战死者不可胜数。秦统一之后，在全国实行残酷的刑法，劳动力被刑法所伤残的数量也是空前的，监狱里住满了人。大量的劳力被征于徭役，如修筑

万里长城、修阿房宫、刑徒70万修始皇陵、修建全国性的驿道，戍边，等等。这种对劳动力的伤害，不仅使全国人口更加减少，而且也使全国大片土地因不得耕种而荒芜。

在这种背景下的池州人口，可能缩水到大半，甚至可能剩下人口中一大半为老弱妇女，能有1万农耕人口，即是幸运。

由于秦朝采取愚民与弱民政策，能冶炼兵器的铜矿开采，自然也被废止，故秦朝池州矿冶人口为零。

根据这种情况推测，秦统一稳定时期人口，至多也不会超过2万人。秦统治时期较短，只有十余年时间，但对人口，包括池州人口，影响极大。生产废弃，土地荒芜。本地区目前还尚未出土过秦代的生产工具，即是明证。

秦之后，楚汉四年的争夺战，主要发生在江北，兵源也基本是江北，对本地区影响不大。

4.大量的移民——汉代的池州人口恢复

汉代，池州人口进入一个恢复期。汉代立国之初，人口凋残，生产荒芜，整个王朝百废待兴。统治者采取了一系列的政策措施，轻徭薄赋，与民休息，池州人口也在缓慢地恢复。导致池州人口迅速增加的是三种大的政治经济活动造成的。

(1)吴王刘濞与池州人口

汉初，刘邦分封诸侯，本地区属吴王刘濞的领地范围。吴王刘濞为迅速增加财政收入，主要采取招募“天下流亡”的方式，恢复了本地已被废弃的铜矿开采，用于铸钱(《史记·吴王濞列传》)。吕后至文帝之时，全国币制不一，粗细不一，即是币制放开，允许诸侯铸钱的结果(《史记·食货志》)。本地区内，贵池区发现汉时铸钱范一只，为半两钱范。虽是半两规制，类秦，却可能是吴王刘濞时铸钱器具，也许还是民间私铸的钱具。

这拨来池州采铜冶炼技工，人数应该与春秋晚期时相当，至少有一两万人。那么西汉初的王国时期，池州地区加上原居民，应有三四万人。

(2)汉武帝的移民与置县

汉武帝时期，福建闽江一带越人（闽越）造反，攻打永嘉一带（东瓯）的越人，永嘉越人请求武帝将其移往内地。建元三年（前147），武帝答应了他们的请求，将其移往“江淮之间”（汉景帝时，吴王刘濞失败后，此一带就已被收归中央掌控）。他们移走以后，福建瓯江和闽江的越人（东越、瓯越）仍然不时叛乱。汉朝在平定叛乱以后，于武帝元封二年（前110），将此地越人也迁徙于“江淮之间”。这两次迁徙，可能是考虑到池州、宣城以及江西东南部一带人口较少，自然恢复不多；再一个原因，可能就是这一带属于中央政府直接能掌控的地区。于是就把这个“江淮之间”地区定为移民安置点。当然，武帝还有另一重考虑，放在这一带，是山区，地形上易于封闭，好控制。于是，武帝将他们分别于建元年间与元封年间，分两次移到泾、歙、池州、饶州等一带的山上（《史记·武帝本纪》）。他们与当地少数早期山区居民结合在一起，形成独具特点的一个人群，史书上把他们叫“山越”。武帝对这一带也很忌讳，他乘船南巡至枞阳（与池州仅有长江之隔），死活不肯过江来池州（《史记》）。以致同行的司马迁也不能一睹九华山，只能“略而不书”。故李白曰：“太史公南巡，略而不书。”（李白《改九子山为九华山联句序》）

为了围堵“山越人”于“江淮之间”，汉武帝在池州地区恢复古春谷县，以镇青通河、梅根河、清溪河流入的南江，防范山越由南江入中江。于陵阳侯古国处，设陵阳县，以控制池州山越进入青弋江（当时仍称淮水）。于秋浦河两大支流汇合处，设石城县，临水而城，以控制越人沿秋浦河水道入中江。三县治对池州山区形成U字形，将池州山越包围于山中。九华山脉、杉山、七井山脉、古牛岗山脉全部被U字形包围其中，这样，就使山越无法进入长江主航道进行骚扰，也无法向“江淮”之外扩张。正因为这样包围（泾县也设在青弋江中游的舒溪和麻溪合流处，依此控制山越），这些围困在山中的越人和土居人，最终变成了“山居水行”的山越。应该说，他们才算是池州第一批大规模的山居人口。据《越绝书》记载：他们除山居水行以外，还“擅甲兵”，即擅于制作与使用兵器（当然是从他们的原住地带来的技术）。可惜这些兵器，今天尚未有出土发现（是否为孙吴诸葛恪征收，存疑）。

他们对高山地带进行大量的垦殖,今九华山及周边地带、七井山区等地,还遗有他们当年垒砌的梯田与台地。据实地勘察,山区宜田地块,都被开垦了出来。

由于他们居于密林,来去无踪,"民人鲜对长吏",是一个既不充役又不纳粮的人群。尽管生存环境不好,但相对而言,人口发展的环境很好。石台山区一带,至今仍流传着一句俗语:"山上周朝人的人头比雨点还多",足以见其人口稠密的景象。老百姓称山越是周朝人,因为他们很多习惯还保留有春秋战国(周朝)遗留的风俗。

今贵池区梅街镇宋村出土的西汉时期的铜洗一只(现藏池州博物馆),形制很小,比今天人们使用的大碗稍大。作为实用型的盥洗用具,应是不太合适,只能作为一个地位的象征物。疑为山越小部落首领留下的。盆底刻有一马。贵池山区那时通行不便,没有马,山越沿水路行独木舟,更罕见马。何以有马的造型?是山越刚来时携带而来的器具吗?还是刚来时就地铸造的呢?无论是哪种情况,都可能是其记忆里,还保存着他们当初在福建被汉骑兵战败后,对骑兵与马的敬畏。

这么多人口的山越人,死后都葬到哪里去了呢?

我们认为,遍布池州山区重叠无数的简葬——"椁"(当地人都叫这种葬制叫"椁",而且传说是"老古朝人"的葬制),或许就是他们的墓葬。因为没有人知道这些墓葬是哪个朝代,更没有人知道那个朝代的"椁"为什么有这么多。

这种"椁",形制简单,即是以青砖砌成穹顶(秦砖汉瓦,汉时砖已广泛使用),圆柱形空心墓室,将要死的人纳入其中。发掘表明,墓室只有一两个小陶罐,另无他物,有些墓室还残留有一两根枯骨。墓室刚好容一个人坐于其中,它的大小与传说相印证。传说古朝人,一旦被发现行将死去(脊椎处发黑——当地土语称"焦了尾子"),即送入椁内,穹顶留有小孔,后代送饭,从小孔递入,送至该人死亡时止。

这种"椁"在池州,无论山区还是滨湖地区都大量存在。在二十世纪七十年代荒山荒地改水田的过程中,被大量地掘出来。之所以说,这种墓葬是山越的墓葬,我们有以下几条理由。其一,这种墓葬分布的低山丘陵地区。不必说,汉代比前代有更大的开垦能力。高山地区,楚秦时虽已有开垦,但他们开垦的时间较短,范围较小,不足以覆盖“椁”的分布区,至多一小部分是重叠的。而在汉代,一是由于工具的进步,其生产力已经足以大大扩充开垦范围;二是因为被围困在山区的山越人,人口众多,食物的缺乏,迫使山越人对低山丘陵迁移并广泛开垦。其三,山越人在三国时被基本剿灭,因而,他们遗下的大量的墓葬和梯田已失去历史记忆,所以只有一些模糊的影子(这些模糊的印象,可能是本地区山越人被剿灭之后,仍然幸存在本地区的少数山越的妇女儿童所传承的模糊的历史记忆)。因而,山越人被本区后来移民称之为“老古朝人”。其四,这种“椁”非常简陋,反映被葬人群生活较为简单,物质条件较为困苦。这正好与山越人被围困于高山与丘陵之中,只有果腹之便,少有富裕可能的情景相吻合。其五,在池州的历史上,除了山越人这一相同风俗人群曾经广泛分布于整个池州之外,再也没有出现过这种广泛分布的同一人群。而“椁”在池州的广泛分布,却恰恰证明有着同一墓葬风俗人群曾在池州广泛分布——山越人正是池州地区历史上曾广泛分布的唯一相同风俗人群。其六,只有将这种椁,解释为山越人的墓葬,才能圆满地回答山越人死后的去向。

附带说一句,在少数山越人幸存的地区,椁葬的风俗一直被传承下来。这时椁的样式稍有改变,即它的穹顶已由砖砌的弯弧结构变成平直的青石板封顶,或用砖砌成长方形椁室,再放入木质的棺木。这葬制,至清代仍存。清代贵池山区的康熙武状元曹曰玮墓,就是这其中的三椁并葬葬制(与父母合葬,墓在齐山西。因房地产而被迫改迁齐山包公祠西侧)。这些椁葬风俗往往分布于存在大量古椁的地区(曹曰玮的家乡即在此区内)。

(3)政治失意者的乐园——两汉时期的家族迁徙

西汉时期池州人口的又一补充,是家族迁徙。到目前为止,笔者田野调查已发现确切的,有五支是来自汉代的宗族。他们分别是,汉武帝元封时迁入贵池七井山(今主要分布于石台七井山横渡一带)的舒氏家族(石台白石岭《舒氏宗谱》)、汉宣帝时代迁入的九华山腹地的老田吴氏家族(《九华山老田吴氏宗谱》)、王莽时迁入青阳朱备的天宝江氏、东汉迁入青阳陵阳所村的陈氏家族(《青阳陵阳陈氏宗谱》)及宁氏家族(《陵阳宁氏宗谱》)。其他还有一些我们今天无法找到对应家族的，如王莽时，曾任过颍州太守的陵阳人严翊所在的严氏家族；还有在汉代封过陵阳侯的丁綝及其子丁鸿，在陵阳衍成的丁氏家族；还有汉成帝时封刘嘉为陵阳侯，其衍成的刘氏家族；东汉末，三国初孙吴将领周泰被封为陵阳侯，其后人衍成的周氏家族，等等。这些在汉时迁入的被封侯的家族，都消失在茫茫的历史长河中，无法寻觅。唯有散落在丁家桥一带的丁氏家族，距青阳的陵阳不远，有丁綝、丁鸿后人的嫌疑，目前尚缺乏家谱证据。

①西汉元封年移入的舒氏家族。

据《舒氏宗谱》称：其一世祖曾任过太守，由于宦途不称意，遂率家人迁入"春谷上沂七井山"。七井山这个地点，很明确是属于汉代春谷县地域。七井山在今贵池与石台县交界处，是秋浦河两大支流，龙舒河与鸿凌河的分水岭，海拔千米。至今山上梯田散布，疑为山越人所留。当地传说这里的梯田是秦始皇时人，为避秦乱而居山开凿（齐山徽家冲的那位楚国人是否也会逃到这里，成为"秦始皇时人"）。但我们认为，也许两种可能性都有。山越人的梯田有部分是避秦乱者所垦，大部分是自己所垦。

关于七井山梯田最早是避秦乱者垦殖的传说是有依据的。汉武帝元封年距秦统一天下111年许，七井山只有先经过百年的垦殖，有些人气与现存的土地与道路，才能成为舒氏这样的官僚家族感兴趣的目的地。

七井山，一者有前人垦殖的基础，山高又深，与世隔绝；再者又是春谷县的地域，政治上有所依托。应该是个理想的避居地。

《舒氏宗谱》称，该家族来于"汉元封中"，元封这个年号前后只有六年，取"中"即是"元封三年"。即使是元封四年（前107），舒氏入迁池州也已两千一百余年，为目前发现池州最古老的家族。汉武帝建元三年（前138）和元封二年（前109），政策性地往池州山区移入了两拨越人，即后来的山越人。舒氏来的时候，距第一拨越人入境恰好三十年。从今天的七井的地名来看，七井山也是山越人较为集中的地方。因为"井"这个地名，也是山越人标记性的地点名称，田野调查表明，山越人的所谓"井"，是指深而陡峭的山谷。七井山"大龙井"，就是指该地的一个最陡峭险峻的山谷。同样，江西东南的井冈山，也有山越人遗留的"大井""小井"的地名，也是一大一小的两个陡峭山谷。此外，七井山至今还遗有种薏米的种植习惯，这也是山越人的遗风。因为越王是夏禹的后代，因而，也延续了夏代以薏米为重要粮食作物的种植习惯（流沙河先生认为《诗经》中的“芣苢”就是此物，为夏民族标志农作物）。

山越人与舒氏家族几乎同时到达七井山。后来山越人渐趋强大，舒氏家族的人口也不断繁衍增多，向山下迁移也势所必然。

到了汉末的三国时代，东吴大将韩当打下石埭场（今天石台横渡怪潭一带），以切断池境山越人与徽境山越人之间的联系。韩当在石台与徽歙之间咽喉之冲要处横渡（今怪潭景区附近），设石埭场，周围归附的山越以及其他的汉人家族，可能都迁入了石埭场一带。石埭场在七井山下，舒氏家族的下迁，也许就是这个时候，今横渡一带的舒氏甚多，也许就是那时延续下来的。

从秋浦河东边大支流龙舒河的名称看，舒氏家族是最早迁入此地并命名了这支河流。所谓“春谷上沂”也许正是“龙舒河”未得名前的称呼。在舒氏没有到来之前，他们权且给的这个名字。

今七井山以东的老石埭县境，青弋江源头，称“舒姑泉”，这也是打上舒氏印记的河流。传说舒氏女子化为双鱼出水而名（《嘉靖池州府志》）。舒姑泉名在汉代即已出现，说明舒氏在汉代即已有人移至青弋江源头居住。舒姑泉在今青阳陵阳与黄山太平县之间，离七井山不太远。

今舒氏散在石台东南一带，贵池西南也有少许分布。

②老田吴氏与天宝江氏的二千年。

老田吴氏在九华山腹地，处九华山坡脚，九都河（九华河支流之一）流经村边。据《九华山老田吴氏宗谱》，吴氏一世祖吴栋材，仕于元康间（汉宣帝时，前165），曾任太守，因上书而忤当权者，左迁六安县令，遂隐九子山云麓之新城。比起同样是来了2000余年而四处迁徙的舒氏家族，老田吴村庄，从一世祖居住此地开始，一直到今天都在原地，岿然不动，实为中国村庄史之罕见。不得不慨叹吴氏先祖的智慧。从一世祖始，历代祖先之墓临村而葬，秩序井然，一一可寻。

据《老田吴氏宗谱》，吴氏一世祖栋材公落居处，今称九华山老田，当时称松阳图新城里，这里极可注意的是“新城里”这一地名。

每一个家族在迁徙新定居地时，都带有开疆拓土的意味，希望附近既有人气，又有相当的空闲场地，空闲场地越大越好。老田吴氏祖先也不例外。

其祖先如最先选择此处，此地必是一个空闲场地，无奈老田吴氏来九华山腹地较晚。前已述，九华山腹地开发较早，从商代，甚或更早就有人居住，至春秋晚期，古彭侯小国残兵又逃入，继而吴人追兵又驻扎此处。至汉武帝时，山越人又进入该处。故在这里开疆拓土，必须要具备一定的自卫能力才行。

“新城里”是吴氏作家谱时追记的地名，应该不是吴栋材一来到这里就已经有的地名。吴栋材定居之后，可能经过了几代人的开垦，田地渐广，需要筑城保护，因而形成一个“新城”，原来的地名渐被代替(或者原本就没有地名)。

今观老田吴氏村庄形势，极为罕见：村庄房屋绕田园而筑，房屋自然连成一道圆环形的“城”，将田地围于中央。一条玉带河穿村而出，解决村人畜用水与村田灌溉。这种以村围田，连屋为“城”的农耕居住结构，无论居住生活，还是农业生产，都在“城”中进行，不受外界的任何侵扰，全闭式进行，这在全国也是十分罕见的。

这种结构既可以防止外敌入侵，又可以防止外敌抢粮和破坏庄稼，即使村庄被包围，生活、生产也都不受影响。这大概就是老田吴族谱所记的“新城里”。

老田吴氏是有财力筑“新城里”的。吴栋材本人曾任元顺太守，六安令，有财力积贮。时隔几十年后，其子中有叫吴卿玉的，“官至侍御史，见王莽睥睨神器，致仕归田”。按王莽篡汉在公元9年，有篡汉意，当在此之前，则卿玉弃官当在公元前。从吴栋材弃官约在公元前60年左右，到吴卿玉弃官约在公元8年之前，前后祖孙已有四代(《九华山老田吴氏宗谱》)，所以财力积累和人口积累，是足以筑这座村庄式城堡了。

最初，广东、福建的客家人，由于从外乡迁入，周边越人势力较大，为了安全，也是造土楼，各家相连而成环形的封闭村庄，以防止周边土著人侵扰。但它的功能仅仅起着保护居民生命财产的目的，而老田吴村的这种结构，还多了一层保卫生产的功能。这不能不让人好奇。

从老田吴人建造“新城”来看，他们当初生活的周边可能有一股或数股土著人,经常来抢夺财产,另外可能还抢割庄稼,破坏生产。“新城”能起到很好地保护生命财产和农业生产的作用。

老田吴人在七十年内,有两代人为官,一定是人丁兴旺。为官者多三妻四妾,自然子孙众多,每户还带有若干家奴,这样加在一起,人口就很可观。单就所谓“新城”来说,人口和财富的条件都具备了。估计“新城”于此时间段内构筑。

天宝江氏,王莽乱政时其一世祖陈志达,避“陵阳九子山南淳市图”(陵阳所村《官礼陈氏宗谱》,距今已二千年。其居住地,今称青阳陵阳所村,故称其为所村陈氏。乃汉相陈平之后,仕汉为渤海太守,迁京北尹。

(3)青阳县陵阳所村陈氏和宁氏

据所村《陈氏宗谱》,该支陈氏系西汉宰相陈志平之后,王莽时来到陵阳,为陵阳“八大姓”之一。陵阳居于青弋江源头与青通河源头,是南北交通的中转站。由于其居于冲要之地,居民如走风过马,更换频繁。但陵阳的所村一直也未曾移动过,于今也有近两千年了。

据陵阳《宁氏宗谱》,其一世祖宁茂玉汉桓帝和平元年(150)任新安郡太守,其二世祖宁廷用汉灵帝建宁二年(169)卜居陵阳香池里,衍成大族。距今已一千八百余年。其所居陵阳镇,今宗祠犹存。

这些汉代移民,有从北方,有从南方迁入,由于是大家族,他们的迁入,不仅带来了人口,还带来了其家族文化,对池州的文化积淀,影响是深远的。

从这些汉代遗存的家族看,他们都有一定抵御外敌的勇猛与智慧,这种智勇的传承,正是他们子孙人口衍生的有力保障。如《老田吴宗谱》载,其祖先有吴胜华,“智勇过人,拒黄巢有功,授招信校尉”。

5.三国:池州的人口灭绝与迁入

三国时代的前期,池州、宣城、歙州一带及鄱阳湖东南九江、鄱阳、饶州均是山越人居住区,这些地区处在孙吴政权的核心地带,所以,征服山越就成了他们稳定江东的首要任务。孙吴与三越根本性矛盾在于:汉于山越无征兵纳粮之事,以致于他们“白首林莽”“人民鲜对长官”,而孙吴却将其编户管理,须征兵纳粮，激起山越广泛地反抗。这使孙策、孙权兄弟为此对这一地区屡次用兵。

据《三国志·吴书》，在池州境内，孙策先后打下了青阳的平原地带以及汉春谷县的其他地方，并于青阳北置临城县，以控制铜陵、南陵一带的铜矿；在陵阳西南置石埭场，以阻断山越人南逃；又派黄盖任石城长，打通了秋浦河通向石埭场的支流——鸿凌河。据《三国志》记载，山越围攻县城，往往动辄数千，说明山越人口经过两汉的繁衍，数量已十分庞大。

纵观孙吴初剿山越，平原稻作区是最先被其占领，秋浦河与徽歙通道也被其打通。因为从青阳北部平原到杨田至陵阳、青通河沿岸、贵池沿江、沿湖、秋浦河从源头到贵口，这些地方的山沟，几乎一致地都叫“冲”（参见池州各县区地名录）。“冲”为湘语，疑孙权之父孙坚的部下程普、黄盖的部曲从湖南将此地名携带而来。

孙氏兄弟打下这些地方后，论功行赏，首先当然是当年追随父亲的老部下，程普、黄盖等老“湘军”，且令其家属耕作。因为用他们耕作，既巩固了占领地，又能当兵纳粮。而山越人自西汉以来，既不当兵，又不纳粮，如史书所称“人民鲜对官长”。剩下的是处于交通边缘地带的山越，后为诸葛恪设计招降。

诸葛恪用三年的功夫，于孙权嘉禾五年(236)十月，完成了招降任务(嘉禾三年八月受诏)。他自己在招降来的山越丁壮人中，选取精兵一万，余下的丁壮分给了其他将领，以补充兵源。

据《三国志》所记的孙吴与山越的大大小小战斗来统计推算，泾县、池州一带的山越人口，总在五十万人左右。那么分布在池州一带的山越人至少也有二十万人左右。

如果加上稻作区的吴人和楚人，以及外迁入的家族，池州至少有近三十万人。

孙吴统治时期，频年征战，特别是孙吴后期，人口损耗也较大；加上山越被征缴，池州人口减损极大。二十多万的山越如果基本被剿灭，还有其他的平民也有战争消耗，池州至三国末期，总人口不会超过十万。三国还在池州设立梅根冶，因而池州还有大量铜、铁冶工人口。

滨江设有春谷县城和虎林城,驻扎有一定数量的军队和官员。这些当然要纳入池州人口,但它的变动性非常大,无法确定一个相对恒定的数字。

6.东晋以后南朝的池州人口变动:侨民——人口的主体

(1)侨民

东晋南渡以后,江南的行政区域不断被分割成小块,用以安置随东晋王朝一起南渡的人口。此现象尤以京畿(东晋首都南京)附近为严重。如春谷县被一分为四:侨立两个郡,另单独划出两片,设立定陵县和繁昌县,余下才是春谷县的辖区。那么春谷县仅剩下池州部分,还有铜陵的一部分。对于今天来说,这仍是一个比较大的县。

侨设的郡,一是在比较富庶地方,主要在原稻作区(金陵、当涂、马鞍山、芜湖青弋江下游的沿江平原区一带);二是离南京较近的地方,用以安置王室南逃的“忠民”。设侨郡的目的,主要是管理这些人口。

据《晋书》载,晋元帝在汉春谷县侨立襄城郡及繁昌县,晋成帝乃侨立豫州于江淮间,居于芜湖。所谓“江淮间”,即指长江与青弋江之间,实际上是跨越了一部分汉春谷县的地域。这些侨立的郡与县,都不涉及池州地域,故于池州人口无涉。

刘宋时台军与叛军之间,在池州的梅根、池口的南陵戍,发生过数场恶战。双方动用水陆军各数万人。最后,叛军的粮草在南陵戍和池口被台军截获,叛军将领袁凯、刘胡,落荒而逃(《宋书》)。因他们双方的兵源都不在池州,同时池州人也未遭屠杀,故于池州人口毫无影响。

刘宋时,一度改春谷县为阳谷县(《宋书》),至梁武帝时,偃武习文,江南承平。北方避乱人口开始大量流入江南。由于京畿附近在晋时设侨郡,刘宋又实行了“土断”,土地已为当地侨民所有,不能再安置新人口。故梁武帝在汉春谷县内侨设南陵郡。因为汉春谷县在东晋时已被割残,只剩下池州部分,面积约占今池州的三分之一。所以侨立的南陵郡(下辖池州、铜陵、南陵和繁昌),与池州中东部重合,可以算是池州的前身。侨立的南陵郡安置了北方大量的流民,同时,梁还在池州地域内的至德和东流境内,侨设太原郡(郡治可能先设在贵池灌口的石城村,后迁东至县洋湖乡境内。从今天在此发现南北墓葬及生活陶碎片看,南太原郡在老石城是有可能的)。后来武帝也实行土断。梁武帝土断的这两个郡,给池州添加了大量的流入人口。以一侨郡5万人计算,两郡合为10万人,加上南陵县和石城县的本地人口以及至德县域的人口,梁武帝这一时期的池州人口总数应不低于三国的孙权时期,总在30余万。

武帝末期,发生侯景之乱,主战场不在池州,百姓没有受到战争的残害,但池州地域作为兵源区,丁壮死于战争的应该不少。

后来梁元帝坐镇江陵,派大将王僧辩、陈霸先平定侯景之乱,大军从池州经过,池州丁壮作为兵源,应该有不少被补充入伍。

陈代立朝只有三十年(560—589),除了末期的隋陈渡江战役外,没有发生什么战争。如果池州人口将前朝战争消耗的人口与陈朝数十年人口增数相抵,总数应维持未变。

隋灭陈,池州人口消耗极大。除部分战死外,大部分逃亡,少数逃入山区。故隋灭陈后不久,废除池州境内的北江州和南陵郡。这种州郡一级的撤销,说明池州人口数量已与州郡设置的基本人口数相偏离。隋废州郡以后,将原南陵县所辖西五乡(青通河以西至秋浦河以东)划入隋代设置的秋浦县。处于贵长池西边的秋浦县治于开皇十九年(599)之后,复迁回至三国诸葛恪时期在仓埠设置的石城县址,即秋浦河源头,用于管理仅存的山区人口。县隶属宣州。

(2)东晋南北朝的家族迁入

此期间迁入的家族,遗留至今的甚少,已知遗留至今的,是青阳县东晋迁入的陵阳谢氏家族、曹氏家族和东至、石台二县刘宋时迁入的檀氏家族。

据《曹氏宗谱》,其一世祖曹沛于泰和中(368或369)任广阳令(陵阳令)时,归隐陵阳。该家族已有一千六百年历史(北宋大将曹彬2次下江南后与陵阳曹氏合谱)。

据东至县花园乡的埠头《檀氏宗谱》,檀氏一世祖檀珪为檀道济之子。道济为刘宋灭门,当时檀珪在襄阳为官,成为漏网之鱼。其隐遁于河北数年,事态平息后,又遁回江南。当在刘宋末左右,隐于石台檀村(今属珂田乡)。檀珪生有十子,带回江南的有二子:老五与老十。珪与幼子(老十)居石台,老五居东至(今东至花园乡埠头檀村),两支人烟都较为旺盛。传至宋代,檀氏一门共出十四位进士(北宋、南宋),实为罕有。

贵池石门高氏宗祠有"两汉居千载,东源第一家"之楹联,但高氏来石门村是始于唐高祖时,那么这"两汉"从何而来?"两汉居千载"只可能是指"两汉即有人居于石门村",很可能是汉武帝迁入此地区的山越人,石门高人自称是北齐高洋之后,高洋称帝是在550年(梁简文帝大宝元年),其出生是526年(梁武帝普通七年),如果石门高氏来于汉代,则高洋未出生前的几百年前,他的后代怎么可能就已出生,而且已经渡江了。因而,石门高氏到江南,只可能是梁代以后。

"东源第一家"可能是说高氏为第一个在池州秋浦河东部支流——龙舒河的源头区域定居的大家族。据《石门高氏宗谱》,其一世祖来于唐高祖李渊时期。

7.隋唐时池州人口变迁

前已述,隋的渡江战役,分两线作战。东线由韩擒虎率军偷渡采石矶,扎稳脚跟后待援;西线由杜彦率领,由其部将樊子盖偷袭南陵戍水军,抢走600只船后,大军渡江,打下北江州(即南陵戍所在地,今杏花村内秋浦河边的猫骨盖山,府志称镇山,距城西门12里处),屠城之后,一路向东,接应韩擒虎,两路军在马鞍山汇合,直取南京。

杜军在北江州屠城,震惊了池州人,大部分百姓外逃,一部分战死,池州人口急剧衰减,战后人口可能只有两万。

逮至隋末,池州并未发生战争,但周边群雄并起。歙县有汪华,泾县有左难当等。江南起事者数十起,相互争夺,杀戮,不能说对池州地域一点影响都没有。尤其对青阳临近泾县的平原地区,如陵阳、石台的七都、六都等处的人口,会造成一定程度的伤害。杜伏威、雄延等割据,左难当据境自保,不排除他们在池境招兵、募粮。

到了唐初,群雄并服,武德四年,稍事安宁。猷州刺史上奏朝廷设池州,与猷州以成犄角。武德四年立池州于石城县旧址。武德六年,左氏归顺(《新唐书》)。据《旧唐书》记载,池州唐时人口,有19 000户,计87 967人,这个数字可能还不是唐初的数字。

中唐元和时池州人口,仍只有17 591户(唐李吉甫《元和郡县志》),比初唐略低。

唐代安史之乱,战场在北方,对池州人口影响不大,但池州也有丁壮为兵役者。唐中期,广德二年(764),陈庄攻破饶州县郡,对池州并未影响,但方清破石埭城(在石台横渡的石棣场),对池人小有杀戮(《新唐书》)。

及至唐后期,黄巢横扫半个中国,池州也遭杀戮,一些剩余家族避入深山,如杜村西馆刘氏一世祖刘文昂即是由贵池杏花村避入青阳杜村;桂璧桂盛兄弟之后代,即分别避入浙江、江西和本土的九华山。黄巢乱后,杏花村与池州城均已残破。

唐末,池州人口略有恢复。一些家族在黄巢之乱后,初步安定下来,人口开始恢复。大的家族,除初唐的石门高氏、九华山柯氏和安史之乱时的石台桂氏,其他都是中晚唐以前迁入。如青阳朱备柏氏、石台七都沈氏、贵池杏花村刘氏、贵池宏溪(今石门高村东)方氏、清溪巩氏、梅街殷氏、东至周氏棠溪柯氏等皆为乱后幸存。

朱备柏氏,本唐代安史之乱大将柏良器之后,大约是良器在南方征山越时留下来的。子孙以柏、仙二姓繁衍,今散落朱备柏村一带(《青阳柏氏宗谱》)。

七都沈氏,先代于唐代末年为石台县令,见七都下接徽州与浙江,遂徙居于此,后来衍为大族,几乎占七都之半,世代以行医、经商致富(田野调查)。

周繇晚唐为至德令,因家于此衍成大族。其后人中有周馥、周学熙、周叔弢等。

九华山杜村西馆刘氏。杏花村刘氏为刘孟昭(贵池县令)长子(过继),娶杏花村陈氏女,遂居杏花村,后避黄巢之乱,入九华山腹地杜村,后衍为当地巨族(九华山杜村乡《西馆刘氏宗谱》)。

"二十四溪"方氏。宏溪方氏一世祖方璞,见赏于时相李德裕,开成年间(838—840)为池州刺史(按,开成共五年,池州二刺史为封敖和方璞),因押运粮草,遇匪殉职。少子方绍,守其墓于清溪云子坂,就地家焉。后见黄巢之乱,遂携母隐于棠溪石门高村之宏溪(今石门村东的白沙岭下),嘱后代须“缘溪而居”,至民国时,方氏散于池州者,已衍成“方氏二十四溪”(见殷汇镇灌口村《旧溪方氏宗谱》)。

贵池清溪巩氏。晚唐时,巩畴(巩氏先祖)与宣歙观察使郑薰的交往(见《全唐诗》),大约在晚唐僖宗时代。其迁池州。先落户于贵池里山之万罗山苦竹畈附近,称“花园巩”。之后,又有一支后代徙居隔岸相对的万罗山南,称“密岩巩”(巩氏对万罗山一带李白遗踪的保护,功不可没)。

梅街桃坡殷氏。至晚唐五代之际,殷氏有诗人殷文圭较为活跃,其子殷崇义为南唐后主李煜之宰相(降宋后,改名为汤悦,见《宋史》本传)。估计殷氏家族应来于中唐以前,今仍有殷崇义弟之后代,因守墓而居于龙舒河中游文圭墓旁(今贵池区梅街镇桃坡牌坊村)。

至德尧封柯氏与棠溪柯氏。该柯氏来于晚唐。其一世祖为九华山柯氏之后,至江西浮梁为官,其子彭泽为官,遂移家于池州至德县尧封,称尧封柯氏(九华山《莲玉柯氏宗谱》)。后其子孙一支五人,又于晚唐时,移居贵池棠溪,衍为五支,称“棠峡斗金莲”(见贵池小岭《柯氏宗谱》)。

附:九华山柯氏。据清光绪十六年的《莲玉柯氏宗谱·卷二》,柯氏一世祖柯应诚,是唐高宗时代的人,“生于唐高宗永徽四年(653)癸未(“未”应为“丑”,永徽四年为癸丑年)九月十七。神龙乙巳(即元年,705年)为池州刺史。转镇国安化军节度使。景云辛亥(即二年,710年),避世迁池之临城,九子山之西莲玉里,家焉。娶温氏”,其来于唐睿宗李旦即位第二年,时年五十七。其十一世柯益逊,为官于浮梁。其来于初唐,为池州柯氏始祖。

8.两宋的池州人口

北宋取江南李氏之南唐,首攻池州,樊若水领军。率先打下硖山二寨,平池州后,以樊为池州知州。池州人口在战争中的消耗并不大。宋太祖开宝七年(966),以升州之青阳、铜陵,加上池州南唐时已有的贵池、石埭、建德三县,共计五县,为池州领地。宋太宗太平兴国三年,也就是时隔四年之后,又益以江州之东流,共计六县(《宋史》)。按《宋史》记载,池州计有三万五千户,人口为二十万五千九百人。池州人口恢复到了三国中期的水平。

南宋初期，池州几成前线，但高宗绍兴(1131—1162)以后，战线往北方推进了一些。总体上，未有大的战事波及池州人口。只有兵役是池州人口的消耗。中兴大将岳飞、刘光世在这一带都有活动，或驻扎，或训练水军。由于宋代总结了隋灭陈及自己灭南唐的教训，加强了池州的江防。一是给池州添加临江的两县(铜陵、东流)，统一管理这一段江防；二是在南宋时，特别是高宗绍兴年间，增加了大批江防军队，同时，又设清溪雁汊控海水军于池州，巩固了这段江防；三是将池州的铸钱监——永丰监移到至德县西的安全地带(南宋时期)。敌军攻池州，既无利可趋，又难以攻破，故敌于池州毫无窥伺之意。所以终南宋之世，池州并没有直接因战争而消耗人口，相反，倒添加了一些因避乱而南逃的北方人口。

北宋，池州如加上永丰监的工人，人口数量就相当可观。当时永丰监铸钱数量是三十四万贯，按安徽师范大学裘士京先生的算法，唐代梅根与宛陵二监共铸钱五万缗，共需万人，则北宋永丰监铸钱三十四万缗，将近七倍于唐时，则需人达七万。北宋至德县令梅尧臣有一首写于池州的《铜坑》诗："碧矿不出土，青山凿不休。青山凿不休，坐令鬼神愁。"成千上万人，满山都是，整日开凿不休，大有凿空群山之势，怎么能不令"鬼神愁"呢？这正印证了北宋时，池州开矿的规模场景。因北宋时，如果含永丰监人口，则池州人口总数有30万人以上。

及至南宋乾道(1165—1173)以后，永丰监撤去饶州，开矿人口没有了。但是北方战乱逃入人口又补充了这个缺口。总的人数应该还是没有大的变化，近30万人，还是有的。

宋时的家族迁入遗存者，多在深山。如贵池棠溪的曹氏家族，石台小演的陈氏家族，青阳陵阳的李氏家族，贵池马衙的龙坦赵氏家族。

贵池棠溪曹氏家族。一世祖曹清，为当朝宰相曹利用之长子，曹利用与宋代开国大将曹彬为同胞。曹氏二人，一文一武，都位居极品。宋王朝恨而不能去之。及曹彬一死，宋王朝立即将其贬谪湖北房陵(自尧子丹朱住房陵之后，历代帝王喜贬其罪臣于此)，行至襄阳又逼迫曹利用自杀；逐其长子曹清为泉州知州，行至襄阳又贬为彭泽县令。父死之后，清至彭泽，始悟朝廷之意，旋即弃官，隐居秋浦东源（龙舒河）礼和村（今贵池棠溪曹村），自号怀陶先生，称所住为怀陶里。是年为宋仁宗天圣七年（1029），时年四十四（《贵池棠溪曹氏宗谱》）。

清之子仁海等数人，先后出仕。曹彬孙女即清之侄女，系仁宗皇后，曾救苏轼于乌台诗案。故苏轼出狱后，曾借游九华之名，拜谒"曹国舅"。出池州后，写有《清溪词》一首（由黄庭坚书写，刻石后嵌于池州城秋浦楼下。后石刻不知去向，殊可惜，有待来者探寻）。其词云：

大江南兮九华西，泛秋浦兮乱清溪。
水渺渺兮山无蹊，路重复兮居者迷。
烂青红兮瑑高低，松十里兮稻千畦。
山无人兮云朝跻，霭蒙蒙兮浤凄凄。
啸林谷兮号水泥，走鼪鼯兮下凫鹥。
忽孤垒兮隐重堤，杳冥茫兮闻犬鸡。
郁万里兮鸟亦齐，浮轩盈兮飞旗枅。
雁南归兮寒蜩嘶，弄秋水兮挹玻璃。
朝市合兮杂耄倪，扶筆瓢兮佩锄犁。
鸟兽散兮相扶携，隐惊雷兮鹜长霓。
涅翠微兮古招提，挂木杪兮翔云梯。
若有人兮怅幽栖，石为门兮云为闺。
块虚堂兮法喜妻，呼猿狙兮子鹿麋。
我欲往兮奉杖藜，独长啸兮谢阮籍。

这是元丰七年（1084），苏轼在去曹村时路过齐山，兼写给流放齐山的宋代书法家沈辽的诗（元丰五年二月，辽自永州改流放池州，居齐山，筑室，名"云巢"）。此时，曹清已死，曹仁海诸人招待了苏轼（《贵池缟溪曹氏宗谱》）。

曹氏家族人丁兴旺，于南宋时即分出缟溪曹氏一支，后又分支者五六处于池州其他地方。

石台小演村陈氏，也是宋代迁入。从其在元代修固源石拱桥的体量规模看,该家族发展至宋末,已相当殷实。据说他们就是六朝时陈朝开国君主陈霸先的后代。元代时出了三任官宦,即陈颐雷兄弟三人。小演在池州也分出几支,散落在池州各地。

贵池马牙龙坦赵氏。来于北宋初年,其主要分支在太朴山一带,有枫岭赵氏,横排赵氏等(《贵池龙坦赵氏宗谱》)。

9.元代池州人口稳中有升

由于元人善骑马,不便渡江作战。所以没有在长江中下游以渡江攻打的方式灭南宋,而是在长江上游突破。所以池州没有遭受渡江战役的残害。元兵围池州城的时候,宋朝的知州逃走,推官赵卯发坚守州城,战死,表现了浩然的气节。元军没有进行大的屠城,从一件事,我们可以看出来。池州城内的仙台山有座寺庙,唐时名祝圣寺。始建于唐代贞观二年,至元代,民间依旧称为祝圣寺,名称并没有改变(《嘉靖池州府志》)。这一现象说明城内的居民,依然还在。如果,居民被大量屠戮,历史必将失去记忆,祝圣寺的名称必然是无人知晓。

所以元代池州人口在宋代的基础上,上升了较多,据《元史》,池州元代有68 547户,人口有366 567人,比宋代净增了不少。

元代与宋代一样,依旧是领六个县。但元统治者是游牧民族,可能对人口的繁衍,与牲口一样,都是高度重视的。因此元代池州人口,是在隋唐以后出现的一个小高峰,

元代的迁入人口多在元末,如贵池解放乡的元世章,即是来自元末。由于地处深山,少有兵祸,故人丁兴旺。其分支较大的有石山章、坦塘章、太和章和天堂章等,总数有万人之多,为民国时期的贵池(县境涵盖到石台的鸿凌河流域)四大姓之一。

四大姓之一的渚湖姜氏,虽也在元代迁入渚湖,但其可能来自九华山之杜村,不能算是外来迁入人口。池州像这种内部异地迁徙的情况也还不少,不能纳入迁徙人口之列。

10.明代人口变迁——战火下的残余

元末的所谓农民起义军,后来分化成了几支。朱元璋这支与元朝订立了停战同盟之后,集中力量荡平了同伙张士诚、陈友谅,建立大明王朝(《明史》)。

在其与陈友谅的战争中,池州人民受害最深。由于朱元璋出黄山,入青阳,是从山背后来的,故池州人口无处可逃。

陈友谅为政以宽,池州人便拥护陈友谅。在朱、陈战争中,池人总是站在陈友谅一边,加上陈派悍将赵普胜镇守池州,使朱军对池州占而复失,三易其手。故朱极痛恨池人。在与陈友谅争夺池州的时候,大肆屠戮池人。民间传说,朱军屠城后,仅剩董、姜二家,其血腥可见一斑。

据《明史》记载:明洪武二十六年,包括朱元璋从徽州大量的迁入池州的人口在内,总共才35 826户,只有198 574人。如果剔去外来人口几万人,则池州人口比元时至少缩水20万人。这20万人,应该是战争中的冤魂。

此后不久,池州人民又遭受了一次灾难——靖难之役。建文帝朱允炆上台,其叔朱棣不服,从北京起兵与朝兵作战,以期伺取王位,史称靖难之役。该战争打了4年。池州属南京直隶,自然是重要的兵源之一。

靖难之役后,弘治四年(1491),统计池州人口,14 091户,69 478人,比洪武二十六年(1393)又少12万人,比元代差不多少了30万人。

由于明代的漕运制度对池州人口的消耗,到明万历六年(1578),人口才略有回升,18 377户,84 851人。比弘治才多1万多人。

明朝是池州迁入人口最多的朝代,池州许多外来家族都是明代迁来的,其人口数量要占外来人口的百分之八十以上。

11.清代池州人口变迁,由上天到入地

清代前期,攻打江南,在池州遭抵抗,以吴应箕为代表反清力量,很快被打败,吴应箕被捕殉难。由于抵抗期间,池州人口损伤较小,加上康熙、乾隆两任皇帝采取了类似汉代的休养生息的政策,尤以"摊丁入亩"税法的推行,闲余荒地被广泛开垦,人口大量繁衍。据张士范《乾隆池州府志》,至乾隆四十年左

右，池州人口已至2 505 000人，达到史上池州人口最高峰的7倍。

但经咸丰兵难，池人遭屠城、屠村之惨，难以想象。据《光绪县志》《光绪青阳县志》等各县志对池州人口统计，总数是20余万人，比乾隆时少二百多万人！可谓十室九空，尸横遍野，惨不忍睹。战争消耗人口，无非是四种情况：战死、屠杀、饿死和逃逸。而池州人口消耗的主体不在战死，而是被无辜屠杀，有的是上万人口的村庄，往往只有几个人侥幸存活，有的则整个村庄一个不留。笔者田野调查证实：军队袭击的对象，往往是大村落。如贵池缟溪曹氏，鼎盛时有三千户，以一户五口人计，则有一万五千人。然而经一夜血洗之后，仅二十余老弱妇孺，因匿藏山洞，侥幸存活。贵池石门高村，被兵匪血洗之后，仅六七人侥幸逃脱，其也是上万人口的村庄。墩上桂家祠，原有百户，兵过之后，绝户绝村。

军队对池州人口的屠戮，动不动都以万人计算。

今池州人口加上民国入迁人口、新中国成立初年入迁人口，以及近几年流入人口，总计才160余万，与北方一县的人口相当。

历观史上池州人口，主要消耗于战争，尤以明代与清代为甚，明代历经洪武的屠杀与朱棣的靖难之役，清代咸丰年间兵乱，三次消耗池州人口总计二百七十万之多。故池州时而渔猎、时而农桑、时而经商，土地荒而复垦，垦而复荒，都与其人口盛衰有关。今高山之上，梯田累累，虽已草青树茂，然犹历历可辨，不知其垦于何代也。

（二）池州历史上人口变迁的启示

从池州人口的消长更替，至少，我们可以得到以下几点启示。

1. 本区人口的增减对本区的经济模式有决定意义

无论是战争时期还是和平时期，无论是统一时期还是南北对峙时期，池州人口的每一次大的盈缩，都会使经济模式产生相应改变。它的经济模式，不是按照渔猎经济到农耕经济再到商业经济的正常顺序演进，而是不断地颠倒反复,让人琢磨不定。但它与人口的关联度却一直是恒定不变的。

(1)农耕经济与人口的变动

本区从新石器时代就已经开始了农耕生产,一直到当今社会,从没有间断。它时而在经济生活中占主导成分,时而又变成辅助成分,这种波动主要是人口变动造成的。从新石器开始的农耕,发展到战国初,池州沿江一带的宜于稻作的土地,不断被开垦,几乎与东部的吴国早期占领区连成一体,构成清一色的早稻种植区。在楚国打败越国"尽取吴故地"之后,以至于楚怀王在吴故地设立郡县时,将本区的滨江稻作区都划归了春谷县。此后,土地不断在山间和山上拓展,农耕也深入到山间和山上。直到南北朝时,本区一直是以水稻种植为主。南北朝的梁代,本区滨江一带,大量涌入北方避乱人口。这些人口带来了他们的农耕方式,农作物也不再是水稻,而是小麦和黍。到元末为止,本区一直是以农耕为主导的经济模式,社会结构也是农耕型的有序稳定的社会结构。故池州人有"尚节气""崇恬让""闻令必集"(《嘉靖池州府志·卷一》)的社会风尚,它真正的底气就是来自农耕经济。此后农耕经济式微,至民国时期,才再次成为主导经济。但不管是人口的增加还是减少,农耕在本区一直没有中断,只是随人口的变动,在经济中的主辅地位上来回变更。

(2)渔猎经济与人口的变动

如前所述,本区的社会形态和生产方式,并不是按时间顺序,呈线性分布,而是互相交替,循环往复地出现。早期的新石器时代一直延续到春秋中叶,由于本区分布的人口并不多,渔猎能满足人们的基本生活需要。故本区是渔猎经济占主导,农耕经济为辅助的经济模式;战国初,由于吴楚两地农耕移民,导致本区人口增加,本区的渔猎经济模式,渐为农耕经济模式替代。直至明代,由于元末和明初的战争及明代漕运赋役的沉重,导致池州人口大量减少,故池州再次回到以渔猎经济为主导的时代。虽有农耕,但不占经济的主导地位。明代的《嘉靖池州府志》称池州"民以渔猎为生",是该时经济实际情况的真实反映。但是,这种渔猎经济的重复出现,并不是简单重复,以捕鱼为例,无论从捕鱼的工具和捕鱼方式,以及相应的加工、储存方式,明代和新石器时期相比,都发生了较大的改变。工具种类和捕鱼的方法及加工储存手段都比以前多。

新石器时代的渔猎，捕到的鱼类，除了当时食用，估计只能有洗净晒干保存剩余的产品(当时应该还没有大量的食盐交易，无法腌制)。但这样保存的时间较短。同样，鸟兽之肉也可能是这样的保存方法。食物的无法储存，大大地制约了人口的发展。这也影响了新石器人对居住地的选择。他们只有选择水中高地居住，方便他们每天都能渔猎，以保证每天都有食物。但是到了明代，情景大为不同。由于猎捕工具和捕猎方法不断增多，捕获量也大为增加，因而多余的鱼鸟兽肉，也就被储存起来。而由于腌制、熏制等加工方法的应用，也使这些肉类的保存时间也比较长，使整个人口的抗饥荒能力大为加强。所以仅靠渔猎经济，就养活了池州明代近20万人口，没有渔猎技术的改进、渔猎手段的增多和肉类加工技术的进步，是不可想象的。

(3)商品经济与池州人口

到清代的康乾时期，经过上百年的人口增长，池州人口是此前最高峰期元代(36万人)的七倍。人们被迫进入商品经济时代，主要以造纸和贩纸，以及贸易生活用品为生。张士范《乾隆池州府志》称："民以造纸为生。"村庄卖出纸、竹木炭茶等农产品，买入粮食、食盐和农具等生活必需品。这种商品交易在本质上与现代商品经济没有什么不同。这是养活大密度人口唯一可行的办法。田野调查表明，有的造纸为生的村庄，人口一二万人的，很常见。这些村庄很多人以造纸和贩纸为生。以维持村庄人口的生活必需品，如粮食、食盐、布料、铁器、瓷器等购买。这些生活必需品也是要靠本地商贩提供的。因此，乾隆、雍正和嘉庆时期，是池州商品经济最活跃最繁荣的时期。咸丰时期，池州人口遭受大量屠杀，灭绝殆尽。因无人耕种，田地荒芜。光绪时期，大批江北移民涌入，复垦荒田荒地，本区再次回到农耕经济为主的时代。一些过去很辉煌的商品生产和贸易，如造纸和其他商品生产和销售，仍有人在继续，但已经不上规模了。像东至的茶叶经营，石埭的茶叶竹木经营，贵池的造纸经营，青阳的物流经营等都处在勉强维持阶段。直到民国时期，随着人口的增加，才渐渐地繁荣起来。

在池州商品经济中产生的不断壮大的池商队伍，重心已经开始向外扩张，上至武汉下至上海。沿江重镇都有池商的铺庄，北方的天津和南方的上海都有池商的工厂。池州人口,也随着池商的四方经营而流失。

2.池州人口增减的动因考量

(1)人口增加的双重因素:吸纳与内增

池州历史上的人口增加,有些历史阶段是以外来人口的吸纳为主,有的历史阶段是以内增为主。试分别叙之。

①人口增加的移民因素。

人口增加以移民补充为主的情况,在池州历史上发生过多次。第一次是新石器时代的移民。他们分布在沿江沿湖的台地,人口不多,依托自然食物资源的丰富,以渔猎为主,不知从何而来。第二次是殷商时期古彭国难民移入。人数较多,主要居住在青弋江上游一带。这批沼泽地来的人口,是以渔猎生活兼畜牧为主。第三次是战国时太湖流域的吴人和洞庭湖流域的楚人,这些来自稻作区的移民,仍以农耕生活为主。主要在沿江滩涂开垦土地,种植旱稻。池州真正的农耕社会也是这时开始形成。第四次移民是汉代越人,他们和本土居民融合为山越。开垦梯田,种植水稻,同时还种植薏米等旱粮。第五次是南北朝梁代南逃的难民。为此,梁武帝特地在池州境内相距仅仅几十公里的贵池和东至分别设立了南陵郡和南太原郡(太原郡初设在灌口石城村)。他们种植北方粮食作物,并饲养家畜。第六次是光绪时期的大移民。由于咸丰兵灾将池州人口杀掠殆尽,大批无主荒地出现,外来人口因种地而来。他们基本来自隔江的邻近地区,因此耕作习惯与本地相同。以上列举的是六次比较大的人口移民,主要跟战乱有关,有四次属于自发迁徙,只有汉代的越人移民是政策性移民,还有明初朱元璋采用大臣桂彦良的建议,实行全国大移民,也属政策性移民。但从池州现在遗存的明代家族看,好像移入池州的并不多,跟全国比,算不上规模。

②人口增加的政治因素。

所谓影响人口的政治因素,除前述政策性移民外,主要是指统治者对人口重视程度的大小以及相应的田亩赋役制度。池州因政策因素导致人口增加,有准确数据的,有两次。一次是元代,一次是清康乾时期。元代池州人口,据

《元史》有36.65万，比宋代19.85万差不多净增17万。元代池州的外来人口不多，主要是内增。这个数据说明，元统治者对人口是高度重视的。至少没有横征暴敛，人们还有多余的粮食养活新增的人口。这恐怕有两重原因：其一，元人是游牧民族，对南方的物产不太感兴趣；其二，游牧民族将人口和牲口都当作财产的标记，故予以高度重视。他们更多的是延续以往统治草原时对于刺激人口的一些做法。清代前期的人口增加得益于康熙的摊丁入亩，废除人头税，将其纳入田亩税之中，而且固定全国的田亩数不变。池州是个多山地区，有许多可垦的荒地。这使得这些荒地大面积开垦，池州人口疯长。据张士范的《乾隆池州府志》，至乾隆四十二年，池州人口已达二百五十余万。总而言之，元清两朝的赋役是较轻的，才使人民得以休养生息

（2）人口减少的双重因素：天灾与人祸

池州在历史上的人口衰减，主要是瘟疫、徭役、兵灾以及水、旱等灾害。

①自然灾害。

池州能导致人口减少的自然灾害主要是旱涝灾害和瘟疫。池州人普遍少存储，对旱涝引起的饥荒抵抗能力不强。所幸多山，靠渔猎采，就可勉强度过饥荒。因此，饥荒减少池州人口的情况并不严重。只是瘟疫的流行，往往能毁村灭寨。但这些自然灾害究竟在历史上导致人口减少的数字是多少，由于缺少记载，今天已经无法统计。

②徭役和战争。

沉重的徭役，往往导致百姓无法正常生产，由此造成食物不足，以致人们不敢生育。另一方面，也导致现存人口的减少。如明代漕运制度就残酷得令人发指。老百姓不仅要交税粮，而且还要亲自将这些粮食由大运河运往北京城。许多人因此倾家荡产，无法南归。池州至今还流传有一句俗语："不得回南"，就是那时百姓的真实写照。明代池州人口一直不得回升，漕运制度恐怕是一个极其重要的遏制原因。

战争和瘟疫是人口减少的两大重要原因。在冷兵器时代，战争对人口的消灭，有时远远超过瘟疫。比如元末朱元璋和陈友谅在池州的反复争夺，残灭池州人口最保守估计是二十五万人。清中期兵匪过境，残灭池州人口二百多万人倍。可见，战争对人口的巨大破坏。

主要参考文献（按文献音序排列）

1. 安庆地区志[M]. 安庆市地方志编纂委员会，编. 合肥：黄山书社，1995.

2. 白香山集[M]. 白居易，撰. 上海：商务印书馆，1935.

3. 宝晋英光集[M]. 宋集珍本丛刊. 米芾，撰. 北京：线装书局，2004.

4. 茶叶通史[M]. 陈椽，编著. 北京：农业出版社，1984.

5. 陈书[M]. 姚思廉，撰. 北京：中华书局，1972.

6. 池州贵池光绪旧溪方氏宗谱[M]. 清刻本.

7. 池州贵池乾隆缟溪曹氏宗谱[M]. 清乾隆刻本.

8. 楚辞[M]. 屈原，撰. 徐小马，校点. 沈阳：辽宁教育出版社，1979.

9. 春秋左传正义[M]. 杜预，注. 孔颖达，疏. 李学勤，主编. 北京：北京大学出版社，1999.

10. 淳熙新安志 [M]. 罗愿，撰. 清嘉庆十七年刻本.

11. 翠微酬唱集[M]. 方云耕，辑. 清刻本.

12. 翠微南征录[M]. 华岳，著. 合肥：黄山书社，1993.

13. 大清一统志[M]. 潘锡恩，纂修. 上海：上海古籍出版社，2008.

14. 丹铅余录[M]. 杨慎，撰. 上海：上海古籍出版社，1992.

15. 丁卯集笺证[M]. 许浑，撰. 罗时进，笺证. 北京：中华书局，2012.

16. 东冈集[M]. 柯暹，撰. 明刻本.

17. 东流县志[M]. 陈春，等，编. 清刊本.

18. 东至县志[M]. 安徽省东至县地方志编撰委员会，编. 合肥：安徽人民出版社，1991.

19. 读礼通考[M]. 徐乾学，撰. 北京：商务印书馆，2013.
20. 杜牧集系年校注[M]. 吴在庆，校注. 北京：中华书局，2010.
21. 范文正公文集[M]. 范仲淹，撰. 北京：中华书局，1985.
22. 姑苏志[M]. 王鏊，撰. 北京：商务印书馆，2013.
23. 古代荆楚地理新探[M]. 石泉，著. 武汉：武汉大学出版社，2004.
24. 古诗纪[M]. 冯惟讷，撰. 文渊阁四库全书本.
25. 灌园集[M]. 吕南公，著. 上海：商务印书馆，1912.
26. 光绪贵池县志[M]. 陆延龄，桂迓衡，编. 清刊本.
27. 韩愈年谱[M]. 吕大防，等，撰. 徐敏霞，校注. 北京：中华书局，1991.
28. 汉书[M]. 班固. 北京：中华书局，1962.
29. 汉唐佛寺文化史[M] 张弓，著. 北京：中国社会科学出版社，1997.
30. 翰林志[M]. 李肇，撰. 上海：上海古籍出版社 1987.
31. 画禅室随笔[M]. 董其昌，著. 上海：上海远东出版社，1999.
32. 画墁集补遗[M]. 张舜民，撰. 北京：中华书局，1985.
33. 怀琴集[M]. 夏耘，撰. 清刻本.
34. 黄侍中诗文集[M]. 黄观，撰. 明刻本.
35. 嘉靖池州府志[M]. 王崇，等，编. 上海：上海古籍出版社，1962.
36. 涧泉集[M]. 韩淲，撰. 文渊阁四库全书本.
37. 江南通志[M]. 尹继善，编纂. 扬州：江苏广陵古籍刻印社，1987.
38. 江西通志[M]. 谢旻，等，监修. 北京：商务印书馆，2013.
39. 锦绣万花谷[M]. 无名氏，编. 上海：上海古籍出版社，1991.
40. 靖江三孔集[M]. 孙文仲，孙武仲，孔平仲，著. 孙永选，校点. 济南：齐鲁书社，2002.
41. 九华诗集[M]. 陈岩，撰. 文渊阁四库全书本.
42. 九华山莲玉柯氏宗谱[M]. 光绪十九年印本.
43. 九华山志[M]. 九华山志编委会，编. 合肥：黄山书社，1990.
44. 旧唐书[M]. 刘煦，等，撰. 北京：中华书局，1978.
45. 旧五代史[M]. 薛居正，等，撰. 北京：中华书局，1999.

46. 李白年谱[M]. 安琪,薛天纬,编. 济南:齐鲁书社,1984.

47. 李白诗文系年[M]. 詹锳,编著. 北京:人民文学出版社,1984.

48. 李白与杜甫[M]. 郭沫若,著. 北京:人民文学出版社,1971.

49. 李商隐集[M]. 李商隐,著. 太原:三晋出版社,2008.

50. 李太白全集[M]. 李白,著. 王琦,注. 上海:上海古籍出版社,1996.

51. 礼部集[M]. 吴师道,撰. 长春:吉林出版集团有限责任公司,2005.

52. 历代名画记[M]. 张彦远,撰. 沈阳:辽宁教育出版社,2001.

53. 良渚人的衣食[M]. 俞为洁,著. 杭州:杭州出版社,2013.

54. 梁书[M]. 姚思廉,撰. 北京:中华书局,1973.

55. 梁溪集[M]. 李纲,撰. 文渊阁四库全书本.

56. 列仙传全译[M]. 刘向,撰. 李剑雄,译注. 贵阳:贵州人民出版社,1999.

57. 临川文集[M]. 王安石,撰. 北京:中华书局1959.

58. 刘宾客文集[M]. 刘禹锡,撰. 西安:陕西人民出版社,1974.

59. 刘克庄年谱[M]. 程章灿,编. 贵阳:贵州人民出版社,1983.

60. 刘随州集[M]. 刘长卿,撰. 上海:上海古籍出版社,1993.

61. 六一诗话[M]. 欧阳修,撰. 北京:人民文学出版社,1983.

62. 楼山堂集[M]. 吴应箕,撰. 刘世珩民国九年刻本.

63. 陆游全集校注[M]. 陆游,撰. 钱仲联,等,编. 杭州:浙江古籍出版社,2012.

63. 庐山[M]. 马长信,项新葵,编著. 北京:中国地图出版社,2004.

64. 路史[M]. 罗泌,著. 上海:中华书局,1912.

65. 栾城集[M]. 苏辙,撰. 长春:吉林出版社,2005.

66. 罗隐集[M]. 罗隐,撰. 雍文华,校辑. 北京:中华书局,1983.

67. 罗隐年谱[M]. 李定广,编. 上海:上海古籍出版社,2012.

68. 梅溪集[M]. 王十朋,撰. 文渊阁四库全书本.

69. 梅尧臣集编年校注[M]. 梅尧臣,撰. 朱东润,校注. 上海:上海古籍出版社,2006.

70. 明代漕运研究[M]. 鲍彦邦,著. 广州:暨南大学出版社,1995.

71. 明史[M]. 张廷玉,等,编. 北京:中华书局,1974.

72. 明一统志[M]. 李贤,等,撰. 西安:三秦出版社,1990.

73. 倪文贞集[M]. 倪元璐,撰. 清文渊阁四库全书本.

74. 南涧甲乙稿[M]. 韩元吉,著. 上海:商务印书馆,1936.

75. 齐己诗注[M]. 齐己,撰. 潘定武,等,校注. 合肥:黄山书社,2014.

76. 齐山岩洞志[M]. 陈梅缘,编. 刘世珩民国九年刻本.

77. 齐山志[M]. 汪春才,主编. 合肥:黄山书社,2011.

78. 骑省集[M]. 徐铉,著. 上海:中华书局,1912.

79. 钱塘集[M]. 韦骏,撰. 文渊阁四库全书本.

80. 乾隆池州府志[M]. 张士范,等,编. 乾隆四十三年刊本.

81. 青山集[M]. 郭祥正,著. 长春:吉林出版社,2005.

82. 青阳柏氏宗谱[M]. 清刻本.

83. 青阳博物馆文物集萃[M]. 青阳博物馆,编著. 合肥:黄山书社,2013.

84. 青阳县志[M]. 安徽省青阳县地方志编纂委员会,编纂. 合肥:黄山书社,1992.

85. 秋涧先生大全文集[M]. 王恽,撰. 四部叢刊景明弘治本.

86. 全闽诗话[M]. 郑方坤,编. 陈节,刘大治,点校. 福州:福建人民出版社,2006.

87. 山谷外集[M]. 黄庭坚,撰. 清文渊阁四库全书本.

88. 赏石文化[M]. 黄俭,著. 北京:中国文联出版社,2011.

89. 邵氏闻见后录[M]. 邵博,撰. 刘德权,李剑雄,点校. 北京:中华书局,1983.

90. 十国春秋[M]. 吴任臣,著. 北京:中华书局,1983.

91. 石仓历代诗选[M]. 曹学佺,编. 上海:上海古籍出版社,1987.

92. 石埭备志汇编[M]. 陈惟壬,编. 民国三十年刻本.

91. 石林燕语[M]. 叶梦得,撰. 北京:中华书局,1984.

92. 石台舒氏宗谱序[M]. 清刻本.

93. 石台剡溪陈氏宗谱[M]. 清刻本.

94. 史记[M]. 司马迁,著. 北京:中华书局,1959.

95. 事物纪原[M]. 高承,撰. 北京:中华书局,1989.

96. 水经注[M]. 郦道元,著. 上海:上海人民出版社,1987.

97. 宋诗记事[M]. 万鹗,著. 上海:上海古籍出版社,1983.

98. 宋史[M]. 脱脱,等,撰. 北京:中华书局,1977.

99. 宋书[M]. 沈约,著. 北京:中华书局,1974.

100. 苏东坡全集[M]. 苏轼,著. 北京:燕山书社,1990.

101. 隋书[M]. 魏征,撰. 北京:中华书局,1979.

102. 隋唐制度渊源略论稿. 唐代政治史述论稿[M]. 陈寅恪,著. 北京:商务印书馆,2011.

103. 太平广记[M]. 李昉,著,石鸣,编. 武汉:崇文书局,2016.

104. 太平寰宇记[M]. 乐史,著. 王文楚,校. 北京:中华书局,2007.

105. 太平御览[M]. 李昉,著. 北京:中华书局,1960.

106. 唐才子传[M]. 辛文房,著. 北京:人民文学出版社,1957.

107. 唐风集 [M]. 杜荀鹤,撰. 影印宋抄本.

108. 唐会要[M]. 王溥,著. 北京:中华书局,1955.

109. 唐诗纪事[M]. 计有功,编著. 上海:上海古籍出版社,2013.

110. 唐诗镜[M]. 陆时雍,辑. 北京:商务印书馆,2013.

111. 唐音癸签[M]. 胡震亨,著. 上海:上海古籍出版社,1981.

112. 陶渊明集[M]. 陶渊明,著. 逯钦立,校注. 北京:中华书局,1979.

113. 天工开物[M]. 宋应星,著. 管巧灵,等,校注. 长沙:岳麓书社,2002.

114. 铜陵县志[M]. 李青岩,纂修. 合肥:黄山书社,2007.

115. 图绘宝鉴 [M]. 夏文彦,撰. 元至正刻本.

116. 宛陵先生文集 [M]. 梅尧臣,撰. 北京:线装书局,2004.

117. 王阳明全集[M]. 王阳明,著. 吴光,等,编校. 上海:上海古籍出版社,2014.

118. 文忠集[M]. 周必大,著. 文渊阁四库全书本.

119. 文苑英华[M]. 李昉,等,编. 北京:中华书局,2011.

120. 五溪集[M]. 余靖,撰. 文渊阁四库全书本.

121. 先秦史探研[M]. 李修松,著. 合肥:安徽大学出版社,2006.

122. 香山集[M]. 喻良能,撰. 文渊阁四库全书本.

123. 新出石刻与唐代文学家族研究[M]. 胡可先,著. 北京:北京大学出版社,2017.

124. 新唐书[M]. 欧阳修,宋祁,撰. 北京:中华书局,1975.

125. 秀山志[M]. 陈竑,等,著. 民国四年印本.

126. 续资治通鉴长编[M]. 李焘,撰. 北京:中华书局,1986.

127. 姚少监诗集[M]. 姚合,撰. 上海:上海古籍出版社,2013.

128. 峄峒集[M]. 刘城,撰. 刘世珩民国九年刻本.

129. 殷商史[M]. 王进锋,著. 上海:上海人民出版社,2015.

130. 禹贡说断[M]. 傅寅,著. 北京:中华书局,1985.

131. 禹贡锥指[M]. 胡渭,撰. 文渊阁四库全书本.

132. 庾子山集[M]. 庾信,撰. 北京:中华书局,1990.

133. 玉山集[M]. 周馥,撰. 清刻本.

134. 元丰九域志[M]. 王存,等,撰. 上海:商务印书馆,1937.

135. 元和郡县志[M]. 李吉甫,著. 文渊阁四库全书本.

136. 越绝书[M]. 袁康,著. 吴平,校注. 上海:上海古籍出版社,1985.

137. 云巢编[M]. 沈辽,著. 文渊阁四库全书本.

138. 云笈七谶[M]. 张君房,撰,李永晟,点校. 北京:中华书局,2003.

139. 曾巩集[M]. 曾巩,著. 北京:中华书局,2004.

140. 战国策[M]. 刘向,著. 济南:齐鲁书社,2005.

141. 真迹日录[M]. 张丑,撰. 文渊阁四库全书本.

142. 郑谷诗集笺注[M]. 郑谷,著. 严寿澂,黄明,赵昌平,等,笺注. 上海:上海古籍出版社,2009.

143 中国道教史[M]. 卿希泰,主编. 成都:四川人民出版社,1996.

144. 中国历史地图册集[M]. 谭其骧,主编. 北京:中国地图出版社,1982.

145. 中国农业通史 [M]. 张波,著. 北京:中国农业出版社,1970.
146. 中国造纸史 [M]. 潘吉星,著. 上海:上海人民出版社,2009.
147. 中兴小记[M]. 熊克,著. 福州:福建人民出版社,1985.
148. 忠肃集[M]. 刘挚存,著. 陈晓平,裴汝诚,校. 北京:中华书局,2002.
149. 竹书记年[M]. 徐文靖,补笺. 杭州:浙江书局光绪二年木刻本.
150. 烛湖集[M]. 孙应时,著. 文渊阁四库全书本.
151. 资治通鉴[M]. 司马光,著. 北京:中华书局,2012.
152. 资治通鉴长编[M]. 李焘,著. 北京:中华书局,1986.
153. 资治通鉴后编[M]. 徐干学,著. 文渊阁四库全书本.

后 记

这本书是我在给本科生上课时的讲稿，在原有的基础上，我做了一点整理。2009年，出于让池州以外的学生多熟悉一点池州人文的想法，我在池州学院开设了一门选修课，课程的名称最初就叫《池州历史文化旅游》，主要向学生简单介绍一下池州当地的历史文化等。

这些年，我几乎走遍了池州的山山水水，所了解的资料文献实在太多，要一下子理出一个体系来，确实不容易。所以，我就采取偷懒的方式，以一个个专题的形式来讲解，讲一个了一个。觉得这样既比较省事，同时也能把事情讲清楚。由于这本小书所涉及的内容很多，不可能是单一学科的视野，它所涉及的有政治学、农学、军事学、建筑学、冶金学、造纸史、文学、民俗学、考古学、地理学、社会学、经济学、生物学等。我是想将这种历史文化尽量描述得立体些，但限于个人学识和能力，还是做得很不如意。

要给这本书一个合适的题目，也颇不易。写的时候也没有一个明确的目标，只想把池州文化的精华全部介绍出去，写完后，要后置一个“目标”，非常难。好在池州的历史演变是有序的，有内在的根基。在浙江师范大学吴民祥教授的建议下，我反复思考后，决定使用现在这个书名。它基本上把握了池州文化的内核。

本书的各章之间相对独立，虽然方便读者阅读，但不可避免地会出现些许重复。本想删去重叠，想想还是保留了。这是考虑到池州以外的读者，他们对这里并不熟悉，重复几遍，或许能加深一些对池州的印象。这算是我的一点小私心吧，请读者原谅。

我还要向大家抱歉的地方就是，书的注释和参考书目做得都不够严谨，甚至无法将它们都一一做出来。由于我没有可以依托的大型图书馆，其中一些资料，还是过去我在大学读书的各个阶段坐图书馆时，零零散散地记下来的，包含的出处信息都不够完整。即使这样，书里所列的参考文献实际上只有这本书引用文献的三分之一左右，一些书籍和所阅论文全部省去了。现在如果要将所有书籍文献全部补充完整，不仅需要耗费大量的人力和时间，而且我也没有条件这样做，希望大家原谅。

总之，不独这些，这本书虽反复校对，但不免疏漏，还存在着其他缺点和错误，希望读者诸君批评指正。

这里，我要感谢我的学生，池州杏花村旅游有限公司的导游朱璇，是她在工作之余，为我打印了这本书的所有手稿。此外还要感谢广西师范学院资深教授毛水清先生、南京大学文学院资深教授周勋初先生和南京师范大学资深教授郁贤皓先生对我的启蒙，感谢中科院科技史研究所研究员潘洁星先生和安徽艺术学院院长樊嘉禄先生，在研究池州造纸史方面对我的指导和肯定，尤其是樊嘉禄先生，百忙之中还为我的书作了序言。感谢复旦大学历史地理学教授张伟然先生，为我提供了许多中国区划史方面的知识。感谢安徽大学文学院教授方盛良先生对我的九华山隐士文化研究所给予的支持，还有《安徽广播电视大学学报》编辑陈永红先生对我在杏花村文化和池州冶炼史等方面研究的支持。最后，我还要特别地感谢广西民族大学文学院教授张国安先生，一直以来所给予我的莫大鼓励和默默的支持，感谢安徽师范大学出版社房国贵先生等为此书的编辑出版所做的一切努力。

最后我想说的是，作为一个池州人，这本书算是我对池州的一个交待吧。

吴世民谨记于秋浦阅江楼

二〇二〇年二月二十九日